Internationalization of Higher Education and ODA Participation of Japanese Universities

大学の
国際化と
ODA参加

萱島信子　*Nobuko Kayashima*

玉川大学出版部

はじめに

　日本の政府開発援助（ODA）は，常に日本の大学関係者の協力を得て実施されてきた。大学には，行政機関とともに，日本の開発の知識や経験が豊富に蓄積されており，大学教員の参加はさまざまな分野の援助事業の実施にあたって必須であった。なかでも，ODA の初期の段階から重点的におこなわれてきた高等教育協力では，日本の大学教員が重要な役割を果たした。たとえば，アジアの代表的ひとづくり協力プロジェクトであるタイのモンクット王工科大学ラカバン校の設立と発展への支援（1960〜2002 年）には東海大学工学部が中心的な役割を果たし，アフリカにおける成功例として常に引用されるケニアのジョモ・ケニヤッタ農工大学プロジェクト（1980〜2000 年）では京都大学工学部と岡山大学農学部を中心とした大学コンソーシアムがその実施を担った。これらのプロジェクトでは，新設大学の自立にむけて，現地に派遣された日本の大学教員がカリキュラム作成，授業や研究開発の指導，研究室体制整備，産学連携促進，機材施設整備，大学運営，所管官庁との交渉などを支援し，相手国の教員が研修や留学のために日本の大学に招へいされた。このようにして，日本の技術協力により設立や拡充が図られた途上国の大学は，工学，農学，医学の分野を中心に世界で約 180 校にのぼり，何人もの日本の大学教員が技術協力専門家や調査団員として現地に派遣された。独立行政法人国際協力機構（JICA）は日本の二国間 ODA の実施機関であるが，JICA がこれらの高等教育協力を実施するに際しての最も重要な仕事のひとつは，専門的な能力が高く国際協力への意欲にあふれる大学教員を探し出し，援助プロジェクトへの参加合意を取り付け，彼らが現地に赴いて国際協力に十分に力を発揮できる環境を常に準備することだった。能力と意欲に優れた大学教員の参加が高等教育協力プロジェクトの成否を大きく左右してきたといっても過言ではない。

　大学の ODA 参加は，他の先進援助国では日本以上に古くから広くおこなわれてきた。アメリカやカナダやイギリスでは途上国援助が始まった 1950 年代から，大学がその最初の担い手であり，途上国への開発協力活動は知識の生産や普及といった大学の本来のミッションに貢献する学術活動の一部とみなされて，早い時期から，大学が組織的に援助事業に参加していた。途上国に派遣される開発専門家に占める大学関係者の割合は，1990 年代のアメリカでは約 40%，

i

イギリスでは 50％以上にのぼった。一方，日本では，1960 年代から一部の大学教員が熱心に ODA 事業に参加してきたが，1990 年代末までは，そのような大学教員の ODA 活動とその貢献が広く認識されることはほとんどなかった。ODA 参加は一部の大学や大学教員に偏っていて，JICA 専門家の経験を持つ大学教員も限られていたからである。

　ところが，1990 年代後半から，大学の ODA 参加が，日本でも議論されるようになる。文部科学省（文部省）は 1990 年代から 2000 年代にかけて累次の国際教育協力に関する懇談会を開催し，大学の組織的な ODA 事業への取り組みを提言している。特に 2006 年の国際教育協力懇談会報告「大学発 知の ODA ―知的国際貢献に向けて―」では，「我が国が国際社会において責任ある役割を担い，知的貢献を果たすためには，知的源泉として大きな責務を有する大学を有効活用し，国際開発協力の質的向上に役立てていくという視点が必要」であり，「大学として，国際開発協力を本来業務として明確に位置付け」ることが重要だと指摘した（文部科学省 2006）。国際協力事業の現場においても，近年，一部の大学では，ODA への関心の変化が感じられる。かつては，途上国支援は日本の大学教員や大学組織の主な関心事項ではなく，ごく一部の途上国を研究対象とする研究者や途上国に関心を寄せる教員によって担われていたに過ぎなかった。高等教育分野の新規協力案件の開始にあたっては，協力してくれる日本の大学教員を探し出すことが容易ではなく，国内大学からの支援人材の少なさが高等教育協力全体の事業規模を制限するような状況であった。特に中進国よりも後発国，地域的にはアジアよりもアフリカ，さらに途上国に研究対象が少ない学術分野において，日本の大学教員の支援を得ることは困難を極めた。また，たとえ協力の依頼に応じる大学教員が見つかっても，大学全体での認知度は低いことが多かった。しかし，近年，より積極的に途上国支援に関与しようする大学が増えている。

　今世紀にはいり，大学が国際開発への関心を高めている背景には，何があるのであろうか。援助機関の側には，NGO や民間企業や大学など国民各層の広範な参加による国民参加型の ODA が求められるようになったことや，知識基盤社会の進展のもとで，途上国の開発事業においても知識や情報や技術の価値が高まり，大学の役割が一層重要になっていることなどがあげられよう。しかしながら，日本の大学が ODA への関心を強める最も直接的な要因には，高等教育国際化などの日本の大学を取り巻く環境の変化があるのではないかと思われる。現在，高等教育はかつてない国際的な競争と協働の時代を迎えている。

今世紀初頭に約 200 万人であった世界の留学生数は 2010 年には 400 万人を超えるなど，学生や研究者の流動性が格段に高まっている。さらに，大学間のツイニングやジョイント／ダブル・ディグリーなどの共同教育プログラムからエラスムス・ムンドゥス計画に代表されるような巨大な地域連携枠組みまで，世界中の大学を結ぶ学術ネットワークが構築されつつある。海外との学術ネットワークに参加し国際的な教育研究活動を進めるとともに，国境を越えて優秀な人材を確保することが，いまや大学の中心的な課題のひとつとなっているのである。このように，日本の大学が急速な国際化の波にさらされるなか，一部の大学では ODA に積極的に取り組み，これまでの ODA 参加の蓄積を大学の国際化にいかそうとする動きなどもみられるようになった。

　初期の段階から日本の大学が支えてきた高等教育分野の ODA 事業であるが，その参加方法は，教員の個人的な参加であり，大学による組織的な ODA 支援ではなかったといわれている。1990 年代末から，大学の国際協力参加についての議論が盛んになると，大学教員の個人的な国際協力参加から大学の組織的な取り組みへと変化させるべきとの主張が聞かれるようになった。文部科学省の懇談会報告（1996 年〜2006 年）においても，大学教員の個人的な国際協力への取り組みは，場当たり的で持続性に欠け，国際協力の経験を大学の活動に十分にいかすことができていないと述べている。一方で，国際化の進展や法人化の実施により，一部の大学がより組織的に ODA に参加する状況もうまれている。日本の大学の ODA へのかかわり方が一部に変化しているのは事実であるが，一体，日本の大学のこれまでの ODA 参加は本当に大学教員の個人的なものであったのであろうか。教員の個人的な参加から大学の組織的な参加への変化はどのようにおこっているのだろうか。また，大学は，ODA 参加により，たとえば，途上国にしかない研究資源を活用して国際的な研究を促進し，新たな留学生候補者を開拓することができるという声も聞かれる。教員の ODA 参加は教員個人や大学全体にどのようなインパクトをおよぼしているのだろうか。教員の個人的な参加よりも大学の組織的な参加のほうがより良いインパクトをうむのだろうか。こうした点も含め，大学の ODA 参加の実態は，これまで必ずしも十分に明らかにされてこなかった。

　本書は，日本の大学の ODA 参加のあり方や変化に関する研究書である。そこでは，上述の問題意識から，日本の大学教員はどのようにして ODA プロジェクトに参加してきたのか（日本の大学の ODA 参加のイニシアティブ），日本の

大学と教員は ODA プロジェクトへの参加から何を得たのか（日本の大学の ODA 参加のインパクト）の 2 つの問いに答えようとしている。具体的には，東京工業大学，豊橋技術科学大学，東海大学の 3 つの大学において，1990 年代から現在までに JICA の工学系高等教育協力プロジェクトに，教員がどのようにして参加し，教員個人と大学組織が何を得たのかを，文献調査と半構造化インタビューで得たデータから分析した。

　本書の構成は次のとおりである。本書の第 1 章では，ODA や高等教育に関する政策文書，JICA 等の実績統計，さらに先行研究などから，日本の大学の ODA 参加の政策と現状の概要をまとめている。ここでは日本の大学の ODA 参加の全体像を示すとともに近年の高等教育国際化の動きについても触れた。第 2 章では，日本の大学の ODA 参加のイニシアティブとインパクトという本研究の研究課題と，3 大学の事例研究の調査手法について説明している。第 3 章では一つ目の問いである，日本の大学の ODA 参加のイニシアティブを 3 大学の事例から明らかにした。大学教員はなぜ，どのようにして ODA プロジェクトに参加したのか，それは大学の国際化方針や国際関連の部署とどのような関係にあったのかなどを分析することにより，大学教員が ODA 事業に参加するメカニズムを調べている。第 4 章では，もう一つの問いである，ODA 参加のインパクトについて述べている。そこでは大学の教員個人と大学組織のそれぞれの観点から，教員の ODA 参加がもたらしたポジティブな変化を分析している。第 3 章と第 4 章では，3 大学の教員と職員へのインタビュー結果，大学の国際関連の公開文書と実績データ等を幾重にも組み合わせることによって，3 大学の ODA 参加のイニシアティブとインパクトの姿を立体的に浮かび上がらせる努力をした。これらを受けて，第 5 章では，日本の大学の ODA 参加モデルを提示し，あわせて今後の政策への示唆を述べている。

　本研究の文献収集やインタビュー調査は 2015 年 1 月から同年 12 月にかけて実施しているため，本書に記載の 3 大学の事例は 2015 年時点のデータに基づくものである。特に，各大学の国際化方針や国際関連部局の状況は，急速に進展する教育のグローバル化の流れの中で，その後すでに変化している部分もあり，また今後とも変化していくことが予想される。読者におかれては，この点をご了解の上で，本書をお読みいただけると幸いである。

　知識基盤社会が進展するなかで，途上国の高等教育開発ニーズは拡大し，また高度化している。これに日本がこたえていくためには，教育援助に熱意を持

つ優秀な日本の大学教員の一層の ODA 参加が必要である。その一方で，日本の大学の国際化は焦眉の急であり，また，成長する途上国との学術交流を深めていくことが日本の大学にとって必要な時代になりつつある。途上国の高等教育の発展を支援することと日本の高等教育の国際化を進めることが表裏一体となる時代において，今後はこれらの政策や取り組みをもっと連携させて進めていく必要がある。本書で示した事例研究が，今後の日本の高等教育協力に示唆を与えて途上国の大学の発展に何らかの寄与をするとともに，日本の大学の国際化やそれを通じた日本社会のグローバル化の一助となることができれば，筆者の望外の喜びである。

目　次

はじめに

第 1 章 大学の ODA 参加の政策と現状 ……………………………… 3
1.1　大学教員の ODA 参加の概観 ……………………………………… 5
1.2　大学の ODA 参加に関する政策・方針 …………………………… 9
1.3　大学の ODA 参加の現状 …………………………………………… 19
1.4　大学の国際化と国際協力 ………………………………………… 37

第 2 章 大学の ODA 参加についての研究課題と調査手法 ……… 55
2.1　研究課題と分析枠組み …………………………………………… 55
2.2　調査の手法 ………………………………………………………… 58
2.3　事例の選定と特徴 ………………………………………………… 59
2.4　データの収集 ……………………………………………………… 67
2.5　データの分析 ……………………………………………………… 73

第 3 章 ODA 参加のイニシアティブ ………………………………… 78
——日本の大学教員はどのようにして ODA プロジェクトに参加してきたか
3.1　東京工業大学 ……………………………………………………… 79
3.2　豊橋技術科学大学 ………………………………………………… 103
3.3　東海大学 …………………………………………………………… 125
3.4　事例の比較と考察 ………………………………………………… 143

第 4 章 ODA 参加のインパクト ……………………………………… 156
——日本の大学と教員は ODA プロジェクトへの参加から何を得たのか
4.1　大学教員へのインパクト ………………………………………… 158
4.2　大学全体へのインパクト ………………………………………… 187
4.3　事例の比較と考察 ………………………………………………… 241

vii

第 5 章 | 大学の ODA 参加モデルと今後の政策への示唆 ……… 252
 5.1 大学の ODA 参加の 2 つのモデル……………………… 253
 5.2 国際協力と大学の一層の連携に向けて ………………… 266

参考文献 ……………………………………………………… 277

おわりに ……………………………………………………… 285

資料 1 事例対象大学に関する主な収集文献リスト ………………… 288
資料 2 インタビュー対象者リスト ………………………………… 308
資料 3 インタビュー対象者への依頼状 …………………………… 310
資料 4 事例対象大学の国際化と国際的な活動に関する年表 ……… 312

索 引 ………………………………………………………… 337

大学の国際化と ODA 参加

第1章 大学のODA参加の政策と現状

　1973年6月，羽田よりバンコック行きの直行便に乗って，炎天下のドンマン空港に降り立ち，それからの約4年間，国際協力と友好の先兵として，OTCA（現JICA）の派遣専門家として，東海大学より「モンクット王工科大学〔KMIT〕へ出向を命ずる」という辞令を受けて，自分自身にとっても極めて重大な責任を負ってのタイ国での生活が始まった。私事になるが，太平洋戦争中には，陸軍幼年学校生徒であり，あるいは，東南アジアにも派遣されるかも知れなかった事を思うと，感慨深いものがあった。これは，「償い」であると自分に言い聞かせたりもした。ノンブリ〔ノンタブリ〕には，大学研究室の先輩の伊藤雄一氏や，東海大学から先に出向中の飯田先生なども，タイの生活には慣れておられるようだし，心強い励ましの手紙などを頂いていたのであるが，やはり，未知の敵地へ乗り込むという感じが強かった。

　……KMITに4年近く在勤し，国際協力という責任の重大な業務に従事できたことは自分の人生にとっても大変幸せで有意義であったと感謝している。大学のカリキュラム改善，大学院開設への助言協力，KMIT学生への奨学金制度，JECフェローーシップの拡充への協力，次期協力要請への助言など，思い起こすと変化に富んだ苦しいことも楽しいことも多い一つの黄金時代を過ごした感じがする。日本で工学博士などの学位を取得した人々が，KMITのリーダーとなり，タイの工業の発展，自立に貢献してくれる人が一人でも多くと願ってやまない。かつて敵陣へ乗り込むつもりで始まったKMITの生活は，4年後そこを去るときには，深い惜別の情がこみあげてくるのを禁じえなかった。（寺本 1992）

　東海大学教授であった寺本三雄は，1973年から1977年までODA（政府開発援助）の技術協力専門家としてタイに赴任し，設立後間もないモンクット王工科大学[1]の支援プロジェクトに携わった。これは，寺本が後に国際協力の思い

出をつづった一文の冒頭と結語からの引用である。1960 年に始まったモンク
ット王工科大学ラカバン校への日本の協力は約 40 年間にわたっておこなわれ，
タイの理工系トップ大学を育てあげた。その間に，47 億円の無償資金協力によ
り校舎の建設や教育研究機材の整備が実施され，延べ約 350 人の技術協力専門
家が日本から派遣された。1960 年代のモンクット王工科大学ラカバン校はま
だ職業訓練校的な性格を有していたので，当初は主として日本電信電話公社や
日本放送協会から専門家が派遣されたが，実質的に大学へと成長していく
1970 年代には東海大学を中心とする大学教員の派遣が始まり，1990 年代には
大学教員が専門家チームの主力を占めた。2002 年までにモンクット王工科大
学ラカバン校に派遣された大学教員は，13 大学の延べ約 180 人にのぼる。現地
に赴いた日本の大学教員は，同大学のタイ人教員の育成，教育研究活動の立ち
上げや改善，大学運営への支援などをおこなった（国際協力事業団 1976b, 1993b,
2002b）。1972 年にこのプロジェクトに大学教員として最初に長期赴任した飯田
達彦（当時東海大学教授）はその思い出を次のように記している。

> 　当時〔1972 年〕，KMIT はバンコックの北辺，ノンタブリにあって日本
> の技術訓練の伝統がケンブリッジ留学帰りのタイのスタッフたちによって
> 大学化されようとしている，将に変化の時でした。施設はまだ整わず，古
> い施設を借り受けたもので，窓もドアも建具が無い校舎もあり，講義中に
> ツバメが窓から窓へひらりと通り抜ける爽快な教室で，一齣 2 時間の講義
> でした。雨上がりには，暫くの間無数の蛙が一斉に鳴き始め，講義はでき
> なくなりますから，鳴き終わるまで暫くの休息です。試験は 3 時間，出題
> も相応に，毎科目 16 ページのノート 1 冊が答案用紙で，1 科目でこれを
> 何冊も使う学生もいます。試験が終わると 20 センチ位の厚さになる答案
> を担いで帰って採点です。（飯田 2005）

　日本の ODA は，戦後日本が国際社会に復帰して間もない 1954 年に開始さ
れた。その後日本経済の復興や成長とともに ODA 事業は拡大し，1989 年には
日本は世界のトップドナーになった。今や日本の ODA の相手国はアジアにと
どまらず，中南米，中近東，アフリカにまで広がり，経済インフラ施設の整備
から，教育普及，保健改善，環境保全など，さまざまな分野でおこなわれてい
る。こうした ODA 事業の実施を担ってきたのは，日本の中央政府／地方公共
団体の技官や行政官，開発コンサルタント／商社／建設会社などの民間企業の

技術者や専門家，そして日本の大学の教員や研究者であった。なかでも，開発に必要な知識を持ち国際的な活動に慣れている大学の教員は，ODA の初期の段階から常に重要な役割を果たしてきた。上述の寺本や飯田は，まさにこうした ODA 事業を担ってきた先駆的な大学教員である。しかしながら，このような ODA 事業における日本の大学教員の活躍は，一般にはあまり知られていない。そこで，本書の冒頭にあたり，第 1 章では，大学教員の ODA 参加の政策と現状について明らかにしたい。

1.1　大学教員の ODA 参加の概観

大学教員の技術協力専門家派遣

「人づくりは国づくりの基礎」は，日本の ODA 事業で繰り返しいわれてきた言葉である。日本の ODA は常に人材育成を重視してきた。途上国が自立的に成長していくためには，国や地域の発展を支える技術者や行政官などの専門的な人材が必要であり，このような人材を育てていくことが，時間がかかっても長期的には最も効果的な途上国支援であるとの考え方である。ODA の技術協力では，途上国に日本人の専門家を派遣し，または途上国の人材に日本での研修の機会を提供して，開発に必要な人材育成をおこなっている。さらに，技術協力のもとでは，人材育成に加えて，開発に必要な研究開発や技術普及，そのための組織や制度の整備もおこなわれる。ODA のもうひとつの形態である資金協力では，資金贈与（無償資金協力）や低利の貸付（有償資金協力，または円借款）の形で，道路，港湾，灌漑施設，電力施設など経済インフラが建設され，病院，学校，上下水道など公共施設が整備される。しかし，こうした資金協力による大規模な施設の建設や整備も，それを十分に活用する人材が技術協力によって育成されていなくては十分に活かされない。

技術協力は人を介しておこなわれる事業である。日本の省庁や大学や民間企業に属するさまざまな人材が専門家として途上国に派遣され，また，途上国からの研修員の受け入れに協力している。JICA（独立行政法人国際協力機構）[2] は日本の ODA 事業の実施機関であり，こうした人々の協力を得て技術協力を実施している。ここでは，JICA がおこなう専門家派遣事業のデータから，日本の大学の ODA 参加の現状をみてみたい。**表 1-1** は，2012 年度から 2015 年度の間に途上国に派遣された JICA 専門家の所属先別の内訳である。これによると，JICA 専門家として派遣された国立大学教員は約 1,200 人／年であり，毎年

第 1 章　大学の ODA 参加の政策と現状 ｜ 5

表1-1　JICA の技術協力専門家の所属先別人数（2012～2015 年度の平均）

	民　間	国立大学法人	国家公務員／地方公務員	独立行政法人／特殊法人	無　職	その他	合　計
延人数／年	7,146 人	1,207 人	856 人	335 人	445 人	115 人	10,103 人
割　合	70.7%	11.9%	8.5%	3.3%	4.4%	1.1%	100%

（出典）国際協力機構（2013b，2014b，2015b，2016b）から筆者作成。

約 1 万人派遣される専門家全体の 12%を占めている。JICA が派遣する専門家の 8 人にひとりは，国立大学教員なのである。このデータでは，私立大学教員は民間所属に分類されているため，私立大学も含めた大学教員全体の割合はこれよりもさらに大きい。

　日本の技術協力はさまざまな分野でおこなわれているが，日本の大学教員は，

表1-2　JICA 技術協力専門家として派遣された大学教員の分野別人数と割合（2012～2015 年度の平均）

協力分野	JICA 専門家として派遣された国立／公立／私立大学教員			JICA 専門家総人数（b）	主な協力内容
	延人数／年（a）	割合（a/b）	主な専門分野		
環境分野	315 人	23.1%	工学	1,362 人	自然環境保全／生物多様性／環境管理／公害対策／温暖化対策
経済基盤分野	296 人	11.6%	工学	2,551 人	水資源／防災／運輸交通／ICT／資源／エネルギー／都市開発
農業分野	277 人	26.2%	農学	1,058 人	農業政策／農業制度改善／畜産振興／水産開発／農村開発
保健医療分野	191 人	29.4%	医学／保健	649 人	母子保健／感染症対策／看護／公衆衛生／予防接種／保健システム
教育分野	85 人	18.0%	教育学他	475 人	初中等教育／高等教育／技術教育／ノンフォーマル教育／職業訓練
経済／民間開発分野	47 人	4.8%	社会科学他	982 人	中小企業育成／貿易促進／財政管理／マクロ経済運営支援
ガバナンス分野	25 人	5.3%	社会科学他	467 人	法・司法整備／公務員改革／地方行政強化／統計整備／公共安全
社会保障分野	11 人	30.8%	社会科学他	37 人	障害者支援／社会福祉／労働環境改善／社会保険整備
平和構築分野	0 人	0.0%	社会科学他	150 人	紛争後ガバナンス改善／地雷除去／経済復興／社会弱者支援

（出典）JICA 提供のデータから筆者作成。

どのような分野の技術協力事業で活躍してきたのだろうか。**表 1-2** は JICA 技術協力専門家として派遣された大学教員の分野別人数と割合を示している。大学教員の派遣が最も多い分野は，自然環境保全 / 環境管理 / 公害対策などの環境分野の技術協力事業，水資源 / 防災 / 運輸交通 / ICT / 資源 / エネルギー / 都市開発などの経済基盤分野の技術協力事業，農業 / 畜産 / 水産 / 農村開発などの農業分野の技術協力事業であり，それぞれ年間 300 人前後の大学教員が派遣されている。その次に多いのは，母子保健 / 感染症対策 / 看護 / 公衆衛生などの保健医療分野の技術協力事業で，約 200 人 / 年の派遣規模である。このことから，JICA の技術協力専門家として最も活躍してきたのは，日本の大学の工学系，農学系，医学 / 保健系の教員であることがわかる。一方で，社会科学分野の技術協力事業はそもそも協力案件数が少なく，ODA 事業に参加する社会科学系の大学教員の数も少ない。

大学教員の国際協力参加の規模

では，こうした大学教員の ODA 事業への参加は，大学の側からみると，どの程度一般的な活動であったのだろうか。少し古い調査になるが，渡辺は，1996 年から 1998 年にかけて，大学教員の国際協力経験の有無や関心を大規模な質問紙調査によって調べている。この調査は，全国すべての国立大学（98 校）と公立大学（53 校），さらに在籍学生数が 2,000 人以上の私立大学（230 校）および都道府県 / 政令指定都市の教育研究所・センター（65 機関）を対象におこない，日本の全大学教員（当時）の約 30% にあたる約 45,000 人の教員や研究者から回答を得ている。それによると，海外での活動経験についての設問では，回答者のうちの 4.2% が JICA 専門家として海外で活動した経験があると答えている。なかでも，国立大学の 50 歳代の教員グループと 60 歳以上の教員グループでは，JICA 専門家経験があるとの回答者はそれぞれ 7.9% と 7.4% で，40 歳代以下の教員グループよりも高い（渡辺 1999）。日本の ODA 事業は 1950 年代に始まり，80 年代から 90 年代にかけて拡大した。拡大する ODA 事業の実施を支えていたのは，これらの国立大学の教員であった。1990 年代後半に日本に約半年滞在して，日本の大学教員の ODA 参加について調査した Cummings は，1994 年に JICA 専門家として途上国に派遣された大学教員は 575 人で，日本の国立大学の全教員の 5% 以下だと述べており，前述の渡辺の調査結果とほぼ同程度の数字を示している。Cummings によると，専門家に占める大学教員の割合は，アメリカでは約 40%，イギリスでは 50% 以上であるのに比べて，

日本では 10％程度で非常に少ないこと，大学教員の国際協力参加は大学と ODA の双方に益するものであること，したがって急速に拡大する日本の ODA に大学教員はもっと参加すべきであるとも述べている（Cummings 1998）。

　上述の渡辺の研究は，大学教員個人や研究者個人を対象にした調査にもとづくものであったが，米澤は，大学を対象に国際的な活動の実施状況を調査している。米澤は，2007 年から 2008 年にかけて全国のすべての国公私立大学を対象に，大学の国際化に関する質問紙調査をおこない，全国の大学の約 80％にあたる 624 校（国立 77 校，公立 70 校，私立 477 校）から回答を得た。この調査は各大学の国際担当副学長や理事などに大学としての国際化の方針や取り組みを尋ねたものであるが，その一部に国際協力に関する項目が含まれている。**表1-3** はこの調査結果のなかから，国際協力に関係する設問の回答を抜き出したものである。まず，途上国への開発協力や技術援助をおこなっている大学の割合は，公立大学や私立大学では 20％弱であるが，国立大学では 78％に達している。また，国際化にあたって国際協力や社会貢献を最も重視する大学の割合は国公私立を問わず 20〜25％であり，学術・研究・知識の水準・生産性の向上や教育・カリキュラム面での充実を最も重視するとした大学とほぼ同じ割合であった。さらに，今後の大学の国際協力についても半数以上の大学が推進に賛成している（米澤 2008）。米澤の調査から，大学による広義の国際協力は公立大学や私立大学での実施例は少ないが多くの国立大学で実施されていること，大学の経営層は大学による国際協力を拡充するべきであると考えていることがわかる。2004 年にすべての国立大学は法人化し，第 1 期の中期目標／中期計画期間が始まったが，89 の国立大学の約半数では，途上国への協力を盛り込んだ

表 1-3　大学の国際協力の実施状況と方針

	国立大学	公立大学	私立大学	全 体
【国際的な活動の実施状況】 途上国などへの開発協力／技術援助プロジェクトをおこなっていると回答した大学の割合	77.9%	18.8%	15.7%	23.8%
【国際化にあたり重視する目標】 国際化の目標のなかで，国際協力や社会貢献を最も重視すると回答した大学の割合	25.4%	22.7%	25.2%	24.9%
【今後の国際協力】 日本の大学はもっと国際協力を進めるべきだと思うと回答した大学の割合	69.3%	52.2%	46.9%	50.2%

（注）「大学の国際化に関する評価に係る調査研究報告」から[3]。
（出典）米澤（2008）から筆者作成。

中期計画を立てており（船守 2005），米澤の調査結果と同様の傾向が見て取れる。

　日本の大学教員は，ODA の実施に重要な役割を果たしてきた。なかでも，途上国の人材を育成し，研究開発や技術普及をおこない，組織や制度を整備する技術協力は，人を介しておこなわれる協力であり，大学教員がその一翼を担ってきた。日本の技術協力を現場で支える JICA 専門家の 10〜20％は，日本の大学教員であった。日本の ODA は 1950 年代に始まったが，ODA の初期の頃から大学教員は ODA に参加してきた。グローバル化の進展とともに日本の大学の国際化が強く求められるようになったのは今世紀に入ってからであるが，実はその半世紀も前から，大学教員は ODA 事業に参加してきたのであった。

1.2　大学の ODA 参加に関する政策・方針

　日本の大学の ODA 参加に関して，政府や援助実施機関はどのような政策や事業方針をとってきたのだろうか。ここでは，教育行政を担当する文部科学省，ODA 政策を担当する外務省，さらに二国間 ODA 事業の実施を担う JICA に関して，大学の ODA 参加の政策や事業方針について述べる。

1.2.1　文部科学省

大学の国際協力参加に関する文部科学省の政策[4]

　文部科学省[5]は，1990 年代後半から国際教育協力に関する累次の懇談会を有識者の参加を得て開催してきた。そこでは，途上国の教育分野への日本の支援について検討するとともに，日本の教育機関，なかでも大学が，どのように国際協力事業にかかわるべきかについての議論がおこなわれ，提言が出されている[6]。**表 1-4** は，文部科学省が開催した懇談会などの報告のなかで，大学の国際協力への参加に言及された点をまとめた表である。

　これらの 6 つの報告や答申には 3 つの共通する論点がある。1 つ目の論点は，大学はその知的蓄積を途上国の開発に活かす能力を持ち，また活かす責務があるというもの，2 つ目の論点は，国際協力への大学の参加は大学の教育研究活動の充実に貢献し，さらに大学の国際化に直結するというもの，3 つ目の論点は，教員個人の協力活動から大学組織の協力活動への転換が必要だというものである。

　まず，1 つ目の論点については，たとえば，1996 年の「時代に即応した国際

表 1-4　大学の国際協力参加に関する文部科学省の懇談会などの提言

年	報告・答申	国際協力への大学参加に関する記載（要約）
1996	時代に即応した国際教育協力の推進について（時代に即応した国際教育協力の在り方に関する懇談会報告）	（基本的な考え方） ・教育協力を推進することは，日本の大学の国際性を高め，教育研究機能の活性化や学術研究の振興に寄与する。 ・大学は国際教育協力をその重要な任務と認識し，主体的に教育協力に参画すべきである。 （具体的方策の提案） ・教育協力推進のための大学間連携・協力を促進するための「国際協力センター（仮称）」を，我が国の大学に設置する。 ・日本の大学教員の途上国への派遣や日本の大学への途上国からの研修員受け入れの環境を整備する。 ・開発援助人材養成のために，大学の国際開発研究科等の整備充実を図る。
2000	グローバル化時代に求められる高等教育の在り方について（大学審議会答申）	（具体的方策の提案） ・大学のグローバル化のためには，大学教員が開発途上国における人材育成に進んで参画し協力していく姿勢が必要であり，開発途上国への教育協力の経験をとおして自らの視野を広げ，教育能力を高めていくための取り組みが必要である。援助機関による開発途上国への各種援助事業に大学教員が円滑に参画するための方策について検討する必要がある。
2000	開発途上国への教育協力方策について（第 1 次国際教育協力懇談会報告）	（具体的方策の提案） ・大学に設置される「国際教育協力研究センター」を拡充し，教育協力のノウハウの蓄積や人材情報の整備を図る。 ・教育協力のコンサルタント業務や受託研究に，我が国の大学や大学教員が積極的に取り組む。 ・開発大学院における実践的人材の育成体制を充実する。
2002	第 2 次国際教育協力懇談会最終報告	（基本的な考え方） ・知的な資源をもつ大学は，国際開発協力に一層貢献する可能性をもつ。そのためには，教員個人の協力活動から大学組織の協力活動への転換が必要である。 （具体的方策の提案） ・大学と援助機関の組織的な契約にもとづいて，有報酬・有責任の体制で大学が国際協力に参加することを推進する。 ・そのために，大学と援助機関の関係強化を図るための「サポート・センター」を設置する。 ・我が国の大学に ODA 戦略の研究・分析をおこなう「国際開発戦略研究センター」に設置する。
2006	大学発　知のODA ―知的国際貢献に向けて―（第 3 次国際教育協力懇談会報告）	（基本的な考え方） ・地球規模課題の解決のためには，知的源泉として大きな責務を有する大学の有効活用が必要である。 ・国際開発協力を大学の本来業務として明確に位置付け，学内の組織体制整備を進めることが重要である。 （具体的な方策の提案） ・サポート・センターを強化し，援助に役立つ大学の「知」（研究成果，高度人材育成機能など）に関する見本市機能を付与する。また，大学の知的リソース活用のための目利き人材を配置する。
2012	国際協力推進会議中間報告書	（具体的な方策の提案） ・大学の知見を国際協力に一層活用し，開発効果と大学の国際化の相乗効果を生じさせることが重要である。国際協力に参画しようとする大学や大学教員を後押しする制度を検討する。

（出典）文部省（1996，2000a，2000b），文部科学省（2002，2006，2012）から筆者作成。

教育協力の推進について」は，「そもそも，大学は，国際的な性格と役割を有しており，各大学はその使命を自覚し，国際教育協力を重要な任務として明確に位置付け，主体的に教育協力に参画することが望まれる」とし（文部省 1996），2006 年の「大学発 知の ODA —知的国際貢献に向けて—」は，「我が国が国際社会において責任ある役割を担い，知的貢献を果たすためには，知的源泉として大きな責務を有する大学を有効活用し，国際開発協力の質的向上に役立てていくという視点が必要である」と述べている（文部科学省 2006）。「国際貢献は，教育，研究，社会貢献という大学の役割の一翼を担う重要な取組である」との考え方である（文部科学省 2006）。

　2 つ目の論点である大学にとってのメリットは，ほぼすべての報告で触れられている。まず，1996 年の「時代に即応した国際教育協力の推進について」では，大学の国際協力参加は「大学等教育関係機関の国際性を高め，国際的に開かれたものとするとともに，地域研究，熱帯医学，熱帯農学，地球環境，人口・食糧問題など，国内だけでは困難な課題の研究を促進させるほか，開発途上国の研究者との交流・協力を通じて，新たな研究対象の発見や研究方法の開発が可能になるなど，大学等の教育研究機能の活性化，学術研究の振興に大きく寄与するもの」であり，さらに大学教員の海外派遣や外国人研修員の受け入れは「教員等の国際感覚・適応力・指導力等を養い，……我が国の教育の国際化や人材養成にとっても極めて有意義である」と述べている（文部省 1996）。この懇談会報告では，大学教員の国際協力参加のメリットとして，日本の大学の国際性を高め，日本の大学教員に途上国地域に関連する研究の機会を与え，日本の大学のグローバル教育を推進するという 3 点があげられており，1990年代中頃にすでに現在とほぼ同様の論点が示されていることがわかる。2000年には，大学審議会が「グローバル化時代に求められる高等教育の在り方について」と題した答申を出して，日本の大学の国際化の必要性を訴えた。この答申においても，「学生，教員等の国際的流動性の向上」の項目で，「大学がグローバル化に対応した取り組みを推進するためには，開発途上国からの留学生や研修員を受け入れるだけでなく，大学教員が開発途上国における人材育成に進んで参画し協力していく姿勢が必要であり，開発途上国への教育協力の経験をとおして自らの視野を広げ，教育能力を高めていくための取り組みが必要」だとしている（文部省 2000a）。2002 年の第 2 次国際教育協力懇談会最終報告では，さらに詳細に，契約にもとづいて国際協力に参加することで「間接経費を得」るなど資金的なメリットがあること，国際協力プロジェクトは「研究資源とし

第 1 章　大学の ODA 参加の政策と現状　　11

ての魅力が大きい」こと，「大学の国際的な認知度や名声にも反映され，個性
豊かな大学づくりに資する」ことなどの具体的なメリットに言及している（文
部科学省 2002）。

　3つ目の論点は，国際協力への参加を教員個人から大学組織レベルの活動へ
と転換する必要性についてであるが，これも，ほぼすべての報告で触れられて
いる。国際協力への参加は，それまで「ともすると個人ベースで，場当たり的
に対応されることが多く，組織的な対応のための体制は確立されていなかっ
た」が（文部省 1996），「〔大学の国際協力への貢献〕を実現するためには，従来
の大学教員個人による協力活動から，大学組織としての協力に転換することが
不可欠である」（文部科学省 2002）といった主張は，1990 年代の報告から 2000
年代の報告まで繰り返し述べられてきた。

教員個人の取り組みから大学の組織的な取り組みへ

　3つ目の論点である大学の組織的な取り組みに関しては，それぞれの報告で
具体的な方策が提案されているが，その主なものとしては次の2つをあげるこ
とができる。1つ目の施策は分野別の国際協力研究センターの設置である。
1996 年の「時代に即応した国際教育協力の推進について」は，「教育協力を大
学等自らの活動として主体的展開を進める観点から」，日本の大学に分野別の
国際協力研究センターを設置し，教育協力の調査研究をおこない，また協力人
材のデータバンクを構築することを提案した（文部省 1996）。この提案にもと
づき，1997 年から 2002 年にかけて，5 国立大学に6つの国際協力研究センタ
ーが設置された[7]。これらのセンターは，その後，各大学の国際協力の重要な
拠点として活動するとともに，個別の大学の枠を超えて，他の大学と連携し分
野別の国際協力ネットワークを構築するようになる。

　もうひとつの重要な施策は，大学による組織的な契約にもとづく国際協力事
業受託の推進と，それを支援するための国際開発協力サポート・センターの設
置である（文部科学省大臣官房国際課国際協力政策室 2006）。2002 年の国際教育
協力懇談会最終報告は，「意欲と能力を有する大学が国際援助機関（我が国及び
多国間の援助機関を含む）との組織間契約に基づき，有報酬・有責任の体制で国
際開発協力に参画していくことは，大学にとっても，実践的な研究や教育を進
め，それぞれの特色をいかした大学づくりをしていくうえで大きな利点と考え
られ，……そのためには，我が国の大学と国際援助機関との間，あるいはコン
サルタント企業・国内外の大学などの連携機関との間の結節点となり，両者の

関係強化を図る『サポート・センター』の設置が必要であると提言」した（文部科学省 2002）。この提言にもとづいて，2003 年には国際開発協力サポート・センターが設置された。2004 年の国立大学法人化により，国立大学は国際協力事業の受託契約を結ぶことが可能になるので，大学がより組織的にまた積極的に国際協力に取り組み，国際協力プロジェクトを契約にもとづいて一括受託することが望ましいと考えられたのである。国際開発協力サポート・センターは，大学が国際協力事業に組織的に取り組むための体制整備—特に受託契約による国際協力プロジェクトの実施—に必要な調査や検討を熱心におこない，「大学のための国際協力プロジェクト受託の手引き」をまとめるなどした（文部科学省「国際開発協力サポート・センター」プロジェクト 2005）。また，その広報普及活動や個別大学への支援もおこなった。このような文部科学省の努力は，2000 年代初めに JICA が技術協力プロジェクトの一括委託契約の仕組みを整備した時期と一致しており（1.2.2 参照），その結果，32 ページの**表 1-9** で示した大学委託型のプロジェクトも現れた。

　国際開発協力サポート・センターの最も大きな功績は，一部の大学が国際協力プロジェクトを契約にもとづいて受託するようになったことであろう。しかしサポート・センターの業務は，受託契約促進だけではなく，大学の組織的な国際協力活動全般への支援にも向けられた。2006 年の「大学発 知の ODA —知的国際貢献に向けて—」では，「我が国の国際開発協力の質の向上の観点から，教育分野に留まらず，広く大学関係者が有する知見を活かし，開発途上国の多様な開発課題の解決に向けた知的貢献を行うための『知的コミュニティ』[8]の構築など，大学の援助リソースを国際開発協力に役立てる仕組みを整備していくことが必要である」として，サポート・センターが「大学の援助リソースに関する見本市機能」や援助リソースについての「目利き人材によるコンサルテーション」機能をもつことが提案されている（文部科学省 2006）。なお，国際開発協力サポート・センターは，2003 年から文部科学省のプロジェクト型の事業として実施されたので，プロジェクトとしての実施期間が終了した時点で，活動を終え，現在は存在していない。

文部科学省の国際協力行政と高等教育行政

　大学の国際協力参加に関する文部科学省の政策に関し，最後に，文部科学省のなかの担当部局について触れておきたい。**表 1-4** に示した文書は，いずれも大学の国際協力参加についての文部科学省の考え方を示す 6 つの文書であるが，

第 1 章　大学の ODA 参加の政策と現状 ｜ 13

2000年の「グローバル化時代に求められる高等教育の在り方について（大学審議会答申）」のみは，高等教育行政を所管する高等教育局が担当した審議会答申であり，その他の5つの文書はすべて国際協力を所掌する大臣官房国際課9)が担当した懇談会報告であった。この両部局が出した各種の懇談会報告・答申などをみると，国際協力を担当する大臣官房国際課は，1996年の最初の懇談会ののちに，2000年，2002年，2006年と立てつづけに国際教育協力に関する3次の懇談会を開催して，大学の国際協力参加を推進する報告を出している。大臣官房国際課は，その後も，国際教育交流政策懇談会（2009年），国際交流政策懇談会（2009〜2011年），国際協力推進会議（2011〜2013年）といった国際協力や国際交流に関する有識者の委員会を組織して報告を出している。しかし，2009年以降の文書中で大学の国際協力参加について触れているのは，2012年の国際協力推進会議中間報告書のみであり，しかもその記述はわずかである。こうしたことから，文部科学省の大学官房国際課が担う国際協力政策のなかでは，1990年代中頃から2000年代中頃まで，大学の国際協力参加の課題が主要な政策課題として扱われ，その後，2000年代後半から大学の国際協力参加が議論されることは少なくなったことがわかる。

　一方で，日本の高等教育政策は，1960年代から現在にいたるまで，高等教育局が担当する臨時教育審議会，大学審議会，中央教育審議会といった審議会で検討され提案されてきた。これらの高等教育に関する審議会の答申において，大学の国際化の課題が初めて本格的に取り上げられたのは，2000年の「グローバル化時代に求められる高等教育の在り方について（大学審議会答申）」であり，さらにそこでは，日本の大学の国際協力参加にも言及されている。しかしながら，それ以降は，大学の国際化は多くの答申や報告の重要事項になったにもかかわらず，大学の国際協力参加そのものはほとんど言及されることはなかった。

　日本の大学教員は，ODAの初期の段階からその重要な担い手であった。1960年代から一部の教員は継続的に途上国支援に携わってきた。だが，1990年代前半までは，大学教員の国際協力参加に関心が集まることも，その意義やあり方について議論されることもなかった。ところが，1990年代中頃から，文部行政において大学の国際協力参加が熱心に取り上げられるようになる。その結果，大学の組織的な国際協力参加が推奨され，そのための国際開発協力サポート・センターや分野別の国際協力研究センターなどが設置された。しかし，2006年頃を境にこうした大学の国際協力参加についての熱心な政策議論は，大学国際化が広く日本の重要な課題として認識され始める時期にもかかわらず，

急速に下火になってしまう。なぜなのであろうか。それには，文部科学省における国際教育協力行政と高等教育行政の担当部局の違いが影響しているように思われる。1990年代中頃に，大学の国際協力参加についての議論を開始したのは，文部科学省で教育協力政策を担当する学術国際局（のちに大臣官房に移管）であり，高等教育政策を担当する高等教育局ではなかった。2006年頃までは大臣官房が大学の国際協力参加を強力に推進してきたが，2005年頃からは大学の国際化が焦眉の急となり，今度は高等教育局が次々と大学国際化のため施策を打ち出していった。そのため，高等教育局のより大きな国際化施策開始の前で，大臣官房の国際協力参加の施策は勢いを失っていったものと思われる。その後，高等教育局の大学国際化政策においては，大学の国際協力参加は必ずしもプライオリティが高くなく，大学のODA参加が取り上げられることはほとんどないまま，現在にいたっている。

1.2.2 外務省とJICA

大学のODA参加に関する外務省の政策

　日本のODAは1989年に米国を抜いて世界最大規模になり，日本はその後約10年間トップドナーの座にあった。こうした状況のもとで，日本政府は，1992年に初めての本格的な援助政策である政府開発援助大綱を決定し，2003年にそれを改定，2015年には新たに開発協力大綱を策定した。1992年の政府開発援助大綱は大学との連携に言及していないが，2003年に改定された政府開発援助大綱と2015年の開発協力大綱では，協力の実施体制の項目で，大学のODA参加を促進し大学の技術や知見をODAの実施に活用することを謳っている（**表1-5**参照）。

　2003年の改定政府開発援助大綱と2015年の開発協力大綱は，いずれもODAの実施体制に関して大学連携を取り上げているが，その扱い方は同じではない。1990年代は，国際的なドナー・コミュニティにおいてNGOなどの市民社会が発言力を増した時期であり，また，日本の国内でも，1995年の阪神淡路大震災を契機として市民団体の存在が注目されるようになった時期でもある。こうした状況を背景として，2003年に改定された政府開発援助大綱では，NGOとの連携が基本方針に謳われるなど，NGOの存在がクローズアップされた。したがって，そこでは，「国内のNGO，大学，地方公共団体，経済団体，労働団体などの関係者がODAに参加し，その技術や知見をいかすことができるよう連携を強化する」とした項目に「大学」が記載されて，NGOに代表され

第1章　大学のODA参加の政策と現状　｜　15

表 1-5　大学の ODA 参加に関する外務省の政策

年	政策文書	大学の国際協力参加に関する記載（抜粋）
1992	政府開発援助大綱 （旧 ODA 大綱）	（大学連携に関する言及はない。）
2003	政府開発援助大綱 （改定 ODA 大綱）	• （援助事業の実施体制に関し）国内の NGO，大学，地方公共団体，経済団体，労働団体などの関係者が ODA に参加し，その技術や知見をいかすことができるよう連携を強化する。
2015	開発協力大綱	• （開発事業の実施体制に関し）我が国の中小企業を含む企業や地方自治体，大学・研究機関等との連携を強化し，人づくり，法・制度構築，インフラシステム整備等，貿易・投資促進のための環境整備を始めとした取組を計画策定から事業実施まで一貫して進める。

（出典）外務省（1992，2003c，2015b）から筆者作成。

る市民社会の ODA 参加のなかに大学が位置付けられている（外務省 2003c）。

　一方で，2000 年代以降，開発における民間セクターの役割の増大や途上国に流入する民間資金の拡大などにともなって，ODA においても民間企業と連携し民間企業のノウハウや活力を活用しようとする考え方が急速に広がった。2015 年に新たに作成された協力政策は，政府開発援助（ODA）大綱から開発協力大綱に名称を変えて，その対象範囲を ODA から開発協力全般へと広げ，民間セクターとの連携を強く意識したものになった。大学との連携については，民間部門の役割の重要性を強調する項目において「我が国の中小企業を含む企業や地方自治体，大学・研究機関等との連携を強化し」の表現で記載されており，民間企業に代表される民間セクターとの連携のなかに位置付けられている（外務省 2015b）。

　外務省の ODA に関するホームページには，「大学と ODA」の項目があり，2012 年と 2013 年に外務省が文部科学省とともに実施した大学連携のシンポジウムの様子が詳しく記録されている。そこでは，大学の ODA 参加の意義について，「知の集合体，地域の知的ネットワークの中心である大学には，国際協力，中でも ODA の重要な一翼を担って頂くことが期待され」ているとし，さらに，大学の ODA 参加のメリットとして，「大学による ODA 事業への参画は，大学の国際化を促進し，世界における大学の価値を高めるうえで有益であり，大学経営の観点からもメリットがある」と述べている（外務省 2012c）。さらに，「中小企業とマッチングするコンサルタント業界が育っていないので，地方大学にはその役割を果たして欲しい」との記述もあり，大学が持つ人材やノウハウを ODA 事業に直接に活用するのみならず，大学には日本の民間企業が ODA に

参加するにあたってのサポート役も期待していることがわかる（外務省 2012c）。

大学の ODA 参加に関する JICA の方針

　JICA は，国立大学法人化の前年にあたる 2003 年に独立行政法人化し，以来 3 期にわたり中期目標にもとづく中期計画を作成している。第 1 期中期目標 / 計画（2003〜2006 年度）には大学の ODA 参加に関する記述はないが，第 2 期中期目標 / 計画（2007〜2011 年度）と第 3 期中期目標 / 計画（2012〜2016 年度）では，JICA 事業への大学の参加促進が謳われている（**表 1-6** 参照）。援助関係者との連携にあり方については，第 2 期中期目標 / 計画では NGO に代表される市民社会との連携に重点がおかれる一方で，第 3 期中期目標 / 計画では日本企業を中心とする民間セクターとの連携も強調されるようになるなど，外務省の ODA 政策と同様の変化を示しており，大学連携もそれらと関連して記載されている。

　第 3 期中期計画では JICA は，「多様な関係者の『結節点』としての役割」を果たし，関係者の人材，知見，資金，技術を JICA 事業に活用するとともに，「関係者のグローバル展開に必要な人材の育成・確保」に貢献する（国際協力機構 2012b）として，JICA 事業をつうじて大学に貢献する点に言及している。同様の記載は，JICA のホームページの「大学の皆様へ」と題するページにも見つけることができる。そこでは，日本の多くの大学が国際化による教育の質の向上，優秀な学生獲得，地域社会との連携強化などの課題に直面するなか，JICA としては「大学側のニーズも踏まえつつ，Win-Win の関係構築に向け，今後の連携を促進して」いくとして，双方にメリットのある協力関係を築く考えを述べている（国際協力機構 2016c）。

　JICA 事業は，途上国での大規模なプロジェクトの実施から青年海外協力隊の派遣まであり，さらに日本国内でも開発教育をおこなうなど，非常に多様である。そのため，独立行政法人化され中期目標 / 計画が作成されるようになるはるか以前から，JICA は「技術協力プロジェクトや調査・研究，青年海外協力隊事業やインターンシップ制度，大学に対する連携講座など，さまざまなプログラムを大学と協働で実施して」きた（国際協力機構 2016c）。ODA 開始の初期の頃から，日本の大学は国際協力に参加し，大学教員が技術協力専門家として途上国で活躍してきたことは，1.1 で述べたとおりである。したがって，第 3 期の JICA 中期計画で謳う大学との連携強化は，これまでもおこなわれてきた大学の ODA 参加をさらに拡大し，あわせて，大学にとってのメリットも新

表 1-6 大学の ODA 参加に関する JICA の方針

年度	方針名	大学の国際協力参加に関する記載（抜粋）
2003～2006	第 1 期中期目標／計画	【中期計画】 ・（技術協力への民間人材やノウハウの活用に関し）事業委託方式，民間提案の募集を積極的におこなうことにより，事業における民間からの参加を促進し，ノウハウを活用する。
2007～2011	第 2 期中期目標／計画	【中期目標】 ・NGO をはじめ，地方自治体，大学，経済界等幅広い国民層からの主体的な国際協力への参加を促進する。 【中期計画】 ・（技術協力への民間人材やノウハウの活用に関し）地方自治体，大学，民間企業，NGO 等とのパートナーシップを強化し，その知見や技術を事業に活用する。 ・（研修事業に関し）日本の知識や経験が開発途上国の問題解決により効果的にいかされるよう，大学との連携などにより研修内容の付加価値を高め，研修の方法を改善するとともに，研修案件終了後のフォローアップ活動を充実させる。 ・（円借款に関し）地方自治体，大学，民間企業，NGO 等とのパートナーシップにより，円借款事業を通じた開発効果の向上に努める。
2008	課題別指針「市民参加」	・（大学との連携について）少子化や独立法人化が進み競争が厳しくなるなかで，大学が国際協力に取り組む背景には，途上国での研究活動のフィールドを持つことや，国際協力を学生の教育の場とすることによる大学の競争力の向上などがある。JICA は従来より大学の持つ専門的な知見を活用し技術協力事業を実施してきたが，これに加え大学との連携を通じて日本の知識や経験の発信の強化や，援助人材の育成につなげていく。また，地元での広いネットワークを有する大学と連携して市民向けの公開講座を行うことにより新規関心層にアプローチする機会を広げることも望ましい。
2012～2016	第 3 期中期目標／計画	【中期目標】 ・民間からの提案もいかした官民連携の強化，特に中小企業も含めた日本企業や NGO，地方自治体，教育機関の力を最大限活用できるような連携により，我が国が有する優れたインフラや環境分野における知見・技術を積極的に海外へ展開し，開発途上地域の持続可能な開発に貢献していくことが重要である。 【中期計画】 ・（基本的な方針として）事業の実施にあたっては，民間からの提案もいかした取組を強化し，NGO，中小企業を含めた本邦企業，大学等教育機関，地方自治体等の多様な関係者と幅広いネットワークを構築し，オール・ジャパンの英知と経験を結集して課題の解決に取り組む。 ・（民間連携に関して）NGO，中小企業を含む民間企業，教育機関，地方自治体等，多様な関係者とのパートナーシップを強化するとともに，JICA 事業への参加を促進し，その人材，知見，資金，技術を開発途上地域の課題解決に活用する。また，これら関係者のグローバル展開に必要な人材の育成・確保への貢献等を行う。 ・（ボランティア事業に関し）国民参加型事業として，多様な人材の参加を促進するために，自治体，民間企業，大学等との連携の強化に取り組む。 ・（国内拠点に関し）国民の国際協力への理解・共感，支持，参加を促進する観点から，また，中小企業および地方自治体等の海外展開を支援する観点から，民間企業，NGO，地方自治体，大学等との多様なパートナーとの連携を促進し，技術協力，ボランティア事業，市民参加協力，開発教育支援，広報，調査等への取り組みを通じ，各拠点の特性を活かした効果的かつ効率的な活動を行う。

（出典）国際協力機構（2003，2007b，2008b，2012b），外務省（2003b，2007b，2012b）から筆者作成。

たにうみだしていくことを目指したものである。第3期 JICA 中期目標期間業務実績等報告書には，JICA と大学との連携協定締結[10]や人事交流，連携講座の開催，大学生向けフィールド・スタディ・プログラムの実施など，日本の大学のグローバル教育に JICA が直接的に貢献する実績が記載されており，JICAと大学の関係が，ODA プロジェクトへの大学教員の参加にとどまらない多層的なものに拡大していることがわかる（国際協力機構 2017）。

　ここまで大学教員の ODA 参加に関する政策をみてきた。大学教員の ODA参加政策は，文部科学省が 1990 年代中頃から 2000 年代の初めにかけて教育協力政策の一環として推進し，国際開発協力サポート・センターを設置するなどして，積極的な働きかけを大学に対しておこなった。しかしそれは，2000 年代以降，大学の国際化が高等教育行政の重要な課題となるにもかかわらず，高等教育政策では，ほとんど取り上げられることはなかった。一方で，ODA の政策や実施を担当する外務省や JICA では，1990 年代以降，国民参加型の ODAが謳われ，NGO や民間企業などの多様な関係者の ODA 参加が促進されるにつれ，大学との連携も一層重視されるようになった。

1.3　大学の ODA 参加の現状

　大学の国際協力参加に関してこれまでに書かれた文献は必ずしも多くないが，2000 年前後における政策議論の高まりを受けて，その頃から，いくつかの論考や実証的な論文がでている。本節では，大学の国際協力参加の背景や動機，またメリットやインパクトなどについて，既存文献の分析から論じる。さらに，大学の国際協力参加の現状をより具体的に理解するために，JICA の高等教育協力分野を取り上げて，大学教員の国際協力参加の姿を明らかにする。

1.3.1　大学の ODA 参加の意義や効果

大学の国際協力参加の背景

　1990 年代後半から 2000 年代にかけて文部科学省が開催した教育協力に関する懇談会は，大学は社会における知の拠点であり，その知的な蓄積や人材を用いて開発協力に貢献すべきであるとの提言を数次にわたってだした。1990 年代末以降の大学の国際協力参加に関する文献はいずれも，大学には開発援助に貢献できる能力と貢献する責務があるという，懇談会と同様の主張をしている

第1章　大学の ODA 参加の政策と現状　19

（たとえば，二宮 2000; 木村 2007）。こうした大学の国際協力参加への関心の背景には何があるのだろうか。

　まず大学側の要因として，太田は，高等教育の国際化にともない高等教育には国際的通用性の向上や国際競争力の強化，国際的に活躍できるグローバル人材の育成などが求められるようになり，そのためには，国際的な教育研究のネットワークやアライアンスの構築が不可欠になってきていることを指摘している（太田 2006）。さらに，藤山は，1990 年代以降，大学には従来の教育・研究機能に加えて「第 3 の使命」としての社会貢献機能が期待されるようになったことも要因のひとつであるとしている。大学の社会貢献機能に関しては，2005 年の中央教育審議会答申「我が国の高等教育の将来像」で，大学の 7 つの機能のうちのひとつに「社会貢献機能（地域貢献・産学官連携・国際交流等）」が示された（文部科学省 2005）。大学施設の地域開放などの地域との連携，産業界との共同研究開発などの産業界との連携に加えて，大学の社会貢献機能は国際貢献や国際協力という分野にもおよび，大学，政府，社会から注目されるようになったというのである（藤山 2009）。

　ODA 側の要因としては，藤山は ODA への国民参加が求められるようになったことをあげている。1990 年代末に ODA 予算が削減され始める一方で，国民の ODA に対する不信感や無関心はいぜんとして強く，NGO などの新たな援助の担い手を開拓することで援助の有効性や効率性を改善し，広い国民層の理解を高める必要性があった。こうした状況のもと，2002 年の第 2 次 ODA 改革懇談会は「国民参加の時代の幕開けである」と謳い，翌 2003 年の改定政府開発援助（ODA）大綱では「ODA への国民参加」が呼びかけられ，大学も国民参加型援助を推進する主要アクターのひとつに位置付けられたのである（藤山 2009）。また，ODA 側のもうひとつの要因として，次が指摘されている。2000 年代には，途上国の成長にともない，援助の現場では理論的で実証的な裏付けのある知的支援が求められ，国際場裏では国際機関や他の先進援助諸国などに対する援助理念についての国際発信が求められるようになった。こうした新たな援助の知的な作業には，大学関係者の貢献が必要とされた（加藤 2004; 太田 2006）。

　以上のとおり，大学側は，高等教育国際化の進展と大学の社会貢献機能への関心の高まりという 2 つの要因を，ODA 側は，ODA への国民参加の推進と知的支援型援助の拡大という 2 つの要因を，1990 年代末頃にそれぞれ抱えていた。こうした環境が，大学の国際協力参加についての活発な議論をうんでいった。

大学の国際協力参加のメリット

　日本の大学の国際協力参加について論じた文献の数は必ずしも多くないが，そのいずれも，意義，期待，便益，効果などの表現で，大学にとっての国際協力参加のメリットを列挙している。ここでは，主に，藤山，太田の論文や文部科学省「国際開発協力サポート・センター」プロジェクトの文献から，それらを記載する（藤山 2009; 太田 2006; 文部科学省「国際開発協力サポート・センター」プロジェクト 2005）。**表 1-7** に，これらの文献に書かれた大学の国際協力参加のメリット一覧を掲げた。

表1-7　大学にとっての国際協力参加のメリット

教育研究活動へのメリット	① 研究活動へのメリット（途上国を対象とする研究の増加，フィールドに近い実践的な研究の増加） ② 教育活動へのメリット（教育内容の国際化，グローバルな人材の育成，外国人留学生の増加） ③ 大学間ネットワークの構築（将来の国際学術交流の基礎を提供）
大学の運営上のメリット	① 外部資金の獲得と大学財源の多様化（国際協力事業の受託契約化） ② 教職員の国際化への適応能力の向上（教職員にとって国際的な環境での実践経験の機会） ③ 大学のブランド力の向上（大学の国際競争力向上）

(出典) 藤山 (2009)，太田 (2006)，文部科学省「国際開発協力サポート・センター」プロジェクト (2005) などから筆者作成。

　まず，期待されるメリットとして，文献で最も多く言及されているのが，大学の教育や研究活動へのさまざまなプラスの効果である。その1つ目は研究活動へのメリットである。国際協力に参加することにより，大学教員は途上国に研究対象を得ることができ，研究の対象や数を増加させることができる。また，途上国のフィールドに密着した実践的な研究の可能性も増える（太田 2006; 藤山 2009）。2つ目は教育活動へのメリットである。グローバルに活躍できる人材の育成が日本の大学には求められているが，国際協力事業をつうじて，途上国での体験型の教育をおこなうなど，教育の国際化に活用できる（太田 2006; 藤山 2009; 文部科学省「国際開発協力サポート・センター」プロジェクト 2005）。また，教育の側面では，国際協力プロジェクトの実施により途上国の留学生が増加すること，または国際協力プロジェクトをきっかけとして協力終了後も留学生の増加が見込めることなど，留学生受け入れ戦略の効果的な方法ともなりえる（太田 2006）。3つ目は，教育研究活動の国際化に必要となる国際的な関係の構築ができることである。これまでは，途上国，なかでもアフリカ，中近東，

第1章　大学のODA参加の政策と現状　21

南米との大学間交流は非常に限られてきた。国際協力事業による途上国の大学支援により，新たな大学とのネットワークを築くことが可能になり，それはやがて教育や研究の国際的な活動の基礎となる（太田 2006; 藤山 2009）。

　大学の教育研究活動へのプラスのメリットの次に言及されているのが，大学の運営上のメリットである。その1つ目は，国際協力事業受託により外部資金を獲得することができ，大学財源の多様化に貢献するというものである（太田 2006; 藤山 2009; 文部科学省「国際開発協力サポート・センター」プロジェクト 2005）。2004年に国立大学が法人化したことにより，私立大学に加えて，国立大学も契約にもとづいて国際協力事業を受託し，対価を受け取ることが可能になった。太田は，大学国際戦略本部強化事業[11]の中間報告書のなかで「国際開発協力事業において，プロジェクトを受注することもまた，〔国際化のための外部資金獲得の〕ひとつの手段であろう。……国立大学は，……法人化を契機として，大学が事業体として応札し，受注することが実質的に可能となった」と述べている（日本学術振興会 2007）。もうひとつの大学運営上のメリットは，教職員が国際的な環境で実践的な経験を積むことにより，教職員の国際化への適応能力が向上することである（太田 2006; 文部科学省「国際開発協力サポート・センター」プロジェクト 2005）。多くの文献が言及している大学の国際協力参加のメリットとして，最後に，大学のブランド力の向上をあげておきたい。国際協力が，大学が果たすべき社会貢献の一部と捉えられるようになったことは前述したとおりであるが，国際協力参加の実績はその大学が国際社会に貢献する大学であることを具体的に示して，大学の魅力を増すことができる（藤山 2009; 藤山 2012）。また，国際協力参加をつうじて，大学の教育や研究活動が国際化することは，大学の国際競争力を向上させる（太田 2006; 藤山 2009）。国際競争力向上は，新たな学生の獲得につながる可能性がある。

　以上に，国際協力参加に期待されるメリットを大学の教育研究活動と大学運営の側面から述べたが，これに関し次の2点を指摘したい。ひとつは，期待されるメリットの多くは大学の国際化に関連していることである。たとえば，教育研究活動に関しては，国際協力に参加することで教育研究活動が国際化することが，また，ブランド力に関しては，国際協力参加が国際的な知名度や競争力の向上につながることが期待されている。グローバル化する高等教育環境のもとで日本の大学の国際化が焦眉の急となっているが，教員の国際協力参加は，大学の国際化にもメリットをもたらすのである。もうひとつの点は，大学教員の個人レベルでのメリットと大学の組織レベルでのメリットが区別されずに論

じられていることである。期待されるメリットのうちいくつかは，研究フィールドの拡大などの教員個人レベルで発現すると思われるメリットであり，また，いくつかは大学のブランド力向上などの大学全体の組織レベルでのメリットである。しかし，上述の文献ではいずれも，大学教員にとってのメリットと大学全体へのメリットを明確に分けて論じているわけではない。

大学組織と大学教員の動機

　大学組織と大学教員の違いに着目して，国際協力参加のインセンティブを調べたものとしては，黒田による論文がある。この論文では，米国では大学教員（原文では大学人，以下同様）が個人として援助機関とコンサルタント契約を結ぶ場合と，大学が組織として国際協力プロジェクトや研究調査を請け負う場合があることを説明したうえで，それぞれのインセンティブを米国の大学関係者へのインタビューの結果から分析している。大学教員が国際協力に参加する際のインセンティブとしては，第1に自らの研究・教育の成果を途上国の状況改善に役立てたいという人道的なインセンティブ，第2に自らの研究を量的にも質的にものばしたいという学術的なインセンティブ，第3に国際協力参加が大学での昇進，テニュア審査，人事採用等に積極的に評価される場合のキャリア追求のインセンティブ，第4に国際協力参加により副収入が増えるなど経済的なインセンティブがあると述べている。一方，大学が組織的に国際協力に参加する際のインセンティブとしては，第1に国際協力を大学が果たすべき社会貢献のひとつと捉える国際貢献のインセンティブ，第2に国際協力参加が大学の国際化を促進することを期待する大学国際化のインセンティブ，第3に研究者や学生の研究の活性化を求める学術的なインセンティブ，第4に大学が国際協力事業からのオーバーヘッド収入などを得る経済的なインセンティブがあるとしている（黒田 2001）。このように，米国では国際協力に直接にかかわる大学教員とその大学教員が所属する大学組織との間で，国際協力参加の動機は必ずしも同じではない。黒田の研究は米国の大学と大学教員についての研究であり，日本に関して同様の観点からおこなわれた研究は，管見によれば存在しない。

　大学組織と大学教員を対比的に論じたものではないが，上別府は日本の教育協力の変遷についての研究において，教育協力事業に参加する日本の大学教員の動機を分析している。上別府によると，1970年代から1980年代にかけての日本の教育分野のODA事業において，その実施を担ってきたのは日本の農学／工学／医学分野の大学教員であるが，彼らの国際協力参加の動機は途上国を

フィールドとする研究関心であると述べている（Kamibeppu 2002）。また，前田は，2000年から2005年にかけて実施されたJICAのカンボジア理数科教育改善プロジェクトを事例に，日本の基礎教育協力において，プロジェクトのさまざまなステークホルダーがどのような力関係にあり，それがプロジェクトの実施にどのように影響しているのかを研究している。それによると，このプロジェクトに参加した日本の教員養成系・教育学系の大学教員の参加動機は，カンボジアの教育についての学術的な関心が中心であり，国際協力事業への貢献の代償として自分の研究活動へのメリットを期待していると記している（Maeda 2007）。

インパクトの実証研究

　大学の国際協力参加は大学の国際化にプラスの効果をもたらすと期待されていること，大学教員と大学組織は大学の国際協力参加に異なる動機を持っていることなどを，これまでに述べた。では大学のODA参加のインパクトを具体的に明らかにした先行研究はあるのだろうか。管見の限りでは，日本の大学のODA参加のインパクトについての実証的な研究はきわめて少ない。**表1-8**に，現時点で確認された実証研究の概要を掲げた。このうち，吉田らの研究は，マレーシア・高等教育基金借款（Higher Education Loan Fund Project: HELP）に参加した日本の13の工学系大学・学部を対象に，文献調査／質問紙調査／インタビュー調査から，日本の大学へのインパクトを検証している。HELPは1992年から2015年まで3次にわたり実施された有償資金協力事業で，マレーシアの若者を，現地のパートナー機関における準備教育を経て，日本の大学の工学部に編入させる留学事業である。このツイニング教育の組み合わせは，1次から3次へと協力フェーズが進むにしたがって，2年（マレーシア）＋4年（日本），2年（マレーシア）＋3年（日本），3年（マレーシア）＋2年（日本）と進化した。日本の大学は，民間コンサルタント会社とともに，この事業の企画や実施に参加してきた。吉田らの研究では，このような国境を越えるツイニング教育の進展に，両国の教育機関がどのように対応したのか，さらに，参加教育機関にどのようなインパクトをおよぼしたのかを分析している。分析結果によると，日本側の参加大学，特に私立大学は，留学生の拡大に積極的でありHELPの事業を各大学の留学生受け入れの戦略に活用しており，またHELPの経験をもとに，他の大学とのツイニング・プログラムを開始している。そして，日本の大学にとってHELPへの参加は国際化の経験蓄積に貢献し，国際化の活動を促進する効果があったと結論付けている（Yoshida et al. 2013）。

表1-8　国際協力参加が大学におよぼしたインパクトについての実証的な研究

文献名	研究の概要	国際協力参加の大学へのインパクト
Institutional Development of Cross-Border Higher Education: The Case of an Evolving Malaysia-Japan Project (Yoshida et al. 2013)	3次にわたるマレーシア留学生借款プログラム HELP1～3 (1992-2015) のもとで展開した日本とマレーシアの大学間ツイニング教育が, 両国の高等教育政策の影響をどのように受けてきたか, 参加大学がどのように対応したのか, さらに参加大学にどのようなインパクトをうんでいるのかを, 文献/質問紙/インタビュー等による調査から分析している。	日本側の参加大学, 特に私立大学は, HELP でのツイニング・プログラムの経験をもとに, 他の大学とのツイニングを開始するなど, HELP への参加は日本の大学の国際化の経験蓄積に貢献し, 国際化の活動を促進する効果があった。
国立教員養成系大学・学部の理数科国際協力参加：その教育研究に与えたインパクト (小澤 2009)。	JICA の基礎教育分野の技術協力プロジェクトに参加した10の教員養成系大学・学部に関し, 国際協力への参加が教育研究活動におよぼしたインパクトを, 各大学の中期目標/計画/実績と科学研究費補助金獲得状況等から分析している。	教員養成大学・学部が取り組んだ理数科の国際協力は, 大学の運営/教育/研究に相応の影響を与えた。その程度は, 国際協力への関与の度合いに比例している。北海道教育大学と鳴門教育大学でインパクトが顕著である。
大学による国際協力の取り組み：途上国における基礎教育支援に焦点をあてて (小川・桜井 2008)。	日本の大学がコンサルタント会社と共同で受託した基礎教育分野の3つの JICA プロジェクト (バングラデシュ理数科教育, イエメン女子教育, アフガニスタン教師教育) の課題を文献/インタビュー調査から分析している。	大学にとっての国際協力プロジェクト受託のメリットは日本人学生の教育の国際化, 途上国での研究フィールドの確保, 優秀な留学生の獲得, 外部資金獲得, 大学の評価の向上等であった。

（出典）Yoshida et al. (2013), 小澤 (2009), 小川・桜井 (2008) から筆者作成。

　小澤の研究は, JICA の理数科教育技術協力プロジェクトを支援してきた10の教員養成系大学/学部について, 協力プロジェクトへの参加が教育研究活動にどのようなインパクトをおよぼしたのかを文献調査から分析したものである。各大学の国際協力参加の状況と, 中期目標/計画/実績に記載された国際活動の状況, さらに科学研究費補助金を使った研究活動の実施状況を比較し, 国際協力への参加は大学の運営や教育研究活動に相応の影響を与えていると結論付けている。国際協力への参加が活発であった大学では, 中期計画などにおいて国際協力への取り組みが明文化され, 組織的な取組体制が整備された。また, 国際協力を専攻する教育課程が設置され, 関連するテーマで研究が実施されるなど, 教育研究活動にも影響がおよんでいる（小澤 2009）。

　小川・桜井の研究は, 教育学系/教員養成系の3つの大学/研究科を対象に,

第1章　大学のODA参加の政策と現状　25

文献調査やインタビュー調査から，国際協力参加が大学にとってどのようなインパクトをもたらしたかを調べたものである。対象の3事例は，大学と民間コンサルタント会社とが共同事業体を組んで基礎教育分野のJICA技術協力プロジェクトを受託し，契約にもとづいてプロジェクトを実施した事例であり，それらの事例において，受託契約にもとづく国際協力事業実施のメリットや課題を分析している。分析の結果からは，国際協力事業受託の大学にとってのメリットには，日本人学生向けの教育の国際化，途上国での研究フィールドの確保，優秀な留学生の獲得，外部資金の獲得，大学の評価の向上などがあり，一方，受託契約の課題としては，学内の事務業務の負担，受託業務の学内体制未整備，教員の現地派遣時の安全管理，学内の理解不足などがあることが指摘されている（小川・桜井 2008）。

　国際協力参加が大学におよぼすインパクトについての，これらの3つの実証的な先行研究の結果は，その前に述べた期待されるメリットや動機に合致し，いずれも，大学の国際化につながる効果を示している。

大学組織と教員個人の対応

　大学の国際協力参加の政策をリードしてきたのは，文部科学省から1996年，2000年，2002年および2006年に4次にわたってだされた国際教育協力についての懇談会報告であったが（1.2.1参照），それらのいずれの報告でも，大学教員の個人的参加から大学の組織的参加への転換の必要性が謳われている。また，2002年の報告では，大学の組織的な国際協力参加を推進するための国際開発協力サポート・センターの設置や，援助機関からの受託契約にもとづくODA事業の実施が提案されている。こうした，「教員個人から大学組織へ」といったODA参加方法の変化は，既存の文献のなかでどのように議論されているのだろうか。

　ODA事業への大学参加のあり方―大学教員の個人的な活動か，それとも大学の組織的な活動か，また変化したのか―を実証的に調べた研究は，管見の限りこれまでにはないと思われる。大学教員の個人的な国際協力活動には，「個人ベースで，場当たり的に対応されることが多く」，「十分な人の確保，協力の効果，広がりの面で問題」があり（文部省 1996），「関係者のボランティア精神によって支えられる部分が大きかったため，大学による途上国への協力活動は限定的とならざるをえなかった」（文部科学省「国際開発協力サポート・センター」プロジェクト 2005）といった批判がある一方で，大学の組織的な国際協力は，

「大学の国際的な認知度や名声にも反映され，個性豊かな大学づくりに資する」とされている（文部科学省 2002）。しかし，教員の個人的な国際協力参加が実際には大学組織のなかでどのようにおこなわれてきたのか，また，大学の組織的な国際協力への対応がどのようにしてひとりひとりの教員を動員しているのかは明らかではなく，さらに，このような教員の個人的参加への批判や大学の組織的対応への評価はこれまで検証されていない。

　2000 年代には大学の国際協力参加に関する事例報告や論考，調査報告などが発表されるようになるが，それらの先行研究で最も多く言及されているのは，大学が組織的に国際協力に取り組むにあたっての課題である。そこでは，大学経営層のリーダーシップの不足，学内の意思統一の困難さ，学内規定の未整備，国際協力業務に関する教員評価の低さ，教員の多忙，学内の膨大な事務業務の負担，事務職員のスキルの不足や国際業務への不慣れ，途上国への教員派遣にともなう危機管理の問題など，多くの課題が言及されている（松本 2009; 高田 2007; 藤山 2009; 文部科学省「国際開発協力サポート・センター」プロジェクト 2005）。では，「個人から組織へ」は，一体，どの程度進展したのだろうか。2010 年に日本国際協力センター調査チームは「我が国大学が有する知を活用した国際協力活動への取組の検証」の調査をおこない，報告書を作成した。この調査では，何らかの国際協力事業を実施している 69 の大学本部，46 の大学部局，86 人の大学教員に質問紙調査を，その一部にインタビュー調査をおこない，現状を次のように分析している。多くの大学が国際協力を中期目標／中期計画／国際戦略などに取り入れて組織的に取り組もうとしていること，国際協力担当部署を本部や部局におくなどの体制整備はある程度進んでいるが実際には十分には機能していないこと，外部資金受け入れなどについての各種規定や制度整備は進んでいるが，教員への評価・インセンティブ付与・キャリアパスの明確化などの教員の国際協力活動を一層後押しする制度の整備は遅れていること，体制や規定が整備されても組織的に十分に機能しないのは，規定や制度を運用する教職員の数や知識・ノウハウが不十分であるためであることなどである（日本国際協力センター調査チーム 2010）。これらから，国際協力への大学の組織的な取り組みは，2000 年代に，課題を残しつつも一部の大学でゆっくりとではあるが進展しているものと思われる。

　大学の国際協力参加の議論では，常に「教員個人から大学組織へ」が暗黙の目指すべき姿として議論されてきた。先行文献でも，やはり「教員個人から大学組織へ」を前提とした論調が主である。その背景には，大学の国際協力参加

の議論が盛んになった 1990 年代末から 2000 年代にかけては，まさに国立大学法人化の流れのなかで大学のガバナンス改革が注目されていた時期と一致し，さらに，大学の国際協力参加の議論が主に大学経営層や管理的立場の教員，文部科学省の行政官によっておこなわれてきたことに関係しているのかもしれない。しかしながら，以上にみたように，大学組織と教員個人はそれぞれどのような動機で国際協力に参加し，そこからそれぞれ何を得ているのか，それらは互いにどのように関連しているのかなどについては，十分に明らかにされてこなかった。国際協力事業の最前線に立つ大学教員が，国際協力への組織的な取り組みをどのように考えているのかは不明である。大学の国際協力参加を一層進めるためには，今後この点を明らかにすることが重要であろう。

1.3.2 大学の ODA 参加の例（JICA の高等教育協力）

JICA の高等教育協力

日本の大学教員がおこなう国際協力にはさまざまなものがある。政府ベースの ODA 事業に援助機関の依頼を受けて大学教員が参加するようなケースから，教員個人が NGO と連携して民間資金を使って独自に海外での援助活動をするケース，大学が組織的に大学の予算で国際協力の活動をおこなうケースなど，規模や財源は多様である。このうち，ODA 事業への参加としては，JICA が実施する技術協力への参加が最も代表的なものであるが[12]，その内容も多岐にわたる。途上国の大学や研究機関を設立したり改善するプロジェクトに参加して専門家として現地に長期赴任／短期出張することや，日本の大学に途上国からの留学生／研修生を受け入れて教育すること，途上国の開発計画の作成や調査研究に携わることなど，多様な活動がある。また，大学教員が技術協力で支援する相手先も，途上国の政府機関や大学，NGO 団体の場合もあり，さらには地域住民に直接に支援の手を差し伸べる場合もある。協力分野も，医学系の教員による医療協力や農学系の教員による農業協力，社会科学系の教員による村落開発支援まで幅広い。

そこで，本節では，JICA の高等教育分野の技術協力を取り上げて，日本の大学の ODA 参加の姿を明らかにしたい。日本の ODA は，途上国の自律的な発展を目指して人づくり協力を常に重視してきたが，途上国に大学などの高等教育機関を育てていくことは，そうした人づくり協力の根幹をなす協力であった。そして，これまでの多くの大学設立や大学拡充のプロジェクトにおいて，日本の大学教員は重要な役割を果たしてきた。本章の冒頭に記したタイのモン

クット王工科大学ラカバン校への 40 年間にわたる協力のほかにも，ケニアのジョモ・ケニヤッタ農工大学，バングラデシュ農業大学院など，ODA 事業として日本の大学教員が支援した途上国の大学の例は数多い。したがって，本節では，JICA の高等教育協力を概説したのちに高等教育協力プロジェクトへの大学教員の参加について述べる。

1960 年代の日本の ODA 黎明期から，途上国の大学やポリテクニックの育成は常に重点的に取り組まれた ODA 事業であった。現在にいたるまで，JICA は，途上国の大学を育成し強化するための多くの高等教育プロジェクトを実施してきた。具体的には，資金協力プロジェクト（円借款と無償資金協力）によって大学のキャンパスを建設し教育研究機材を供与し，技術協力プロジェクトによってカリキュラムを整備し教員を育て大学運営を支援してきた。図 1-1 は，こうした高等教育分野のハードの支援とソフトの支援の推移を示したものである。

これまでの JICA の高等教育協力において，最も多くの資金が投入されてきたのが，無償資金協力や円借款による，キャンパス建設や資機材供与などの大学の物理的な整備であった。平均すると，100 億円 / 年から 200 億円 / 年程度の整備がおこなわれてきた。一方，大学の教育 / 研究 / 社会貢献活動の改善や

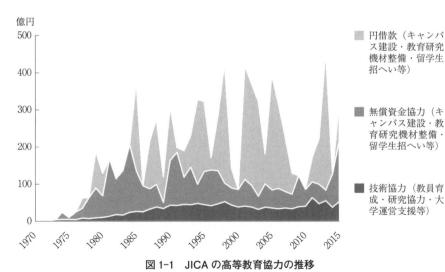

図 1-1　JICA の高等教育協力の推移

（出典）国際協力事業団（1975, 1976a, 1977〜1992, 1993a, 1994〜2001, 2002a, 2003），国際協力機構（2004〜2006, 2007a, 2008a, 2009〜2011, 2012a〜2016a），外務省（1998〜2000, 2002, 2003a, 2004a, 2004b, 2005, 2006, 2007a, 2009〜2011, 2012a, 2013〜2014, 2015a, 2016）等から筆者作成。

強化のための技術協力は毎年20億円から50億円規模で実施されてきた。特に資金協力により大学や学部が新設される場合には，新設大学／学部が機能するための人材育成や技術移転が必要となることが多く，大規模で長期にわたる技術協力プロジェクトがおこなわれた。その代表例が，タイのモンクット王工科大学ラカバン校（1960〜2002年に断続的に4次にわたる技術協力プロジェクト実施）やケニアのジョモ・ケニヤッタ農工大学（1980〜2000年に技術協力を継続的に実施）だ。高等教育協力では，ハードの資金協力とソフトの技術協力を組み合わせて実施することが多い。まず新設大学のキャンパスを建設したのちに日本の大学教員が技術協力の専門家として派遣されたり，また逆に，既存の大学の改善のために日本の大学教員が技術協力専門家として派遣されたのちに，施設の拡充や機材の整備がおこなわれることもある。

2008年から，新たなタイプの技術協力として地球規模課題対応国際科学技術協力（Science and Technology Research Partnership for Sustainable Development: SATREPS）が始まった。これは，環境・エネルギー，生物資源，防災，感染症などの地球規模課題に関し，日本の研究機関と途上国の研究機関で国際共同研究をおこなうもので，それにより世界的な課題の解決につながる知見を獲得し，あわせて途上国の大学や研究機関の研究能力を一層向上させることを目指すものである[13]。近年，途上国の大学の成長は目覚ましく，日本の大学や研究機関との国際共同研究が可能な途上国の研究機関が増えている。こうしたことから，このような共同研究タイプの技術協力も増加している。

JICAの高等教育協力は，主に工学，農学，医学などの学問領域でおこなわれてきた。JICAの高等教育協力実績を分野別にみると，工学分野が約40％，農学分野と保健医療分野がそれぞれ約20％を占めている（**図1-2**参照）。途上国でニーズの高い産業人材の育成，農業振興／農村開発，保健衛生の普及などに直接につながる実学分野がほとんどで，なかでも産業開発に必要な工学教育分野のシェアが高い。

日本の大学教員の参加

高等教育分野のJICAの技術協力では，日本の大学教員が重要な役割を果たしてきた。技術協力プロジェクトでは，プロジェクトごとに主に大学や民間コンサルタント会社などが日本側の支援機関となって，支援先の途上国の大学に専門家を派遣し，先方の大学関係者を研修のために日本に受け入れてきた。1975年度から2015年度の間に実施された工学教育分野の技術協力プロジェク

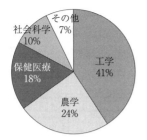

(注) 1975-2013 年度の技術協力プロジェクト／無償資金協力／円借款による高等教育協力プロジェクトの経費累計にもとづく内訳。ただし留学プロジェクトを除く。
(出典) 図 1-1 に同じ。

図 1-2　JICA の高等教育協力の分野別内訳

トを例にとると、全体で 100 件のプロジェクトのうち、大学が支援機関であったプロジェクトは 69 件、高等専門学校や職業訓練大学校が支援機関であったプロジェクトは 4 件、コンサルタント会社などの民間企業が支援機関であったプロジェクトは 14 件、省庁や国の研究機関が支援機関であったプロジェクトは 9 件であり、日本の大学が多くの工学教育系技術協力プロジェクトを支えてきたことがわかる。

　表 1-9 は、日本の大学が支援した JICA の高等教育技術協力プロジェクトのうちで代表的なプロジェクトを一覧表にしたものである。これらのプロジェクトでは多くの場合 2 ～ 3 大学がプロジェクトの中心的な支援大学となって、プロジェクトの実施方針の検討や専門家の人選をおこない、あわせて自分の大学から教員を専門家として派遣し、先方大学の教員を留学生や研修員として受け入れている。現地に専門家として派遣された教員は、途上国の大学の現場で教育カリキュラムやシラバスの作成、相手大学の教員への授業指導や研究指導、大学運営や研究室運営の助言、産学連携への取り組み、共同研究の実施など、支援先の大学の学部／大学院の教育研究活動を改善するための指導をおこなっている。プロジェクトの期間や予算規模はさまざまであるので、専門家として派遣された大学教員の延べ人数も、1,000 人を超える大規模なものから 50 人程度のものまで幅がある。協力分野は、工学、医学、農学分野のプロジェクトが多いが、近年工学系のプロジェクトが数のうえでも規模のうえでも急速に拡大している。

　では、日本のどのような大学が、JICA の技術協力に参加しているのだろうか。1990 年度から 2013 年度の間に実施された高等教育分野の JICA 技術協力プロジェクトには、約 200 の日本の大学から、延べ約 5,000 人の教員が専門家[14]として派遣された。表 1-10 は、JICA の高等教育技術協力プロジェクトに専門家として派遣された大学教員の大学別延べ人数である。工学系プロジェク

表 1-9　日本の大学が支援した代表的な JICA 高等教育技術協力プロジェクト（1990〜2013 年度）

国名・地域名	技術協力プロジェクト名	協力期間	日本の大学から派遣された専門家の		大学一括委託契約	協力の相手校	分野	協力の内容
			延人数	主な所属大学				
インドネシア	高等教育開発計画（HEDS）	1990-2002	253 人	豊橋技術科学大学 東京工業大学 長岡技術科学大学		バンドン工科大学，北スマトラ大学，シャクアラ大学他	工学	インドネシアの 11 地方大学の工学教育の底上げを図る。
インドネシア	日本研究センタープロジェクト I，Ⅱ＆Ⅲ	1997-2000 2001-2004 2005-2008	83 人	東京大学 立命館大学		インドネシア大学	社会科学	日本研究センターの研究能力と運営能力の向上を図る。
インドネシア	初中等理数科教育拡充プロジェクト	1998-2005	57 人	東京学芸大学 群馬大学		インドネシア教育大学，ジョグジャカルタ国立大他	教育学	理数科教員養成の学部教育と現職教員研修の質の向上を図る。
インドネシア	電気系ポリテクニック教員養成プロジェクト	1999-2006	94 人	東京工業大学 佐賀大学		スラバヤ電子工学ポリテクニック	工学	全国の新設ポリテクニックに必要な教員の養成課程を開設する。
インドネシア	スラバヤ工科大学情報技術高等人材育成プロジェクト I ＆Ⅱ	2006-2010 2012-2014	107 人	熊本大学 広島大学	○ （熊本大）	スラバヤ工科大学	工学	スラバヤ工科大学の ICT 分野の研究能力を強化する。
インドネシア	ガジャマダ大学産学地連携総合プロジェクト	2006-2009	88 人	九州大学	○ （九州大）	ガジャマダ大学	工学	産学地連携センターを開設し，産学連携による研究能力の強化を図る。
インドネシア	ハサヌディン大学工学部強化プロジェクト	2009-2012	55 人	九州大学 豊橋技術科学大学		ハサヌディン大学	工学	円借款により新設された工学部教育の立ち上げを支援する。
タイ	モンクット王工科大学ラカバン拡充プロジェクト／情報通信技術研究センタープロジェクト	1988-1993 1997-2002	168 人	東海大学 東京工業大学		モンクット王工科大学ラカバン校（KMITL）	工学	KMITL の教育・研究活動を強化する。情報通信分野のトップレベルの研究センターを立ち上げる。
タイ	タマサート大学工学部拡充プロジェクト	1994-2001	124 人	長岡技術科学大学 東京工業大学		タマサート大学	工学	タマサート大学に工学部を新設する。
ラオス	国立大学経済経営学部支援プロジェクト	2000-2007	56 人	神戸大学 流通科学大学	○ （神戸大）	ラオス国立大学	経済学	市場経済移行に必要な人材養成のための経済経営学部改善をおこなう。
ラオス	国立大学工学部情報化対応人材育成機能強化プロジェクト	2003-2008	84 人	東海大学 明治大学	○ （東海大）	ラオス国立大学	工学	工学部の IT 分野の教育活動を改善する。
ラオス	セタティラート大学病院医学教育研究機能強化プロジェクト	2007-2010	60 人	東京大学	○ （東京大）	ラオス国立大学	医学	医学部学生の臨床実習と卒後研修の改善を図る。
東ティモール	東ティモール大学工学部支援プロジェクト／能力向上プロジェクト	2006-2010 2011-2015	149 人	埼玉大学 岐阜大学 山口大学		東ティモール大学	工学	独立後に開設された同大学の工学部教育の立ち上げを支援する。

国名・地域名	技術協力プロジェクト名	協力期間	日本の大学から派遣された専門家の 延人数	日本の大学から派遣された専門家の 主な所属大学	大学一括委託契約	協力の相手校	分野	協力の内容
ベトナム	ハノイ工科大学ITSS教育能力強化プロジェクトⅠ&Ⅱ	2006-2008 2009-2012	244人	立命館大学 慶應義塾大学	○（立命館大/慶應大）	ハノイ工科大学	工学	実践的なIT分野の学部教育および社会人研修を強化する。
ベトナム	ホーチミン市工科大学地域連携機能強化プロジェクトⅠ&Ⅱ	2006-2009 2009-2012	65人	豊橋技術科学大学 鹿児島大学	○（熊本大）	ホーチミン市工科大学	工学	同大学に地域連携型の研究活動が導入される。
ミャンマー	工学教育拡充プロジェクト	2013-2018	54人	京都大学 長崎大学		ヤンゴン工科大学，マンダレー工科大学	工学	同工科大学の教育/研究活動を改善する。
アセアン	工学系高等教育ネットワークプロジェクト（SeedNet）Ⅰ，Ⅱ&Ⅲ	2003-2008 2008-2013 2013-2018	1,169人	東京工業大学 北海道大学 豊橋技術科学大学 九州大学 京都大学 東海大学 慶應義塾大学		バンドン工科大学，マレーシア工科大学，デラサール大学，チュラロンコン大学，ブラハ大学，ハノイ工科大学，ナンヤン工科大学他	工学	アセアン内の留学や日本への留学，研究活動支援をつうじて工学系教員の能力強化を図り，アセアン各国の工学系トップ大学を育成する。
中国	中日医学教育センタープロジェクト/臨床医学教育プロジェクト	1989-1994 1995-2000	112人	慶應義塾大学 東北大学		中国医科大学	医学	中国医科大学の基礎医学教育と臨床医学教育を改善する。
バングラデシュ	農業大学院プロジェクトⅠ&Ⅱ	1985-1990 1990-1995	70人	九州大学 佐賀大学		バングラデシュ農業大学院	農学	大学院レベルの農業教育と農業研究を実施する。
トルコ	地震防災研究センタープロジェクト	1993-2000	59人	東京大学 北海道大学		イスタンブール工科大学	工学	同大学内に地震工学実験サブセンターを設置し，地震工学研究を推進する。
エジプト	エジプト日本科学技術大学プロジェクト（E-Just）Ⅰ&Ⅱ	2008-2014 2014-2019	268人	東京工業大学 京都大学 早稲田大学 九州大学	○（東工大/京大/九大/早大）	エジプト日本科学技術大学	工学	トップレベルの工学系大学院教育をおこなうエジプト日本科学技術大学を設立する。
ケニア	ジョモ・ケニヤッタ農工大学（学士課程）プロジェクト	1990-2000	131人	京都大学 岡山大学		ジョモ・ケニヤッタ農工大学	工学農学	同大学の大学昇格にともない，学部教育の充実を図る。
ポーランド	日本情報工科大学プロジェクト	1996-2004	64人	埼玉大学 茨城大学		日本情報工科大学	工学	日本情報工科大学を新設し，実務的なIT教育をおこなう。

（注）本表は次の条件により抽出したJICAの技術協力プロジェクト案件のリストである。
• 1990年度～2013年度に実施された高等教育技術協力プロジェクト（ただしSATREPSは含まず）で，支援機関が日本の大学（高等専門学校および大学校を除く）であったプロジェクト。
• 1990年度～2013年度に専門家や調査団員として派遣された日本の大学の教員数が延べ50人以上のプロジェクト。
• HEDS: Higher Education Development Support Project
　SeedNet: ASEAN University Network/Southeast Asia Engineering Education Development Network
　E-Just: Egypt-Japan University of Science and Technology
（出典）JICAのプロジェクト報告書をもとに筆者作成。

表 1-10　JICA 高等教育技術協力プロジェクトに専門家として派遣された大学教員の大学別
　　　　延べ人数

人数順位	工学系プロジェクト			農学系プロジェクト			医学系プロジェクト		
	専門家の所属大学	延べ人数	割合	専門家の所属大学	延べ人数	割合	専門家の所属大学	延べ人数	割合
1	東京工業大学	622	18.2%	九州大学	104	15.6%	東京大学	86	16.1%
2	豊橋技術科学大学	350	10.2%	岡山大学	59	8.9%	慶應義塾大学	62	11.6%
3	九州大学	302	8.8%	東京大学	41	6.2%	富山大学	43	8.1%
4	東海大学	287	8.4%	三重大学	41	6.2%	東北大学	37	6.9%
5	京都大学	244	7.1%	京都大学	38	5.7%	九州大学	29	5.4%
6	慶應義塾大学	185	5.4%	東京農工大学	38	5.7%	千葉大学	29	5.4%
7	北海道大学	179	5.2%	香川大学	33	5.0%	東京医科歯科大学	23	4.3%
8	熊本大学	155	4.5%	帯広畜産大学	31	4.7%	札幌医科大学	21	3.9%
9	立命館大学	148	4.3%	鹿児島大学	23	3.5%	東京女子医科大学	20	3.8%
10	長岡技術科学大学	135	3.9%	北海道大学	20	3.0%	兵庫医科大学	15	2.8%
	計 108 大学	3,421	100%	計 66 大学	665	100%	計 70 校	533	100%

(注) 1990〜2013 年度に，日本の大学から高等教育分野の JICA 技術協力プロジェクト（工学分野 / 農学分野 /
　　医学分野，SATREPS 除く）に派遣された専門家の延べ人数。
(出典) JICA のデータをもとに筆者作成。

トの専門家を所属大学別にみると，東京工業大学の教員が最も多く 622 人で工
学系のなかでは 18%を占め，2 番目に多いのが豊橋技術科学大学で 350 人
（10%），3 番目が九州大学の 302 人（9 %）である。農学系では九州大学（104
人，16%）や岡山大学（59 人，9 %）が，医学系では東京大学（86 人，16%）や
慶應義塾大学（62 人，12%）や富山大学（43 人，8 %）が多くの教員を専門家と
して派遣している。**表 1-10** に掲載した全 24 大学のうち，国立大学が 18 大学，
私立大学が 5 大学，公立大学が 1 大学であり，国立大学が JICA の技術協力の
主要な支援母体となっている。また，いずれの分野でも，派遣人数の多い上位
10 大学で専門家全体の 70%程度を占めており，大学ごとの派遣人数には大き
な偏りがある。JICA の高等教育技術協力プロジェクトの実施は，比較的少数
の大学によって担われてきたことがわかる。
　さらに，専門家の年度別の派遣延べ人数の推移と，派遣延べ日数の推移をみ
ると（**図 1-3** 参照），延べ人数は 1990 年代には年間 150 人程度であったが，
2000 年代以降は急速に拡大し，近年は 300 人 / 年を超えている。その一方で，
延べ日数は，1990 年代には 10,000 日 / 年前後であったものが，2000 年代以降

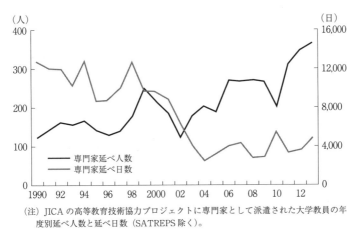

(注) JICAの高等教育技術協力プロジェクトに専門家として派遣された大学教員の年度別延べ人数と延べ日数（SATREPS除く）。

図1-3　JICA専門家として派遣された大学教員の派遣延べ人数と派遣延べ日数の推移
（出典）JICAのデータをもとに筆者作成。

は4,000日／年程度にまで減少している。1990年代に比べて，2000年代以降は，プロジェクトごとの専門家派遣人数が大きく増える一方で，ひとりあたりの派遣期間が短くなっているためである。

　図1-4は，専門家の派遣期間別の割合の推移を示したものである。1990年代初めには，半数の専門家は1月以上の派遣期間であったが，その後，派遣期間は急速に短くなり，現在では約90％の専門家の派遣期間は半月未満である。これは，1990年代から2000年代にかけての情報通信技術の発展やグローバル化の進展にともない，高等教育プロジェクト専門家の活動が長期現地滞在型のものから，短期出張型のスタイルへと変化したことを示している。かつては，日本の大学の仕事から一時的に離れて，数か月から，場合によると1年にわたって現地の大学に赴任し専門家の仕事に携わる教員も多かったが，現在は，パソコンをたずさえて1週間程度現地に出張し，日本の大学の仕事もこなしながら，現地での指導にあたる教員がほとんどである。

　最後に，JICA技術協力プロジェクトへの大学教員の参加方法について述べたい。JICAの技術協力プロジェクトは，途上国政府からの協力要請を受けて政府ベースの国際約束にもとづき実施される事業である。最終的な協力実施の決定と相手国政府との国際約束の締結は外務省がおこない，その具体的な実施を担当するのがJICAである。途上国の大学を育成する技術協力プロジェクトの実施にあたっては，大学教育や学術研究の経験をもつ日本の大学教員の協力

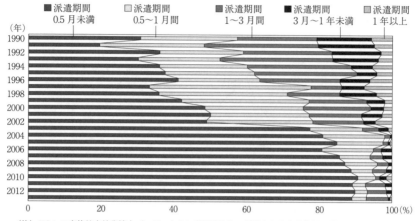

(注) JICA の高等教育技術協力プロジェクトに専門家として派遣された大学教員の派遣期間別割合（SATREPS 除く）。

図1-4　JICA 専門家として派遣された大学教員の派遣期間別の割合推移
(出典) JICA のデータをもとに筆者作成。

が必須だ。そこで，JICA は協力してくれる大学教員をメンバーとする国内支援委員会を組織して，プロジェクトを実施することが多い（国際開発センター・アイシーネット 2003）。日本の大学教員から十分な協力を得ることができるか，国内支援委員会が十分に機能するかは，プロジェクトの成否につながる重要な点である。しかし，実際にはプロジェクトを支援してくれる適切な大学教員を探しだすことは容易ではなく，JICA は過去の協力事業のネットワークを使って協力教員を募ったり，また，大規模な案件の場合は，外務省や文部科学省などをつうじて大学に協力を依頼したりすることもある。JICA 技術協力プロジェクトの国内支援委員会に委員長や委員として参加した大学教員が，そのプロジェクトの実質的な司令塔となって，プロジェクトの技術的な助言をし，専門家として派遣される大学教員のリクルートを支援しているのである。大学教員の国内支援委員会への参加は，JICA から教員に対して委員長／委員の業務を委嘱することによっておこなわれ，途上国への専門家派遣は，JICA と教員の間の専門家業務委託契約にもとづいて実施されている[15]。したがって，大学教員の国際協力への参加は，JICA と大学教員との間の業務委嘱や業務委託にもとづくもので，仕組みのうえでは教員の個人的な参加の色彩が濃い。

　現在も，JICA では国内支援委員会を組織して高等教育分野の技術協力プロジェクトを実施することが多いが，2000 年代から，一部のプロジェクトでは新

たな試みもおこなわれている。それは，広く民間のノウハウや人材を活用するために，プロジェクトの実施機関を公示によって募り，関心を示したコンサルタント会社や民間企業，または大学のなかから，契約相手方を選んで，プロジェクトの実施を一括委託する方式である[16]（文部科学省「国際開発協力サポート・センター」プロジェクト 2005）。一方，大学の側も 2004 年の国立大学法人化を経て，契約ベースでの JICA 事業受託が可能になった。**表 1-9** に掲げた，日本の大学が支援した代表的な高等教育技術協力プロジェクト 23 事例のうち 8 件は，このような一括委託型のプロジェクトである。一括委託型のプロジェクトの場合は，大学は間接経費を受け取る一方，プロポーザルの作成や受託契約の締結，経費の精算処理など，多くの事務処理をおこなわなければならないので，上記の国内支援委員会の方式に比べると，より組織的な対応が必要になる。そのため，JICA プロジェクトへの対応も，大学の教員個人というよりは，大学の執行部や事務局を巻き込んだ組織的な対応であることが多く，逆に，大学が組織的な対応をできない場合には，一括委託契約による国際協力プロジェクトの実施は困難になる。

　日本の大学の教員は，ODA の初期の段階から技術協力の重要な担い手であった。特に，途上国の大学を育成する高等教育協力では，常に日本の大学教員が事業実施の司令塔になり，現地に専門家として赴いて指導にあたってきた。現在も大学教員が高等教育プロジェクトを支えていることに変わりはないが，半世紀の間に変化もうまれている。1990 年中頃までは大学教員の ODA 参加に人々の関心が向けられることはほとんどなかったが，高等教育国際化の進展とともに，2000 年前後には大学の ODA 参加の意義やメリットが一部の識者によって語られるようになった。また，かつては，ODA 参加は大学教員の個人的な活動の色彩が強かったが，最近は一部のプロジェクトで，大学が ODA 事業の受託契約を結んで実施する例も生まれている。

1.4　大学の国際化と国際協力

　これまでみてきたように，文部科学省の高等教育政策は，大学の ODA 参加を大学国際化の文脈ではほとんど取り上げてこなかった。しかしながら，大学の ODA 参加に関する論考の多くは，その意義やメリットを大学国際化と関連付けて論じている。JICA の技術協力事業に参加している大学教員と長く接し

てきた筆者の印象としても，日本の大学の ODA 事業への関心や対応は，大学の国際化が強くいわれるようになった 2000 年代以降変化している。グローバル化の進展のもとで大学を取り巻く環境が大きく変わるなかで，ODA を大学国際化の一助として活用したいと考える大学の経営層は確実に増えていると感じる。そこで，ここでは高等教育国際化の基本的な考え方を整理し，あわせて日本における高等教育国際化の政策の具体的な内容と特徴を確認しておきたい。

1.4.1　高等教育の国際化とは

高等教育国際化の定義 / 背景

1990 年代から高等教育の国際化について活発に研究している Knight は，高等教育の国際化についての有用な定義や分類を提示している。Knight は，高等教育の国際化を，「国 / セクター / 組織レベルの国際化とは，組織や国家レベルで高等教育の目的，機能，提供に国際的，異文化的，グローバルな側面を統合するプロセスである（Internationalization at the national/sector/institutional levels is the process of integrating an international, intercultural or global dimension into the purpose, functions or delivery of higher education at the institutional and national levels.）」と定義した。高等教育の国際化は，かつては，学生の留学や国際的な授業科目など，単に大学の国際的な教育研究活動を指すだけであった[17]。しかし，1990 年代中頃からは，国家レベルで高等教育の国際化政策が議論され，また高等教育機関のあり方そのものにも大きな影響をおよぼすようになり，非常に多義的な言葉になった。高等教育の国際化は，大学の機関レベルだけでなく国家政策のレベルでも論じられ，高等教育の目的から活動にいたるまで影響をおよぼし，また，進行中の事象であることから，Knight の定義は，これらを広く包含するものとなっている（Knight 2008）。さらに，近年，De Wit 他によってこの定義は，「すべての学生と教職員のために教育研究の質を向上させ，社会に意義のある貢献をなすための，中等後教育の目的，機能，提供に国際的，異文化的，グローバルな側面を統合する意図的なプロセス（Intentional process of integrating an international, intercultural or global dimension into the purpose, functions and delivery of post-secondary education, in order to enhance the quality of education and research for all students and staff, and to make a meaningful contribution to society）」と再定義され（De Wit et al. 2015），この新たな定義が普及しつつある。高等教育の国際化に関しては，これまで学生や研究者の流動性や大規模な高等教育機関の海外展開といった現象に関心が向けら

れがちであったが，De Wit の新たな定義では，こうした現象そのものが国際化の目的ではなく，国際化によって教育や研究の質が向上しすべての学生がその恩恵に浴することが重要だとの観点が強調されている。

高等教育国際化の背景として，Knight は次の 8 点―グローバル化の進展，経済活動や教育活動などのリージョナル化，ICT 技術の発達と普及，新たな高等教育提供者の出現，高等教育財源の多様化，地球規模課題の増加，生涯教育の普及，高等教育にかかわるアクターの増加と多様化―を指摘している。これらのなかで最も大きな影響を与えてきたのは，グローバル化の進展であった。グローバル化のもとで，「人・文化・考え・価値観・知識・技術・経済活動が国境を越えて移動し，その結果，相互により依存し連携した世界」が生まれている（Knight 2008）。太田も，日本の高等教育国際化の背景として，ほぼ同様の項目をあげている。まず，高等教育の外的環境として，「知識経済，情報通信技術，市場経済，貿易協定」を，高等教育内部の変化として，「大衆化，商業化，公的援助の減少，説明責任，民間資金の導入，ガバナンスの変化」を列記し，こうしたグローバル化の環境変化のもと国際化が日本の大学の喫緊の課題になっていると述べている（太田 2011）。大学は元来普遍的な知識や価値観を探求する場という意味で国際的な性格をもっていたが，人の往来や情報の流通が飛躍的に拡大したグローバル化の時代のもとで，高等教育の国際的な性格は急速に強まった。

「内なる国際化」と「国境を越える国際化」

Knight は，高等教育の多様な国際活動を，「内なる国際化（Internationalization at home）」と「国境を越える国際化（Cross-Border Internationalization）」の 2 つに分類して説明している（**図 1-5** 参照）。「内なる国際化」は，大学のキャンパスにおいておこなわれる国際的な活動である。具体的には，国際的な内容の授業／外国語学習／外国の地域研究などに代表される教育活動の国際化，国際共同研究／国際学術誌への投稿／国際学術研究会の開催などの研究活動の国際化，キャンパスでの国際的なイベントの開催や地域社会との異文化交流などの教育課程外の活動の国際化などである。これらの活動の多くは「国境を越える国際化」の活動よりもずっと前からおこなわれていたものが多い（Knight 2012）。東條は，日本においても，「大学の国際化の草創期から 1980 年代頃までは，国際性をもつ専門分野を導入するといった内容面，あるいは国際化に対して基本的な態度を変革していくという理念レベルの取り組みに重点があった」

第 1 章　大学の ODA 参加の政策と現状　39

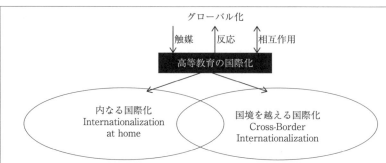

図 1-5　高等教育国際化の 2 つの柱——内なる国際化と国境を越える国際化
(出典) Knight (2012) から筆者が翻訳して作成。

と述べ，1980 年代に"国際"を冠した大学や学部がいくつも新設された例をあげている（東條 2010）。

「国境を越える国際化」に関しては，Knight は，人の移動，プログラムの移動，教育提供機関の移動，プロジェクトやサービスの移動，政策の移動といった，移動する対象に着目した 5 類型を提示している。1 つ目の人の移動とは，学生／教員／研究者などの人が国境を越えて留学したり外国でのフィールド研究をおこなったりすることである。2 つ目のプログラムの移動とは，教育プログラムや学部／大学院課程がツイニング・コース／フランチャイズ提携コース／ジョイント・ディグリー／ダブル・ディグリー／遠隔・通信教育などの形で，外国に居住する学生のもとに国境を越えて届けられることである。3 つ目の教育提供機関の移動とは，教育プログラム単位ではなく大学などの組織単位で，海外分校やバーチャル大学，さらには買収／合併などの形で教育機関が国境を

越えるケースである。かつては国際的な高等教育といえば、留学の形で学生が国境を越えることを指したが、今や大学のほうが海を渡って学生のところにやってくる時代になった。しかし、国家の枠のなかに納まらないこうした新しい形の高等教育機関は、大学設置許可、教育の質保証、学位授与機能などについて新たな課題もうむことになった。4つ目のプロジェクトやサービスの移動とは、開発援助プロジェクトや大学間学術連携プロジェクトとして、さらには商業ベースで、カリキュラム開発／共同研究／技術支援などをおこなうことであり、5つ目の政策の移動とは、教育の質保証の政策などを国際的に検討したり、調整したりすることである。Knight は、国際化の議論においては「国境を越える国際化」が注目される傾向にあるが、多くの大学では「内なる国際化」の果たす役割がいまだ非常に大きいことを指摘している（Knight 2012）。

　さらに、Knight は、「国境を越える国際化」には、①開発援助、②営利目的ではない大学間交流や学術連携、③営利目的の商業行為や市場主導のベンチャー活動の3つの実施形態があると述べている。また、この3つの実施形態を比べると、大学の学術交流による移動が今も主流ではあるものの、全体の変化の傾向としては開発協力、学術交流、商業活動の順に移行していること、これは言葉を換えれば「援助から貿易へ」の変化といえるものであることも指摘している（Knight 2012）。日本の大学に関しては、援助としての開発協力が最初にあり、それがやがて大学間の学術交流やより商業的な高等教育事業へ発展したという認識は必ずしも広く共有されているものではない。しかし、たとえば、カナダでは、1950 年代に始まった大学の国際協力参加が 1960 年代に大きく拡大し、援助をつうじた国際経験が後に始まる大学の国際化の基礎を築いたことは多くの人の共通認識となっている（Trilokekar 2010; Egron-Polak 1996）。また、オーストラリアでは、1951 年のコロンボ・プラン開始とともに留学生受け入れが始まり、さらに 1970 年代末からは ODA による奨学金が広く私費留学生にも支給されるなど、同国の留学生受け入れの歴史は ODA によってつくられてきた（Adams et al. 2011; Cuthbert et al. 2008）[18]。日本の状況とは異なりこれらの国では、高等教育の国際化の必要性がいわれるずっと前の時期から、大学は ODA 事業に大規模に参加し、そうした国際協力の経験や蓄積がその後の大学国際化への対応にいかされた。現在は、欧米を中心に、商業活動的色彩の高等教育の海外展開が一部に始まっている[19]。これらの国においては、Knight が「国境を越える国際化」の変化として提示している、開発協力から学術交流へ、さらに商業活動への流れが確かに存在していた。

Knight が，「内なる国際化」と「国境を越える国際化」について指摘しているもうひとつの点は，この2つの領域が相互に深く関係していることである。国境を越えておこなわれる大学の国際的な活動は，キャンパス内での国際活動に影響をおよぼし，また逆方向の影響もあり得る。しかし，この両者が具体的にどのように関係しているかはこれまで十分に研究されておらず，今後の研究が待たれるとも Knight は述べている（Knight 2008）。日本の大学の ODA 事業への参加を例にとっても，このことはあてはまる。たとえば，JICA の高等教育分野の技術協力をつうじて日本の大学教員が専門家として途上国で活動することは「国境を越える国際化」の活動[20]に該当し，そうした活動は所属大学の教育活動や研究活動（「内なる国際化」）になんらかのインパクトをおよぼしていると思われる。しかしながら，1.3.1 でも見たとおり，日本の大学教員の ODA 参加によるインパクトについての実証的な研究は非常に少ないのが現実である。

1.4.2　日本の高等教育国際化政策・施策

日本の高等教育の国際化政策には，いくつかの異なる観点がある。義本は，2002 年以降の大学国際化政策に，学生交流（留学生の送り出しと受け入れ），グローバル人材育成（日本人学生のグローバル化対応），大学のグローバル展開（大学の国際連携）の3つの観点があることを示して，高等教育国際化の政策や施策の体系化を試みている（義本 2012）。近年は，個別の高等教育国際化施策に複数の観点を盛り込み総合的な取り組みを推進することが多いが，ここでは政策の流れをわかりやすくするために，義本の分類にもとづいて，一連の政策・施策を大学の国際化体制整備／国際展開政策，留学生受け入れ政策，グローバル人材育成政策の3つに分けて整理したい。なお，留学生送り出し事業は，義本の分類では留学生受け入れ事業と一緒に扱われているが，むしろグローバル人材育成事業と重なるところが多いので，グローバル人材育成政策のなかで扱う。**表 1-11** に 1980 年代以降の主要な高等教育国際化政策を，**表 1-12** に分類別の主要な政策・施策を列記している。

大学の国際化体制整備／国際展開政策

まず，最初に，大学の国際化体制整備／国際展開政策について述べる。前世紀末には，情報通信技術が進展し，グローバル化による国境を越えた活動がさまざまな分野で広がり，欧米を中心とした外国の大学はすでに国際化を積極的

に進めていた。そうしたなか，日本では，2000年に大学審議会が「グローバル化時代に求められる高等教育の在り方について」の答申を提出した。これが日本で高等教育の国際化を正面から取り上げた最初の政策文書である。同答申は，①グローバル化時代を担う人材の教育，②高度で多様な教育研究，③情報通信の活用，④学生・教員の国際流動性の向上，⑤大学の組織運営や財政の改善の5つの視点から，日本の高等教育が国際的な通用性や共通性を向上させ，国際競争力をつけるための提言をおこなっている（文部省 2000a）。この答申の内容について，米澤は「幅広く具体的な提案がなされており，2015年現在における高等教育の国際化に関わる主要な論点のほとんどは，すでに当時から認識されていた」と述べている（米澤 2015）。その一方で，義本は，グローバル化時代の要請に応える教育内容や方法の改善充実の方向性を示しつつも，「大学教育の国際化に関する具体的な政策展開は限定的であり，あくまで理念のレベルに留まっている」として（義本 2012），評価は分かれている。なお，1.2.1で触れたとおり，この答申では，「国際教育協力の推進」の項目が立てられて，大学教員が国際協力に参加し途上国経験を積むことは大学の国際化に資するとして推奨している。しかし，その後2000年代から2010年代にかけていくつもの大学国際化に関連する政策文書が作成されているが，大学の国際協力参加に言及しているのは2000年のこの答申のみであり，高等教育政策のなかで大学の国際協力参加が議論されることは基本的になかったといってよい。

2000年の「グローバル化時代に求められる高等教育の在り方について」の大学審議会答申ののちに，答申にもとづいてなされた施策はわずかであり，「具体的な政策レベルでは，留学生の受け入れ推進が政策の大半を占めて」おり，「大学教育の国際化やグローバル化の問題が，政策レベルでは切実感をもって捉えられるには至っていなかった」（義本 2012）。大学国際化の施策が本格的に開始されたのは，2005年の大学国際戦略本部強化事業（2005～2009年度）によってである[21]（**表1-12**参照）。この事業は，対象大学で国際戦略本部などの全学横断的な組織体制を整備して，国際戦略にもとづく組織的な国際活動をおこなう事業であるが，国立大学の法人化が進行していた時期でもあり，国際展開戦略の優れたモデルを模索することも意図されていた（米澤 2015）。その後，2010年代になると，キャンパス・アジア構想（2010年度～）や大学の世界展開力強化事業（2011年度～）といった国際的な連携交流を支援する事業が開始される。文部科学省は，2010年に大学の国際展開を後押しするため，ダブル・ディグリーのガイドラインを作成しており，大学国際化の基本方針となる答申

表 1-11 大学の国際化に関する政府の主な提言や報告

年	提言・報告	大学の国際化に関する記載（要約）
1983	21世紀への留学生政策に関する提言（21世紀への留学生政策懇談会報告）	・留学生受け入れ数を21世紀初頭には当時のフランス並みの10万人に増加させるとの目標を掲げるとともに、その実現に向けて、世界に開かれた大学環境を実現し、国際人としての日本人を育成することを提言した。
2000	グローバル化時代に求められる高等教育の在り方について（大学審議会答申）	・国際競争力の強化を図るため、①グローバル化時代を担う人材の質の向上に向けた教育の充実、②科学技術の革新と社会・経済の変化に対応した高度で多様な教育研究の展開、③情報通信技術の活用、④学生・教員等の国際的流動性の向上、⑤最先端の教育研究の推進に向けた高等教育機関の組織運営体制の改善と財政基盤の確保の5つの視点に立って改革を進めるよう提言した。 ・大学教員が途上国の現場に赴いておこなう国際協力を推進すべきであることにも言及している。
2003	新たな留学生政策の展開について（中央教育審議会答申）	・2003年に留学生10万人の目標が達成されたことを受けて、外国人留学生の質向上や支援システムの構築とともに、双方向の学生交流や日本人海外留学の支援策を提言した。留学生交流の意義として大学の国際化への貢献をあげ、また日本人学生の送り出し政策に初めて言及した。
2008	留学生30万人計画骨子（6関係省庁）	・日本を世界により開かれた国とし、アジアや世界との間のヒト・モノ・カネ、情報の流れを拡大する「グローバル戦略」を展開する一環として、2020年を目途に30万人の留学生受け入れを目指す。また、高度人材受け入れとも連動させながら優秀な留学生を戦略的に獲得し、また、知的国際貢献にも努めることを提言した。
2011	グローバル人材育成推進会議中間まとめ（グローバル人材育成推進会議）	・高等教育の国際化を効果的・効率的に進め、産学官（民間・大学・省庁間連携も含む）を通じて社会全体でグローバル人材の育成に取り組むという方針のもと、初中等教育／大学での英語教育、大学教育の国際化、グローバル人材の経済社会での活用などを提言した。
2013	これからの大学教育等の在り方について（教育再生実行会議第三次提言）	・大学教育に関して、①グローバル化に対応した教育環境、②イノベーション創出のための教育・研究環境、③学生を鍛え上げ社会に送り出す教育機能強化、④社会人の学び直し機能強化、⑤大学ガバナンス改革と財政基盤確立による経営基盤強化について提言した。
2013	日本再興戦略—JAPAN is BACK—（産業競争力会議）	・人材こそが日本の最大の資源であるという認識のもと、国立大学改革やグローバル化等に対応する人材力の強化といった施策や、理工系人材の育成や社会人の学び直し支援、スーパーグローバル大学の創設等の施策を提言した。

（出典）21世紀への留学生政策懇談会（1983），文部省（2000a），文部科学省（2003），文部科学省他（2008），グローバル人材育成推進会議（2011），教育再生実行会議（2013），産業競争力会議（2013）から筆者作成。

44

表 1-12　大学の国際化に関する主な政策と施策

国際化体制整備 / 国際展開政策	留学生受け入れ政策	グローバル人材育成政策
2000 年代以前		
	国際交流 / 開発協力としての留学生受け入れ 1983 「留学生 10 万人計画」	
2000 年度-2004 年度		
大学国際化の基本方針策定 2000 「グローバル化時代に求められる高等教育の在り方について」 2004 国立大学法人化	2003 留学生 10 万人達成 2003 「新たな留学生政策の展開について」	
2005 年度-2009 年度		
大学国際化の体制整備 2005-2009 大学国際戦略本部強化事業 →全学的な国際化取組体制の整備 2007-2014 グローバル COE プログラム →国際的な大学院支援	大学の国際競争力強化や産業界の高度人材確保のための留学生受け入れ 2007-2012 アジア人財資金構想 →高度外国人材の確保 2008 「留学生 30 万人計画」 2009-2013 国際化拠点整備事業 →留学生受け入れ環境の整備	
2010 年度-2014 年度		
国際連携促進 / 国際競争力強化 2010- キャンパス・アジア構想開始 →日中韓の教育の質保証をともなった大学間交流 2011- 大学の世界展開力強化事業 →アジア / アメリカ / ヨーロッパ等の大学との国際教育連携支援 2013 「これからの大学教育等の在り方について」 2014- スーパーグローバル大学創成支援事業 →海外の卓越した大学との連携と大学改革		グローバルに活躍できる日本人学生の育成（産業界からの要請） 2011 「グローバル人材育成推進会議中間まとめ」 2012- グローバル人材育成推進事業 →グローバル教育推進の組織的体制整備 2013 「日本再興戦略」（日本人海外留学目標 12 万人）

(注) 網掛けは政策・方針文書を示す。
　　　2009 年度に始まった国際化拠点整備事業は，2010 年から「大学の国際化のためのネットワーク形成推進事業」（2013 年度まで）に組み換えて実施された。
(出典) 筆者作成。

（2000年の「グローバル化時代に求められる高等教育の在り方について」）から10年たってようやく，大学の海外展開を支援する施策が本格化した。

2013年には，官邸主導の教育再生実行会議により「これからの大学教育等の在り方について（第三次提言）」が作成された。2000年代中頃から世界的な大学ランキングの影響が無視できないほど大きくなっており，この第三次提言では，「今後10年間で世界大学ランキングトップ100に10校以上をランクインさせる」ことが目標に掲げられ，大学の競争力の強化と国際的な認知の改善が最重要課題のひとつになった（教育再生実行会議 2013）。2014年からはスーパーグローバル大学創成支援事業（2014年度〜）が始まったが，大学ランキング対策が前面に出たものとなった（米澤 2015）。

留学生受け入れ政策

次に1980年代以降の留学生受け入れ政策の変遷をたどる。日本は1983年の「留学生10万人計画」によって，21世紀初頭までに留学生数を当時のフランス並みの10万人にする方針を打ち出した。その背景には，高度経済成長にともなう諸外国との経済摩擦やアジア諸国との戦後処理の問題を途上国援助によって緩和し，18歳人口の減少による高等教育機関の入学者数減少に留学生の増加で対応する狙いがあったが（工藤ほか 2014; 武田 2006），留学生事業の直接的な目的には，友好促進と途上国の人材養成，さらに学術交流や国際交流が掲げられていた（佐藤（由）2010）。1990年代までは，留学生受け入れ政策は，経済大国となった日本が果たすべき途上国支援として位置付けられ（東條 2010），そうした国際貢献をつうじて日本が直面する外国との経済問題や外交問題を改善することが期待された。

しかし，今世紀に入る頃から大学を取り巻く環境は変わり始め，2000年の「グローバル化時代に求められる高等教育の在り方について」（大学審議会答申）は，留学生受け入れが大学の国際競争力強化や大学改革につながると提言し，2003年の「新たな留学生政策の展開について」（中央教育審議会答申）でも，日本の大学の国際化や国際競争力の強化が留学生受け入れの意義のひとつにあげられた（東條 2010）。さらに，2007年頃から，産業界の要請にもとづいて，留学をつうじた高度外国人材の確保が政府の検討会などで繰り返しいわれるようになる（義本 2012）。こうした新たな環境のもと，2003年に留学生10万人の目標は達成され，2008年には，新たに2020年を目途に30万人の受け入れを目指す「留学生30万人計画」が作成された。30万人計画の背景や目的は，25年前

の 10 万人計画のものとは大きく異なっている。2000 年代になって，日本の大学に対する国際性向上の圧力，世界的な学生流動化の進展，アジア諸国との留学生獲得競争，外国人の高度産業人材確保の必要性などが一層顕在化していた（工藤ほか 2014; 義本 2012）。このため，留学生事業の目的は，途上国のための人材育成に加えて，「開かれた国」を実現し産業競争力確保のための高度人材を日本に呼び込むことに重点がおかれた（佐藤（由）2010）。また世界的な留学生獲得競争のなかで優秀な留学生を確保するには日本の大学が留学生市場で競争力をもつ必要があり，留学生事業の推進には大学の国際化が必須となっていた（東條 2010）。

　日本の留学生受け入れ政策の目的は，2000 年頃を境として，国際理解や開発協力から大学の国際競争力強化や産業界の高度人材確保に軸足が移ったが，後者のための代表的な施策としては，アジア人財資金構想（2007～2012 年度）と国際化拠点整備事業（2009～2013 年度）があげられる（**表 1-12**）。アジア人財資金構想は，文部科学省と経済産業省が共同して実施した，日本企業の高度外国人材ニーズに応えるための留学生受け入れ事業であった。また，国際化拠点整備事業は，対象大学ごとに，留学生受け入れ目標を設定し，英語で取得できる学位コースの増加，9 月入学促進，学内国際化体制の整備などの活動をおこない，留学生の獲得につながる大学の国際競争力強化を図るものであった。外国人留学生受け入れには，国際化を促進する側面とともに国際化の結果の側面もある。工藤ほかは，今や「『留学生を受け入れて国際化する時代』から『国際化した大学に留学生が集まる時代』になっている」と述べて，日本では大学国際化の改革が遅いことを指摘している（工藤ほか 2014）。

グローバル人材育成政策

　高等教育国際化政策の 3 つ目の観点として，グローバル人材育成について述べる。先にみたとおり，2007 年頃から，産業界の関心は留学をつうじた外国人の高度人材獲得に向いていたが，2010 年頃からは，日本人のグローバル人材育成に関心が移り盛んに議論されるようになる。日本企業の海外展開が一層進むなかで，日本の若者の内向き志向が問題視され，グローバルに活躍できる日本人学生の育成が大学に求められるようになったのである（藤山 2012; 義本 2012）。こうした環境のなかで，2011 年には官邸主導のグローバル人材育成推進会議が「中間まとめ」を発表し，豊かな語学力・コミュニケーション能力を持ち，異文化体験を身につけた，国際的に活躍できるグローバル人材の育成が謳われ

た。さらに，2013 年の「日本再興戦略」では，2020 年までに日本人学生の海外留学者数を倍増させて 12 万人にする目標が打ち出された（工藤ほか 2014）。

　グローバル人材育成の代表的な施策としては，2012 年に始まったグローバル人材育成推進事業があげられる。これは，「グローバル人材育成推進会議中間まとめ」が提案するグローバル人材像を具体化するための取り組みで，学生の英語力の強化，海外留学の促進，そのための大学の体制整備などが実施された。こうしたグローバル人材育成政策や施策に関して，米澤は，日本人の海外留学促進は 1990 年代以前から議論されており，2010 年代のグローバル人材育成支援には幅広く国際的な経験を積ませるという以上の新しさはさほどないと述べ（米澤 2015），また，藤山は，1980 年代に盛んにいわれた「国際人」と 2010 年代の「グローバル人材」を比べて，両者は似た点が多く，異なる点は後者が今世紀の日本の経済的な課題を背景にしたものであることを指摘している（藤山 2012）。

　以上に，先行研究から，日本の大学の国際化政策や施策を明らかにした。その際，政策・施策の流れをわかりやすくするために，それらを便宜上 3 つの観点—大学の国際化体制整備／国際展開政策，留学生受け入れ政策，グローバル人材育成政策—に分けて述べた。しかし，ひとつひとつの施策はいずれかの政策の流れをくんでいることが多いものの，具体的な活動は複数の観点を含んだ総合的な取り組みになっていることが多い。たとえば，大学の世界展開力強化事業（2011 年〜）はダブル・ディグリーやジョイント・ディグリーを含む国際教育連携事業の構築を支援する事業であるが，構築された外国の大学との連携教育プログラムでは外国人留学生を日本に受け入れ，日本人学生を外国に送り出している。大学の国際展開を強化する側面と，留学生の受け入れや送り出しを促進する側面のいずれももっているのである。

競争的資金による大学国際化施策

　最後に，高等教育国際化施策の競争的な実施方法について触れておきたい。表 1-11 で取り上げた文部科学省による大学国際化のための主な施策はいずれも，大学が作成した提案書を評価し優れた事業計画に資金が配分される，いわゆる競争的資金によって実施されてきた。文部科学省の大学関係予算に競争的な資金配分方法が導入されたのは 2000 年代に入ってからであるが，国立大学法人化に始まる大学改革の流れのなかで急速に拡大した。天野は，こうした競争的資金について，申請が全学での合意と決定をもとにするため大学改革促進

に効果を発揮すると同時に,「テーマ性の鮮明なプログラム予算は,文部科学省が望ましいと考える政策や改革の方向性の,シグナル的な性格を強くもって」おり,「改革の流れを……強く方向付ける力をもっている」と指摘している(天野 2006)。次々と打ち出される競争的資金による国際化施策は,配分される資金規模以上に大きなインパクトを大学に与えてきた。

2005 年に始まった大学国際戦略本部強化事業は,採択された 20 大学の国際化の取り組みを検証し,それによって優れた国際展開戦略モデルの開発を試みる事業であったが,そこで取り上げられた 9 つの観点のひとつは外部資金の獲得であった。大学国際戦略本部強化事業の最終報告書は,大学の国際化関連資金は補助金と公的競争資金への依存度が高いこと,国際化のための公的競争資金が急速に増えていることなどを明らかにしている。さらに,同報告書では,大学国際化のための外部資金源として文部科学省,日本学術振興会,科学技術振興機構の競争的資金に加えて JICA もあげており,大学にとっては,JICA の国際協力事業が大学国際化を推進するための資金源ともなりえることを示している(日本学術振興会 2010)。

1.4.3 大学の ODA 参加と国際化

ここまで大学の国際化政策や施策について述べたが,最後に大学国際化政策・施策の推移と大学の ODA 参加の推移を同じ時間軸のなかで比べてみたい(**図 1-6** 参照)。

日本の ODA 事業は 1950 年代に開始されたが,それは当初から日本の大学教員の協力のもとに実施されてきた。特に JICA の高等教育協力プロジェクトでは,日本の大学教員が専門家として現地に赴き,支援先の大学の教員を自分の大学の研究室に招き,JICA が組織する国内支援委員会のメンバーになって協力方針の検討や国内調整にあたり,プロジェクトの実施を支えてきた。こうした大学教員による JICA 技術協力プロジェクトの支援は,現在にいたるまでほぼ同様の形でおこなわれてきた。一方,日本の大学の国際化の最初の変化は,1980 年代の留学生受け入れの拡大である。日本の高度経済成長にともなうアジア諸国との経済摩擦問題などを背景とし,1983 年には留学生 10 万人計画が策定され,国費留学生事業は急速に拡大した。

1990 年代末から 2000 年代にかけては,それまであまり取り上げられることのなかった大学の国際協力参加が盛んに議論され,さまざまな展開がみられた時期である。1996 年から 2006 年まで 4 回にわたって開催された文部科学省の

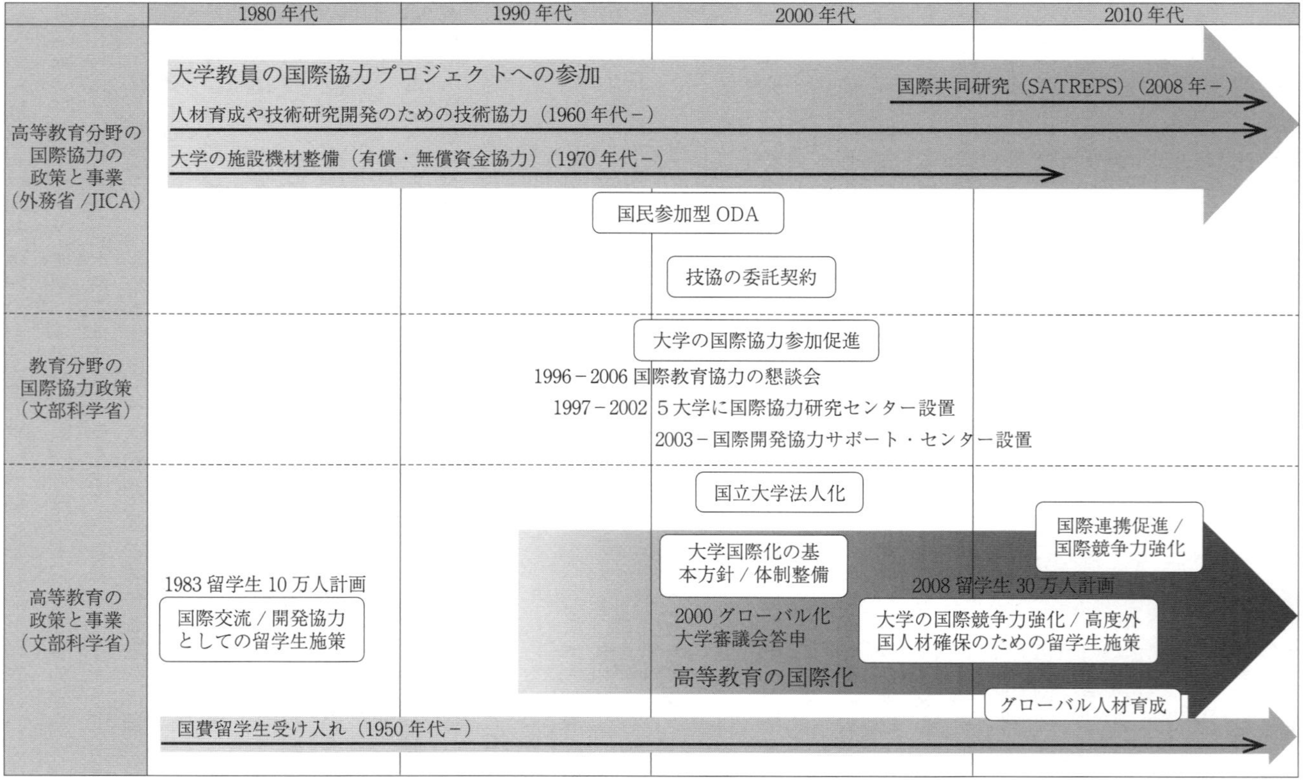

高等教育分野の国際協力の政策と事業（外務省/JICA）

大学教員の国際協力プロジェクトへの参加

人材育成や技術研究開発のための技術協力（1960年代－）

大学の施設機材整備（有償・無償資金協力）（1970年代－）

国際共同研究（SATREPS）（2008年－）

国民参加型ODA

技協の委託契約

教育分野の国際協力政策（文部科学省）

大学の国際協力参加促進

1996－2006 国際教育協力の懇談会

1997－2002 5大学に国際協力研究センター設置

2003－国際開発協力サポート・センター設置

高等教育の政策と事業（文部科学省）

国立大学法人化

大学国際化の基本方針/体制整備

2000 グローバル化
大学審議会答申
高等教育の国際化

国際連携促進/国際競争力強化

2008 留学生30万人計画

大学の国際競争力強化/高度外国人材確保のための留学生施策

グローバル人材育成

1983 留学生10万人計画
国際交流/開発協力としての留学生施策

国費留学生受け入れ（1950年代－）

1980年代　1990年代　2000年代　2010年代

図1-6　大学のODA参加と大学国際化政策の推移

（出典）筆者作成。

国際教育協力の懇談会では，大学はその知的蓄積や人材を積極的に活用して国際協力に貢献すべきと提言された。これを受けて，文部科学省は，大学の国際協力参加を支援する国際開発協力サポート・センターを開設し（2003年），あわせて5つの大学に6つの国際協力研究センターをおいた（1997～2002年）。これらの背景には，大学の側に高等教育の国際化や大学の社会貢献機能への関心の高まりがあり，一方ODAの側にも，ODAへの国民参加促進や知的支援の援助ニーズへの対応が求められていたことがあった。そのほかにも，この時期には，国立大学の法人化（2004年），一部の技術協力プロジェクトの一括委託契約化開始（2003年）など，大学のODA参加を取り巻く環境に大きな変化が生じた時期であった。また，途上国の成長にともない，高等教育援助ニーズも変化し，大学院レベルの協力プロジェクトが増え，さらに途上国の大学と日本の大学の間の国際共同研究を支援する地球規模課題対応国際科学技術協力（SATREPS）の仕組みが新たにつくられた（2008年）。

　2000年代以降，世界的に高等教育の国際化が進展するなかで，日本でも大学国際化の政策が進められた。2000年に大学グローバル化についての大学審議会答申が出された後も，2000年代の高等教育国際化は主に既存の留学生の受け入れ事業を中心に進められ，2008年には留学生30万人計画が策定された。その後，2010年頃からは，日本人学生を対象としたグローバル人材育成のための教育が盛んに議論され，さらに国際共同教育プログラムなどの教育の海外展開を支援する施策もおこなわれるようになった。大学の国際協力参加は1990年代末に着目され，2000年代には具体的な施策も講じられるなど，政策レベルでも，具体的な事業レベルでも議論の俎上にのることが多かった。こうした大学の国際協力参加のための政策を推進していたのは，文部科学省のなかの高等教育担当部署ではなく国際協力担当部署であった。しかし，2005年頃から，高等教育担当部署による大学国際化の施策が本格化し，それまでの国際協力参加のための施策をはるかに上回る規模でさまざまな大学国際化の取り組みが講じられるようになる。その結果，2010年代には，むしろ大学国際化そのものが政策議論の中心になり，大学の国際協力参加はほとんど政策議論の対象にはならなくなった。

　このように，大学国際化政策の推移と大学のODA参加の推移を比べてみると，相関している場面もあり，していない場面もあるようである。しかし，大学のODA参加は，本来大学の国際的な活動そのものである。大学のODA参加は大学の国際化を促進するとともに，逆に，大学国際化の進展が大学の

第1章　大学のODA参加の政策と現状　｜　51

ODA 参加のあり方に影響を与えているはずである。たとえば，2000 年代以降のいくつかの文献では，大学の ODA 参加のメリットとして，途上国を対象とする研究やフィールドに近い実践的な研究の拡大といった研究活動へのメリット，教育内容の国際化や留学生の増加などの教育活動へのメリット，将来の学術国際交流の基礎となる途上国の大学とのネットワーク構築のメリット，外部資金の獲得や大学の国際競争力の向上などのメリットがあげられている。また，大学の国際協力参加については，教員個人での参加から大学の組織的な対応への転換が政府から求められていたが，一部にそのような変化はゆっくりとではあるが起こっている。大学の ODA 参加の実態は，大学の国際化が進展するなかで，どのように変化しているのだろうか。大学の ODA 参加は，大学の国際化にどのようなポジティブな効果をもたらしているのだろうか。こうした疑問を解くためには，大学の ODA 参加のメカニズムやインパクトを具体的に検証してみる必要がある。次章以降では，第 1 章で述べた大学の ODA 参加とそれを取り巻く環境の変化を念頭におきつつ，大学の ODA 参加のイニシアティブやインパクトを事例研究をつうじて明らかにしたい。

注

1 ）現在のモンクット王工科大学ラカバン校（King Mongkut's Institute of Technology Ladkrabang: KMITL）の名称は，時期により次のように変化しているが，本書では，文脈から明確に書き分ける必要がある場合を除き，煩雑さを避けるために，それぞれの時期の名称に厳格にこだわらずに，モンクット王工科大学ラカバン校または KMITL の名称を主として使用している。

  1961.2- ノンタブリ電気通信訓練センター
  1964.5- ノンタブリ電気通信学校（略称：NIT）
  1971.4- モンクット王工科大学（略称：KMIT）工学部（ノンタブリ校舎，後にラカバン校舎に移転）
  1986.2- モンクット王工科大学ラカバン校（略称：KMITL）

2 ）日本政府の二国間 ODA 実施機関である独立行政法人国際協力機構（Japan International Cooperation Agency: JICA）は，現在までに，その名称や機能が下記のとおり変遷しているが，本書においては，煩雑さを避けるために，文脈上支障が生じない範囲において，時期にかかわらず，JICA もしくは国際協力機構の呼称を用いている。

  1961 年 海外経済協力基金（OECF）設立　　―円借款協力の実施機関。
  1962 年 海外技術協力事業団（OTCA）設立　―二国間技術協力の実施機関。
  1974 年 国際協力事業団（JICA）設立　　　―海外技術協力事業団（OTCA）等の統合。
  1999 年 国際協力銀行（JBIC）設立　　　　―海外経済協力基金（OECF）と日本輸出入銀行の統合。
  2003 年 国際協力機構（JICA）発足　　　　―国際協力事業団の独立行政法人化。
  2008 年 国際協力機構（JICA）と国際協力銀行（JBIC）の円借款部門の統合。
  　　　　ただし，国際協力機構（JICA）の名称を維持。

3 ）「国際的な活動の実施状況」については，米澤の質問紙調査の「途上国などへの開発協力・技

術援助プロジェクトの実施」について，①「おこなっている」と答えた大学の割合を示している。したがって，ここでは ODA に限定しないより広義の国際協力についての回答であると思われる。

　① おこなっている。

　② おこなっていない。

「国際化にあたり重視する目標」については，次の 6 項目のなかから大学の国際化の目標として最も重視する項目を問う設問（択一回答）で，④を選択した大学の割合を示している。

　① 国際的な取り組みをつうじて，学術・研究・知識の水準・生産性を高める。

　② 国際的な取り組みをつうじて，大学の教育・カリキュラム面での充実を図る。

　③ 外国の大学との連携によって，カリキュラム提供の幅を広げる。

　④ 大学の活動をつうじて，国際協力や社会貢献を行う。

　⑤ 国際的な大学としての特質を備え，社会から国際的な大学であると認知される。

　⑥ その他

「今後の国際協力」については，「日本の大学はもっと国際協力を進めるべきだと思うか」の設問に，①と答えた大学の割合を示している。

　① そう思う。

　② ある程度そう思う。

　③ あまりそう思わない。

　④ そう思わない。

4 ）　文部科学省の政策が，ODA に限定せず，広く国際協力への大学の参加を検討している場合が多いので，1.2.1 では，大学の「ODA への参加」ではなく大学の「国際協力への参加」について記述している。

5 ）　2001 年の中央省庁再編により，文部省は文部科学省に再編され，名称が変更された。しかし，本書では，2001 年をまたぐ期間について記述する場合には，文脈上支障が生じない範囲において，煩雑さを避けるため便宜上文部科学省の名称を使用している。

6 ）　1990 年代以前では，1974 年の中央教育審議会答申「教育・学術・文化における国際交流について」が発展途上国への協力推進を謳い，教育協力／学術協力／芸術文化交流の推進とそのための体制整備を提言している（文部省 1974）。体制整備の提言の中には，大学教員や研究者の協力事業参加が業績として適切に評価されるべきといった項目が含まれているが，大学や大学教員の国際協力参加が答申の中心的な論点ではないので，ここではあえて取り上げていない。

7 ）　1997 年に広島大学に教育分野の，1999 年に名古屋大学に農学分野の，2000 年に東京大学に医学分野の，2001 年に豊橋技術科学大学に工学分野の，2002 年に筑波大学に教育分野の，2002 年に名古屋大学に法政分野の国際協力研究センター，または国際教育協力研究センターが設置された。

8 ）　「大学発 知の ODA 一知的国際貢献に向けて一（第 3 次国際教育協力懇談会報告）」によると，知的コミュニティとは「国際開発協力に活用可能な大学の多様な援助リソースに関する情報が提供され，これらのリソースと開発途上国のニーズとのマッチングが有効に行われ，国際開発協力に効果的に活用できる全体システム」を指す（文部科学省 2006）。

9 ）　2001 年の省庁改編以前の部署名は文部省学術国際局国際企画課である。本書では 2001 年をまたぐ期間について記述する場合には，文部科学省大臣官房国際課のみを記述している。以降，同様の扱い。

10）　2016 年度末時点で，JICA は 35 の大学と包括的連携協力協定／覚書を締結している（国際協力機構 2017）。

11）　競争的に選ばれた 20 大学において，大学の国際化を推進するための全学横断的な組織体制の整備，国際戦略の策定，組織的な国際活動などを実施して，国際展開戦略のモデルを開発する文部科学省／日本学術振興会の事業（2005〜2009 年度実施）である。

12）　日本の大学が実施する ODA 事業としては，JICA の技術協力とともに，文部科学省の国費外国

人留学生受け入れ事業がある。国費外国人留学生事業は，友好親善の促進とともに途上国の人材育成を目的として1954年に始まり，多くのアジアの留学生を受け入れてきた。途上国からの国費外国人留学生受け入れはODA予算で賄われている。

13) 地球規模課題対応国際科学技術協力（SATREPS）は，開発途上国への技術協力を担うJICAと，日本の大学や研究機関への研究支援をおこなう科学技術振興機構が連携して実施する事業であり（2015年度以降は感染症分野は科学技術振興機構から日本医療研究開発機構に移管），プロジェクト予算もJICAのODA予算と科学技術振興機構の予算の両方から出ている。

14) 専門家人数には，各種の調査団員を含む。本書においては，以降同様の扱い。

15) 2004年の国立大学法人化以前は，国立大学教員は国家公務員であったので，国立大学教員の専門家派遣は，「国際機関等に派遣される一般職の国家公務員の処遇等に関する法律」（いわゆる派遣法）にもとづいておこなわれた。

16) プロジェクト形成の経緯から，国内支援の大学等がすでに決まっている場合には，公示のプロセスをとらずに委託契約を結ぶ場合もある。

17) 米国のArumほかは，1992年に国際教育（international education）を「国際研究，国際教育交流，技術協力に該当する多様な活動，プログラム，サービス（multiple activities, programs and services that fall within international studies, international educational exchange and technical cooperation.）」と定義している（Arum, S. & Van de Water, J. 1992）。ここでは高等教育の国際化はプロセスではなく国際的な活動の集合体としてとらえられている。さらに，Arumの定義で興味深いのは，大学による途上国への技術協力が国際教育の3構成要素のひとつになっていることである。

18) オーストラリアの「援助から貿易へ」の背景には，同国の公立中心の大学システムにおける留学生受け入れへの大規模な公的支援への批判があった。

19) たとえば，フェニックス大学を運営するアメリカの教育産業最大手企業であるアポロ・グループは，チリ，イギリス，メキシコの大学を傘下において運営し，2011/2012年度にはこれらの海外事業で3億ドルの売り上げをあげている（酒井 2013）。

20) 図1-5中の，「国境を越える国際化」の「プロジェクトやサービスの移動」（能力開発の活動），もしくは「人の移動」（コンサルティング業務）に該当する。

21) 国際連携事業を支援する「大学教育の国際化推進プログラム」が2004年度に開始されたが，比較的小規模な事業であった。また，2007年度に始まったグローバルCOEプログラムは，2001年の「大学の構造改革の方針」（いわゆる遠山プラン）にもとづいて開始された21世紀COEプログラム（2002年度〜）の流れをくむもので，大学院の国際化の要素も備えつつも，国際的に卓越した教育研究拠点の形成を主な目的とするものである。

<table>
<tr><td>第2章</td><td>大学の ODA 参加についての
研究課題と調査手法</td></tr>
</table>

2.1 研究課題と分析枠組み

研究課題

　途上国の大学を支援する国際協力は，ODA の初期の段階から実施されてきた。タイのモンクット王工科大学ラカバン校やケニアのジョモ・ケニヤッタ農工大学の設立と拡充への協力はその代表的な例であり，高等教育協力のみならず，日本の技術協力の重要な成果としてたびたび言及されてきた。そのような途上国の大学を支援する ODA 事業の実施には，常に日本の大学教員の献身的な協力があった。近年は，世界的な高等教育国際化の流れのなかで，日本の大学も国際化を迫られる状況にあり，かつてはほとんど顧みられることのなかった大学の ODA 参加についても議論される機会が増えた。そして，大学の ODA 参加の副次的効果として，途上国を対象とする研究の促進や途上国からの留学生の増加など日本の大学の国際化へのプラスの効果にも関心が集まっている（**図 2-1** 参照）。

　しかし，こうした大学の ODA 参加はどのようなメカニズムのもとにおこなわれ，どのようなインパクトをうんでいるのだろうか。日本の大学の ODA 参加は教員の個人的な参加であり，大学による組織的な ODA 支援ではなかったといわれているが，ODA 参加は本当に教員の個人的な参加であったのだろうか。学内のメカニズムの違いによって ODA 参加のインパクトは異なっているのだろうか。ODA 参加の方法は大学を取り巻く環境の変化とともに変わってきているのであろうか。本研究では，このような問題意識をもとに，次のような研究課題と副研究課題を設定した。

研究課題：日本の大学において ODA 参加はどのようにしておこなわれ，何を
　　　　　もたらしたのか，またそれらに影響をおよぼす要因は何であったの
　　　　　か。

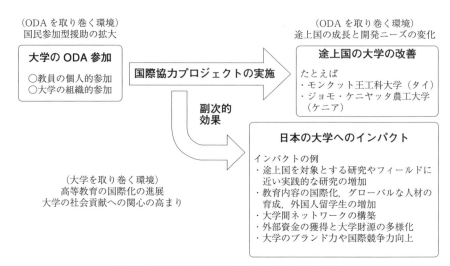

図 2-1　高等教育協力と日本の大学の ODA 参加

(出典) 筆者作成。

　副研究課題1：日本の大学において，ODA 参加はどのようにしておこなわれたのか，ODA 参加のイニシアティブに影響した要因は何であったのか。
　副研究課題2：日本の大学において，ODA 参加は何をもたらしたのか，ODA 参加のインパクトに影響した要因は何であったのか。

分析枠組み

　この研究課題を明らかにするための分析枠組みが図2-2である。副研究課題1では，ODA 参加のイニシアティブを次の3つの観点から分析する。1つ目の観点は，ODA 参加の経緯と判断である。対象大学において，だれの判断により ODA 参加が決定されたのか，どのような学内調整によって ODA 参加が維持されたのか，ODA 参加の動機は何であったのかといった側面を調べる。2つ目の観点は，大学の国際方針との関係である。ODA 参加は大学の運営方針や事業計画にもとづくものであったのか，ODA 参加は中期目標や中期計画に明記されているのか，近年の国際化の戦略は ODA 参加に影響をおよぼしているのかなどの点を明らかにする。3つ目の観点は，大学の組織体制との関係である。ODA 参加はどのような大学の組織体制によって担われていたのか，ODA 参加の組織体制は変化しているのか，近年の国際化の取り組みは ODA

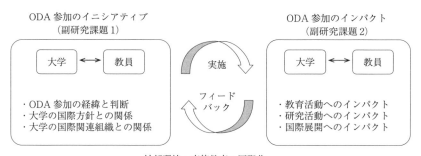

図 2-2　本研究の分析枠組み

(出典) 筆者作成。

参加の組織体制に影響しているのかなどの点である。先行研究からは大学の経営層と大学教員は ODA 参加に異なる動機や利益を持っている可能性が示されているので、この違いにも十分に留意して分析する。また、大学内外の環境の変化にともない、時間とともに、ODA 参加のイニシアティブが変化しているかについても調べる。ODA 参加のイニシアティブについての分析結果は第 3 章に記載する。

　副研究課題 2 では、ODA 参加のインパクトを明らかにする。具体的には、ODA 参加が、大学教員の個人レベルと大学の組織レベルで、それぞれどのようなインパクトをおよぼしたのかを明らかにする。インパクトは、教育活動へのインパクト、研究活動へのインパクト、国際展開へのインパクトなど、大学教員や大学組織の活動レベルで把握できるインパクトを分析する。それらの活動は、やがて大学の知名度の向上、国際的認知の促進、国際競争力の強化といった間接的なインパクトをうんでいくが、ひとつひとつの ODA プロジェクトへの参加がこれらの間接的なインパクトの発現にどの程度貢献したかを補足することは難しいので、本研究においては、教育・研究・国際展開の活動レベルのインパクトを調べることにとどめる。ODA 参加のインパクトについての分析結果は第 4 章に記載する。

　ODA 参加のイニシアティブとインパクトは相互に関連している。イニシアティブ段階の動機はいわばインパクトへの期待であり、ODA 参加によるインパクトが大きければイニシアティブはさらに大きくなることが予想される。したがって、最後に、副研究課題 1 と副研究課題 2 の結果を組み合わせて、イニシアティブとインパクトの観点から、大学の ODA 参加のモデルを構築する。

そして，このモデルの考察をつうじて研究課題の答えを導く（第5章）。

　なお，**図2-1**に示したとおり，高等教育協力プロジェクトは途上国の大学を育成することが本来の目的であるので，ODA事業としては途上国の大学へのインパクトが最も重要であることは言うまでもない。しかし，高等教育協力プロジェクトが期待される成果をうむには，プロジェクトの担い手である日本の大学教員の専門的な能力と熱意が必要である。能力が高く熱心な日本の教員がODAプロジェクトをつうじて途上国の大学を育成しているのである。本研究の目的は，ODA参加による日本の大学へのインパクトを明らかにすることであるが，それにより，日本の大学のODA参加を一層促進し，その結果，日本の高等教育協力を拡大し改善するための示唆を得ることを目指している。

2.2　調査の手法

　本研究の研究課題は，日本の大学においてODA参加はどのようにしておこなわれ，何をもたらしたのか，またそれらに影響をおよぼす要因は何であったのかである。これを明らかにするために，ODA参加のイニシアティブについての副研究課題1と，ODA参加のインパクトについての副研究課題2を設定した。先行研究は，ODA参加のイニシアティブには教員個人によるものと大学組織によるものがあることを示唆しているが，しかし，これはどのように測ればよいのであろうか。実際には，大学の組織的なODA参加か教員の個人的なODA参加かは，何らかの指標で判断できるものでも，また，何らかの現象としてはっきりと目に見えるものでもない。大学の組織的な参加とは，組織の経営責任を負う立場の者が大学の業務として実施することを判断し，大学の業務としての実施を組織のなかで指示していることと理解することができるが，これは，大学内の意思決定や組織運営についての情報が必要である。一方で，ODA事業が大学におよぼすインパクトも同様に把握が難しい。大学の国際活動の実績からODA参加による影響の部分だけを切り出すためには，細かな因果関係を丁寧に追っていかなくては明らかにならない。

　こうした状況から，本研究では，ODA参加のイニシアティブとODA参加のインパクトを調べ，さらにその両者の関係を明らかにするために，3つの大学の事例研究をおこなう。大学のODA参加の過程では，いくつもの変数が大学組織のなかで働いて，参加のイニシアティブが形成され，インパクトがうみだされている。また，1990年代から2000年代にかけて大学が国際化の波に洗

われるなかで，ODA 参加の要因も大きく変化していることが想像される。したがって，まず 3 大学の事例に関し，大学内外の ODA 参加の因果関係を丁寧に追うことにより，大学の ODA 参加のイニシアティブがどのように働き，さらにどのようなインパクトがうまれているのかを明らかにする。そのうえで，ODA 参加のイニシアティブと ODA 参加のインパクトがどのように関係しているかを考察する。

　本研究における調査の概要は次のとおりである。まず，事例研究の対象とする ODA 事業と大学を選定する。選定した事例研究対象大学について，資料調査とインタビュー調査により得たデータから，どのような ODA 参加のイニシアティブが学内で働いていたのか（副研究課題 1），さらにどのようなインパクトが ODA 参加によりうまれていたのか（副研究課題 2）を明らかにする。その際にイニシアティブとインパクトに影響をおよぼす要因と時間的な変化についても検討する。最後に，ODA 参加のイニシアティブと ODA 参加のインパクトを重ね合わせることにより，全体の研究課題の回答を導き出す。

2.3　事例の選定と特徴

2.3.1　ODA 事業の選択

　ここでは，本研究の事例分析にあたり，ODA 事業として JICA の高等教育分野の技術協力事業を選択する理由を述べた後に，さらに分野を工学教育に，時期を 1990 年から 2014 年に限定する理由を述べる。

　日本の大学の教員はこれまで多様な ODA 事業にかかわってきた。その主なものは，文部科学省の留学生交流事業，JICA が実施する高等教育分野の技術協力や資金協力，日本学術振興会による学術交流事業などである（**表 2-1** 参照）。これらの事業を比べると，文部省／日本学生支援機構による留学生交流事業は主に日本国内の活動である。また，日本学術振興会による学術交流事業は事業規模が小さい。一方で，JICA の高等教育協力は多くが途上国での海外展開をともなう事業であり，また事業規模が大きい。そのため，多様な側面から，大学の ODA 参加の実態を分析することが可能になるので，本研究では JICA の高等教育分野の，特に技術協力事業を事例分析の対象に取り上げる。

表2-1 日本の大学が参加する主な ODA 事業

事業名（実施機関）	内容（事業規模）
留学生交流事業 （文部科学省 / 日本学生 支援機構）	開発途上国からの国費外国人留学生受け入れと私費外国人留学生への学習奨励費の給付。 （250〜500 億円 / 年）
高等教育分野の技術協力 や資金協力 （外務省 / 国際協力機構）	途上国の高等教育機関の施設建設や技術指導，途上国からの留学生や研修生の受け入れ，途上国の教育研究機関との共同研究の実施等。なお，教育分野以外の協力事業にも，日本の大学教員は参加している。 高等教育分野の技術協力 20〜50 億円 / 年 高等教育分野の無償資金協力 30〜150 億円 / 年 高等教育分野の有償資金協力 30〜300 億円 / 年
拠点大学交流などの学術 交流事業 （文部科学省 / 日本学術 振興会）	日本の大学と途上国の大学との間で，共同研究，教員の交流，双方向の学生交流などをおこなう拠点大学交流事業（1978〜2010 年度）や大学の世界展開力強化事業（2012 年度〜）。 （10〜15 億円 / 年）

（注）事業規模は，1980〜2013 年度の事業実績をもとに記載。
（出典）図 1-1 に同じ。

　次に，工学分野に事例の対象を絞る理由を述べる。JICA の高等教育協力事業の主な対象分野は工学，農学，保健医療分野であるが，中でも，途上国の経済開発に必要な産業人材を育成する工学分野の事業が最も多く，約 40% を占める（31 ページの図 1-2 参照）。したがって，本研究においては，3 大学間の事例の比較が可能となるように，案件数が最も多い工学分野の高等教育協力事業を事例の対象とする。

　最後に，事例分析の対象期間を 1990 年から 2014 年に絞る理由は次の 3 点である。1 点目は，第 1 章でみたとおり，日本の大学が高等教育のグローバル化の波に直面するのは 2000 年代以降であり，国立大学法人化がおこなわれたのが 2004 年であるので，2000 年代以降と以前を比べることにより，大学を取り巻く環境変化と ODA 参加の関係を調べることが可能になる。2 点目は 1990 年代以降，工学系高等教育分野の JICA 技術協力プロジェクトの実施件数が増え，常時 8 件〜10 件のプロジェクトが実施されるようになったことである。1980 年代は常時 5 件程度が実施されていたに過ぎず，プロジェクトに参加する大学も教員も限られていたが，1990 年代以降，プロジェクトの数が増加し，より多くの日本の大学教員が JICA プロジェクトに参加するようになった。3 点目は，インタビューによるデータ収集の実現可能性である。本研究では，事例対象の大学関係者へのインタビューにより，ODA 事業への大学教員の参加

がどのようにおこなわれていたのかを調べるが，1980年代にJICAの技術協力プロジェクトに参加していた教員はすでに高齢であり，正確なデータを得ることは難しい。これらの3つの理由により，事例分析の対象期間を1990年以降に絞ることとし，1990年から2014年とする。

2.3.2 事例対象大学の選定

　次に，事例対象とする大学を選定する。本研究においては，大学のODA参加がどのようなイニシアティブによっておこなわれ，どのようなインパクトをもたらしたのか，また，どのように変化したのかを，複数の事例をとおして調べる。したがって，ある程度の規模で継続的にJICAプロジェクトに参加した大学のなかから異なる特徴を持つ大学を選ぶことが望ましい。そこで，3つの条件—①大学のODA事業への参加の規模を最も端的に示す，大学教員のJICA専門家派遣人数，②専門家派遣の時期，③大学の設置者，規模，学部/修士課程/博士課程の学生数比—から，事例対象を検討する。学部/修士課程/博士課程の学生数比は，各大学の研究機能と教育機能のバランスをみるためのデータである。

　1990年度から2013年度の間に実施された工学系高等教育分野のJICA技術協力プロジェクト（SATREPSを除く）で，日本の大学教員が派遣されたプロジェクトは39件であった。これらのプロジェクトには日本の108の大学から延べ約3,400人の大学教員が専門家として派遣された。このうち，延べ100人以上の教員を派遣したのは，東京工業大学，豊橋技術科学大学，九州大学，東海大学，京都大学，慶應義塾大学，北海道大学，熊本大学，立命館大学，長岡技術科学大学（派遣人数の多い順）の10大学である。これらの大学の比較表を**表2-2**に示す。本事例研究の対象期間は1990年以降であるが，この10大学のうち，1990年代初めからJICAの工学系高等教育協力事業に参加していたのは，東京工業大学，豊橋技術科学大学，東海大学，京都大学，長岡技術科学大学の5校である。この5大学のなかから，まず，派遣専門家数が多い東京工業大学，豊橋技術科学大学，東海大学，京都大学の4校を選んだ。次に，異なる特徴の大学を選ぶために，設置者，規模，学部/修士課程/博士課程の学生数比を比べた。まず設置者については，東京工業大学，豊橋技術科学大学，京都大学は国立大学であり，東海大学は私立大学である。規模については，豊橋技術科学大学が学生数約2千人で中規模であり，東京工業大学と京都大学は約1万人から2万人程度の大規模な大学，東海大学は3万人近い非常に大規模な大学であ

表2-2　JICA工学系高等教育技術協力プロジェクトの主要な支援大学の特徴

	専門家として派遣された教員の延人数（割合）注1	主な参加プロジェクトの実施時期注2（JICA工学系高等教育プロジェクト）	大学の特徴		
			設置者	学生数注3	学部：修士課程：博士課程の学生数比注3
東京工業大学	622人（18.2%）	1987年 -	国立	9,813人	48%：37%：15%
豊橋技術科学大学	350人（10.2%）	1990年 -	国立	2,173人	55%：40%： 4%
九州大学	302人（8.8%）	2003年 -	国立	18,659人	63%：23%：14%
東海大学	287人（8.4%）	1978年 -	私立	29,873人	96%： 3%： 1%
京都大学	244人（7.1%）	1980年 -	国立	22,794人	59%：25%：16%
慶應義塾大学	185人（5.4%）	2003年 -	私立	33,625人	85%：10%： 4%
北海道大学	179人（5.2%）	1997年 -	国立	17,414人	65%：21%：13%
熊本大学	155人（4.5%）	2006年 -	国立	10,082人	79%：13%： 7%
立命館大学	148人（4.3%）	2006年 -	私立	35,529人	92%： 7%： 2%
長岡技術科学大学	135人（3.9%）	1990年 -	国立	2,441人	54%：38%： 8%

（注1）1990～2013年度に，JICA工学系高等教育技術協力プロジェクト（SATREPS除く）に専門家として派遣された教員の延べ人数（データ出所：JICA）。
（注2）各大学が支援したJICA工学系高等教育技術協力プロジェクトの開始年（データ出所：JICAプロジェクトの各種報告書等）。
（注3）各大学の2016年度学生数（ただし東京工業大学のみ2015年度学生数）と，それをもとにした課程別割合（データ出所：大学のホームページ）。
（出典）筆者作成。

る。学部／修士課程／博士課程の学生数比をみると，東京工業大学と京都大学は博士課程の学生数が15％以上で博士課程の割合が大きい大学，豊橋技術科学大学は修士課程の学生が40％以上で修士課程の割合が大きい大学，東海大学は学部学生の割合が90％以上で学部の割合が大きい大学である。したがって，以上を勘案して，互いに異なる特徴を持つ東京工業大学，豊橋技術科学大学，東海大学を事例研究の対象校に選定した。

2.3.3　事例対象大学の特徴

ここでは，選定した3大学の特徴を述べる。なお，本節の記載は2016年12月現在の情報に基づくものである。3大学のデータの比較表を**表2-3**に掲げた。

東京工業大学

東京工業大学は，1881年に開校した東京職工学校が前身である。化学工芸科と機械工芸科の2科からなる東京職工学校は主に民間産業の製造現場や全国の

工業教育の指導者を養成し，やがて1929年に工学系単科の旧制大学に昇格した。戦後の1949年に新制大学に移行したのちに，1955年に理学系の学科がおかれ，1967年に理学部と工学部が分離して理工系の総合大学になった。現在は，6学院（学部に相当）19系（学科・専攻に相当）に学生約9,800人を擁する大規模な大学であるが，今も学生の3/4は工学系である。

　東京工業大学は大学院課程が大きく，研究活動が活発である。学生の構成をみると全体の15％が博士課程に，37％が修士課程に在籍し，また，外国人留学生の構成をみると44％が博士課程学生であり，39％が修士課程学生である（図2-3参照）。また，同大学の2012年度の工学分野甲種博士号授与数は240人で，東京大学に次いで日本で2番目に多い。また，2013年度の科学技術研究費取得は，研究者ひとりあたりの金額では5位，件数では4位であった。さらに，2013年に作成された「ミッションの再定義」[1]では，東京工業大学の工学分野のミッションとして，「世界最高の理工系総合大学，即ち『世界トップ10に入るリサーチユニバーシティ』を目指し」，①高い研究能力を有する先導的な人材の育成，②質の高い学部・大学院一貫教育を目指して不断の改善・充実，③世界の理工系有力大学との学生・研究者の交流，④世界トップを目指す最先端の研究とイノベーション創出，⑤無機系新材料および資源化学の研究や世界最高水準のスーパーコンピュータ（TSUBAME）の開発等，世界トップレベルの研究，⑥我が国の産業を支える実践的な研究，⑦科学技術の急速な進歩と産業のグローバル化に対応した社会人の再教育の7項目があげられている（東京工業大学 2013b）。これらからは，同大学が世界最先端の研究に重点をおき，世界のトップレベルで活躍する研究者や技術者の育成を目指していることがわかる。世界的な大学ランキングのひとつであるタイムズ・ハイヤー・エデュケーション（THE）の第1回世界大学ランキング（2004年）では，東京工業大学は51位であったが，2010年代に100番台前半になり，2015年に200番台になった。2016/17年版では251-300番にランクされている。しかし，日本の大学のなかでの順位は，常に3番目か4番目であり変化はない。世界ランキングにおける順位の低下は，世界的に急速に進む高等教育国際化のなかで，特に大学国際化の観点から，日本の大学全体が順位を下げていると理解すべきであろう。

　以上から，東京工業大学の特徴をまとめると次のとおりである。同大学は，学生数約9,800人を擁する大規模な理工系の国立大学である。工学系を中心として，世界最先端の研究や，世界のトップレベルで活躍する研究者や技術者の育成に注力している。博士号授与数や科学技術研究費取得なども多く，研究型

の大学である。

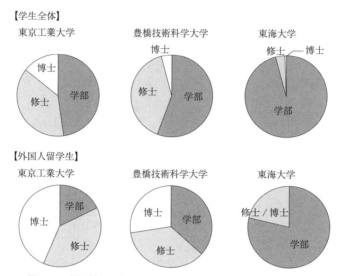

図 2-3 事例対象大学の学生と外国人留学生の教育段階別構成
（出典）東京工業大学（2015a），豊橋技術科学大学（2016a）および東海大学事務局提供のデータから筆者作成。

豊橋技術科学大学

　豊橋技術科学大学は，1976 年に高等専門学校卒業生を主な対象者として設立された，中規模の工学系国立単科大学である。高等専門学校は高校および短大レベルの 5 年間の技術系専門教育をおこなう教育機関であるが，当時，その卒業者の編入を受け入れる大学が少ないことが問題になっていた。そこで，高等専門学校卒の進学希望者のために，大学学部 3・4 年と修士課程の一貫教育をおこなう大学として構想されたのが豊橋技術科学大学であった。したがって，同大学の教育課程は，1 年生の入学定員が 80 人であるのに対し，高等専門学校からの接続を想定した 3 年生からの編入定員が 360 人である。また，学部 3・4 年と修士課程を組み合わせた 4 年間のカリキュラムが組まれており，約 80％の学部卒業生が同大学の修士課程に進学する。豊橋技術科学大学の学生数は約 2,200 人であるが，その内訳は学部生が 55％，修士課程学生が 40％，博士課程学生が 4％である（**図 2-3** 参照）。学部生のほとんどが修士課程に進学するが，その一方で博士課程進学者は少ない。

　2013 年の「ミッションの再定義」では，豊橋技術科学大学は自らの特色や強

みを，「実践的創造的かつ指導的技術者を育成するとともに，次の時代を拓く先端的技術の研究を行う」という理念のもと，①学部・大学院一貫教育により，優れた技術開発能力を備え我が国の産業を牽引する高度な技術者と研究開発能力を有する先導的な人材の育成，②学部・大学院一貫教育を目指して不断の改善・充実，③先端融合研究創成分野，実践的技術分野，生命・環境関連分野などの先端的な研究，④東南アジア諸国を中心に，日本人学生の派遣，外国人留学生の受け入れ，国際共同研究・人材交流，⑤地域産業界との連携，⑥地域社会が抱える課題の解決やそれに必要な人材の育成・開発による地域貢献，⑦社会人の学び直しにあるとしている（豊橋技術科学大学 2013c）。また，同大学では学部4年生全員が2ケ月の長期実務訓練—国内外の産業界でのインターンシップ—をおこなっている。タイムズ・ハイヤー・エデュケーションの大学ランキングにおいては，世界ランキングでは601-800位（2016/2017年），アジアランキングでは131-140位（2016年）であった。

　以上から，豊橋技術科学大学の特徴をまとめると次のとおりである。同大学は，学生数約2,200人の中規模の工学系単科国立大学である。高等専門学校卒業生を多く受け入れて，学部3・4年と修士課程を組み合わせた少人数一貫教育をおこなっている。国際性の涵養や実践的な技術者養成なども同校の教育の特色であり，先端研究や産学連携と同時に，グローバルに活躍できる技術者教育に重点をおいている。

東海大学

　通信工学のエンジニアである松前重義は，1943年に航空科学専門学校を，1944年に電波科学専門学校を開校し，これらを前身として1946年には文科系と理科系の相互理解と調和を基本に掲げて旧制東海大学を創立した。その後，1950年に，同大学は新制東海大学となり，次々とさまざまな学部を拡大して，現在は8キャンパス，21学部に，3万人近い学生を擁する巨大な私立大学に成長した。東海大学の学部は，文学部から，農学部，医学部，海洋学部など多様であるが，工学教育から始まった同校の歴史を反映して，今も全学生の1/3は工学系である。3万人近い学生のほとんど（97％）は学部学生であり，修士課程学生は3％，博士課程学生は1％未満である。こうした学部を中心とした教育段階の傾向は，外国人留学生も同様である。外国人留学生に占める学部学生の割合（別科日本語研修課程を除く）は，東京工業大学と豊橋技術科学大学では20〜35％程度であるが，東海大学では80％近く，外国人留学生のほとんどは学

第2章　大学のODA参加についての研究課題と調査手法　65

表 2-3　東京工業大学・豊橋技術科学大学・東海大学の特徴

	東京工業大学	豊橋技術科学大学	東海大学	データ時期
設立年	1929 年	1976 年	1946 年	
設置者	国立	国立	私立	
全学学生数（実員）				東京工業大学：2015 年 5 月 豊橋技術科学大学 / 東海大学：2016 年 5 月
学部	4,734 人（48.2%）	1,207 人（55.5%）	28,845 人（96.6%）	
修士課程	3,615 人（36.8%）	877 人（40.3%）	876 人（2.9%）	
博士課程	1,464 人（14.9%）	92 人（4.2%）	150 人（0.5%）	
合計	9,813 人（100%）	2,176 人（100%）	29,873 人（100%）	
工学系入学定員				
1 年次入学定員	808 人	80 人	2,120 人	
3 年次入学（編入）定員	30 人	360 人	―	
留学生数				東京工業大学 / 豊橋技術科学大学 / 東海大学：2015年 5 月
学部生	186 人（17.7%）	55 人（36.4%）	471 人（78.5%）	
修士課程生	404 人（38.5%）	55 人（36.4%）	129 人（21.5%）	
博士課程生	460 人（43.8%）	41 人（27.2%）	（129 に含む）	
合計（研究生除く）	1,050 人（100%）	151 人（100%）	600 人（100%）	
研究生等	（173 人）	（12 人）	（73 人）	
工学分野学位授与数				2012 年度
修士号	1,294 人	417 人	303 人	
甲種博士号	240 人	30 人	7 人	
学部入学定員に対する学位授与数の割合				2012 年度
修士号授与数 / 学部定員	154.4%	101.7%	14.3%	
博士号授与数 / 学部定員	28.6%	7.3%	0.3%	
科学研究費助成事業				2013 年度 上位 30 校以内のみ記載
配分額 / 研究者	2,592 千円 / 人 （5 位）	1,442 千円 / 人 （16 位）	―	
件数 / 研究者	0.61 件 / 人（4 位）	―	―	
大学ランキング				
THE ランキング（全世界）	251-300 位	601-800 位	801 位-	2016/2017
THE ランキング（アジア）	24 位	131-140 位	191-200 位	2016
JICA プロジェクト専門家として派遣された教員延人数	622 人	350 人	287 人	1990 年度〜 2013 年度

（出典）東京工業大学（2015a），豊橋技術科学大学（2016a），文部科学省（2013, 2015a），Times Higher Education（2016）および東海大学事務局と JICA 提供のデータから筆者作成。

部レベルの留学生である（**図2-3**参照）。

東海大学の建学の精神は，創立者松前重義の思想である。「私学は創立者の教育に対する情熱と理想を基に創設されたもので，その心が『建学の精神』であり，いかなる時代においても変わることなく継承されるべきもの」と考えられており（東海大学 2016），中期目標の冒頭にも，松前重義の言葉が掲げられている。教育内容は「現代文明論」をカリキュラムの核に位置付けて東海大学型リベラルアーツ教育をおこなうことや，文系・理系の枠にとらわれない文理融合型の学びを重視することを特色としている。また，東海大学は，松前重義が主導して，1960年代という早い時期から多彩な国際交流事業を展開した。タイのモンクット王工科大学ラカバン校への支援，学生を対象とした海外航海研修，旧東側諸国との学術交流などであり，国際性も東海大学の特色のひとつである。タイムズ・ハイヤー・エデュケーションの大学ランキングにおいては，世界ランキングでは801位-（2016/2017年），アジアランキングでは191-200位（2015/2016年）であった。

以上から，東海大学の特徴をまとめると次のとおりである。東海大学は学生数が3万人に近い非常に大規模な私立の総合大学である。創立者は通信工学のエンジニアである松前重義であり，今も，創立者の思想を建学の精神として大学運営の基礎にすえている。学生の97%は学部生であり，教育機能が中心である。文理融合の東海大学型リベラルアーツ教育を特色として，古くから国際活動が盛んな大学でもある。

2.4　データの収集

本研究では，3大学の事例研究をおこなうにあたり，それぞれの大学のODA参加に関する資料調査と関係者への半構造化インタビューをおこなって，データを収集し分析した。本節では，本研究のデータ収集のためにおこなった資料調査とインタビュー調査の方法について述べる。なお，巻末の資料1に事例対象大学に関する主な収集文献リストを，資料2にインタビュー対象者リストを，資料3にインタビュー対象者への依頼状を掲載した。

2.4.1　資料調査

東京工業大学と豊橋技術科学大学と東海大学のODA参加の状況を正確に理解するために，関連すると思われる資料を可能な限り広く収集した。具体的に

は，①各大学が参加した ODA プロジェクトの実施状況についての資料，②各大学の ODA 事業への参加状況についての資料，③各大学の国際関連全般についての資料である。

①の ODA プロジェクトに関する資料については，まず，どの大学のどの教員がどのプロジェクトに参加し，さらにどのような役割を果たしたのかを理解するために，主に外務省と JICA の国際協力関連の資料にあたった。特に個別プロジェクトの記録である JICA 技術協力プロジェクトの準備調査報告書や実施報告書，評価報告書などを調査し，個別プロジェクトの実施状況とともに，専門家や調査団の派遣状況，国内支援委員会の活動状況などを確認した。また，ODA 白書や JICA 年報のなかには一部に個別プロジェクトの活動についての言及があるので，それも参考にした。これらの資料は，主に JICA 図書館で閲覧するとともに，外務省と JICA のホームページから入手した。

②の大学の ODA 参加についての資料としては，各大学が作成している大学史，計画文書，評価文書，実績報告文書（年次報告等），学内外向けの広報誌等のすべてに目をとおし，ODA 参加に関する記述を探した。ODA 参加についての記載の頻度は大学によって大きく異なり，豊橋技術科学大学や東海大学では1980 年代からある程度の量の記載を見つけることができるが，東京工業大学ではごくわずかな記載しかなかった。2004 年の国立大学法人化により，東京工業大学と豊橋技術科学大学は中期目標にもとづく中期計画・年次計画・中期期間報告・年次報告の作成と公表が義務付けられ，東海大学においても 2009 年から同様の中期目標／計画を作成しており，それらは大学の組織的な考え方を把握するのに役立った。また，大学が作成する大学史，計画文書，評価文書，実績報告文書，学内外向けの広報誌等のほかに，大学経営層や大学教員が書いた各種の投稿記事や論文なども収集した。これらの文書資料を丹念に追うと，大学のなかで ODA 事業への参加がどのように扱われてきたのか，大学内のどの部署が ODA 参加に関係していたのか，ODA 参加についての組織的な方針はどのようなものであったのか，どの執行部の時期にどの教員が顕著に ODA 事業に参加したのかなどの点が，まだら模様の絵のような不完全な形ながら浮かび上がってくる。これらの資料は，各大学の図書館で閲覧するとともに各大学のホームページから入手し，さらに，一部については，大学の事務局や資料センターに直接に問い合わせて入手した。

③の大学の国際関連全般の資料は，国際協力や ODA に限らず，1950 年代から大学の国際交流と称されていた活動を，2000 年代以降は大学のグローバル

化／国際化や国際展開／海外展開と称されるような活動全般とその方針についての資料を広く収集した。2000年代以前は，これらの活動のごく一部がODA参加と関係している―たとえば，東海大学とKMITLとの学術交流や東京工業大学の拠点大学方式学術交流事業など―だけであったが，2000年代以降は，海外拠点の設置や国際共同教育プログラムの形成など多くの事業で大学の国際活動とODAの間で連携がみられるようになった。したがって，大学のODA参加のメカニズムを明らかにするためには，大学の国際活動全般の理解が必須であったので，極力広く各大学の国際活動の情報を収集するように努めた。情報源となる文書は基本的に②に同じであるが，特に2000年代以降は，大学の国際化が重要な政策課題となって議論が高まり，さまざまな施策が打ち出されるのにともない，大学の国際化に関する文書が非常に増えている。たとえば大学評価・学位授与機構による「国際的な連携及び交流活動」についての試行的評価（2004年）や文部科学省が実施したスーパーグローバル大学創成支援事業への申請書（2014年）など，各大学の国際化についての考え方や取り組みについての豊富な情報を得ることができた。大学の国際関連全般の情報入手は，②と同様に，各大学の図書館やホームページ，国会図書館，その他の関連機関のホームページなどをとおしておこなった。

2.4.2 インタビュー調査

インタビュー対象者の人選

本研究では事例研究のデータ収集のために半構造化インタビューをおこなったが，そのインタビュー対象者の人選は以下の方法によった。

まず，インタビュー対象者選定にあたっての考え方は次のとおりである。

① 大学ごとに，15人程度のインタビュー対象者を選定する。
② インタビュー対象者は，大学組織の管理的な立場や事務局の立場から国際事業に関与してきた教員／職員とJICAプロジェクトに実際に参加してきた教員を選定する。具体的には次で構成する。

　　―国際協力担当役員／その他の管理的立場の教員（現職／経験者）　1-2人
　　―JICA専門家派遣経験者の教員（現職／退職者／転出者）　　　　10-12人
　　―国際協力担当事務局職員（現職／退職者）　　　　　　　　　　　2-3人

なお，ここでは，管理的立場の教員とは，「ODA参加に関する判断を大学組織の観点からおこなう役割を担う教員」―たとえば，国際担当理事，学部長，国際部長，国際センター長など―と定義する。したがって，組織の職

制上のすべての管理職を指しているわけではない。

③ 人選にあたっては，ODA プロジェクトへの関与の時期，関与したプロジェクト，専門分野に偏りが生じないように配慮し，事例研究対象期間の 1990年から現在までの全体をカバーするよう配慮する。

　大学教員の ODA 参加の最も代表的な形は，JICA プロジェクト専門家としての参加である。1990 年度から 2013 年度の間に，東京工業大学，豊橋技術科学大学，東海大学の教員は，**表 2-4** に示すとおり，JICA プロジェクトの専門家として，国際協力に参加してきた。

表 2-4　東京工業大学・豊橋技術科学大学・東海大学から専門家として派遣された大学教員の人数

	東京工業大学	豊橋技術科学大学	東海大学
専門家として派遣された教員の延べ人数	622 人	350 人	287 人
専門家として派遣された教員の実人数	148 人	60 人	55 人
派遣回数別人数	5 回以上派遣　36 人 4 回派遣　　　8 人 3 回派遣　　18 人 2 回派遣　　18 人 1 回派遣　　68 人	5 回以上派遣　21 人 4 回派遣　　　4 人 3 回派遣　　　2 人 2 回派遣　　　9 人 1 回派遣　　24 人	5 回以上派遣　18 人 4 回派遣　　　4 人 3 回派遣　　　3 人 2 回派遣　　15 人 1 回派遣　　15 人
プロジェクトごとの参加人数	**表 3-1** 参照	**表 3-5** 参照	**表 3-9** 参照

（注）1990～2013 年度に派遣された専門家人数。
（出典）JICA プロジェクト報告書および JICA 提供のデータから筆者作成。

　表 2-4 を参考にしつつ，JICA プロジェクトの各種報告書から，東京工業大学，豊橋技術科学大学，東海大学から専門家として派遣された大学教員のリストを作成し，上記①～③の基本的な考え方にそって，インタビュー対象者を絞り込んだ。絞り込みにあたっては，各大学で JICA 事業に長くかつ深くかかわっている教員と大学事務局の国際担当職員からの助言を得た。最終的なインタビュー対象者の構成を**表 2-5** に示し，また，インタビュー対象者リストを巻末の資料 2 に掲載した。

表 2-5　インタビュー対象者の構成

属性		東京工業大学	豊橋技術科学大学	東海大学	具体的な職名
教員	管理的立場	4人	4人	3人	学長，副学長，国際担当理事，学部長，国際部長，国際協力組織の長等。経験者・退職者含む。
	非管理的立場	8人	12人	8人	その他の教員。退職者・転出者含む。
職員	管理職	2人	2人	1人	国際課長，留学課長，国際協力組織の長等。経験者・退職者含む。
	非管理職	—	—	1人	その他の職員。
合計		14人	18人	13人	

（注）管理的立場の教員とは，「国際協力参加に関する判断を大学組織の観点からおこなう役割を担う教員」を指す。
（出典）筆者作成。

インタビューの内容と実施方法

　前述の方法でインタビュー対象者を人選したのちに，2015 年 1 月から 8 月にかけて，以下の手順でインタビューを実施した。

　最初に，各大学の大学学長または副学長と面談し，調査の概要を説明したうえで，大学関係者へのインタビュー実施の了解を得た。次に，東京工業大学と東海大学については，インタビュー対象者に筆者からコンタクトして，インタビューの趣旨を説明し，インタビュー実施のアポイントメントを取りつけた。豊橋技術科学大学については，同大学の国際協力センター（International Cooperation Center for Engineering Education Development: ICCEED）経由でアポイントメントをとった。多忙ななか，ほとんどの教職員は快くインタビューに応じてくれた。

　インタビュー対象者には事前にインタビュー項目をメールで送付したうえで，インタビューをおこなった。半構造化インタビューの質問項目は次のとおりである。また，巻末の資料 3 にインタビュー対象者への依頼状を掲載した。
① 教員が参加した ODA 事業について
  ・ODA 事業に参加した動機 / 期待したメリットは。
  ・ODA 事業に参加した経緯は。
  ・ODA 事業に参加するにあたっての障害は。
  ・ODA 事業に参加することで教員個人として得られたものは何か。

- ODA 事業への参加が教員の教育活動や研究活動にもたらしたものはあるか。
- ODA 参加は，教員の個人ベースのものであったのか，大学の組織ベースのものであったのか。また 90 年代から現在までに変化してきているか。

② 大学の ODA 事業への参加について（主に 1990 年～現在まで）

（方針）
- 大学の ODA 事業についての基本方針と具体的な方策は何か。
- 大学の国際連携やグローバル化の基本方針と具体的な方策は何か。また，そのもとで ODA 事業はどのように位置付けられてきたか。

（体制）
- 大学において，ODA 事業の計画，実施，調整はどのようにおこなわれてきたか。どの部署がどの役割を担ってきたか。
- 大学の ODA 参加は，教員の個人ベースのものであったのか，組織ベースのものであったのか。

（動機・利益・不利益）
- これまでの教員の ODA 参加は，現在の大学の国際的な活動に影響をおよぼしているか。
- 大学にとって，教員が ODA 事業に参加することの利益と不利益は。
- 大学として ODA に参加する動機と障害は。

③ （上記すべてに関し，）過去／現在／将来において，上記の答えは変化している（していく）か。

インタビューをおこなうにあたって，事前に各大学の資料調査の結果を頭にしっかりと入れておくことが重要であった。各大学の国際活動や国際協力事業の変遷，大学の国際方針，組織体制の変化はもちろんのこと，インタビュー対象者が参加した JICA 技術協力プロジェクトの内容や主な大学関係者の顔ぶれなど，事前の資料調査で「まだら模様に浮かび上がっていた」大学の ODA 参加の姿を既知の情報としてインタビューを進めることで，より踏み込んだ情報を得ることができる。小池は『聞き取りの作法』において，前もっての周到な準備による事前情報の入手と勉強がインタビュー成功の重要な要素であると繰り返し述べている（小池 2000）。

インタビューは，多くの場合，筆者がインタビュー対象者の大学に出向いて，教員の研究室かまたは会議室において，1 対 1 の対面で，約 1.5～2.5 時間かけ

ておこなった。また，東京の JICA 本部や JICA 研究所の会議室でおこなった
ケースも数例であるがあった。インタビューの内容は筆者がその場で要点を書
きとるとともに，許可を得て録音した。さらに，インタビュー実施から約 2 ～
3 週間の間に，録音をすべて文書化した。文書化されたインタビュー・データ
はそれぞれのインタビュー対象者に送付して内容の確認をとった。このように
して確認されたインタビュー・データを第 3 章と第 4 章の事例分析に使用した。

2.5　データの分析

各大学の国際化と国際的な活動に関する変遷の整理

　本研究においては，データ分析の 1 つ目のステップとして，対象期間である
1990 年から 2014 年までを 10 年ごとに区切り（1990 年以前，1990～1999 年，
2000～2009 年，2010 年以降），主に資料調査で得た情報をもとに，事例大学別に
国際活動の年表を作成した。1990 年から 2014 年までを 10 年ごとに区分した
のは，第 1 章でもみたとおり，2000 年頃を境として，日本の大学にも高等教育
国際化の波が押し寄せ，さらに国立大学法人化にともない新たな環境がうまれ
ていること，直近の変化を知るためには，2010 年頃からの傾向を把握する必要
があるためである。年表では，ODA 参加，その他の国際事業，国際関連の方
針，国際関連の部局の項目に分けて，各大学の変化を整理した。巻末の資料 4
に，作成した各大学の国際化と国際的な活動に関する年表を掲げた。

インタビュー・データの分析

　第 2 のステップとして，文書化されたインタビュー・データをコーディング
し，コード・マトリックスを作成して分析した。これらの作業にあたっては，
佐藤（郁）の『質的データ分析法』を参考にした（佐藤（郁）2008）。佐藤（郁）
によると，インタビュー・データのなかから研究対象の概念モデルをみいだし
てコーディングをおこなう帰納的コーディングと，既存の理論枠組みを前提と
してあらかじめセットされたコードを用いる演繹的コーディングがあるが，そ
の両者を必要に応じて併用することを推奨している。本研究は，大学の ODA
参加のイニシアティブとインパクトという，比較的先行研究の少ないテーマを
扱っているので，帰納的アプローチを用いた。作業としては，まず，インタビ
ューの発言ごとの「要約」または「自由な小見出し」であるオープン・コーディ
ングを施し，そののちに，オープン・コーディングを何度も読み直して，よ

り抽象度の高い焦点的コーディングをおこなった。焦点的コーディングを作り上げる作業は，「主要な問題関心やテーマを，コードとそれに対応する文書セグメント同士の関係を明らかにすることによって探り当てていく一方で，他方ではそれをより抽象度の高い概念に置き換えていく」作業であり，「一種の翻訳作業としての性格を持っている」（佐藤（郁）2008）。このようにして作成した焦点的コーディングのリストは**表2-6**のとおりである。

表2-6　焦点的コーディング

【教員の専門家派遣に関するコード】	【大学の国際的な取り組みに関するコード】
101　大学教員 / 専門家派遣依頼者	105　大学組織 / 国際化方針
102　大学教員 / 専門家派遣時の気持ち	106　大学組織 / 国際協力体制
103　大学教員 / 以前の途上国経験	107　過去の国際協力
104　大学教員 / 専門家派遣の意義	108　現在の国際協力
	109　今後の国際協力
【教員のイニシアティブに関するコード】	
111　大学教員イニシアティブ / 動機	【大学のイニシアティブに関するコード】
112　大学教員イニシアティブ / 経営層との関係	121　大学経営層イニシアティブ / 動機
113　大学教員イニシアティブ / やり方	122　大学経営層イニシアティブ / 大学教員との関係
114　大学教員イニシアティブ / 国際協力方針	123　大学経営層イニシアティブ / やり方
115　大学教員イニシアティブ / その他	124　大学経営層イニシアティブ / 国際協力方針
	125　大学経営層イニシアティブ / その他
【教員のインパクトに関するコード】	
211　大学教員インパクト / 留学生	【その他のイニシアティブに関するコード】
212　大学教員インパクト / 日本人学生	131　イニシアティブ / その他
213　大学教員インパクト / 授業	
214　大学教員インパクト / 研究	【大学のインパクトに関するコード】
215　大学教員インパクト / その他	221　大学組織インパクト / 留学生
	222　大学組織インパクト / 日本人学生
【時間的変化】	223　大学組織インパクト / 国際展開
311　時間的変化 / 1990 代	224　大学組織インパクト / その他
312　時間的変化 / 2000 代	
313　時間的変化 / 2010 代	【その他】
314　時間的変化 / その他	411　その他

（出典）筆者作成。

またインタビュー・データへのオープン・コーディングと焦点的コーディングの付与作業の例を**図2-4**に示す。このようにして，対象者ごとのインタビュー・データに焦点的コーディングを付すことで，膨大なインタビュー・データから，特定のテーマに関する発言を検索して抜き出すことができるようになり，教員間や大学間の比較が可能になった。

教員 ID：教員○番

通番	焦点的コーディング		オープン・コーディング	補助コーディング	インタビュー・データ
	その1	その2			
15					（萱島）　先生が国際協力に参加したきっかけを教えてください。
16	101 大学教員／専門家派遣依頼者		上司の教授が拠点大学交流事業に関係しており，上司の指示で手伝ったことから，ODA（JSPS）に関与するようになった。	拠点大学交流事業	（インタビュイー）　○○先生という方で，この人は○○センター長もやったんですけれども，あと教務部長を2期やったりした方なんですが，インドネシア大学のオプトエレクトロニクスの協力を最初からやっていまして，これはいつ始まったんだかな。昭和○年ぐらいか，そのころです。なので，ボスに連れられて手伝いをしたりして，だから最初にインドネシア大学に私のボスが行ったときに行って，授業とか実験とかの手伝いをやったんです。
17					（萱島）　なるほど。それは JICA 事業でかかわられる前の 1980 年代に JSPS の拠点大学交流事業でインドネシアと随分かかわられていたということなんですか。
18	102 大学教員／専門家派遣時の気持ち	111 大学教員イニシアティブ／動機	自分の意思というよりは上司の指示で始めた。海外との交流も嫌いではなかったので。	拠点大学交流事業	（インタビュイー）　そうです。なので，それは別に，私は自分の意思でというよりは命令されてというか，海外との交流も嫌いではないので，参加した動機とかは特になく……。
19					（萱島）　そうすると，先生の所属されていた研究室の仕事の一環で行かれていたという感じなんでしょうか。
20					（インタビュイー）　そうですね。はい。

（注）ひとつのインタビュー・セグメントに対して，複数の焦点的コーディングをつける必要がある場合があり，焦点的コーディングの列を2列作っている。また，分析作業時に必要であったので，補助コーディングの列を設けて関連する JICA プロジェクト等を記入した。

図 2-4　インタビュー・データのコーディング作業の例

（出典）筆者作成。

　次に，佐藤（郁）は，概念モデルを構築するために，事例－コード・マトリックスを作成することを提案している。佐藤（郁）は，事例－コード・マトリックスを，「個々の事例を横糸，コード（概念カテゴリー）を縦糸とし，さらに

一つひとつのセグメントの記述によって複雑な模様が織り込まれているタペストリーのようなものとして考えることができる」と説明している（佐藤（郁）2008）。事例 – コード・マトリックスの作成は，①コード間の比較（概念カテゴリー同士の比較），②コードとデータ間の比較，③複数の事例間の比較，④複数のデータ間の比較をおこない，インタビュー・データに埋もれている概念モデルを検討することが目的である。本研究では，データ分析の3つ目のステップとして，ODA 参加のイニシアティブと ODA 参加によるインパクトのそれぞれについて事例 – コード・マトリックスを作成した。図 2-5 は，ODA 参加による教員へのインパクトについての事例 – コード・マトリックスの作業例である。この事例 – コード・マトリックスによって，ODA 参加のイニシアティブやインパクトについて，さまざまな類型化や概念化を検討することができた。

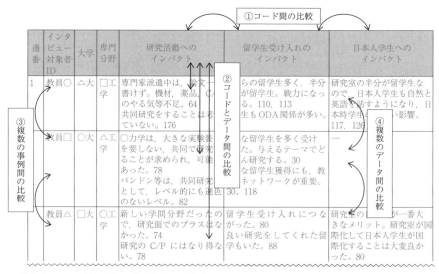

(注) インパクト事例の列に記載の番号は，対象者ごとのインタビュー・データのセグメント通番。

図 2-5　教員へのインパクトに関する事例 – コード・マトリックスの作業の例
(出典) 筆者作成。

資料情報とインタビュー・データの統合と分析

　各大学の資料情報の分析結果とインタビュー・データの分析結果を重ね合わせて，大学の ODA 参加のイニシアティブとインパクトについて分析するとと

もに，その両者の間の関係について考察し，全体の研究課題への答えを求めた。
具体的な分析の結果は次章以降に述べる。

注
1）　2013 年に，文部科学省の国立大学改革プランの一環として，各国立大学はそれぞれの強み・特
　　色・社会的役割を「ミッションの再定義」として整理し公表した。

第3章 ODA参加のイニシアティブ
——日本の大学教員はどのようにして
ODAプロジェクトに参加してきたか

　東京工業大学，豊橋技術科学大学，東海大学の3大学はJICAの工学系高等教育協力の主要な支援大学である。1990年度から2013年度の間にJICA工学系高等教育技術協力プロジェクトに専門家として途上国に派遣された大学教員の延べ人数は，東京工業大学所属の教員が約600人，豊橋技術科学大学所属の教員が約350人，東海大学所属の教員が300人弱にのぼる。では，これらの教員は，なぜ，どのようにして，ODA事業に参加したのだろうか。それは教員の個人的な活動であったのか，それとも大学の組織的な活動であったのだろうか。それは，日本の大学が国際化に取り組むなかで，どのように変化してきたのだろうか。本章では，日本の大学教員のODAへの参加が，どのようなイニシアティブによってなされてきたのか，また変化したのかを分析する。

　先行研究からは，大学教員のODA参加の動機には，教員の途上国への学術的な興味や関心があることが示される一方で（Kamibeppu 2002; Maeda 2007），2000年前後からは，文部科学省が大学のODA参加の促進策をとったこともあり，大学が組織的にODA事業に参加することへのメリットやデメリットが議論されるようになった（黒田 2001; 藤山 2009）。したがって，日本の大学教員のODA参加には，大学の組織的なイニシアティブと教員個人のイニシアティブが，それぞれに異なる動機を持って機能していることが想定される。また，大学や教員のODA参加の動機は，大学を取り巻く高等教育国際化の潮流やODA事業の内容の変化などからも影響を受けていると思われる。

　ODA参加のイニシアティブを明らかにするために，事例対象の3大学について，3つの観点—ODA参加の経緯と判断，ODA参加と大学の国際方針との関係，ODA参加と大学の国際関連組織との関係—から分析をおこなった。大学のなかで，ODA参加がどのような推進力やメカニズムにより実施されてきたのかは，単一の指標で測れる性格のものではなく，ODAプロジェクトのさまざまな段階で，だれがどのような役割を果たしたのか，大学組織の方針や部署がどのように関係していたのかを丹念に調べることによってのみ明らかに

なる。そこで本章では，第1の観点として，大学教員のJICAプロジェクト参加はだれの指示によるものであったのか，大学としてODA参加の判断がどのようにおこなわれていたのかをインタビュー・データと文献記録から分析した。さらに，第2の観点として，ODA参加が大学の国際関連の方針や戦略などにどのように位置付けられてきたのかを調べた。2000年代以降の中期目標／計画や国際戦略，1990年代以降の大学経営層や管理的教員による各種の記事，さらにインタビュー・データなどを分析することにより，ODA参加が大学の組織的な方針にもとづくものであったのかどうかを明らかにした。第3の観点は，ODA参加が大学内のどのような組織によって担われてきたのかを分析し，これによりODA参加が組織的な活動であるかどうかを調べた。その結果，大学のODA参加には，大学教員のイニシアティブによるものと，大学経営層のイニシアティブによるものがあることが明らかになった。本章では，3大学の事例分析の結果を示し，2つのイニシアティブの特徴について詳述する。

3.1　東京工業大学

3.1.1　ODA参加の推移概観

ODA参加の状況

　ここでは，東京工業大学のODA事業への参加状況と国際的な活動の推移について述べる。ODA参加の状況については，**表3-1**に掲げたとおり，1980年代後半からJICAの工学系高等教育協力事業への支援を開始し，1990年度から2013年度までの間に延べ600人を超える教員を工学教育分野の技術協力専門家として派遣してきた。派遣専門家の延べ人数が多いプロジェクトは，アセアン工学系高等教育ネットワークプロジェクト（ASEAN University Network / Southeast Asia Engineering Education Development Network: SeedNetプロジェクト）の358人やエジプト日本科学技術大学プロジェクト（Egypt-Japan University of Science and Technology: E-Justプロジェクト）の97人である。この2つのプロジェクトは専門家派遣の延べ人数が他のプロジェクトより群を抜いて多く，東京工業大学教員の大規模な参加がおこなわれてきた。一方で，プロジェクトごとの専門家派遣延べ日数をみると，E-Justプロジェクトの5,411日，タイ・タマサート大学工学部拡充プロジェクトの2,007日が多い。これは，SeedNetプロジェクトなどでは，多数の教員が1週間程度の短期の出張を繰り返す形の

表 3-1　東京工業大学教員が支援した主な JICA 工学系高等教育技術協力プロジェクト

期間	国名・地域名	案件名	東京工業大学教員の専門家派遣		支援分野	協力対象大学
			延人数	延日数		
【1980 年代開始案件】						
1987-1994	インドネシア	スラバヤ電子工学ポリテクニックプロジェクト	5 人	25 日	電気電子工学	スラバヤ電子工学ポリテクニック
1989-1994	アルジェリア	オラン科学技術大学プロジェクト	10 人	113 日	電気電子工学	オラン科学技術大学
【1990 年代開始案件】						
1990-2002	インドネシア	高等教育開発計画（HEDS プロジェクト）	31 人	298 日	電気工学化学工学機械工学	バンドン工科大学，北スマトラ大学，北スマトライスラム大学，ダルマアグン大学，ノメンセン大学，メダンエリア大学，シャクアラ大学，アンダラス大学，スリヴィジャヤ大学，ランポン大学，タンジュンプラ大学，ランブンマンクラート大学
1994-2001	タイ	タマサート大学工学部拡充プロジェクト	29 人	2,007 日	化学工学	タマサート大学
1997-2002	タイ	モンクット王工科大学情報通信技術研究プロジェクト	24 人	382 日	電気通信工学	モンクット王工科大学ラカバン校（KMITL）
1999-2006	インドネシア	電気系ポリテクニック教員養成プロジェクト	33 人	342 日	電気電子工学	スラバヤ電子工学ポリテクニック
【2000 年代開始案件】						
2003 -継続中	アセアン	アセアン工学系高等教育ネットワーク（SeedNet プロジェクト）フェーズⅠ，Ⅱ＆Ⅲ	358 人	1,723 日	電気電子工学化学工学環境工学土木工学材料工学	インドネシア大学，バンドン工科大学，スラバヤ工科大学，ガジャマダ大学，マレーシア工科大学，プトラ大学，マラヤ大学，マレーシア科学大学，フィリピン大学ディリマン校，デラサール大学，ミンダナオ州立大学イリガン校，モンクット王工科大学ラカバン校（KMITL），タマサート大学，カセサート大学，チュラロンコン大学，ブラハ大学，カンボジア工科大学，ラオス国立大学，ハノイ工科大学，ホーチミン市工科大学，ヤンゴン工科大学，ヤンゴン大学，ブルネイ工科大学，ブルネイ大学，ナンヤン工科大学，シンガポール国立大学
2004-2009	フィリピン	IT 人材育成プロジェクト	6 人	34 日	電気工学	フィリピン大学
2008 -継続中	エジプト	エジプト日本科学技術大学（E-Just）プロジェクト	97 人	5,411 日	資源環境工学経営工学	エジプト日本科学技術大学
【2010 年代開始案件】						
2011 -継続中	カンボジア	カンボジア工科大学教育能力向上プロジェクト	14 人	63 日	電気工学機械工学	カンボジア工科大学

（注）東京工業大学教員が 1990 年度～2013 年度に参加した主要な技術協力プロジェクト。ただし，SATREPS は含まない。なお，E-Just プロジェクトでは，JICA と東京工業大学の間でプロジェクト実施のための委託契約が結ばれている。

（出典）JICA のデータをもとに筆者作成。

協力方法をとっているのに対し，E-Just プロジェクトやタイ・タマサート大学工学部拡充プロジェクトでは，教員が長期にわたり派遣され，現地に常駐する形で協力がおこなわれているためである。これらのプロジェクトにも東京工業大学教員が深くかかわってきた。

国際活動の推移

次に，東京工業大学の国際的な活動と ODA 事業への参加の推移について，1980 年代から 2010 年代までの間を 10 年ごとに分けて概観する。なお，東京工業大学の国際活動と ODA 参加の年表を巻末の資料 4 に掲げている。

東京工業大学の先駆的な国際活動としては，ユネスコ化学・化学工学国際大学院コースの開設（1965 年〜），日本学術振興会の拠点大学方式学術交流事業の実施（1979 年〜），中国赴日前予備教育への教員派遣（1982 年〜）などがあげられるが，1970 年代までは学生や研究者などの人的交流が中心で，海外活動をともなう国際事業はまだ限られていた（東京工業大学 1993b）。このうち，拠点大学方式学術交流事業は，ODA 予算を活用して日本の大学と途上国の大学との組織的で計画的な学術交流を促進するもので，東京工業大学は，1979 年にインドネシア大学を中心としたインドネシアとの，1986 年にフィリピン大学を中心としたフィリピンとの，1988 年にはモンクット王工科大学ラカバン校（KMITL）を中心としたタイとの間でこの事業を開始し，共同研究の実施，セミナー開催，研究者交流をおこなった（東京工業大学 1995b）。拠点大学方式学術交流事業によって，東南アジアの大学との交流経験がある教員が育っていったことが，その後に始まる JICA の工学系高等教育協力への参加につながっていった。1980 年代末には，拠点大学方式学術交流事業に参加した教員が中心になって，表 3-1 にある JICA のインドネシア・スラバヤ電子工学ポリテクニックプロジェクト（1987〜1994 年）やアルジェリア・オラン科学技術大学プロジェクト（1989〜1994 年）への支援を開始している。

1990 年代には，留学生の増加が重要な課題となり，そのために英語による新たな教育プログラムがつくられる一方で，JICA プロジェクトへの参加が本格的に始まった。1980 年代末に始まったインドネシア・スラバヤ電子工学ポリテクニックプロジェクト，アルジェリア・オラン科学技術大学プロジェクトに加えて，インドネシア・高等教育開発計画（Higher Education Development Support Project: HEDS プロジェクト）（1990〜2002 年），タイ・タマサート大学工学部拡充プロジェクト（1994〜2001 年），タイ・モンクット王工科大学情報通信

技術研究プロジェクト（1997〜2002 年），インドネシア・電気系ポリテクニック教員養成プロジェクト（1999〜2006 年）などが東京工業大学の支援のもとに開始した。1990 年代に始まったこれらのプロジェクトには，それぞれ31 人，29人，24 人，33 人と比較的多数の教員が JICA 専門家として参加している。しかも，タイ・タマサート大学工学部拡充プロジェクトには，化学工学分野の教授クラスの現職教員 3 人がそれぞれ 1 年以上の長期にわたって現地に派遣された。専門家派遣の規模からみても，1990 年代には東京工業大学の JICA プロジェクトへの参加の度合いが拡大した。1990 年代をつうじて，JICA 事業に参加する教員が増え，東京工業大学 130 年史は「この時点ですでに本学〔東京工業大学〕の国際交流の実績は，日本の大学の中でトップクラス」だと記している（東京工業大学 2011c）。

　2000 年代には，国際化の方針のもと，新たな国際的な活動が次々と開始された。その特徴のひとつは，それまでは日本学術振興会や JICA といった外部の機関からの依頼や資金提供にもとづく事業が多かったのに対して，清華大学大学院合同プログラムなど，大学独自の資金による大学の主体的な国際活動が増加したことである。もうひとつの特徴は，2000 年代に入り，海外での活動をともなう国際展開事業が増えたことだ。国際的な共同教育プログラムや大学交流のネットワーク構築など，留学生受け入れにとどまらない国際展開活動が開始された。JICA 事業に関しては，1990 年代に引き続き，東京工業大学の教員の参加を得て重要な案件が実施されている。タイ・タマサート大学工学部拡充プロジェクト，HEDS プロジェクト，KMITL 情報通信技術研究センタープロジェクトなどのプロジェクトが 2000 年代初めに終了していく一方で，SeedNetプロジェクト（2003 年〜現在）や E-Just プロジェクト（2008 年〜現在）などの大規模なプロジェクトが開始された。SeedNet プロジェクトは，日本の 14 校とアセアンの 26 校が参加するネットワーク型の新しいタイプの事業であり[1]，予算規模においても専門家派遣数においても JICA の技術協力のなかで最大規模のもののひとつである。東京工業大学の教員は，SeedNet プロジェクトに専門家として多数参加するだけでなく，国内支援委員会委員長や副委員長，分野別の幹事大学などの役割も引き受けてプロジェクト全体の運営管理に大きく貢献した。また，E-Just プロジェクトは，新設大学をゼロから立ち上げるという点で難易度が高く規模も大きい事業であるが，東京工業大学の教員は，立ち上げ時点から先方政府との協議に参加してプロジェクトの形成や企画にたずさわり，実施段階でも日本の支援大学のなかで中心的な役割を果たしている。これ

82

らの大規模な事業は 2010 年代においても，引き続き実施されている。

3.1.2 教員の ODA 参加の経緯と判断

東京工業大学の教員は 1980 年代後半から積極的に JICA の工学系高等教育技術協力プロジェクトに参加してきた。それらの教員は，なぜ，どのようにして ODA 事業に参加するようになったのだろうか。ここでは，東京工業大学の教員や職員へのインタビューの結果から，大学教員の ODA 参加がどのようにおこなわれたのかについて述べる。

教員の ODA 参加の経緯

東京工業大学でのインタビューにおいて，JICA 工学系高等教育協力プロジェクトに参加した教員に，専門家派遣の最初の依頼者について尋ねた（**表 3-2**参照）。その結果，東京工業大学では，同じ専門分野の教員や研究室の指導的立場の教員からの依頼で JICA プロジェクトに参加しているケースが 10 人中 9人を占めている。

表 3-2 JICA 専門家派遣の直接の依頼者についての東京工業大学教員の回答

	回答者の人数
同じ専門分野の教員グループのリーダー（学内）	5 人
同じ専門分野の教員グループのリーダー（学外）	1 人
同じ専門分野の途上国カウンターパート大学の教員	2 人
研究室の指導的立場の教員	1 人
学内の国際協力事業のリーダー的教員	1 人
大学経営層・所属学部長	－
合計	10 人

（注）JICA 専門家として工学教育プロジェクトに参加した経験のある教員の回答。
（出典）インタビュー結果から筆者作成。

では，このような ODA プロジェクトへの参加依頼はどのような状況下でおこなわれたのか。以下に，インタビューから得た具体的なケースを見てみる。東京工業大学が支援した主要な JICA 高等教育技術協力プロジェクトは 10 件にのぼるが，それらの支援分野は，主に化学工学，電気電子工学，土木工学分野であった。最初は，化学工学分野の専門家派遣の 3 事例である。

〔プロジェクトへの長期専門家派遣に関し，〕僕はまだ助手だったのですが，シニアな先生が派遣されたのちに若い教員を送ろうということで，A先生，B先生から話がありました。僕の指導教員のC先生も「行ったらいいんじゃないの」ということで。……学科として送り出すぞというふうに言ってくれていたので，安心して行きました。うちの学科は国際協力をものすごくやっていたので。……やがて〔帰国後〕，私とB先生とA先生で，プロジェクトをみていくことになりました。（1990年代中頃派遣，教員3）

一世代上のB先生，C先生，D先生の3人が拠点大学交流やSeedNetプロジェクトをすでに始めていました。……私が化学工学科に戻った後に，B先生やD先生から，「フィリピンに行って来い」と言われて……，「はい」と言って行って……。この3人には，私は頭が上がりませんでしたから。（2000年代中頃派遣，教員5）

私が助教授になった時の教授がD先生でした。その後，D先生がSeedNetプロジェクトの国内委員会の主要メンバーをされていて，その関係で私はSeedNetプロジェクトに入っていきました。……D先生は拠点大学方式学術交流で東南アジアとつながりが強かったのです。化学工学分野では，D先生，A先生，B先生，C先生のところに東南アジアの留学生が結構来ていました。その後，SeedNetプロジェクトの化学工学分野では，私とD先生が毎年，現地に行くようになりました。（2000年代前半派遣，教員8）

インタビューからわかるのは，1990年代から2000年代初めにかけて化学工学分野の若手の教員が初めてJICAプロジェクトへ参加するようになった経緯には，4人の化学工学分野の教授（上記のA，B，C，D）からの依頼や指示があったことである。3つ目のケースは，所属する研究室の指導的立場の教授からの依頼であるが，最初と2つ目のケースは個別の研究室よりももう少し広い範囲の，化学工学分野のシニアな教員からの依頼である。彼らは，化学工学分野の教員グループのリーダー格の教員たちで，化学工学科（後に化学工学専攻）のほかに，拠点大学方式学術交流のために設置された理工学国際交流センター（1979～2001年）や途上国から多くの留学生を受け入れている国際開発工学専攻（1999年～）などに所属していた。また，1965年に始まったユネスコ化学・

化学工学国際大学院コースや1979年から続く拠点大学方式学術交流の実施を
つうじて，途上国との交流や支援の経験をすでに豊富に持っていた。1990年代
に，JICAの工学系高等教育プロジェクトへの化学工学分野の支援が求められ
た時に，東南アジアと深いつながりのあるこれらの教員がまず対応し，やがて
東京工業大学の中で，JICA事業の化学工学分野のハブとなっていったことは，
想像に難くない。彼らは，1990年代から2000年代にかけて，彼ら自身もJICA
専門家として途上国に赴き，また国内の支援委員会の委員長や委員を務めるな
どして，JICAプロジェクトの実施に主導的な役割を果たしていた教員である。
2000年代以降，これらのシニアな教員が退官すると，かつてこれらの教員の指
示のもとでODA事業に参加した次の世代の教員が，プロジェクトの国内支援
委員や現地のプロジェクトリーダーを務め，現在も，化学工学分野のODA参
加を牽引している。

　では，電気工学分野の教員の場合は，どのようにしてJICA事業に参加する
ようになったのであろうか。

　　　JICA事業への最初の参加はスラバヤのポリテク〔電子工学ポリテク二
　ックプロジェクト〕の事前調査でした。当時のE先生から「今度こういう
　ものがあるのだけれども，行ってくれないか」と言われて，行きました。
　（1980年代中頃派遣，教員6）

　　　スラバヤ・ポリテクニック〔電気系ポリテクニック教員養成プロジェク
　ト〕の情報系学科のカリキュラム開発には，情報系の教員を充てなきゃな
　らないということで，このプロジェクトの国内支援委員長をしていたF先
　生が，情報系のG先生に問い合わせ，着任して間もない私が紹介を受けた
　のです。……F先生とG先生は電気情報系という枠組みで，同じ派閥，グ
　ループに属していて，昔からお二人ともJICAプロジェクトをなさってい
　ました。（1990年代後半派遣，教員11）

　　　私が着任した時点で，H先生はすでに長い〔東南アジアとの国際交流
　の〕実績をお持ちでしたから，そういう人たちと一緒に仕事をして，途上
　国の仕事の面白さみたいなものを……刷り込まれました。（1990年代後半
　派遣，教員10）

第3章　ODA参加のイニシアティブ　85

これらの電気工学系教員のケースでは，ODA事業に熱心な幾人かのシニアな教員（上記のE，F，H）が，電気工学分野の若手教員にJICAプロジェクトへの参加を依頼し，指示していることがわかる。電気工学分野でも化学工学分野と同じように，中核的な教員がODAへの参加を主導しているのである。これらの教員は，電気工学科（後に電気電子工学専攻や電子物理工学専攻）や理工学国際交流センターなどに所属し，拠点大学方式学術交流をつうじて東南アジアの途上国経験が豊かであった。電気工学分野のJICA技術協力支援は，化学工学分野よりも早い1980年代後半に始まったが，東南アジアとつながりの深い彼らが，東京工業大学の中で電気工学分野のJICA支援の中心となったのである。これらのシニアな教員が2000年代に退官した後は，かつての若手教員が今度は国内支援委員長や分野別の幹事大学代表として，電気工学分野のODA参加をリードしている。

　土木工学分野の教員のODA参加の状況は次のとおりである。

　〔SeedNetプロジェクトとの最初のかかわりは，プロジェクトの〕地域会議に招待されて学術講演をするというものでした。……私はタイとかフィリピンにはすごく知り合いが多いので，東南アジアのホストユニバーシティからの招待でした。……その後，SeedNetプロジェクトのフェーズⅡで土木分野の分野幹事をしましたが，それは，Ⅰ先生から，「シビル〔土木工学〕の担当をしなさい」と言われたように思います。（2000年代中頃派遣，教員9）

　私は2010年から学振〔日本学術振興会〕の国際交流事業を始めて，フィリピン大学ディリマン校とタイ・カセサート大学とつながりがありました。……それがSeedNetプロジェクト参加のおおもとのきっかけです。……フィリピン側の教授から，学振国際交流のセミナーをSeedNetの地域会合の中でおこなう提案があり，SeedNetプロジェクトに参加させてもらったのです。……〔その後，E-Justプロジェクトへの参加の話は，〕Ⅰ先生からの依頼でした。プロジェクトの立ち上げ段階で，環境工学と土木工学とで支援することになり，それは上のほうの話で決まったのですが，環境分野に土木〔工学〕の人もいるということで，私の名前も入ることになりました。（2010年代前半派遣，教員12）

これらの土木工学分野の事例では，東京工業大学の教員はすでに東南アジアの大学の教員と学術交流をおこなっていて，知り合いの東南アジアの教員からの依頼で JICA 事業に参加している。同時に，これらのケースでは，土木工学専攻のリーダー的教員（上記のＩ）がプロジェクト運営に重要な役割を果たしていることも確認された。土木工学分野でも，化学工学や電気電子工学分野と同様に，JICA プロジェクトへの支援は ODA に熱心なリーダー格の教員が指揮を執っておこなわれていた。ただし，その歴史は若干異なる。化学工学と電気工学の分野では，1980 年代に理工学国際交流センターの拠点大学方式学術交流事業をつうじて国際交流が始まっていた。しかし，このセンターには土木工学の講座はなかったので，土木工学分野での途上国交流は，土木工学科の教員が中心になって 1990 年代末にフィリピンやタイの大学との共同研究を始めたことに端を発する（東京工業大学土木工学科設立 40 周年記念事業委員会記念誌編集部会 2005）。JICA の技術協力プロジェクトへの土木工学分野の参加も，化学工学や電気工学分野より 10 年ほど遅れて，2000 年代に入ってからであった。

ODA 参加のイニシアティブ

　以上にみてきた，JICA 専門家派遣の経緯の分析からは，東京工業大学においては，専門分野ごとの教員グループが ODA 事業の実施にあたって重要な役割を果たしてきたことがわかる。

　本研究のインタビューでは，インタビューの全対象者に，JICA プロジェクトへの参加は大学の組織的な活動であったと思うか，それとも，教員が主体となった活動であったと思うかを尋ねている。その結果，東京工業大学では，インタビュー対象者の 14 人のうち 13 人は，ODA 事業は教員主体の活動であったと答えており（**表 3-3** 参照），ODA 事業は大学組織が主導したというよりも，教員が主体的に活動した結果だとの認識が強い。これは上述の専門家派遣の経緯の分析とも符合する結果である。

表 3-3　「ODA プロジェクトへの参加は大学主体の活動であったと思うか，それとも教員主体の活動であったと思うか」の問いへの東京工業大学教員 / 職員の回答

	管理的ポストの教員	その他の教員	職員	合計
「大学主体の活動」との回答者	0 人	1 人	0 人	1 人
「教員主体の活動」との回答者	4 人	7 人	2 人	13 人

（出典）インタビュー結果から筆者作成。

東京工業大学の教職員の間では，ODA への参加は教員主体の活動であったとの認識は学内で広く共有されている。このことについて，インタビュー対象者は，次のように説明している。

　　　〔JICA プロジェクトへの参加は〕分野ごとの教員のコミュニティで対応してきました。……大学のトップダウンでおこなわれたわけではありません。（教員3）

　　　大学の先生は，ある意味，個人事業主の集まりのようなもので，そのネットワークで JICA 事業を動かしてきたのが今までの実態です。（教員4）

　　　包括的に大学〔組織〕が JICA 事業を全部把握しながらマネージ〔管理〕しているわけではありませんでした。（教員9）

　熱意のある教員が専門分野ごとの教員コミュニティを率いて実施している ODA 事業について，大学の経営層や事務局が関与することは少なく，大学全体での情報把握も十分にはおこなわれていなかった。この傾向は特に法人化前に顕著であり，法人化前年の 2003 年に作成された国際化ポリシーペーパーでは，国際化の基本戦略の2つ目に「個人ベースから戦略へ」の原則を掲げ，「これまでは全学的な計画なしに，個人単位で交流が進んできました。そこできちんとした国際化の戦略を立て，目標を実現するように全学で取り組みます」（東京工業大学 2003b）と記されている。このことからも，ODA を含む国際協力や国際交流の多くが，教員個人や教員グループの力によっておこなわれ，大学経営層の関与は限定的であったことがうかがえる。しかし法人化以降，大学運営方法が大きく変化するなかで，JICA プロジェクトへの大学経営層の関与も，一部に変わりつつある。法人化以降の変化については，3.1.4 で後述する。

ODA 参加と成熟分野

　大学内には ODA に熱心な専門分野ごとの教員グループが存在し，ODA 参加にはそのイニシアティブが強く働いていた。しかし，東京工業大学の場合，こうした教員グループは，主として電気工学，化学工学，土木工学の3分野であり，大学の全分野に広がっていたわけではなかった。

〔国際協力を実施してきたのは，〕化工系〔化学工学系〕と電気系と土木系なんです。いまだにどっちかというとその3分野に限られていますよね。……その横〔その他の分野〕には広がっていないんです。たとえば，有機高分子，応用化学，ロボット，バイオなどはやっていない。(教員3)

学問分野が成熟してきたところは国際〔的な活動〕に走ったのですね。たとえば，土木，化学工学，電気もそう。……これらの分野では，土木事業，プラント産業，重電関係などの成熟産業が日本から東南アジアに出ていくにつれ，現地での技術者教育のニーズが高まり，……研究の対象は日本国内では徐々に少なくなって，東南アジア辺りの課題を扱うようになりました。(教員5)

　東京工業大学教員へのインタビューにおいては，ODA事業に参加しているのは「成熟分野の教員」であるという表現がたびたび聞かれた。ここでいう成熟分野とは，「50年前にはきわめて重要であった国のインフラ構築に不可欠な分野，例えば，電力などの強電，機械，プラント，金属・鉄鋼，造船，土木など，言うなれば『重厚長大』の国造り基盤工学が成熟期を迎え，〔国内では〕学問的にはそれほどの伸び代が見込めなく」なり，論文の量産やイノベーションにつながる新たな研究が難しくなって（山本 2015），国内から途上国に学術関心が広がっている学問分野のことである。それらの分野では，途上国にはまだ多くの未着手の研究テーマがあること，日本の関連産業もアジアを中心とする途上国に進出していて途上国に適した技術開発や現地の人材育成のニーズが高いことなどから，途上国に学術関心が向きやすい。東京工業大学の場合，1970年代に設置された理工学国際センターに化学工学と電気工学の講座がおかれたことに端を発して，成熟分野でもあるこの2分野でODAに熱心なグループがまず形成され，その後1990年代末に，やはり成熟分野である土木工学科の教員が東南アジアとの国際交流に取り組み始めた。東京工業大学では，今も，この3分野がODA事業の主力をなしている。
　東京工業大学のこれらの分野でのODAにおいては，JICAプロジェクトの活動と教員個人の国際的な学術活動は密接に関係していることが多い。たとえば，前述の土木工学の教員は，JICAプロジェクトに参加することになった経緯についての質問に対し，東南アジアの知り合いの研究者からの依頼であったと述べており，JICA事業に参加する前にすでに東南アジアに研究サイトを持

ち，現地の大学と共同研究をおこなっている。そのため，JICA 専門家として現地に出張する時も，仕事は「それだけで〔JICA の仕事だけで〕終わらず，その足でもうひとつ仕事をすることが多い」（教員 12）。また，別の電気工学分野の教員は，国際学会のアジア・太平洋地区の役員を長く務め，アジア諸国の研究者との広範なネットワークを持っているので，JICA プロジェクトの仕事は国際的な学術交流活動の一部として，「特別な活動ではなく，ごく自然にやっている」（教員 6）と話している。

教員を取り巻く環境の変化

東京工業大学では，ODA 事業は教員グループによって担われてきた。しかし，環境の変化にともない教員の状況も変化している。まず，多くのインタビューで指摘されたのが，多忙により教員の ODA 参加が徐々に難しくなっていることだ。

> 今は教員の余力がない。2000 年以降，法人化とかがあって，教員はどんどん忙しくなってきています。ODA 事業に参加する余力がないんです。（教員 10）

> 最近は，若手の教員が ODA 事業にあまり参加していない。それには理由が 2 つある。ひとつは，昔は研究室が大きく，教授のもとに助教授や助手がいて，ひとりが専門家で海外に行っても，研究室は回っていた。でも今は，教授も准教授も独立して研究室を持ち，定員削減で助手もいないから，余裕がない。もうひとつの理由は，若手の教員は特任の教員が多く，論文を書いて業績をつくることに追われている。（教員 2）

かつては「のどかな時代」だったが（教員 4），2000 年代には，研究室の小規模化，教員評価の強化，国立大学法人化，教員の公募採用制度の普及などにより，教員は授業や研究や校務に一層多くの時間を充てざるをえなくなり，ODA 参加がかつてより難しくなっているとの意見は多かった。

もうひとつの変化は，研究室が小規模化したことや教員人事が透明化したことなどにより，ODA 参加を主導してきたリーダー格の教員の影響力が縮小していることである。これは，教員の多忙と相まって，ODA 参加についての教員グループのイニシアティブを弱めている。

〔リーダー格の教員が〕小粒になってきているんです。教授，准教授といったヒエラルキーが小さくなって，トップダウンの指示が昔より利きにくくなっているのかなと感じます。(教員10)

以上から，東京工業大学の教員のODA事業への参加は，教員グループのイニシアティブによっておこなわれてきたこと，大学経営層の関与は比較的少なかったこと，成熟分野といわれる電気工学，化学工学，土木工学分野の教員の途上国への学術的な関心によっておこなわれたこと，しかし2000年代以降は，教員グループのイニシアティブは弱くなる傾向にあることが明らかになった。

3.1.3　ODA参加と大学の国際関連方針との関係

東京工業大学の教員は1980年代後半からJICA工学系高等教育協力事業を支援し，1990年度から2013年度までに同大学から派遣された専門家延べ人数は600人を超える。こうしたODA事業への教員の参加は主に教員グループのイニシアティブによっておこなわれ，大学経営層の関与は比較的少なかったことは，先に述べたとおりである。2000年代以降，世界的な高等教育国際化のなかで，日本の多くの大学はさまざまなグローバル化の方針や方策を打ち出しているが，東京工業大学もその例外ではない。では，東京工業大学教員のODA参加と大学の組織的な国際化方針とはどのように関係している，もしくは関係していないのであろうか。ここでは，まず東京工業大学の国際関連方針の変遷について述べたのちに，ODA事業との関係について分析する。なお，**表3-4**に東京工業大学の国際化と国際活動に関連する方針の一覧を掲げる。

国際関連方針の変遷

東京工業大学の国際関連の方針は，1990年代までは留学生受け入れ促進が中心であったが，2000年代に入ると組織的な海外展開を積極的に謳うようになる。2000年代は，国際化や国際交流に関連する東京工業大学の方針文書が出され，国際化に組織的・戦略的に取り組むこと，世界一流の大学との交流促進を図ることの2つの大きな方向性が示された時期である。まず，2001年に，2004年の国立大学法人化を見据えて，「東京工業大学の将来構想報告書」が作成された（東京工業大学 2011c）。そこでは，「世界最高の理工系総合大学の実現」の長期目標と，全学レベルの国際戦略策定とともに国際室の創設という具体的な取り組みが謳われた。「世界最高の理工系総合大学の実現」の長期目標は，

表 3-4 東京工業大学の国際化と国際活動に関する方針

文書名	方針の位置付け／全体像と内容
1990 年代	
1993 年 東京工業大学の将来構想	【方針の位置付け／全体像】 •政府の大学院重点化政策を受けての検討。 •理工系総合大学への拡充発展を目的とし，その基本を大学院重点化におく。 【方針の内容】 •基本方針のひとつとして，「理工学の国際拠点として日本のみならず，国際社会に貢献していくために，社会人，外国人留学生，女子学生の教育を推進する」。 •具体的取り組みとして，「2000 年初頭には，1993 年時（523 人）の 4 ～ 5 倍の留学生を受け入れる」。（その結果，1993 年に国際大学院コースが設置される。）
2000 年代	
2001 年 東京工業大学の将来構想	【方針の位置付け／全体像】 •国立大学法人化に向けての検討。 •長期目標を「世界最高の理工系総合大学の実現」におく。 【方針の内容】 •国際化に対応する体制として，①全学の国際戦略を策定，②国際室を創設。 （これを受けて，2003 年国際化ポリシーペーパーが作成される。）
2003 年 国際化戦略（ポリシーペーパー）	【方針の内容】 •国際化のための 7 つの基本原則。 　①量から質へ，②個人ベースから戦略へ，③分散化から一元化へ，④横並びから重点化へ，⑤ローカルな規準からグローバルな規準へ，⑥受け入れのみから相互交流へ，⑦最初にやることに意味がある。
2004 年 第 1 期中期目標／中期計画（2004-2009 年度）	【方針の位置付け／全体像】 •長期目標：世界最高の理工系総合大学の実現。 【基本目標】 •国際的リーダーシップと創造性豊かな人材育成，世界に誇る知の創造，知の活用による社会貢献。 【「国際交流」に関する中期目標と中期計画の記載】 ① 教育面，研究面での国際化およびグローバル化の戦略的展開体制の整備。 　国際室に教育／研究の国際化とグローバル化の企画／立案機能一元化。 　国際関連の実務組織として，国際室に国際オフィス（仮称）を設置。 　国際大学院コースの抜本的改革。 　国際会議・集会等の開催および著名外国人研究者の招へい。 ② 世界一流の諸大学との研究交流および学生を含めた人的交流促進。 　学部学生の国際交流協定校を中心とした短期留学，海外学生派遣の拡大。 　優秀な留学生や海外研究者の受け入れ増加。国際交流協定校のうちの選別された特定大学との教育研究に関する国際連携プログラム推進。 　国際交流情報配送信のための国際広報体制拡充整備。 ③ アジア地域との国際交流を強化拡大。 　海外オフィス，特にアジア地域のオフィスの数増加。

2009 年	【方針の位置付け / 全体像】
東工大ビジョン 2009	・第 2 期中期目標作成に向けての検討。
	・「世界最高の理工系総合大学の実現」の長期目標のもとに、「時代を創る知・技・志・和の理工人」の育成を基本方針とする。
	【方針の内容】
	① 国際連携：理工系大学のトップリーグネットワークの創設と、国際連携の強化、学生の国際性の向上と質の高い留学生育成。
	② 社会貢献：ODA のための人材バンク構築。

2010 年代

2010 年	【方針の位置付け / 全体像】
第 2 期中期目標／中期計画 (2010-2015 年度)	・長期目標：世界最高の理工系総合大学の実現。
	【基本目標】
	・「時代を創る知・技・志・和の理工人」を育成し、世界的教育研究拠点としての地位を確固たるものとする。
	・「国際化」に関し、世界の理工系トップ大学・研究機関との連携を強化し、優秀な研究者・学生との交流を通じて、教育研究の高度化・国際化を推進。
	【「国際化」に関する中期目標と中期計画の記載】
	① 戦略的な大学連携や運営の充実により、国際化を推進。
	世界の理工系トップ大学・研究機関との連携を大学および部局レベルで強化。研究者 / 学生の交流促進。マサチューセッツ工科大学等世界トップレベルの海外大学からの招へい外国人教員等による講義等を通じ、学生の国際的な視野を拡大。海外オフィスおよび大学連携の活用、国際会議開催支援の実施等、教育研究等の国際化推進のための支援を充実。
	②「大学改革」と「国際化」を全学的に断行することで国際通用性を高め、国際競争力を強化するとともに、世界的に魅力的なトップレベルの教育研究をおこない、世界大学ランキングトップ 100 を目指すための取り組みを進める。
	スーパーグローバル大学創成支援事業の目標達成に向け、日本人学生の留学経験者数を 200 人程度にすること等により、海外大学等との教育研究交流をさらに促進。

2012 年	【方針の位置付け / 全体像】
東工大の国際戦略 2012	・国際化基本方針：「世界最高の理工系総合大学の実現」を目指し、世界中から優秀な教員、研究者、学生を集め、世界へ向けて、高い教養と専門性、行動力と異文化への理解を備えた多様な科学技術人材を輩出し、先端科学技術を創造、世界へ普及、伝承していく国際的教育研究環境を構築する。
	【方針の内容】
	① 人材や知の国際的な好循環の加速。
	―教職員の国際化と国際流動性の向上。
	―海外派遣の増加等による日本人グローバル理工人の輩出。
	―海外の優秀な学生のリクルートと育成。
	―戦略的海外連携の推進（世界理工トップ大学リーグの構築：清華大、KAIST、ASPIRE、IDEA リーグ等）。

第 3 章　ODA 参加のイニシアティブ　93

	② より高い次元で国際化に対応した教育研究活動体制の構築。 ―各部局，教職員の国際力を発揮させる学内体制づくり。 ―国際化へ向けたサポート体制の充実。 ―国際広報の強化。
2016年 （第3期中期目標／中期計画 （2016-2021年度））	【方針の位置付け／全体像】 ・長期目標：世界最高の理工系総合大学の実現。 　2030年までに世界のトップ10に入るリサーチユニバーシティとなる。 【基本方針】 ・出藍の学府の創造。日本の東工大から世界のTokyo Techへ。 ・「国際化」に関し，世界の理工系トップレベルの大学・研究機関との交流／連携を強化し，優秀な研究者・学生との交流を通じて，教育研究の高度化・国際化を推進する。 　① 留学プログラム，交流プログラム，海外大学との共同学位プログラムおよび海外拠点の充実と世界のトップスクールとの単位互換の実現。 　② 海外研究者が研究に注力できる，世界的な知の拠点としての環境整備。 　③ 国際通用性を見据えた人事評価制度の構築。 【「国際化」に関する中期目標と中期計画の記載】 　① 理工系分野における知と人材の世界的環流のハブとなることでTokyo Tech Qualityの深化と浸透を図るスーパーグローバル大学創成支援事業等による戦略的な教育研究・組織運営をとおして国際化を推進する。 　　―留学生割合を約20％に増加，学生の英語力強化等。 　　―世界のトップレベルの大学からの教員招へい，英語による大学院教育等。 　　―世界のトップクラスの研究者との交流，外国人教員を20％以上に増加等。 　　―世界の理工系トップ大学との戦略的連携構築，海外大学への教員／学生／職員のユニット派遣等。 　　―英語能力強化等の事務職員のグローバル化。

（出典）東京工業大学（2003b, 2004b, 2009c, 2010a, 2011c, 2012d, 2016b），文部科学省（2004a, 2010a, 2016a）から筆者作成。

その後，現在にいたるまで，さまざまな方針や目標の基礎となっている。

　全学の国際戦略策定については，2003年に，「東京工業大学の国際化戦略」（国際化ポリシーペーパー）が作成され，「個人ベースから戦略へ」などの7つの基本原則を提示して，「これまで教員個人の自由な活動が基本になってきた国際活動を，組織的かつ戦略的に進めていく方針」（東京工業大学 2011c）を明らかにした。さらに，2004年には，国立大学法人化にともなって示された第1期中期目標において，「世界最高の理工系総合大学の実現」の長期目標のもとで，①国際室の整備などの戦略的な体制の整備，②世界一流の諸大学との研究交流や人的交流の促進，③アジア地域との国際交流の強化拡大が掲げられた（文部科学省 2004a）。

　2010年代には，第2期および第3期中期計画期間が始まるが，これらの中期目標で示される東京工業大学の国際化方針では，世界のトップ大学との連携強

化を図り，大学の国際的な認知を高めることに重点がおかれている。第2期中期目標（2010～2015年度）では，「世界最高の理工系総合大学の実現」の長期目標を維持しつつ，国際化の基本目標としては「世界の理工系トップ大学・研究機関との連携を強化し，優秀な研究者・学生との交流を通じて，教育研究の高度化・国際化を推進する」（文部科学省 2010a）ことが掲げられた。2015年3月には，文部科学省の競争的資金であるスーパーグローバル大学創成支援事業に採択されたことにともない，「国際競争力を強化するとともに，世界的に魅力的なトップレベルの教育研究をおこない，世界大学ランキングトップ100を目指すための取組を進める」（東京工業大学 2015b）との文言が追記され，国際競争力の強化と国際的な認知の向上を目指すことが，一層明確に打ち出された。第3期中期目標（2016～2021年度）では，新たに2030年までのトップ10入りを大目標として，国際化に関する目標は，「世界の理工系トップレベルの大学・研究機関との交流・連携を強化し，……教育研究の高度化・国際化を推進する」（文部科学省 2016a）となっており，基本的にこれまでの方向性を引き継ぐものである。2012年に作成された「東工大の国際戦略2012～『世界最高の理工系総合大学の実現』へ向けて～」では，JICAなどと連携した国際協力事業推進の記述があるものの，IDEA[2)]リーグの参加大学や清華大学，韓国科学技術院といった世界のトップレベルの大学との連携強化についての記載の方が優先している（東京工業大学 2012d）。

ODA参加との関係

　以上に見てきたとおり，東京工業大学の国際化方針は一貫して，世界のトップレベルの大学との連携強化であり，大学の組織的な連携パートナーとしては，欧米や，アジアでも中国，韓国，シンガポールなどの比較的進んだ国のトップレベルの大学が重視されている。その結果，第1期から第3期までの中期目標／計画や国際戦略2012などの国際化方針においてはODA事業への言及は少ない。この点に関し，ある教員は次のように述べている。

　　〔東京工業大学の国際化方針には，〕ODAを全面的にやっていきましょうという感じはないかもしれません。……今は，どちらかというと研究力をあげる必要がある。……〔ODAの支援先の大学と〕世界最先端の研究ができるかというと難しい。確かに〔ODAは留学生受け入れ促進を通じて大学〕ランキングの向上に貢献するかもしれませんが，たとえば，太陽

電池とか超伝導といったような研究を途上国の先生とやれるかというと，難しい。（教員3）

　東京工業大学は世界最高の理工系総合大学になることを目指し，世界のトップ10入りを具体的な目標としているので，同大学の国際化の方針においては，教員の国際的な研究パートナーや日本人学生の留学や研究の派遣先として，世界のトップレベルの大学が期待されているのである。東京工業大学の国際連携の主要なパートナーは，中国の清華大学や香港科学技術大学，韓国科学技術院，シンガポールのナンヤン工科大学などの，アジアでも東京工業大学とランキングを争うような高いレベルの大学である。また，近年は，グローバル理工系リーダー養成協働ネットワークの取り組みに示されるように，日本人学生の派遣先として，欧米のトップレベルの大学開拓に力が入れられている。東京工業大学が国際戦略で連携を目指すこれらの大学と，東京工業大学がODAプロジェクトで支援してきた大学とは必ずしも重ならない。
　東京工業大学の国際化方針は世界最先端の大学との連携を明確に志向しているが，一方で，これまでに同大学から派遣したJICAプロジェクト専門家の延べ人数はすべての日本の大学のなかで最も多く，JICA事業への貢献は非常に大きい。成熟分野を中心とした一部の教員の活発なODA活動と大学組織の国際化目標とのこのような乖離を，どのように理解すればよいのであろうか。インタビュー対象者はこれについて次のように発言している。

　　大学ランキングを考えると世界最高の教育や研究をすることが重要で，それは途上国支援とは全く別のベクトルですよね。……ランキングを目標としておこなう事業は全学のトップダウンでおこなわれ，一方ODAがらみの話は横から来ている。東工大の教員は，割とプラクティカルなことや現場を志向し，真面目でミッションといったものに弱いので，専攻や個人レベルで〔国際協力の〕依頼があると引き受けることになり，国際交流の流れが2つできるのです。（教員7）

　　〔東京工業大学の国際化方針では〕世界のリーディング大学とネットワークを組んで学生交流や研究交流を活発にしていこうというのを前面に出していますが，一方で，留学生は今まで培ってきた〔教員の〕ネットワークで，東南アジアや中国からたくさん来ています。……そこについては，

96

大学の表に出ているポリシーとは別に非常にきめ細かく先生方がやってい
て，アジアとの強いネットワークはすでにあるので，どちらかと言うとこ
れから強化すべきところが国際化の方針には書かれているのです。(教員
4)

　世界最高の理工系総合大学を長期目標とする東京工業大学の現在の国際化方
針は，2000年代になって策定されたものだ。しかし，その前の1980年代から，
東京工業大学ではすでに東南アジアへのODA事業や学術交流がおこなわれて
おり，JICAの技術協力にも一部の熱心な教員が積極的に参加してきた。また，
そのようにして築かれた東南アジアの大学教員とのネットワークが，多くの留
学生を東京工業大学に呼び込むことに貢献した。このようにして，東京工業大
学では，一部の教員が熱心にODA事業に参加してきた一方で，大学の組織的
な国際活動の方針は世界トップレベルの大学との国際交流の強化を目指してい
るのである。

3.1.4　ODA参加と大学の国際関連組織との関係

　ここまで，東京工業大学教員のODA参加は教員グループのイニシアティブ
によりおこなわれてきたこと，その一方で，大学の国際連携方針は世界のトッ
プ大学との連携強化を目指していることをみてきた。では，教員のODA参加
は，大学の国際関連部局とどのような関係にあったのだろうか。1990年代から
現在にいたるまでの間に，東京工業大学の国際関連の組織や体制は大きく変化
してきているので，ここでは，時代を追って，東京工業大学の国際関連部局が
どのように変化し，その変化が教員のODA参加とどのように関係しているか
を分析する。

1990年代以前

　東京工業大学では，早くから全学教員組織として国際学術交流委員会が，ま
た，事務局組織として研究協力部に国際交流課がおかれていたが，1979年に拠
点大学方式学術交流事業を開始するにあたって，新たにその学内支援機関とし
て理工学国際交流センターが設置された。このセンターには電気電子工学と化
学工学の講座がおかれ，拠点大学方式学術交流事業のコーディネーター役とな
って学内の教員を動員した。理工学国際交流センターは国際化をミッションと
する組織としては東京工業大学初の組織であった（東京工業大学 2011c）。1980

年代をつうじて,「理工学国際交流センターの業務にはさまざまな教員がたずさわり,国際的な視野と経験を持つ人材が増えて」いった(東京工業大学 2011c)。

1990 年代

1990 年代に JICA 工学教育プロジェクトへの支援が本格的に始まった時に,その中心的な役割を果たしたのは理工学国際交流センターの教員であった(図3-1 参照)。理工学国際交流センターは,日本学術振興会の拠点大学方式学術交流を実施するために設置された組織で,JICA 事業の組織的な窓口ではなかったが,東南アジアとの学術交流の実績を積んだ同センターの教員のところには,JICA 事業参加の依頼が寄せられ,また,学内の教員の間で JICA 事業のハブの役割を果たすことが多かった。同センターの教員のもとに,理工学研究科の化学工学専攻,電気電子工学専攻,電子物理工学専攻などに所属する教員が加わり,化学工学分野と電気工学分野の2つの教員グループが形成され,JICA プロジェクトへの支援がおこなわれた。こうした教員グループ主体の ODA 事業

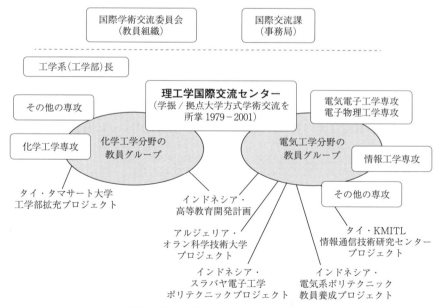

図 3-1　1990 年代の東京工業大学教員の ODA 参加と大学の国際関連組織の関係
(出典) インタビュー結果と文献調査から筆者作成。

への参加に，教員組織である国際学術交流委員会の関与は少なく，また大学事務局の国際交流課は必要な事務処理をおこなうなどの関与はあったが受動的な関与であった。

2000 年代

2000 年代には国際関連組織の大きな変更がおこなわれた。最も大きな変更は，「東京工業大学の将来構想報告書」(2001 年) にもとづいて，2002 年に，長く続いた国際学術交流委員会が廃止され学長直轄の国際室が設置されたことだ。そのねらいは，国際化に関する迅速で的確な意思決定や実施を担保することと，学内のすべての国際関連業務の一元化を図ることであった（下河 2003）。国際室は，「国際化戦略」（ポリシーペーパー）の作成（2003 年）やタイ（2002 年），フィリピン（2005 年），中国（2006 年）の海外拠点設置などに取り組み，2004 年以降の国立大学法人組織のもとで，国際的な活動を組織的戦略的に進める体制をつくった。さらに，2008 年には，事務局に国際部が新設され，これまで分散していた国際事業と留学生事業の事務体制が一本化され強化された（東京工業大学 2010c）。一方で，2001 年に，理工学国際交流センターは学術国際情報センターに改組された。これは，日本学術振興会の拠点大学交流事業が 1999 年までにすべて終了したことにともなう組織改編であったが[3]，統合後の学術国際情報センターは JICA 工学教育技術協力プロジェクトに関与することはほとんどなかった。

JICA 事業に関しては，1990 年代には主として理工学国際交流センターを中心とした化学工学と電気工学分野の教員グループが JICA 事業の実施を支えていたが，2001 年に同センターが改組された後は，化学工学分野については化学工学研究科の教員が，電気工学分野については国際開発工学研究科の教員が，それまでの分野ごとの教員のネットワークを引き継いで，JICA プロジェクトの支援にあたることが多かった（**図 3-2** 参照）。また，2000 年代からは，新たに土木工学分野の教員グループによる JICA の技術協力プロジェクトへの支援が始まり，東京工業大学の ODA は，電気工学と化学工学に土木工学を加えた 3 分野でおこなわれるようになった。さらに，2008 年から開始した E-Just プロジェクトでは，初めて経営工学専攻科の教員グループが新たに ODA に参加した。2000 年代においても，JICA プロジェクトへの参加は，教員グループ主体の活動であり，大学の国際室や国際部の関与は少なかった。

2010 年代

　東京工業大学の ODA 事業への参加は，1990 年代以降一貫して国際協力に関心を持つ教員グループのイニシアティブにより実施されてきたが，2010 年代に入り，一部の JICA プロジェクトでは，大学がより組織的に取り組む例もみられるようになった。具体的には，東京工業大学が，幹事支援大学として協力しているエジプトの E-Just プロジェクトに，東京工業大学の 4 つ目の海外拠点をおいたことである（**図 3-3** 参照）。E-Just は，日本とエジプトの政府間合意のもとに 2009 年に設立されたエジプト初の国立理工系大学院大学であり，JICA は 2008 年からその開設支援や教育研究機能の強化のための技術協力をおこなってきた。この事業を実施するために，日本の大学 12 校からなる支援大学グループが形成されているが，東京工業大学はその幹事大学のひとつであり，E-Just の 8 専攻中の 3 専攻（産業経営工学，エネルギー資源工学，環境工学）

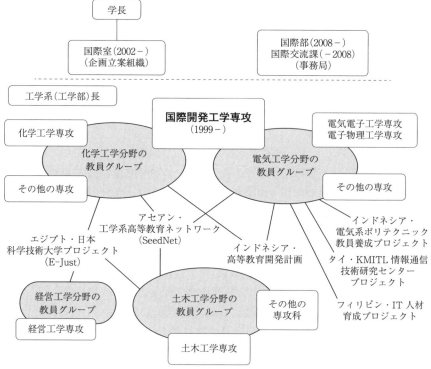

図 3-2　2000 年代の東京工業大学教員の ODA 参加と大学の国際関連組織の関係
（出典）インタビュー結果と文献調査から筆者作成。

の支援を担当して，最も重要な役割を果たしている。東京工業大学では，以前よりODA事業に熱心であった土木工学と化学工学の教員グループがまずE-Justプロジェクトの立ち上げの段階から参加し，このなかのリーダー格の教員の依頼により経営工学分野の教員もプロジェクトに加わることになった。経営工学分野の教員のODA参加は，このプロジェクトが最初である。また，2014年から，東京工業大学の化学工学分野の名誉教授が現地に長期赴任して，E-Justの第一副学長を務めている。

E-Justへの支援は，このように2008年頃からおこなわれていたが，大学執行部の交代を経た2014年4月に，東京工業大学は大学としての支援体制を強固にするために，4番目の海外拠点となる東工大エジプトE-Justオフィスを，さらに大学本部の国際室のもとにエジプトE-Just拠点チームをおいた。また，

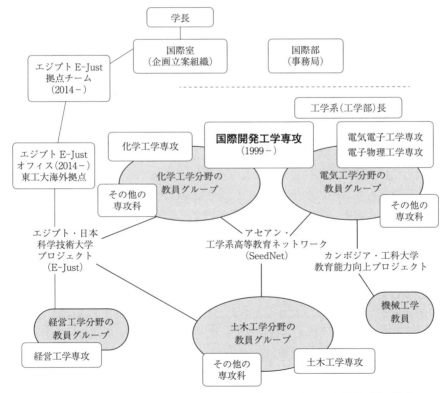

図3-3　2010年代の東京工業大学教員のODA参加と大学の国際関連組織の関係
(出典) インタビュー結果と文献調査から筆者作成。

同時期に，東京工業大学とE-Justの間で全学レベルの学術交流協定が結ばれた。E-Justにおかれた海外拠点には，「プロジェクトに本学〔東京工業大学〕から派遣される教員・学生を支援し，エジプトと本学の学術交流，学生交流を活性化するとともに，エジプトを中心としたアラブ・アフリカ地区における本学の広報拠点」の機能を果たすことが期待されている（東京工業大学 2016e）。東京工業大学の教員は，これまで，JICAプロジェクトに多くの支援をしてきたが，実は，全学レベルの自己評価書や中期目標実績，ホームページなどの広報資料などにおけるODA事業の記載は非常に限定的であった。しかしながら，E-Justについては，東京工業大学のホームページ上に単独のページがあることからも（東京工業大学 2016d），東京工業大学のE-Justへの取り組みがこれまでよりも踏み込んだものであることがわかる。東京工業大学のE-Justプロジェクトへのこのような組織的な取り組みは，1980年代末から始まるJICAプロジェクトへの参加の歴史のなかでは初めてのことである。

　　　〔E-Just拠点を設置することにより，〕E-Justプロジェクトは大学として受けていることになり，大学事務局がコミットすることになった。これは，ある意味で，今までとは違うパターンです。……E-Just拠点の設置にともなって，国際室規程に「国際協力」の文言をいれました。（教員3）

　東京工業大学の国際室は，国立大学法人化直前の2002年に，グローバル化を強力に推進するために設置された学長直属の組織である。2014年には，E-Just海外拠点がおかれただけでなく，国際室規程が改定され，それまで入っていなかった「国際協力」の文言が国際室の業務範囲に明示された（東京工業大学 2016c）。このことからも，東京工業大学では，これまで教員個人や教員グループのイニシアティブにまかされ，大学組織の関与がほとんどなかった国際協力業務に，大学組織としてかかわっていこうとする変化が読み取れる。

　しなしながら，E-Justプロジェクトに参加している教員によると，国際室と情報共有が図られるようになったものの，今もプロジェクトの運営はE-Justプロジェクトに参加している教員グループがおこなっており，執行部が強く指揮棒を振っているわけではない。「大学のコミットメントは強くなっているけれども，上からの指示は来ないので，我々〔教員〕が提案を持っていく」（教員7）状況であり，「我々〔教員〕がボトムアップでやってきたものを，急にトップダウンでやられても……」（教員5）という教員側の反応もある。このような

状況のもと，今後のODA事業へのより組織的な取り組みについて，大学執行部の指揮と教員のイニシアティブをうまく組み合わせる必要を指摘する，次のような意見が聞かれた。

> 〔国際展開事業を〕戦略的にやっていきたいと思いますが，……，やはり教員は上から指示されて動くわけではないので，……教員のボトムアップと執行部のトップダウンをうまくマージさせることが重要です。(教員3)

東京工業大学のODA参加のイニシアティブのまとめ

ここまで，東京工業大学の教員と職員へのインタビューから得たデータと文献調査の結果から，東京工業大学教員のODA参加についての分析をおこない，学内のどのようなイニシアティブにより東京工業大学教員がODAに参加してきたのか，それは大学の国際化方針や国際関連部局の変遷とどのように関係していたのかを調べた。その結果は次のように要約できる。

東京工業大学は，世界最先端のトップレベルの教育研究の質とその国際的な認知を大学の重要な目標としているので，大学の国際化戦略においては，世界の理工系トップレベルの大学との交流・連携に重点がある。しかしながら，成熟分野（土木，電気，化学工学）の研究活動は途上国志向が元来強く，その結果，JICAの高等教育協力への支援は主として特定分野の教員グループのイニシアティブによって取り組まれてきた。現在も，基本的には，教員グループの主体的な取り組みがODA参加の主な推進力であるが，2010年代になって，JICA事業への支援と大学の海外拠点の設置を連携させるなど，組織的な取り組みも一部にみられる。

3.2 豊橋技術科学大学

3.2.1 ODA参加の推移概観

ODA参加の状況

豊橋技術科学大学は，1990年に始まるHEDSプロジェクトを契機として，JICAの工学系高等教育協力事業への支援を開始し，1990年度から2013年度の間に延べ350人を超える教員を専門家として派遣してきた（**表3-5**参照）。専

門家派遣の規模を延べ人数でみると，HEDS プロジェクトの 153 人，SeedNet プロジェクトの 141 人が大きい。一方，延べ日数でみると，HEDS プロジェクトの 4,138 日がとびぬけて多く，さらに，SeedNet プロジェクトの 1,095 日やベトナム・ホーチミン市工科大学地域連携機能強化プロジェクトの 1,126 日が

表 3-5　豊橋技術科学大学教員が支援した主な JICA 工学系高等教育技術協力プロジェクト

期間	国名・地域名	案件名	豊橋技術科学大学教員の専門家派遣		支援分野	協力対象大学
			延人数	延日数		
【1990 年代開始案件】						
1990-2002	インドネシア	高等教育開発計画（HEDS プロジェクト）	153 人	4,138 日	機械工学電気工学材料工学土木／建築工学化学工学	バンドン工科大学，北スマトラ大学，北スマトライスラム大学，ダルマアグン大学，ノメンセン大学，メダンエリア大学，シャクアラ大学，アンダラス大学，スリヴィジャヤ大学，ランポン大学，タンジュンプラ大学，ランブンマンクラート大学
1993-2000	タイ	パトムワン工業高等専門学校プロジェクト	6 人	84 日	機械工学	パトムワン工業高等専門学校（後にパトムワン工科大学に昇格）
1997-2001	サウジアラビア	リヤド技術短期大学電子工学技術教育改善プロジェクト	1 人	8 日	電気電子工学	リヤド技術短期大学
【2000 年代開始案件】						
2001-2005	マレーシア	マルチメディアネットワーク教育プロジェクト	7 人	765 日	電気電子工学	マルチメディア大学
2002-2005	スリランカ	情報技術分野人材育成プロジェクト	4 人	32 日	電気電子工学	コロンボ大学
2003-継続中	アセアン	工学系高等教育ネットワーク（SeedNet プロジェクト）フェーズ I，II & III	141 人	1,095 日	材料工学機械工学電気電子工学	インドネシア大学，バンドン工科大学，スラバヤ工科大学，ガジャマダ大学，マレーシア工科大学，ブトラ大学，マラヤ大学，マレーシア科学大学，フィリピン大学ディリマン校，デラサール大学，ミンダナオ州立大学イリガン校，モンクット王工科大学ラカバン校（KMITL），タマサート大学，カセサート大学，チュラロンコン大学，プラハ大学，カンボジア工科大学，ラオス国立大学，ハノイ工科大学，ホーチミン市工科大学，ヤンゴン工科大学，ヤンゴン大学，ブルネイ工科大学，ブルネイ大学，ナンヤン工科大学，シンガポール国立大学
2006-2012	ベトナム	ホーチミン市工科大学地域連携機能強化プロジェクトフェーズ I & II	12 人	1,126 日	材料工学化学工学	ホーチミン市工科大学
2009-2012	インドネシア	ハサヌディン大学工学部強化プロジェクト	14 人	93 日	電気工学機械工学	ハサヌディン大学

（注）豊橋技術科学大学教員が 1990 年度から 2013 年度の間に参加した主要な技術協力プロジェクト。ただし，SATREPS は含まない。
（出典）JICA のデータをもとに筆者作成。

それに続いている。これは，HEDS プロジェクトやベトナム・ホーチミン市工科大学地域連携機能強化プロジェクトでは，豊橋技術科学大学の教員が長期専門家として派遣され，現地に常駐する形で協力がおこなわれたためである。これらのプロジェクトへの支援には豊橋技術科学大学の教員が中心的な役割を果たしてきた。

国際活動の推移

次に，1980 年代から 2010 年代までの豊橋技術科学大学の国際的な活動とODA 参加の推移を，10 年ごとに分けて概観する。なお，豊橋技術科学大学の国際化と ODA 参加の年表を巻末の資料 4 に掲げている。

豊橋技術科学大学の国際的な活動は，1980 年に最初の留学生を中国から受け入れたことに始まる。しかし，1980 年代は，豊橋技術科学大学の教育研究環境が徐々に整えられていった時期であり，その国際的な活動は，主に留学生の受け入れといくつかの先駆的な大学間交流協定の締結にとどまっていた。

1990 年代に入ると，大規模な海外展開をともなう ODA 事業への参加が開始された。豊橋技術科学大学が初めて参加した JICA プロジェクトは，1990 年に始まる HEDS プロジェクトである。HEDS プロジェクトは，32 億円の予算，12年間の協力期間，延べ約 300 人の大学教員の専門家派遣など，規模の大きなプロジェクトであった。HEDS プロジェクトの実施が検討され始めた 1988 年は，開学からわずかに 12 年後であり，それまで同大学は JICA 事業のみならず途上国の大学との交流経験は，中国と韓国を除くとほとんど持っていなかった。そのような時期に参加を決めた HEDS プロジェクトでは，2 人の長期派遣を含む延べ 153 人の教員が派遣され，また，国内支援委員会に同大学の教員が参加するなど，豊橋技術科学大学は HEDS プロジェクトの支援大学のなかで最も中心的な役割を果たした。それ以前の豊橋技術科学大学には ODA ベースの国際協力に関与する教員はほとんどいなかったことを思うと，1990 年代の同大学の活躍は目を見張るものがあった。1997 年には，豊橋技術科学大学からHEDS プロジェクトに派遣されていた現職の教授と事務局長の 2 人が，インドネシア国内の飛行機事故により殉職するという痛ましい出来事があったが，それでも同大学の ODA 支援は中断されなかった（豊橋技術科学大学開学 30 周年記念事業委員会年史編集部会 2006）。さらに，HEDS プロジェクトへの参加を契機として，1990 年代後半には，タイやサウジアラビアなどの複数の JICA プロジェクトへの支援も開始し，1990 年代をとおして，豊橋技術科学大学は，JICA

第 3 章　ODA 参加のイニシアティブ　105

の工学教育協力事業の最も重要な支援大学のひとつとなった。

1990 年代に引き続き，2000 年代も豊橋技術科学大学は積極的に JICA 事業に参加した。インドネシアの 12 の大学に豊橋技術科学大学から延べ 150 人を超える教員が派遣された HEDS プロジェクトは 2002 年に終了したが，2003 年にはアセアンの 19 の大学と日本の 11 の大学が参加する大規模な SeedNet プロジェクトが新たに開始された。SeedNet プロジェクトの活動は，アセアンの大学教員の高位学位取得支援という HEDS の協力手法を受け継ぎ拡大するものであり，HEDS の支援大学グループの中心であった豊橋技術科学大学は，SeedNet においても，引き続き重要な役割を果たした。この時期に，豊橋技術科学大学は，マレーシアやベトナムの JICA プロジェクトへの支援も開始した。

2000 年代には，JICA プロジェクトへの参加だけではなく，豊橋技術科学大学が自ら途上国の大学支援のニーズを発掘し，協力案件を形成し，主体的に実施するなど，より踏み込んだ国際協力事業への取り組みがおこなわれた。その中心的な役割を果たしたのは，2001 年に同大学に設置された工学教育国際協力研究センター（International Cooperation Center for Engineering Education Development: ICCEED）である。ICCEED は JICA の協力プロジェクトの実施に加えて，インドネシア・ランポン大学新学科立ち上げ支援（1998 年〜）やインドネシア・スラバヤ電子工学ポリテクニック教育高度化支援（2010 年〜）などの豊橋技術科学大学独自の国際協力も推進した。さらに，2000 年代には，豊橋技術科学大学の海外拠点設置，日本人学生の海外インターン実施，東南アジアの大学とのツイニング・プログラムなど，海外展開をともなう国際活動が始まった。

2010 年代に入り，マレーシア科学大学に海外教育拠点ペナン校（2013 年〜）が開設されて，日本人学生のグローバル教育を推進するための取り組みが大きく進展している。ODA 事業に関しては，2010 年代にも，SeedNet プロジェクトをはじめとして，ベトナム・ホーチミン市工科大学地域連携機能強化プロジェクト，インドネシア・ハサヌディン大学工学部強化プロジェクトなどで，豊橋技術科学大学の教員の ODA 参加は活発におこなわれている。

3.2.2 教員の ODA 参加の経緯と判断

上述したとおり，豊橋技術科学大学は 1990 年代から JICA の工学系高等教育プロジェクトに多くの教員を専門家として派遣してきた歴史を持つ。ここでは，それらの教員が，なぜ，どのようにして ODA 事業に参加したのか，それ

は教員の個人的なイニシアティブであったのか，それとも大学の組織的なイニシアティブであったのかを，豊橋技術科学大学の教員と職員へのインタビューの結果から調べる。

教員の ODA 参加の経緯

まず，教員が ODA に参加するにあたって，どのような学内のイニシアティブが働いていたのかを知るために，専門家派遣の最初の依頼がだれからのものであったのかについて尋ねた。その結果は下表（**表 3-6**）のとおりである。

表 3-6　JICA 専門家派遣の直接の依頼者についての豊橋技術科学大学教員の回答

	回答者の人数
同じ専門分野の教員グループのリーダー（学内）	―
同じ専門分野の教員グループのリーダー（学外）	1 人
同じ専門分野の途上国カウンターパート大学の教員	―
研究室の指導的立場の教員	4 人
学内の国際協力事業のリーダー的教員	6 人
大学経営層・所属学部長	3 人
合計	14 人

（注）JICA 専門家として工学教育プロジェクトに参加した経験のある教員の回答。
（出典）インタビュー結果から筆者作成。

　豊橋技術科学大学では 14 人の JICA 専門家経験者のうち，6 人が学内の国際協力事業のリーダー的な教員からの依頼，4 人が研究室の指導的立場の教員の依頼，3 人が学長などの大学経営層等からの依頼にもとづいて，ODA 事業に足を踏み入れている。豊橋技術科学大学では，学内の国際協力事業のリーダー的教員の依頼であることが比較的多い。そこで，JICA 専門家派遣の依頼者を手掛かりに，豊橋技術科学大学における ODA 事業実施のイニシアティブがどこにあったのかを，インタビュー結果から探る。

　まず，最も多かった国際協力事業のリーダー的な教員からの依頼の事例である。

　〔HEDS プロジェクトで，〕順番だから行ってくださいと，……J 先生とK 先生から誘われて，発展途上国の工学教育のレベルアップと現状把握の

ために，インドネシアに行きました。（2000 年代初め派遣，教員 14）

〔最初の専門家業務は，〕SeedNet の地域会議で講演をという話をいただいて，それは K 先生からだったと思います。……忙しいのに行っていられないなと思って，一回断って，二回目断った時に，次に断ったら二度と声をかけないからなと言われて，次は必ず行きますと答えた。でも，K 先生の頭の中には，私の専門分野で論文指導など〔のプロジェクト活動の将来計画〕を考えて，お誘いいただいたんだと思います。（2000 年代中頃派遣，教員 15）

K 先生が SeedNet プロジェクトのチーフをされていた時に，K 先生から「国際会議に出ませんか」ということで電話がかかってきて行きました。（2000 年代中頃派遣，教員 27）

うちの大学の工学教育国際協力研究センター〔ICCEED〕に籍を移した J 教授が，SeedNet プロジェクトで機械航空分野の取りまとめをしている関係で，派遣する日本人の教員をだれにするか考えておられたようで，J 教授と親しい間柄であったものですから，「お前行ってくれないか」と言われたのがきっかけですね。……ひとつには断れないという，そもそもの発端はそこですね。でも行ってみるといやではなかった。（2000 年代後半派遣，教員 22）

　これらのインタビュー結果から，豊橋技術科学大学では，1990 年代から 2000 年代にかけて，数名の中核的な教員（上記の J，K）が常に国際協力事業の司令塔となっていたことがわかる。J 教授と K 教授は，1976 年に開校した豊橋技術科学大学に 1980 年頃に着任したいわば創立期からの教員であり，2000 年代初めまで教授や大学執行部の役員を務め，2002 年に ICCEED が開設された後には，ICCEED に籍を移した。両氏は，1990 年代から 2000 年代の退官時期まで，自らも JICA プロジェクトの専門家や国内支援委員として ODA 事業の現場にかかわりつつ，多くの教員を動員して，豊橋技術科学大学の国際協力を主導した。ODA 事業を推進するにあたっては，「J 教授と K 教授の人脈によるところが大きかった。豊橋技術科学大学には 8 系〔学科〕があったが，あらゆる先生とコネクションを持って」（教員 19）おり，機械，材料，化学，電気電

108

子，情報と比較的多岐にわたる分野の教員を動員して，豊橋技術科学大学のODA参加を推し進めた。

JICA専門家派遣の直接の依頼者についてのインタビューの答えで，次に多いのが研究室の指導的立場の教員からの依頼である（4事例，**表3-6**参照）。そのうちの1例はK教授が研究室の直接の上司であった例，もう1例はJ教授が間接的に研究室の上司をとおして専門家派遣を依頼した例であるので，やはり，これらもJ，K両氏が，ODA事業のもともとの推進者として機能しているという点では，上記のODA事業のリーダー的な教員からの依頼の6例に近い。

では，J教授やK教授は一体だれからODAへの参加を依頼されたのか。次は，J教授の発言である。

　　1988年頃からインドネシア・高等教育開発計画〔HEDS〕のプロジェクト形成が始まり，その時から本学がかかわっていました。それは，教員がJICAにいわゆる一本釣りされた[4)]のではなくて，大学の学長がHEDSの仕事を受けてきて，本学としてHEDSプロジェクトをサポートすることになりました。……についてはHEDSのいろいろなサポートをやってくれというのが，学長から私にきていました。（1990年代初め派遣，教員18）

J教授は，1990年頃に，HEDSプロジェクトの支援業務を学長から指示されている。同様に，HEDSプロジェクトに立ち上げ時からかかわった別の教授も，次のとおり，学長から直接の指示を受けている。

　　あの時は，副学長のアドバイスで学長が，「こういうことはいずれやるようになるのだから」と〔HEDSプロジェクトの〕実施を判断した。学長から話があり，最初に私が〔現地調査に〕行き，2年目の調査の時にはJ教授が行きました。（1990年代初め派遣，教員17）

また，K教授も同様に，学長からODAプロジェクトへの参加を指示されている。次は，K教授の「退職に際して」の一文からの抜粋である。

　　〔私の〕国際協力への最初のかかわりは1992年に遡る。当時，豊橋技術科学大学はJICAプロジェクトであるHEDSプロジェクトに組織的対応を開始していた。故佐々木学長から国内委員をやれと言われ，何もわからな

第3章　ODA参加のイニシアティブ　｜　109

いままに引き受けいきなり調査団でインドネシアに派遣された。これは文字通りカルチャーショックだった。同行した他大学のメンバーの能力・行動力・パワーに呆然と，現地の大学環境・生活環境・人々にも驚くことが多かった。(堤 2006)

　これらの例からわかるとおり，豊橋技術科学大学が初めて ODA 事業に参加した 1990 年前後においては，学長が ODA 事業への参加を判断し，学内の中核的な教員に専門家や調査団員として JICA プロジェクトに参加することを指示している。そして，その後は，学長から ODA 参加を指示された教員が，学内において国際協力事業のリーダー的な役割を果たし，いろいろな教員に ODA 参加の依頼をしているのである。

ODA 参加のイニシアティブ

　豊橋技術科学大学の ODA への最初の参加は，1980 年代末にインドネシア HEDS プロジェクトへの参加を求める文部省からの打診に応えて学長が判断したものであった。同大学 20 年史には，「〔HEDS〕プロジェクト開始の当初から佐々木愼一学長の積極的なリーダーシップがその原動力となっており，同学長はその間〔プロジェクト実施期間〕，3 回にわたって『イ』国に赴き，自ら現地側諸機関との接触に尽力し，また山下富雄副学長もその間に現地入りしている」と記録されており（豊橋技術科学大学開学 20 周年記念事業委員会年史編集部会 1996)，このことからも，大学経営層の確固たるイニシアティブにより HEDS プロジェクトが開始されたことがわかる。そして，HEDS プロジェクトへの協力は，学長の指示を受けたシニアな教員が学内の推進役となって実施された。

　その後，2010 年頃まで，それらの中核的な教員が，大学執行部の方針のもと，自らも JICA プロジェクトの専門家や国内支援委員として ODA の現場にかかわりつつ，機械，材料，化学，電気電子，情報などの複数の分野の教員を動員して，豊橋技術科学大学の ODA 参加を推進した。

　東京工業大学と同様に，豊橋技術科学大学においても，JICA プロジェクトへの参加は大学の組織的な活動であったと思うか，それとも，教員が主体となった活動であったと思うかを尋ねており，その結果を示したのが**表 3-7** である。この表からもわかるとおり，豊橋技術科学大学では「大学主体の活動」との回答と「教員主体の活動」との回答が，それぞれ 10 人と 8 人で拮抗している。ま

た，管理的ポストの教員と職員の全員が「大学主体の活動」と答えているのに対し，実際にODA事業にたずさわる管理的ポストについていない教員の2/3（12人中8人）は「教員主体の活動」であったと認識している。

表3-7　「ODAプロジェクトへの参加は大学主体の活動であった思うか，それとも教員主体の活動であったと思うか」の問いへの豊橋技術科学大学教員／職員の回答

	管理的ポストの教員	その他の教員	職員	合計
「大学主体の活動」との回答者	4人	4人	2人	10人
「教員主体の活動」との回答者	0人	8人	0人	8人

（出典）インタビュー結果から筆者作成。

　特に，管理的ポストについていない教員では，「大学主体の活動」が4人に対して，「教員主体の活動」が8人で後者の回答の方が多い。これは，執行部がODA参加の判断をしつつも，実施段階での指揮は中核的な教員が担っており，一部の教員には教員主体の活動と認識されていたためである。

　　豊橋技術科学大学の国際展開の歴史を振り返ると，執行部に国際展開推進の強い意志がまずあり，……そのもとで学内の実力者が一生懸命になったということが大きかったと思います。（職員4）

　　〔HEDSの実施は〕学長と副学長のレベルで決め，実際に手足となって動く人間ということで中核的な教員がピックアップされました。……大学としてHEDSプロジェクトに取り組むことは教員の間で認知されていましたが，各教員が協力するかしないかはそれぞれの自由意思なので，この中核的な教員の人脈により，「彼に頼まれたから，〔専門家として〕行くか」というようなケースが多かったのです。（教員18）

　　正論から言えば，組織が決めればそれにしたがって動くのが一番望ましい。だけれども大学はそのような組織ではない。……大学の教員は組織に属しているといいながら，ある意味個人商店なんですよ。もう好き勝手に売りたいものを並べている。……だから一元的に組織でどうのこうのというのはどうしてもできない。そうなるとやっぱり人間的なつながりというのが必要になってくるんです。（教員14）

第3章　ODA参加のイニシアティブ　111

豊橋技術科学大学では，1990 年代から 2000 年代まで，大学経営層の判断のもとに国際協力のリーダー的な教員が ODA 事業を推進した。「J 教授や K 教授がいなければ，組織として認めたプロジェクトでもたぶんうまくいっていなかった」（教員 19）と言わしめるほど，その存在は大きかった。その一方で，大学の国際展開のひとつとして ODA 事業に取り組むという執行部の確たる意志が存在し，その組織的な判断や取り組みが事業の拡大を可能にしたのもまた事実である。こうしたことから，豊橋技術科学大学では，大学経営層のイニシアティブと教員のイニシアティブが組み合わされて，ODA 事業が実施されてきたといえる。

　こうした組み合わせを可能にした要因として，豊橋技術科学大学が，開学から日が浅い教員数 200 人程度の中規模な大学であるため，執行部とリーダー格の教員の間の距離が小さく，また，専門分野を越えて教員の間の一体感があったことがあげられる。豊橋技術科学大学は工学のみの単科大学であるので，「融合分野の取り組みも多く，先生の間の情報流通は非常によく」（教員 16），「教員は基本的にほとんどすべての教員と直接のコネクションを持っている」（教員 23）。さらに，執行部と教員の間にも，大学が中規模なため「学長とも食堂で話をするような近い関係」（教員 19）があった。豊橋技術科学大学の ODA 事業への取り組みを可能にしたもうひとつの要因としてインタビューで指摘されたのは，協力的な事務局の存在である。豊橋技術科学大学の事務局は，単科大学であるため全学事務局に集約されており，執行部と事務局の連携が密である。その結果，ODA 事業の実施に必要な多くの事務作業を事務局が積極的に分担し，教員の事務負担を少なくしているのである。国際協力業務に「豊橋〔技術科学大学〕では事務体制をつける。その判断をするのも，結局はトップダウン」（教員 19）であり，執行部のイニシアティブがその背景にはあった。

教員を取り巻く環境の変化

　教員の ODA 参加は，豊橋技術科学大学でも東京工業大学と同様に，教員を取り巻く環境の変化にさらされている。豊橋技術科学大学のインタビューでも，教員が多忙になり ODA 参加が難しくなりつつあることや，リーダー格の教員の影響力が低下してることなどが指摘された。

　　　今は，〔ODA 事業をリードできる〕大先生が少なくなりました。その理
　　由のひとつは，専門分野が細分化されて分野の規模が小さくなったことで

す。もうひとつの理由は，人事権がなくなったこと。昔は，大先生と弟子筋のつながりがあったけれど，今は退官時の後任ポストも思うようになりません。さらに，研究室の人の余裕がなくなり，完全にきちきちのなかでやっています。研究費も教育プログラムも競争的にとらなければならないので，会議や書類が増えて研究のための時間が減る一方で，論文を書かないと偉くなれないので。（教員16）

3.2.3　ODA 参加と大学の国際関連方針との関係

豊橋技術科学大学は他の大学と同様に，2000 年代には国際化や大学法人化など，大きな環境の変化にさらされた。そこで，ここでは豊橋技術科学大学のODA 事業への参加と大学の組織的な国際化方針との関係について調べる。まず豊橋技術科学大学の国際化方針の変遷について述べたのちに，ODA 事業との関係について分析する。なお，**表 3-8** に豊橋技術科学大学の国際化と国際活動に関連する方針の一覧を掲げる。

国際関連方針の変遷

豊橋技術科学大学は，1976 年に，高等専門学校に接続する大学として開設された。開校準備からたずさわった初代学長榊米一郎は大学の国際化を非常に重視していた。榊米一郎は，1976 年の開学記者会見で，相当数の留学生の受け入れを大学運営上の 3 つの柱のひとつにあげ（豊橋技術科学大学開学 10 周年記念事業委員会年史編集部会 1986），1978 年の開学記念式典式辞では，大学の将来の姿を示す 3 つの方向のひとつとして「技術科学こそ国境を乗り越えていく先兵」であり，「次代の技術者はその活躍の舞台を国際的に広げざるをえません」と述べている（豊橋技術科学大学開学 20 周年記念事業委員会年史編集部会 1996）。こうした国際的な学風をつくろうとする志は，大学創設時の教員選考にあたり海外居住経験を重視したことや（豊橋技術科学大学開学 10 周年記念事業委員会年史編集部会 1986），留学生受け入れへの早い段階からの取り組みにつながっている。

1991 年に「豊橋技術科学大学将来計画」が策定された。1987 年に博士後期課程の設置が完了し，開学後約 10 年で大学の教育研究活動の基本的な体制整備が進む一方，大学を取り巻く環境は変化しており，同大学の今後の方向性を指し示すために策定されたものであった。「豊橋技術科学大学将来計画」では，国際交流に関し留学生と外国人教員や外国人研究者の受け入れ促進が掲げられ，

第 3 章　ODA 参加のイニシアティブ　113

さらに基盤整備の項目でも国際交流の場の整備が謳われている（豊橋技術科学大学開学 20 周年記念事業委員会年史編集部会 1996）。しかしながら，まだこの段階では，国際化の方針は，外国人留学生や研究者の受け入れといったキャンパス内での国際化を目指すものであった。

　2004 年に，豊橋技術科学大学は国立大学法人化し，第 1 期中期目標を策定した。1990 年代の国際交流の方針は留学生や外国人研究者の受け入れ拡大であったが，第 1 期中期目標では，日本人学生の海外送り出しを含む双方向の人的交流に変化している。さらに，第 1 期中期目標のもうひとつの大きな特徴は，国際協力への参加を大きく掲げていることである。そこでは，国際展開の基本目標に「技術移転や技術教育支援を積極的に行う」ことを謳い，さらに国際交流に関する具体的な目標では，「開発途上国に対する工学教育国際協力を推進する」と明示して（文部科学省 2004b），途上国への国際協力を大学の国際展開の目標とすることをはっきりと打ち出した。中期計画では，さらに具体的に，大学教員を開発途上国の工学教育プロジェクトに専門家として派遣することや JICA 研修員受け入れや国内支援委員会参加を促進することなど，JICA 事業に言及して国際協力を進める計画を立てている（豊橋技術科学大学 2004b）。この背景には，開学以来，国際的学風を志向してきた同大学が，1990 年代をつうじて ODA 事業に大規模に参加し，2000 年頃には，国際協力への参加が豊橋技術科学大学の特色として確立していたことがある（豊橋技術科学大学開学 30 周年記念事業委員会年史編集部会 2006）。

　2010 年代には，国際展開の方針は，開発途上国への支援そのものよりも，国際協力をつうじた大学の国際化の促進に重点が移っていった。第 1 期中期目標では，基本的な目標の中に，「技術移転や技術教育支援を積極的に行う」（文部科学省 2004b）といった文言がみられたが，2010 年の第 2 期中期目標ではこのような表現は消え，留学生や外国人研究者の受け入れ，日本人学生の海外研修などの人的交流の促進や国際共同研究実施が基本的な目標に掲げられている（文部科学省 2010b）。さらに，「国際戦略 2014-2015」では，国際貢献の基本目標は，研究成果の社会実装により国際社会の課題解決に貢献するとともに，それにより豊橋技術科学大学の社会的な認知度を高めることであるとしている。この国際戦略では，具体的な施策として，「国際貢献活動を通じて構築した国内外の政府関係機関・産業界・大学等とのネットワークを発展させ，豊橋技術科学大学の研究・教育活動にもフィードバックする」ことが謳われ，ODA 事業などにより築かれた国際的なネットワークを教育や研究の質向上に活用する

ことが求められている（豊橋技術科学大学 2015c）。2016 年に始まる第 3 期中期
目標では，学生・教職員の人的な交流を促進し，技術科学の国際拠点を形成す
ることが謳われ，途上国への教育支援そのものよりも，大学本来の教育や研究
活動の国際化に重点がおかれていることがわかる（文部科学省 2016b）。

表 3-8　豊橋技術科学大学の国際化と国際活動に関する方針

文書名	方針の位置付け / 全体像と内容
1990 年代	
1991 年 豊橋技術科学大学 将来計画	【方針の位置付け / 全体像】 • 開学後，博士課程までの教育課程の整備が進む一方で，大学を取り巻く環境が変化しつつあり，今後の大学発展の方向性を検討するもの。 • 主要な外部条件，組織整備，基盤整備，高専交流，国際交流，生涯教育と地域交流の6 項目からなる。 【「国際交流」方針】 ①留学生受け入れ，②外国人教員や外国人研究者の増加
2000 年代	
2004 年 第 1 期中期目標（2004-2009 年度）/ 中期計画	【基本目標】 • 豊かな人間性と国際的視野および自然と共生する心を持つ実践的創造的かつ指導的技術者の育成，次の時代を先導する技術科学の研究。 •「国際展開」 ① 広く世界に向け研究成果を発信するとともに技術移転や技術教育支援を積極的におこなう。 ② 全世界から留学生を多数引き受け，また，日本人学生を積極的に海外に派遣することにより，国際的に活躍できる指導的技術者を育成する。 【「国際交流」に関する中期目標と中期計画の記載】 ① 国際交流・連携を推進するための体制を整備する。 　国際交流室の設置，国際交流・連携の事務組織一元化，海外にサテライトオフィスの設置。 ② 外国の大学，研究機関との連携・交流を推進する。 　外国の大学との交流協定締結推進，重点交流拠点大学の選定と人的交流や共同研究の推進，国際研究集会への参加や主催。 ③ 開発途上国に対する工学教育国際協力を推進する。 　途上国の工学教育プロジェクトへの専門家派遣と研修員受け入れ，JICA プロジェクトの国内支援委員会参加，途上国支援のための国際協力人材データベース等の構築。 ④ 外国人研究者等の受け入れ，海外への職員の派遣を積極的に推進する。 ⑤ 外国人留学生の受け入れ，学生の派遣を積極的に推進する。 　外国人留学生受け入れ（200 人程度の水準維持），海外実務訓練の推進，地域社会における国際化の支援を図る。
2010 年代	
2010 年	【基本目標】 • 豊かな人間性と国際的視野を持つ実践的創造的かつ指導的技術者の養成，国際競争力のある先端技術の開発研究の推進。

第 3 章　ODA 参加のイニシアティブ　　115

第2期中期目標／中期計画（2010-2015年度）	・「国際展開」 国際戦略本部のもとで，留学生の受け入れ・研修，日本人学生の海外研修・実務訓練，国際共同研究・人材交流などの国際交流に関連する活動の連携体制を強化し，世界に開かれた大学への展開を推進する。 【「国際化」に関する中期目標と中期計画の記載】 ① 国際交流・連携を推進するための体制を強化する。 　国際交流／連携の全学推進戦略策定，国際交流事業関連のセンターの再編。 ② 開発途上国を含む海外の高等教育機関との連携・交流を推進する。 　大学間交流協定整備，重点交流大学の選定と積極的な交流推進。 ③ 留学生・外国人研究者の受け入れを強化するとともに本学の学生，教職員の海外派遣を積極的に促進する。 　外国人教員／研究者の受け入れ促進，学生／教員の海外派遣，留学生受け入れ促進，アジアを中心とした留学生・研究者のネットワーク／発展途上国の工学教育協力プロジェクト／留学生を含む人材養成の強化を図るため，国際交流事業等を担当する本学の諸センターを積極的に活用。 ④ 地域社会の国際化に貢献する。 　地域社会の友好親善事業・交流会・ホームステイ事業への協力他。 ⑤「大学改革」と「国際化」を全学的に実施し，国際通用性を高め，ひいては国際競争力を強化するとともに，これまでの実績を基に更に先導的試行に挑戦し，我が国の社会のグローバル化を牽引するための取り組みを進める。 　スーパーグローバル大学創成支援「『グローバル技術科学アーキテクト』養成キャンパスの創成」事業の目標達成に向けた取り組み。
2015年 豊橋技術科学大学憲章	【方針の位置付け／全体像】 ・今後の発展のための理念と目標。 ・教育，研究，国際化，社会貢献／連携，大学運営，役員／教職員，健康／安全管理，環境配慮，情報公開／情報発信，法令順守の10項目からなる。 【国際化の目標】 世界に開かれた大学として，海外教育研究拠点の活用や交流協定校等との連携により，学生・教職員による国際交流を推進するとともに，グローバルキャンパスの実現を図り，技術科学の国際拠点を形成する。
2015年 国際戦略2014-2015	【方針の内容】 ・「基本理念」 ① グローバルに活躍できる指導力ある技術者を育成する。 ② 優れた研究成果で世界の技術科学を発展させる。 ③ 人材育成と研究成果を活かして，世界の問題解決に貢献する。 ・「国際貢献の基本目標」 ① 工学分野における高等教育の高度化，産学連携活動の促進，および地球規模課題の解決等の諸領域を中心に，研究成果の社会実装をグローバルに展開する。 ② 各国政府機関，大学等の関係機関，および当該国の市民社会での豊橋技術科学大学の認知度を高め，更に相互理解の促進と関係強化を図る。 ・「国際貢献の具体的な施策」 ① 国際社会の課題解決に貢献するための諸事業の形成に上流から関与し，最適な事業化を図る。 ② 国際貢献活動を通じて構築した国内外の政府関係機関・産業界・大学等とのネットワークを発展させ，豊橋技術科学大学の研究・教育活動にもフィードバックする。

2015年	【基本目標】
	・実践的／創造的かつ指導的な技術者／研究者の育成，次代を切り拓く技術科学の研究，社会的多様性を尊重し地域社会との連携を強化。
	・「国際化の目標」
	世界に開かれた大学として，海外教育研究拠点の活用や交流協定校等との連携により，学生・教職員による国際交流を推進し，グローバルキャンパスの実現を図り，技術科学の国際拠点を形成する。
	【「グローバル化」に関する中期目標と中期計画の記載】
第3期中期目標（2016-2021年度）／中期計画	① 「大学改革」と「国際化」を全学的に実施し，国際的通用性を高め，ひいては国際競争力を強化するとともに，これまでの実績をもとに，更に先導的試行に挑戦し，多文化共生・グローバルキャンパスを実現し，我が国の社会のグローバル化を牽引するための取組を進める。
	学部・大学院一貫によるグローバル化教育を全課程・専攻で実施，「グローバル技術科学アーキテクト」養成コース実施，グローバル宿舎の設置，交流協定強化，教員／研究者／職員の海外派遣増加。
	② 留学生の受け入れ拡大，海外教育拠点を活用したグローバル・イノベーション人材養成教育，海外高等教育機関との連携・交流を推進する。
	留学生比率を20％以上まで拡大，国際連携による教育・研究推進，マレーシア教育拠点を活用した海外実務訓練，海外研修（FD/SD），JICA等の支援プロジェクトを活用し，教育・研究・産学連携等の国際プロジェクト事業を増加。

（出典）豊橋技術科学大学（2004b, 2010c, 2015c, 2015d, 2016c），豊橋技術科学大学開学20周年記念事業委員会年史編集部会（1996），文部科学省（2004b, 2010b, 2016b）から筆者作成。

ODA 参加との関係

　以上にみてきたとおり，豊橋技術科学大学の国際化の方針は，1990年代までは留学生受け入れが中心であったが，2000年代に入ると，開発途上国に対する工学教育国際協力が国際展開の重要な柱になり，さらに2010年代には，国際協力を活用した大学の教育研究活動の国際化に重点が移っている。では，このような国際化方針の変化と教員のODA参加とはどのように関係しているのであろうか。

　豊橋技術科学大学は，1990年に始まるインドネシアのHEDSプロジェクトに，学長の判断により初めて参加した。当時の大学経営層は，なぜODA事業への参加を判断したのか。これについて，豊橋技術科学大学の教員は次のように語っている。

　　本学は，最初から世界に開かれた大学，国際交流を強く謳った大学として開学しているので，HEDSプロジェクトへの参加はそうした建学の志を具現化したものでした。（教員13）

第3章　ODA参加のイニシアティブ　117

最初の本学の理念とか目標に国際という言葉はでていますが，ODA を使って云々という，そこまでの結びつきはなかった。……それが 2 代目の学長の時に，HEDS が始まったことによって，だんだんと ODA との結びつきが明確になったと思います。……〔当初は ODA により留学生や共同研究の増加を期待したわけではなく〕これはひとつ，日本の使命として諸外国を助ける，我々は，むしろアメリカやヨーロッパと国際会議や共同研究をやっていましたので，〔HEDS を通じて途上国との〕共同研究はあり得ないと思っていた。……その後，いろいろと〔大学国際化の〕メリットを自分たちで作り出していったのが，〔国際協力への支援が〕長く続いた要因です。(教員 18)

　これらのインタビューの発言からわかるのは，豊橋技術科学大学は，国際的な大学であることを開学以来の理念とし，大学の国際貢献のひとつとしてODA に取り組み始めたことである。同大学の ODA 参加は，東南アジアからの留学生の受け入れや共同研究の促進など，その後の大学の国際化に大きな影響をおよぼしていくことになるが，1990 年代の ODA 参加の最初の意図は，むしろ国際を標榜する大学が果たすべき国際的な責務として ODA に取り組むことであったと思われる。そして 1990 年代をつうじて，国際協力は同大学の大きな特色のひとつに育っていった。
　東京工業大学の場合は，大学の公表された文献や文書には ODA 関連の記事はきわめて少なかったが，これと対照的に，豊橋技術科学大学の場合は，大学の広報誌や大学史に多くの ODA 事業に関する記述を見つけることができる。たとえば，1996 年の『豊橋技術科学大学二十年史』では，「国際技術交流と協力」の項でインドネシアの HEDS プロジェクトやサウジアラビアのリヤド技術短期大学プロジェクトへの同大学の取り組みを 5 頁にわたって詳述し（豊橋技術科学大学開学 20 周年記念事業委員会年史編集部会 1996），2006 年の『豊橋技術科学大学三十年史』では「国際協力」の項で 2 頁にわたって JICA 技術協力プロジェクトへの取り組みや ICCEED の活動について記載している（豊橋技術科学大学開学 30 周年記念事業委員会年史編集部会 2006）。さらに，1990 年代以降の大学広報誌でも常に HEDS プロジェクトをはじめとする JICA の国際協力プロジェクトへの参加が大きく取り上げられている。それらの記載にみられるのは，国際協力への参加に短期的な見返りを求めるというよりは，むしろ大学の国際貢献としての取り組み姿勢である。2002 年の大学広報誌の国際協力につ

いての記事は冒頭で次のように述べ，途上国への教育支援を，留学生の受け入れや国際的な共同研究の実施とともに，大学の国際交流の柱と位置付けている。

　　大学における国際交流は留学生に対する教育研究や教員による国際的な研究活動が注目されがちですが，開発途上国の高等教育への貢献も一つの柱といえます。開発途上国では国が発展し貧困を解消軽減するという目的のために教育が大きな鍵であり，その質の向上に先進国からの知的・人的国際貢献が期待されます（堤 2002）。

　ODA 事業への積極的な取り組みは，特に東南アジアの大学との教員間の交流を盛んにし，そのことがマレーシア，インドネシア，ベトナムからの留学生を呼び込むことにつながった。豊橋技術科学大学の国際交流のパートナー校は東南アジアの大学が多く，かつての，もしくは現在の JICA 技術協力の支援対象校がその半分以上を占めている。豊橋技術科学大学の国際協力は，大学建学の志にもとづき，国際的な大学の国際貢献の一環としておこなわれてきたが，結果として，同大学に国際化の基盤を提供することとなった。

　1990 年代から 2000 年代をつうじて，ODA 事業が豊橋技術科学大学の国際化の重要な基盤を築いていく一方で，2010 年代には，豊橋技術科学大学の国際活動の方針は，開発途上国への支援そのものよりも ODA を活用した大学の国際化促進に重点が移っていく。そして，ODA 参加がもたらす留学生の増加や日本人学生のグローバル教育へのプラスの効果などにより強い関心が払われ，それらの活動の間の連携強化が図られるようになった。インタビューにおいては，次のような発言が聞かれた。

　　かつては，国際貢献が大学の旗頭になっていましたが，……大学も余裕がなくなり，背に腹を変えられなくなってきました。その中で何を優先するかというと，今は，国際協力は大上段に掲げる大学の目標というよりは，大学の教育研究を拡充する，強化するための方策のひとつです。（職員 3）

　　今までは，ODA で途上国を支援するから結果として学生さん〔留学生〕が来るという話でしたけれども，今は何か学生さん〔留学生〕のリクルートという，そういう観点がずいぶん入ってきていて，もはや ODA ではなく，リクルートなんだという認識の人が半分ぐらいになってきているんで

はないでしょうか。……日本の国全体の余裕がなくなってきたことを示しているんでしょうね。(教員 16)

　以上にみてきたとおり，豊橋技術科学大学は，国際関連の方針がまだ留学生の受け入れにとどまっていた 1990 年代に ODA 事業に積極的に取り組み始めたが，それは国際的な学風の確立を目指して国際貢献活動のひとつとして取り組まれたものであった。2000 年代においても，引き続き途上国への工学教育支援は大学の重要な国際活動のひとつに位置付けられていた。2000 年代には，大学独自の多様な国際展開活動が始まるとともに，2010 年代になると，大学の教育研究活動の国際化のために ODA 事業を活用するという側面がより強調されるようになった。

3.2.4　ODA 参加と大学の国際関連組織との関係

　ここまで，豊橋技術科学大学では，大学経営層が ODA プロジェクトへの参加を判断し，その指示にもとづいて中核的な教員が ODA 事業の実施を担ってきたこと，当初は大学の国際貢献活動の一環として取り組まれた ODA 事業への参加は，2010 年代には大学の教育研究活動の国際化のために活用するという側面が強まっていることをみてきた。次に，ここでは，教員の ODA 参加がどのような組織体制のもとでおこなわれ，大学の国際関連の組織や体制の変化と関係してきたのかを分析する。

1990 年代以前

　豊橋技術科学大学の最初の国際関連の教員組織は，開学の 3 年後におかれた国際交流問題懇談会（1979 年〜）である。国際交流問題懇談会は，1980 年には国際交流委員会に名前を変えて，1990 年代をとおして豊橋技術科学大学の国際交流推進の役割を担ったが，主な仕事は留学生受け入れと国際交流協定による大学間交流の促進であり，JICA の工学系高等教育協力事業への支援は必ずしも主要な検討対象にはなっていなかった。このような状況のもと，先述したとおり，JICA プロジェクトへの参加は，学長や副学長などの大学経営層の判断と指示により，リーダー格の教員が 8 つの学系（学科に相当）の教員を動員して実施された（**図 3-4** 参照）。国際協力のリーダー格の教員は開学後数年の間に豊橋技術科学大学に着任して豊橋技術科学大学の基礎を築き上げてきたシニアな教員であり，基本的にはそれぞれの学系に属する教授の立場で国際協力活

動を推進した。彼らはまた，1990年代から2000年代初めの間の一時期には，国際交流委員長や大学執行部の役職なども務めていた。

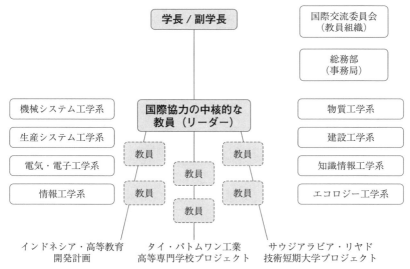

図3-4　1990年代の豊橋技術科学大学教員のODA参加と大学の国際関連組織の関係
(出典) インタビュー結果と文献調査から筆者作成。

2000年代

2000年代に入ると，豊橋技術科学大学の国際関連の組織や体制に大きな変化があった。最も大きな変化のひとつは，2001年のICCEED設置である（図3-5参照）。これに先立つ1996年に，文部省は国際教育協力のあり方を検討する懇談会を開催し，大学による国際協力を推進するための分野別センターの設置を提言した（文部省 1996）。これを受けて，広島大学（教育学分野，1997年設置），名古屋大学（農学分野，1999年設置），東京大学（医学分野，2000年設置）にセンターが設置され，豊橋技術科学大学のICCEEDはこれらに続く4つ目のセンターとして設置された。設置の経緯は，「豊橋技術科学大学の多くのスタッフがHEDSプロジェクトその他に献身的に貢献していた実績をもとに当時の文部省国際協力室に本学への設置を何度か要請した結果，当初は他大学への設置の予定であった工学系センターが2001年に省令センター『工学教育国際協力研究センター』として本学に設置された」ものであった（堤 2006）。これらの分野別国際協力研究センターは，分野ごとの協力手法の研究や開発，協力

事業の企画や調整，大学間の連携協力促進などを担い，全国の大学に貢献する分野別の高等教育協力のハブの役割が期待されていた。豊橋技術科学大学がHEDSプロジェクトのような大規模な協力プロジェクトの実施に加えて，途上国開発に特化した全国規模の活動をおこなうこのようなセンターを誘致したことは，まさに大学経営層の意志であり，このことからも豊橋技術科学大学のODAへの取り組みが大学経営層のイニシアティブによって推進されてきたことがわかる。ICCEEDでは，JICA技術協力プロジェクトの実施とともに，全国の工学系国際協力人材のデータベース構築などの全国規模の業務にも取り組んだ。同大学で国際協力に中心的な役割を果たしてきたリーダー格の教授は，2002年のICCEEDの開設にともない，ICCEED専任教授としてICCEEDに異動した。そして，2000年代後半の退官時期まで，ICCEEDを拠点として，豊橋技術科学大学のODA事業を強力に推進した。

国際的な活動全般にかかわる組織としては，開学翌年から教員組織として国

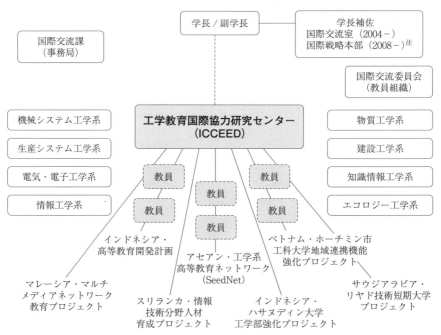

(注) 2008年以降は，国際交流室から国際戦略本部への改組にともない，ICCEEDは国際戦略本部のもとにおかれた。

図3-5 2000年代の豊橋技術科学大学教員のODA参加と大学の国際関連組織の関係
(出典) インタビュー結果と文献調査から筆者作成。

際交流委員会（1980 年までは国際交流問題懇談会）がおかれてきたが，高等教育のグローバル化の進展や国立大学法人化を背景として，2004 年に学長補佐を室長とし教員と職員で構成される国際交流室（2008 年に国際戦略本部に改組）が設置され，執行部のより直接的な指揮のもとに国際化の取り組みが進められるようになった。国際交流室は，海外拠点の設置（2004 年インドネシア，2005 年中国）や文部科学省による国際化のための競争的資金の獲得など，大学全体の国際戦略推進に関連する業務を担った。しかしながら，ODA 事業は上記の ICCEED が担当しており，国際交流室の関与は少なかった。

2010 年代

2010 年代には，国際関連の異なる部署の一元化が図られ，それらが執行部の直接的な指揮のもとにおかれるようになった。2013 年に，国際関連の組織は，国際協力を担当する国際協力センター（工学教育国際協力研究センターを改称，略称は ICCEED を継承），留学生受け入れと日本人学生の海外派遣を担当する国際交流センター，マレーシア・ペナン校の設置運営や海外実務訓練などを担当する国際教育センター，さらに海外教育拠点であるマレーシア・ペナン校の 4 部署に再編され，副学長が機構長を務めるグローバル工学教育推進機構のもとに一元的におかれることになったのである（**図 3-6** 参照）。グローバル工学教育推進機構では，4 部署をまたぐ国別の情報共有会議を恒常的におこなうなど，国際協力，留学生受け入れ，日本人学生の送り出し，海外での事業展開などを互いに連携させて取り組む努力がなされている。

一方で，2000 年代に豊橋技術科学大学の国際協力の核であった ICCEED の役割も変化していった。ICCEED は 2002 年の設置以来，豊橋技術科学大学の国際協力の実質的なハブの機能を果たしてきたが，同時に，設置の経緯から，工学系国際協力の研究や国際協力人材の育成などによって全国の大学に貢献する役割が与えられていた。しかし国立大学の法人化により大学間の競争関係が強まるなかで，2010 年には全国的な機能よりも学内の機能に ICCEED の軸足が移された。また，ICCEED がおこなう国際協力は，2000 年代までは，国際貢献を目的とし，学内でも独立した事業の色彩が強かった。しかし，「〔ICCEED の〕国際的な協力や支援の取り組みを，従来のそれ自身を独立してとらえる視点から，全学的な国際展開のなかに組織的に位置付ける」こととなり（豊橋技術科学大学工学教育国際協力研究センター 2011a），グローバル工学教育推進機構のもとで，留学事業や日本人学生の海外派遣など多様な国際展開活動との連携

が強化されるようになった。

1990年代から2000年代にかけてODA事業を強力に牽引してきた国際協力のリーダー的な教員は2010年代に入る前に退官して不在となる一方で，全学的なグローバル化の取り組みを執行部が強力に推進する時代になり，ODA事業においても執行部のイニシアティブが強くなっている。インタビューにおいては，教員から次のような意見が聞かれた。

> グローバル工学教育推進機構ができて，そのもとに3センター体制〔国際協力，留学生受け入れ，グローバル教育〕になり，……今は機構長である副学長がキーパーソンです。(教員15)

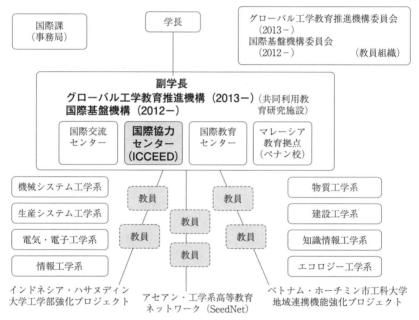

図3-6　2010年代の豊橋技術科学大学教員のODA参加と大学の国際関連組織の関係
(出典) インタビュー結果と文献調査から筆者作成。

以上にみてきたとおり，1990年代に大学経営層のイニシアティブにより開始された豊橋技術科学大学のODA参加は，シニアな教員が国際協力のリーダー役となって個々の教員を取りまとめながら実施された。2000年代には

ICCEED が設置され，国際協力のリーダー格の教員は ICCEED に所属して，ICCEED が拠点となって国際協力事業が推進された。さらに 2010 年代になると，大学のグローバル化の取り組みが一層進展し，ODA 事業は独立した国際貢献活動というよりも，留学生受け入れや日本人の海外派遣などと連携して進めるべき活動と認識されるようになり，組織的にも連携体制が強化され大学執行部の関与が一層強くなった。

豊橋技術科学大学の ODA 参加のイニシアティブのまとめ

　ここまで，豊橋技術科学大学の教員がどのようなイニシアティブによってODA 事業に参加してきたのか，またそれは時間とともにどのように変化してきたのかを，教員と職員へのインタビューや文献調査にもとづく分析によって調べてきたが，次のようにまとめることができる。豊橋技術科学大学では，大学経営層のイニシアティブと教員のイニシアティブが組み合わされて，ODAへの参加が推進された。大学が中規模で開学後間もなく，執行部と教員や教員間のまとまりがよいことが，執行部の指示と教員の主体的な参画の組み合わせを可能にした。1990 年代から 2000 年代にかけては，ODA は大学の国際貢献として，大学の国際的なカラーを確立するために取り組まれていたが，2010 年代には，大学経営層の直接的な指揮のもとに，国際協力，留学生受け入れ，日本人のグローバル教育の 3 事業をより連携させる方向に変わってきている。

3.3　東海大学

3.3.1　ODA 参加の推移概観

ODA 参加の状況

　1990 年度から 2013 年度の間に，JICA 工学系高等教育協力プロジェクトに専門家として派遣された東海大学の教員の数は延べ 300 人弱であり，日本の大学のなかで 4 番目に多い。1990 年代以降に東海大学が支援した主なプロジェクトは，**表 3-9** に掲げた 5 件であり，そのうちタイのモンクット王工科大学ラカバン校（KMITL）拡充プロジェクトと KMITL 情報通信技術研究センタープロジェクトにはそれぞれ，延べ 36 人（延べ 1,282 日），延べ 76 人（延べ 3,049 日），さらにラオス国立大学工学部情報化対応人材育成機能強化プロジェクトには延べ 72 人（延べ 2,273 日）の教員が派遣された。東京工業大学の同時期の主要な

支援プロジェクトが 10 件，豊橋技術科学大学の主要な支援プロジェクトが 8 件であるのに比べると，東海大学の支援プロジェクト数は 5 件と少ないが，専門家の延べ派遣日数が 1,000 日を超えるプロジェクトは 3 件あり（東京工業大学と豊橋技術科学大学もそれぞれ 3 件），タイの KMITL 支援など比較的少数のプロジェクトに大規模な支援がおこなわれてきたことがわかる。タイ・ノンタブリ電気通信学校（後の KMITL）への支援に端を発する東海大学の JICA 工学系高等教育協力プロジェクトへの支援は，電気通信工学分野において始まり，そ

表 3-9 東海大学教員が支援した主な JICA 工学系高等教育技術協力プロジェクト

期間	国名・地域名	案件名	東海大学教員の専門家派遣		支援分野	協力対象大学
			延人数	延日数		
【1980 年代開始案件】						
1988-1993	タイ	モンクット王工科大学ラカバン校（KMITL）拡充プロジェクト	36 人	1,282 日	電気電子工学機械工学	モンクット王工科大学ラカバン校（KMITL）
【1990 年代開始案件】						
1997-2002	タイ	モンクット王工科大学（KMITL）情報通信技術研究センタープロジェクト	76 人	3,049 日	情報通信工学	モンクット王工科大学ラカバン校（KMITL）
【2000 年代開始案件】						
2003-継続中	アセアン	工学系高等教育ネットワーク（SeedNet プロジェクト）フェーズ I，II & III	88 人	507 日	情報工学機械工学	インドネシア大学，バンドン工科大学，スラバヤ工科大学，ガジャマダ大学，マレーシア工科大学，プトラ大学，マラヤ大学，マレーシア科学大学，フィリピン大学ディリマン校，デラサール大学，ミンダナオ州立大学イリガン校，モンクット王工科大学ラカバン校（KMITL），タマサート大学，カセサート大学，チュラロンコン大学，プラハ大学，カンボジア工科大学，ラオス国立大学，ハノイ工科大学，ホーチミン市工科大学，ヤンゴン工科大学，ヤンゴン大学，ブルネイ工科大学，ブルネイ大学，ナンヤン工科大学，シンガポール国立大学
2003-2008	ラオス	ラオス国立大学工学部情報化対応人材育成機能強化プロジェクト	72 人	2,273 日	情報通信工学	ラオス国立大学
【2010 年代開始案件】						
2013-継続中	マレーシア	日本マレーシア国際工科院（MJIIT）整備プロジェクト	1 人	911 日	電気通信工学	マレーシア工科大学

（注）東海大学教員が 1990 年度から 2013 年度の間に参加した主要な技術協力プロジェクト。ただし，SATREPS は含まない。なお，ラオス国立大学工学部情報化対応人材育成機能強化プロジェクトでは，JICA と東海大学の間でプロジェクトの委託契約が結ばれている。
（出典）JICA のデータをもとに筆者作成。

の後に機械工学分野が加えられた。

国際活動の推移

　次に，2010 年代までの東海大学の国際的な活動と ODA 事業への参加の推移を，10 年ごとに分けて概観する。なお，東海大学の国際化と ODA 参加の年表を巻末の資料 4 に掲げている。

　東海大学は，1965 年にタイのノンタブリ電気通信学校（1971 年にモンクット王工科大学（KMIT）に，1986 年にモンクット王工科大学ラカバン校（KMITL）に昇格／改称）から 4 人の留学生を工学部に受け入れて，高等教育分野の国際協力を開始した。これは，日本の技術協力プロジェクト（1960～1965 年）により設立されたノンタブリ電気通信学校の教員をコロンボ・プランにもとづく研修員として，学士資格取得のために日本に留学させるものであったが，多くの他大学が受け入れを断るなか，東海大学総長（当時）の松前重義の判断により，東海大学への留学が決まった（荒木 2012）。1969 年の日本全体の外国人留学生の数はわずかに約 4,000 人で（文部省 1970），多くの大学ではまだ留学生の受け入れ態勢が整っておらず，留学生の存在が珍しい時代であった。その時代に，タイから推薦入学の形で継続的に留学生を受け入れることに多くの大学が二の足を踏んだことは想像に難くない。東海大学は，その後も継続的にノンタブリ電気通信学校から学士課程と修士課程に 24 人の留学生を受け入れた。さらに，1972 年から東海大学の教員を長期専門家として KMITL に派遣し，その後も第 2 次（1978 年～1983 年），第 3 次（1988 年～93 年）の JICA 技術協力プロジェクトに中心的な支援大学として参加するなど，KMITL の成長を支えた。このように，60 年代から始まった東海大学の KMITL 支援は，日本の大学の ODA 事業のなかで最も古いものであるのみならず，その規模や成果の点でも稀有なものであった。こうした交流の蓄積をもとに，東海大学は，1977 年に KMITL と学術交流協定を結んだ。これは，東海大学へ留学した KMITL の教員をその後のブラッシュアップのために東海大学に再度招へいし，あわせて東海大学の教員を指導のためにタイに派遣するという内容のもので，これにより 1981 年から東海大学独自の財源で教員の相互派遣を開始した（「東海大学の国際協力」編集委員会 2005）。最初の留学生受け入れから 15 年余りを経て，東海大学と KMITL の間では，大学間学術交流協定と大学独自の予算で研究者の往来や共同研究が自立的におこなわれる段階に入っていった。

　この時期の，ODA 以外の主な国際的な活動としては，留学生向けに日本語

教育を専門におこなう別科日本語研修課程の開設（1964 年〜），調査実習船を使って学部学生が参加する海外研修航海（1968 年〜），当時はまだ珍しかった東欧やソ連などの旧東側諸国との学術交流（ブルガリア 1969 年〜，ソ連 1973 年〜），東海大学が事務局を務めるアジア・環太平洋学長研究所長会議（1987 年〜2005 年）などがおこなわれている（東海大学 1993b）。いずれも，当時の総長松前重義の強いイニシアティブによるもので，建学の精神に根差した特色のある国際活動であった。また，1970 年に学術文化交流の拠点としてヨーロッパ学術センターをデンマークに開設し，1984 年に日本の武道の普及とスポーツ交流を図るため松前武道センターをウィーンにおいた。日本の多くの大学の海外拠点の設置が 2000 年以降であることを思うと，東海大学の海外拠点設置は非常に早い段階でおこなわれた。

　1990 年代には，東海大学は KMITL への JICA 技術協力事業において，引き続き中心的な役割を果たした。第 1 次協力（1960〜1965 年）と第 2 次協力（1978〜1983 年）の内容は，それぞれ，新設職業訓練センターへの支援と大学昇格後の工学部への支援であったが，第 3 次協力（1988〜1993 年）では独立総合大学となった KMITL の電気通信分野と機械工学分野の研究教育能力の向上が図られ，さらに，第 4 次協力（1997〜2002 年）では KMITL の大学院と研究能力の強化が協力内容であった。KMITL の成長とともに，プロジェクトの内容は，訓練，教育，研究と進化し，第 3 次プロジェクトでは研究の要素が増え，第 4 次プロジェクトの段階では東海大学と KMITL の間の共同研究が数多くおこなわれている。プロジェクト活動の中心が教育から学術研究に移るとともに，派遣される教員の数も増え，第 3 次協力では延べ 43 人の教員が，第 4 次協力では延べ 76 人の教員が東海大学から JICA 専門家として KMITL に派遣された。1980 年代に始まった学術交流協定ベースの東海大学と KMITL の交流も，この時期に拡大し，KMITL 教員の東海大学での受け入れは，1999 年時点で 65 人に，東海大学教員の KMITL への派遣は，同じく 42 人にのぼった。さらに，1997 年から，両大学の学生レベルの相互訪問も始まった（「東海大学の国際協力」編集委員会 2005）。ODA 事業への参加から始まった KMITL との関係は，1990 年代末にはすでに ODA の枠組みを超えて，大学間の自律的な交流連携の段階に入っていった。

　この時期の ODA 以外の新たな国際的な活動としては，ハワイに東海大学パシフィックセンターを開設し（1990 年），さらにハワイ東海インターナショナルカレッジを開校（1992 年）したことがあげられる。このカレッジは，学校法

人東海大学とは別法人としておかれた短期大学であり，1994年に米国西地区学校・大学協会のアクレディテーションを受けた。これによりハワイ東海インターナショナルカレッジを卒業の後は，日米の4年制大学への編入が可能となった。

2002年にKMITLへの第4次のJICA技術協力が終了し，両大学間の関係は対等なパートナーの関係に完全に移行していった。その最も象徴的な事象は，JICAプロジェクトのひとつであるラオス国立大学工学部情報化対応人材育成機能強化プロジェクト（2003〜2008年）の共同実施である。このプロジェクトは，ラオス国立大学電子工学分野の学士課程強化を目的とするもので，KMITLを支援してきた東海大学とアセアン地域の工学系トップ大学のひとつに成長したKMITLが共同で，ラオス国立大学工学部に教員を送り技術協力を実施した。さらに，2007年には，東海大学とKMITLの間で博士課程レベルのデュアル・ディグリー・プログラムの取り決めがなされた（東海大学 2011）。これは，KMITLと東海大学の博士号（工学）の同時取得が可能なプログラムであり，両大学の対等な連携関係を示している。

2010年代には，ハワイに設置した海外校を活用した日本人学生の海外留学など，日本人学生のグローバル教育に一層の焦点があてられるようになっている。JICA関連事業については，2013年に日本マレーシア国際工科院整備プロジェクトが始まり，支援幹事大学として，東海大学の教員が日本側支援大学25校のまとめ役を担った。しかしながら，KMITL支援プロジェクトの場合と異なり，多数の大学がコンソーシアムを形成してプロジェクトを支援する協力形態であるので，東海大学からこのプロジェクトに参加している教員の数はあまり多くない。

3.3.2 教員のODA参加の経緯と判断

東海大学の教員は，1960年代に始まるタイのKMITLへの技術協力事業を中心として，工学教育のODA事業に大きな貢献をしてきた。では，そのような東海大学教員のODA事業参加は，なぜ，どのようにおこなわれてきたのであろうか。

教員のODA参加の経緯

東海大学教員が国際協力にJICA専門家として参加する際の依頼者についての問いに対しては，9人中4人が大学経営層や所属学部長からの依頼であった

第3章　ODA参加のイニシアティブ　129

と答えている（**表 3-10** 参照）。そこで，ここでは，専門家派遣の依頼者を手掛かりに，東海大学において，教員の ODA プロジェクトへの参加がどのような状況のもとでなされてきたのか，さらに ODA 参加のイニシアティブがどのように働いてきたのかを，教員と職員へのインタビュー・データから分析する。

表 3-10　JICA 専門家派遣の直接の依頼者についての東海大学
教員の回答

	回答者の人数
同じ専門分野の教員グループのリーダー（学内）	―
同じ専門分野の教員グループのリーダー（学外）	―
同じ専門分野の途上国カウンターパート大学の教員	2 人
研究室の指導的立場の教員	―
学内の国際協力事業のリーダー的教員	3 人
大学経営層・所属学部長	4 人
合計	9 人

（注）JICA 専門家として工学教育プロジェクトに参加した経験のある教員
の回答。
（出典）インタビュー結果から筆者作成。

　まず，最初に示すのが，東海大学で最も多かった学校法人や所属学部長からの依頼の例である。

　〔KMITL への長期専門家派遣の話は〕あらかじめ法人本部の企画室長と工学部長が相談して，……企画室長，工学部長，学科主任という形でお話がきました。……出発前に，松前重義総長〔当時〕に挨拶に行きましたが，KMITL には特に深く気を入れていましたね。……それは次の総長の松前達郎先生にもつながっていたと思います。KMITL 支援は大学の一貫した方針になっていました。（1980 年代末派遣，教員 32）

　学部長だったかそういう人から「長期で行きませんか」という話がありました。〔研究キャリアの点でマイナスになるので行くべきではないとのアドバイスが周囲からは多かったが，それでも赴任を決心したのは，〕ひとつは大学の命令に近いものだったから。……大学から是非にということで断るに断れなかった。（1990 年代初め派遣，教員 34）

これらの事例では，JICA専門家としての現地長期赴任は，特定の教員や教員グループから依頼されたのではなく，大学組織もしくは学校法人組織の中で検討され，本人に打診されている。インタビュー対象者は，依頼を知己の教員からの頼みごとといった種類のものではなく，自分の所属する学校法人の組織的な検討にもとづいた依頼であると考えている。これは，東京工業大学にみられる教員グループの強いイニシアティブによるODA参加とも，豊橋技術科学大学にみられる執行部の意志にもとづいてシニアな教員が推進するODA参加とも異なる姿である。

　東海大学の国際協力は1965年にノンタブリ電気通信学校（後のKMITL）から留学生を受け入れたことに始まり，その後も2000年代に入るまで，KMITLへの支援プロジェクトのみを実施してきた。1965年の留学生受け入れは当時の総長である松前重義自身の英断によるとの記録は多くの文献に残されており（長井 1992; 荒木 2012），KMITL支援の開始時から，松前重義の強いイニシアティブがあったことがわかる。東海大学教員のMKITLへの長期専門家派遣は1972年に始まったが，その時の状況について，当時の代々木学務課長飯田昌盛は，1992年に次のように記録している。

　　当時の東海大学は発展途上にあり，昭和40年代はじめに，工学部の教養部を札幌と福岡に新設し，そこに教員を送りだし，かつ工学部の学生数を急増したので，教員の増員や学生への就職の斡旋などで，かなり大変な状況にあった。そのような状況のなかでの教員の長期にわたる海外への派遣は，たとえ1名であっても大学にとって大きな負担であった。いろいろなルートからの情報で，飯田逵彦先生の派遣にいたるいきさつが分かってきた。まず，日本政府が，タイ国政府に制御工学の専門家を派遣することを約束し，制御工学科を有する日本の大学に教員の派遣を要請したが，全部断られた。最後に東海大学の松前重義総長に依頼したところ，その要請に応えてくれたことなどの情報が学内の人々の間を行き交った。大学のトップが決断したことに対しては，全力で協力するという風潮は東海大学にとってごく当たり前のことである。タイ国の電気通信分野の発展に寄与するという目的のもとで，本学の電気系学科（電気工学科，制御工学科，通信工学科，電子工学科）の教員が1972年より約13年の間，連続してKMITLに滞在することになった（飯田・佐藤（和）1992）。

1992 年に書かれたこの記録は，上記の 2 つのインタビューで語られた派遣依頼の時期の東海大学内の状況をよく表している。「歴史が浅く，かつ短期間に 1 万人を超える学生を擁するようになった東海大学の工学部にとって，上述した教員派遣は，骨身を削るような苦痛であったが」（飯田・佐藤（和）1992），「しかし，松前重義の思想や考え方を理解して，〔国際協力は〕我々の使命だと言われれば『はい』という教員が当時は非常に多かった」（職員 5）のである。これらのケースでは，専門家派遣の依頼は大学経営層の組織的な判断にもとづくものであったことがわかる。

　こうした，大学経営層のイニシアティブにもとづく ODA 参加は KMITL プロジェクトに関する派遣の場合のみではない。次は，2010 年代初めから始まったマレーシアの日本マレーシア国際工科院（Malaysia-Japan International Institute of Technology: MJIIT）プロジェクトへの参加についてである。

　　　〔MJIIT への支援は〕当初学長に依頼があり，……副学長から KMITL の経験がある私に対応してくれということで……国際部長〔当時〕と私の二人三脚でコンソーシアム会議には毎回出ていました。経験にもとづいていろいろしゃべったら，だんだん存在感があがって，コンソーシアム代表のようなことになりました。（2010 年代初め派遣，教員 34）

　この事例においても，ODA プロジェクトへの参加は学長や副学長が判断し，さらに，大学経営層に近い国際部長（当時，非工学系の教員）が，工学系の教員とともに常にコンソーシアム会議に出席するなど，大学経営層のイニシアティブが明確である。

　次は，国際協力のリーダー的な教員からの依頼の例である。

　　　実は，自分がそういう国際協力云々の仕事をすることになるということは全然予期していなかったところで話がきまして。当時の KMITL 情報通信技術研究センタープロジェクトの東海大学の責任者だった L 先生から，突然，短期専門家の打診がありました。（2000 年代初め派遣，教員 39）

　　　工学部の国際学術交流委員会を一緒にやっていた M 先生から，M 先生が忙しいときに，「ちょっと僕は行けないから，代理で行ってくれないか」ということが時々でてくるようになって，短期専門家で行くことになりま

した。（2000年代中頃派遣，教員31）

　創立者の強いリーダーシップのもとで進められてきた東海大学のODA事業であったが，1990年代後半からは教員のなかに国際協力を取りまとめるリーダーも現れてきた。これらのリーダーは，工学部や工学研究科などの国際教育委員を務め，大学と教員とJICAの間の調整役の機能を果たし，ODA事業の実施に貢献した。教員のリーダーが活躍するようになった背景には，まず，KMITLへの長い支援の蓄積のなかで国際協力の経験が豊富なシニアな教員層が生まれたこと，ODAプロジェクト，対象国，活動内容などが多様化し，細かな事業運営が求められるようになったことがある。また，かつての支援内容は新設されたKMITLの教育活動の改善であったが，2000年頃から共同研究をつうじた研究能力の向上を目指す協力プロジェクトが増え，研究的な要素が増したことも，工学系の教員による事業の取りまとめを必要とした。

　東海大学は講座制を敷かず，各教員は独立した研究室を運営している。このため，教員の間の縦のつながりは必ずしも強くない。したがって，国際協力のリーダー格の教員も，上司／部下，先輩／後輩といった関係のなかから生まれているというよりも，教員の緩やかな横のつながりのなかから選ばれている。なお，東海大学のJICA技術協力参加はKMITLを端緒としていることもあり，通信工学，電気電子工学，機械工学の分野にほぼ限られてきた。

ODA参加のイニシアティブ

　上記のJICA専門家派遣の依頼者についての分析からは，東海大学では大学経営層のイニシアティブが伝統的に強かったことがわかる。その一方で，1990年代後半からはODAに熱心なリーダー格の教員も現れた。東海大学のODA実施のイニシアティブはどちらにあったのであろうか。ある教員や職員は次のように語っている。

　　〔2000年代以降のプロジェクトも〕大学組織ベースの事業だったと思います。……国際部が国別の戦略を持っているので，それに従ってということになるのです。……東海大学の場合は，窓口〔国際部〕が決まっていますので，必ずそこをとおして，そこで〔専門家派遣の〕人材を確定します。……国際交流の窓口はひとつですから，現場同士の動きがあったとしても，そこの窓口をとおさなければいけない形になっています。（教員33）

第3章　ODA参加のイニシアティブ　　133

JICA から東海大学に依頼が来て，東海大学としては，大学のポリシー
にそって国際協力をおこなっているわけですから，教員が専門家で行く際
も，大学の出張命令という形で行ってもらっています。（職員 5）

　やはり，JICA の業務は，とんでもなく長期というのでなければ，基本
的には学部長も大学も是非積極的にやってくださいという雰囲気が，東海
大学にはありますね。……国際貢献は重要という意識があるのです。……
さらに JICA の業務は〔事務的な準備や手続きを〕全部国際課がやってく
れるので本当に楽です。（教員 36）

　これらのインタビューの発言からは，個別の案件や個々の業務についてはリ
ーダー格の教員によって管理されていることがあっても，事業の全体方針や方
向性は大学組織が決め，また，大学の正式な窓口は国際部に統一されているこ
とがわかる。また，JICA の専門家派遣，研修員や留学生の受け入れ，契約業
務などの事務的業務については，大学の事務部門がプロジェクトの全体像を把
握しつつ主体的に対応している。1990 年代後半からの，リーダー格の教員のイ
ニシアティブの現れ方は，プロジェクトにより，また時期により多少の差があ
るようである[5]。しかしながら，総じて言うと，東海大学では，大学経営層の
イニシアティブの方が勝っている。
　東海大学では，「JICA プロジェクトへの参加は大学の組織的な活動であった
と思うか，それとも，教員が主体となった活動であったと思うか」の問いには，
13 人中 12 人が「大学主体の活動」と答えており（**表 3-11** 参照），大半を占めて
いる。東海大学では，ODA 事業への参加は大学の業務であり，大学の経営層
の意志に沿っておこなわれているという認識は，経営層のみならず，教員や職
員にも広く共有されている。

表 3-11　「ODA プロジェクトへの参加は大学主体の活動であったと思うか，それとも教
　　　　　員主体の活動であったと思うか」の問いへの東海大学教員 / 職員の回答

	管理的ポスト の教員	その他の教員	職員	合計
「大学主体の活動」との回答者	3 人	7 人	2 人	12 人
「教員主体の活動」との回答者	0 人	1 人	0 人	1 人

（出典）インタビュー結果から筆者作成。

3.3.3 ODA 参加と大学の国際関連方針との関係

　東海大学では，教員の ODA 参加にあたり大学経営層のイニシアティブが強く働いてきたことは，以上にみてきたとおりである。では，そのような大学経営層のイニシアティブによる教員の ODA 参加と大学の国際関連の方針との関係はどのようになっていたのであろうか。ここでは，まず東海大学の国際関連方針の変遷について述べたのちに，方針と教員の ODA 参加との関係について文献調査とインタビュー・データから分析する。なお，**表 3-12** に東海大学の国際化と国際活動に関連する方針の一覧を掲げる。

国際関連方針の変遷

　東海大学は，「創立者・松前重義の『国際平和の希求と科学技術を中心とする研究・教育の活性化による社会貢献』という考え方のもと，さまざまな分野で独自の国際交流活動を展開」してきた（東海大学 2013b）。1982 年に同大学の校友会雑誌『東海』に寄せた記事のなかで，松前重義は，「本学の国際的活動は，単に本学のためにやっているのではない。各国との学術文化交流を通じて世界の平和，友好親善を図ろうというのが目的です」と述べている（松前 1982）。1990 年代以前から，同大学の国際活動の基礎にあるのは，世界の諸国との平和や友好親善の推進といった大学創立者が提唱した建学の精神であった。

　1990 年代には国際化や国際活動に関する明確な方針文書は作成されなかったが，1990 年代以前からの方針—国際平和の希求と科学技術を中心とする研究・教育の活性化による社会貢献—が維持されていたと思われる。1997 年の東海大学機関誌『東海』に掲載された法人本部国際部次長杉本吉数のインタビュー記事では，東海大学の国際交流について「学園が目指す“人類の恒久平和の追求”を具現化するためです。国際平和は，ただ声を高く叫んでいるだけでは達成されません。具体的なアクティビティを発揮していくことが，その道を開くことになるのです。本学園の国際交流の基本姿勢はまさにここにあります」と述べ，KMITL 支援 / 交流，多様な学術交流協定，交換留学，デンマーク / オーストリア / ハワイの海外拠点設置，アジア・環太平洋学長研究所長会議，海外研修航海などに言及している（東海大学 1997b）。

　2000 年代に入ると，高等教育のグローバル化や大学のガバナンス改革の議論の高まりのなかで，学校法人東海大学は，2005 年に法人直轄組織の国際戦略本部をおき，2009 年に第 1 期中期目標を作成した。国際戦略本部副本部長山田

表 3-12　東海大学の国際化と国際活動に関する方針

文書名	方針の位置付け／全体像と内容
2000 年代	
2006 年 国際戦略構想	【理念】 • 科学技術開発を中心とする研究・教育の活性化 • 世界平和の実現 【国際戦略】 ① 平和構築の実践 ② 国際学術研究の戦略的支援 ③ アジアの一員としての連携 ④ 戦略的な連携による国際的な人材の発掘 ⑤ 国際交流の量的拡大から質的拡大への転換 ⑥ 技術移転の国際ネットワーク構築 ⑦ 文化・スポーツ交流の戦略的活用
2009 年 （2009-2013年度）第1期中期目標	【ミッションと重点項目】 • 東海大学のミッション：教育，研究，社会貢献，国際貢献 • 重点項目 ① 建学の理念にもとづいた組織的教育の推進 ② 研究活動の重点化 ③ 組織の機能分担 ④ 組織の見直し ⑤ 財務構造 ⑥ 学生募集 ⑦ 自己点検評価体制の確立 【「国際貢献」に関する中期目標】 • 基本目標 国際平和貢献のための国際連携活動を推進するうえで，海外の教育施設の役割を確立する。 • 達成目標 国際貢献活動を活性化させるために，交換留学にとどまらない国際交流活動を増加
2010 年代	
2014 年 （2014-2018年度）第2期中期目標	【基本目標】 • 東海大学のミッション：教育，研究，社会連携，国際連携 • 中期目標 ① 教育：学部・大学院教育の充実と社会で活躍できる人材育成 ② 研究：国際レベルでの研究拠点の確立 ③ 社会連携：地（知）の拠点の確立 ④ 国際連携：グローバルユニバーシティの構築 ⑤ 管理支援体制：経営基盤の安定 【「国際連携」に関する中期目標】 • 重点実施事項 国際社会との連携強化

- 細部実施事項
  - ① 特色を活かした国際連携強化策を強化する。
  - ② 海外の教育研究機関との連携を強化する。
  - ③ スポーツ・文化での国際的な連携を強化する。
  - ④ 国際連携での人材育成に協力する。

（出典）東海大学（2009b, 2014b）, 山田（2006a）から筆者作成。

清志の 2006 年の記事によれば，東海大学の国際戦略の基調にあるのは，建学以来の「教育による国際平和の実現」と「科学技術を中心とする研究・教育の活性化による社会貢献」の思想であり，国際戦略のひとつにアジアの一員としてアジアの大学との連携強化を掲げている（山田 2006c）。2009 年の第 1 期中期目標（2009〜2013 年度）は，やはり大学創立者の建学の理念を冒頭に謳った後に，国際貢献を教育，研究，社会貢献とともに大学の 4 つのミッションのひとつとして明記し，さらに，国際貢献の目標に海外拠点の役割の確立をおいている（東海大学 2009b）。2000 年代初めは，日本の大学にグローバル化の波が本格的に押し寄せた時期であるが，これらからもわかるとおり，東海大学の国際活動の考え方の基礎にあるのは，1990 年代から変化せず，建学の理念の実現であり，国際貢献が中期目標に掲げられている。

　2014 年に公表された第 2 期中期目標（2014〜2018 年度）では，建学の精神のもとに東海大学のミッションとして教育，研究，社会連携，国際連携の 4 つの柱が示された（東海大学 2014b）。第 1 期中期目標と比べると，国際貢献が国際連携の表現に変わった。これについて副学長の山田清志はインタビュー記事のなかで，「国際的・社会的に単に貢献するだけではなく，次への展開を目指して『国際連携』・『社会連携』と表現を変えました。これらの活動を通じて，社会で活躍できるグローバル人材を育成しようというのがその趣旨です」と述べている（毎日新聞 Web 版 2013）。さらに，山田清志は 2015 年の学長就任後のインタビューにおいて，選択と集中により取り組むべきは東海大学のグローバル化と教養教育の再構築であると述べ，世界に存在感を示すためには「教育機関である以上，国内外に優れた人材を輩出し，それを世界中が認めるようになること」が重要だと語っている（東海大学 2015b）。2010 年代の国際活動の方針は，国際平和の希求と科学技術を中心とする研究・教育の活性化という，東海大学の建学の思想に立脚する点では変化はないが，教育の国際化を一層推進する方向性も示されている。

第 3 章　ODA 参加のイニシアティブ　　137

ODA 参加との関係

東海大学は，大学の創立者である松前重義の思想が建学の精神として脈々と引き継がれている大学である。同大学では「私学は創立者の教育に対する情熱と理想を基に創設されたもので，その心が『建学の精神』であり，いかなる時代においても変わることなく継承されるべきものである。本学園の建学の精神は，創立者松前重義（1901～1991 年）の思想と人生に深いかかわりを持っている」との考えが貫かれている（東海大学 2015a）。したがって，東海大学の国際化や国際的な活動の方針も，1960 年代から常に，松前重義の思想にもとづき，「科学技術開発を中心とする研究・教育の活性化と，それを大きく包含する世界平和の実現」を柱としてきた（東海大学 2013b）。さらに，KMITL 支援開始の背景には，松前重義の「アジア諸国は安易に欧米から技術輸入や支援を受けるのではなく，独自の技術開発をして経済的自立を果たさなければならない」というアジア諸国の技術政策についての考え方や（東海大学 2013b），アジアに対する一体感があった（荒木 2012）。東海大学の ODA 活動は，大学の国際的な学風の確立や国際化促進などの副次的な効果を期待するというよりは，国際貢献そのものが完結した目的であった。日本においては，大学の第 3 の機能である社会貢献は主に今世紀に入ってようやくいわれるようになったが，東海大学では 1960 年代から，国際貢献を実践していた。

では，実際に ODA プロジェクトにたずさわってきた教員は，このような方針をどのようにとらえてきたのであろうか。次は，教員のインタビューでの発言である。

　　国際貢献は東海大学の建学の精神であって，それに共鳴している人間が基本的には教員でいますので，国際貢献に対して異を唱える教員は本当にレアケースだと思います。基本的には全員が，国際貢献については，それが過度に重荷になれば別ですが，それなりに〔教員の研究や教育活動と〕Win-Win の形になるのであればなおさら，どんどんやりたいという，どちらかというとそういう教員の方が多いですね。(教員 36)

　　大学の国際協力の方針は「建学の精神」，そこにもう入っていますよね。日本は科学技術立国だから。特にアジアに注目して，「歴史をつくる手助けをしなければいけない」というのは，教員は皆よくわかっていますよ。……〔国際協力をおこなう理由に関して，〕東海大学では，創立者の強い

意識がまだ生きているのです。(教員 37)

　私立大学は国公立大学に比べると建学の精神が語られることが多く，東海大学では「『松前イズム』がここかしこに語られている」(矢野 2005)。インタビューにおいても，ODA に関して，建学の精神や松前重義の思想に肯定的に言及する教員が多かった。建学の精神にもとづく国際貢献としての ODA 参加の考え方は，今も多くの教員の間で共有され支持されているのである。ただし，少数ではあったが，こうした建学の理念の共有や実現への関心が，近年弱まってきているとの意見があった。その理由として，教員の業務の多忙や研究成果による評価の強化などに加えて，東海大学出身教員の減少などが指摘された。
　東海大学は 2009 年に第 1 期中期目標を策定したが，そこでは，冒頭に大学創立者の建学の理念を謳った後に，教育，研究，社会貢献，国際貢献の 4 つを東海大学のミッションに掲げており (東海大学 2009b)，国際貢献としての国際協力という前世紀からの基本的な考えが引き継がれている。東海大学の ODA 参加の端緒は，国立大学などで受け入れられなかったタイからの留学生の受け入れであったが，現在も，サウジアラビアの政府派遣留学生を大規模に受け入れるなど，大学の国際展開のために ODA を活用するというよりは，むしろ要請のあるところには積極的に応えていこうとする姿勢がうかがえる。

　　〔ODA 事業は〕大学の建学の精神に沿っておこなっているもの。……相
　　手国から要請があれば，東海大学としてはできるだけのことをしたい。ど
　　こも引き受けないようなものを，むしろ受けるようにしています。(教員 29)

　2014 年に始まる第 2 期中期目標では，大学のミッションとして掲げられた国際貢献の文言が国際連携に変わった (東海大学 2014b)。一方的な支援から双方向の交流に重点が移り，交流をつうじたグローバル人材の育成が求められるようになっている。2010 年代には ODA 事業と日本人学生への教育との連携にも大きな関心が払われるようになった。この点について，ある教員は次のように語っている。

　　東海大学の援助協力はもともと日本の学生には……あまり見えなかった
　　と思うのです。……今は，日本の学生にも見えるような大学にする，国際
　　理解を学んで大学を卒業できるようにする必要があります。(教員 30)

第 3 章　ODA 参加のイニシアティブ　139

以上にみてきたとおり，東海大学の国際活動の根底には，世界平和の希求や科学技術教育をつうじた社会貢献といった建学の精神があった。そして，建学の精神にもとづき，1960年代という比較的早い時期からODA事業への参加がおこなわれると同時に，ODA以外の多様な特色ある国際交流活動も展開されてきた。それは，たとえば，旧東側諸国との学術交流（1960年代～），アジア・環太平洋学長研究所長会議（1980年代～），スポーツをつうじた国際交流（1980年代～）などであり，こうした国際活動の結果，東海大学の国際交流のパートナー校は東欧，北欧などにも広がっている。一方で，ODA事業に端を発した連携対象校は，東海大学がかかわったODAプロジェクトの数が限定的であるため，タイのKMITLやマレーシアのMJIITに限られてきた。

　先にみた，東京工業大学では，一部の教員グループがODA事業をつうじて東南アジアの大学とネットワークを持つものの，世界最高の理工系総合大学となることを目指して全学レベルでは欧米やアジアのトップ大学との連携関係が多かった。また，豊橋技術科学大学では，建学以来の国際的な学風確立努力の一環としてODAに積極的に参加し，ODA事業をつうじて築かれた東南アジアの大学との広範なネットワークを持っていた。一方，東海大学はタイのKMITLと長く深い交流関係を持つものの，世界平和の希求や科学技術教育をつうじた社会貢献といった建学の精神から，大学全体の国際展開活動は東南アジアや途上国にとどまらない多様なパートナーに広がっている。

3.3.4　ODA参加と大学の国際関連組織との関係

　ここまで，東海大学教員のODA事業への参加は，科学技術教育による社会貢献と平和の実現という建学の精神のもと，大学経営層の判断によって実施されてきたことを検証した。ここでは，このような東海大学教員のODA事業が，大学の国際関連部局や教育研究組織とどのように関連しながらおこなわれたのかを調べる。

1990年代以前

　東海大学では，早くから法人本部と東海大学にそれぞれ国際業務を所掌する国際部や国際交流課が，また，工学系高等教育プロジェクトにかかわりの深い工学部には国際交流委員会がおかれていたが，国際関連の大きな取り組みについては，大学創立者であり学校法人総長の松前重義のイニシアティブが発揮されることが多かった。1960年代に初めてタイからのODA関連の留学生を引き

受けたことや，同じく1970年に初めて教員をKMITLに長期専門家として派遣したことなどは，いずれも松前重義の判断と指示であったとの記録が残っている（荒木 2012; 飯田・佐藤（和）1992）。1991年に松前重義は逝去するが，その後も，総長や学長が松前重義の建学の理念を受け継いで，1990年代のODAは，大学経営者を中心に推進された（図3-7参照）。1990年代後半には，国際協力の経験が豊富なシニアな教員がODA事業を取りまとめるケースも一部にあったが，東京工業大学や豊橋技術科学大学に比べると，やはり大学経営層が直接的に関与する事業が多かった。

2000年代以降

2000年代には，東海大学の国際関連部局が強化された。具体的には，2005年に，法人本部に国際戦略本部が設置された。これは法人傘下の教育機関全体の国際戦略強化や連携強化を目指すもので，文部科学省の「大学国際戦略本部強化事業」として採択され実施されたものでもある（山田 2006a）。「当時，代々木（法人本部）の国際部は海外拠点の管理や海外航海研修や総長の外遊を担当し，湘南（東海大学）の国際交流課は留学生の受け入れや教員の派遣など現場に近い業務を担当していたが，十分につながっていなかった」（職員5）。しかし，国際戦略本部の設置によって，これらの部署を法人組織のもとで有機的につなぎ，統一的な国際戦略を実施する体制が整備された。国際戦略本部設

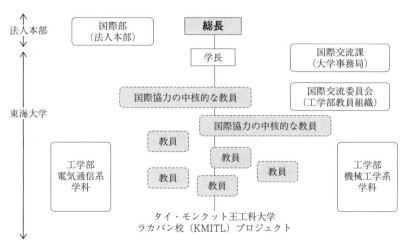

図3-7　1990年代の東海大学教員のODA参加と大学の国際関連組織の関係
（出典）インタビュー結果と文献調査から筆者作成。

置以降，ODA 事業についても，ここが中心になって，大学経営層のより強いイニシアティブが発揮されるようになっている（**図 3-8** 参照）。2013 年には，国際戦略本部は東海大学国際部に改組されたが，引き続き ODA 事業のハブの役割を担っている（**図 3-9** 参照）。

> 国際戦略本部は代々木〔法人本部〕と湘南〔東海大学〕を同じ傘の下におき，……タイの事務所も入れて，よりイニシアティブをとるようになりました。（職員 5）

また，2004 年には，KMITL に，アジアで最初の海外拠点がおかれ，KMITL との交流プログラムの強化をはじめ，タイの他の大学との連携支援，タイからの留学生の誘致などが進められた。

東海大学の ODA 参加のイニシアティブのまとめ

東海大学の教員がどのようなイニシアティブにもとづいて ODA 事業に参加し，さらにそれが 1990 年代から 2010 年代にいたるまでどのように変化してきたのかを，教員と職員へのインタビューと文献調査にもとづいてここまで見て

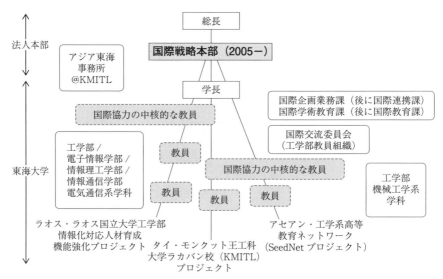

図 3-8　2000 年代の東海大学教員の ODA 参加と大学の国際関連組織の関係
（出典）インタビュー結果と文献調査から筆者作成。

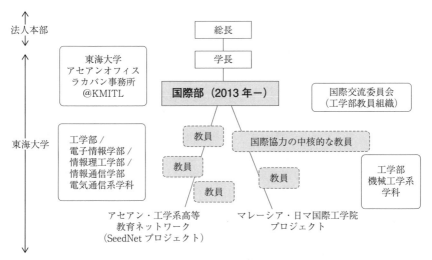

図 3-9　2010 年代の東海大学教員の ODA 参加と大学の国際関連組織の関係
(出典) インタビュー結果と文献調査から筆者作成。

きた。その結果，東海大学の ODA 参加の推進力は次のようにまとめることができる。大学創立者松前重義の掲げた理念，「学術交流をつうじて世界の恒久平和に寄与せん」を具体化する努力が経営方針の基礎となっており，大学の利他的な活動として，学校法人の組織的な指示のもとに，教員は ODA 事業に参加してきた。また，学校法人や大学事務方が積極的に教員の ODA 参加を支援している。2000 年代からは，大学の国際組織が強化され，法人組織と大学組織がより連携して国際化に取り組むとともに，日本人学生のグローバル教育に一層の重点がおかれている。

3.4　事例の比較と考察

　ここまで，東京工業大学，豊橋技術科学大学，東海大学の3大学について，大学教員と職員へのインタビュー・データと公開資料や文献を用いた分析により，それぞれの大学の ODA 参加のイニシアティブがどこにあるのか，どのように変化しているのかを詳細に追ってきた。ここでは第3章のまとめとして3事例の比較をおこない，ODA 参加のイニシアティブについての考察をおこなう。

東京工業大学の事例

東京工業大学では，拠点大学方式学術交流（日本学術振興会事業）をつうじて東南アジアの大学との交流をおこなっていた教員が中心になって，1980 年代末に JICA の工学系高等教育協力プロジェクトへの支援を開始した。1990 年代には，複数の JICA プロジェクトへ多数の教員が専門家として派遣されるが，それはこれらの化学工学と電気工学分野の教員グループのイニシアティブによっておこなわれていた。2000 年代には，新たに土木工学分野の教員グループも ODA 事業への支援を開始し，現在にいたるまで，これらの 3 分野の教員グループのイニシアティブが，東京工業大学の ODA 参加の主要な推進力であった。これらの 3 分野は成熟分野ともいわれ，日本国内ではすでに研究蓄積が多く，新たな研究材料を求めて途上国へ学術関心が向きやすい学問領域である。こうした途上国への学術的関心が，教員グループの ODA 参加の動機になっている。

東京工業大学の組織的な国際活動の方針は，1990 年代までは国内での留学生受け入れが中心であったが，2000 年代以降は積極的な海外展開を謳っている。また，2000 年代以降，「世界最高の理工系総合大学の実現」が長期目標として掲げられ，欧米や中国／韓国などのトップレベルの大学との交流や連携事業に重点がおかれてきた。その結果，大学の国際化方針文書においては途上国支援に関する記述は限られている。東京工業大学では，一部の教員グループが積極的に途上国への国際協力に参加し，東南アジアを中心とする発展途上国の大学との交流を深めてきた。その一方で，大学の組織的な国際化の活動は世界のトップレベルの大学との連携強化とそれをつうじた国際的な認知度の向上を目指してきた。

東京工業大学においては，2000 年代以降，積極的な国際化の方針のもと，学長直轄の国際室や大学事務局の国際部の設置など，国際担当部局が強化されてきた。大学の国際戦略は世界のトップレベルの大学との連携強化に重点をおいているので，最近まで全学的な国際部局が途上国を対象とした ODA 事業に関与することは少なかった。しかしながら，近年変化の兆しもみられる。2014 年には，東京工業大学教員が支援してきた JICA の E-Just プロジェクトの協力サイトに東京工業大学の海外拠点（エジプト E-Just オフィス）がおかれるなど，ODA 事業と大学の国際展開事業を連携させる取り組みもみられるようになった。

東京工業大学の ODA 参加のイニシアティブの推移を，10 年ごとに区切って一覧表にしたものを**表 3-13** に掲げた。

表 3-13　東京工業大学教員の ODA 参加のイニシアティブの推移

		1990 年以前	1990 年代	2000 年代	2010 年代
ODA参加のイニシアティブ			JICA 工学系高等教育プロジェクトは化学工学，電気工学の教員グループのイニシアティブにより実施される。教員グループは途上国に研究関心を持つ専門分野ごと（部局横断的）の集まりで，シニアな教員のリーダーに牽引されている。	JICA 事業は，引き続き，教員グループにより積極的におこなわれる。化学工学，電気工学分野に加えて，土木工学分野でも，活発な JICA 事業への参加が図られる。しかし，リーダー格の教員の影響力は低下する傾向もみられる。	JICA 事業は，引き続き，教員グループにより積極的におこなわれる一方で，エジプト E-Just プロジェクトに関しては，大学執行部と事務局の関与が深まる。
国際活動	全般	1970 年代末から拠点大学方式学術交流開始。	留学生拡大のための教育プログラム開始（国際大学院コース等）。	世界のトップレベルの大学との連携活動開始（共同教育プログラム，大学ネットワーク等）。大学独自予算の事業増加。	世界のトップレベルの大学との連携活動継続／拡大。
国際活動	ODA	1980 年代末に，電子工学分野の JICA 工学教育プロジェクトへの参加開始。	JICA 工学教育プロジェクトへの参加本格化。電気工学分野と化学工学分野で多数の教員を派遣。	大規模な JICA 工学教育プロジェクトで主導的役割を果たす。土木工学分野の協力も開始。	大規模な JICA 工学教育プロジェクトで引き続き主導的役割を果たす。
国際化方針	全般		留学生受け入れ推進。	組織的で戦略的な国際化への取り組み開始。世界のトップレベルの大学との連携促進と海外展開をともなう国際活動の推進。	世界のトップレベルの大学との連携強化と大学の国際的な認知の向上。
国際活動組織	全般	理工学国際交流センター（化学工学，電気工学）設置。		学長直轄の国際室設置。	国際室が国際活動の中心になる。
国際活動組織	ODA		理工学国際交流センターの教員が JICA 事業参加の中心的役割を果たす。	国際開発工学研究科，化学工学研究科，土木工学研究科などの教員が中心的役割。	E-Just プロジェクトでは，大学の組織的な取り組みも始まる（大学の海外拠点の設置等）。

（出典）筆者作成。

豊橋技術科学大学の事例

　豊橋技術科学大学では，開学から約10年後の1980年代末に，JICA工学系高等教育協力プロジェクトへの参加を大学経営層が判断し，大学経営層の指示にもとづいて，数名のシニアな教員が学内の他の教員を動員してODA事業を実施した。その後も，これらのシニアな教員が国際協力のリーダー役を務め，分野横断的に学内のODA事業を推進した。したがって，豊橋技術科学大学教員のODA参加は，大学経営層のイニシアティブと教員のイニシアティブが組み合わされて実施されてきたといえる。このように大学経営層の意思にもとづいて教員のODA参加が積極的におこなわれた要因としては，豊橋技術科学大学が，開学から日が浅い教員数200人程度の中規模な大学であるため，執行部と教員との間の距離が小さく，また，専門分野を越えて教員の間の一体感があったことがあげられる。また，全学事務局に集約された事務局機能が教員のODA参加に協力的で事務作業の負担を担ったこともプラスに働いた。

　豊橋技術科学大学のODA参加の最初の動機は，開学後間もない同大学の国際的な学風を確立するために，大学の国際貢献としてODAに参加するというものであった。その一方で，1990年代の国際関連の大学方針は留学生受け入れが中心でODAについての言及は少なかったが，2000年代になると，途上国への工学教育支援による国際貢献が国際活動方針の重要な柱として明示的に位置付けられるようになった。さらに2010年代になると，日本人学生のグローバル教育のための海外教育拠点の設置などの海外展開事業が増えるとともに，ODA事業をつうじて築かれた途上国の大学とのネットワークを大学の教育研究活動の国際化に活用する方針が打ち出された。

　豊橋技術科学大学では，2000年代に設置されたICCEEDが国際協力のハブとなり，そこに国際協力のリーダー格の教員が所属して，多くの教員のODA参加を推進した。2010年代には，新たに設けられたグローバル工学教育推進機構のもとに，国際協力や留学生受け入れや日本人の海外派遣などを担う部署が集められ，これらの活動の連携が強化されている。

　豊橋技術科学大学のODA参加のイニシアティブの推移を，10年ごとに区切って一覧表にしたものを**表3-14**に掲げた。

表3-14　豊橋技術科学大学教員の ODA 参加のイニシアティブの推移

		1990 年以前	1990 年代	2000 年代	2010 年代
ODA参加のイニシアティブ			JICA 工学系高等教育プロジェクトへの参加は，大学経営層の判断のもとにシニアな教員が学内の教員を取りまとめて実施された。ODA 事業は同大学の国際的な学風を確立するための国際貢献活動として取り組まれた。	JICA 工学系高等教育プロジェクトは，引き続き大学経営層のイニシアティブとシニアな教員のイニシアティブの組み合わせによって実施された。	ODA 事業は，大学の教育研究活動の国際化へのプラスの効果が期待され，留学生受け入れや日本人の海外教育との連携が一層図られるようになり，大学経営層のイニシアティブが強まった。一方で，リーダー格の教員の影響力は低下する傾向もみられる。
国際活動	全般		東南アジアの留学生増加。	海外拠点の設置，海外の大学との共同教育プログラムなど海外展開をともなう事業が増加。大学独自の ODA 活動にも着手。多くの事業に ODA で築かれた海外とのネットワークを活用。	海外教育拠点ペナン校を活用した日本人学生の海外インターンやバイリンガル教育など，教育の国際化が一層進展。
	ODA		JICA 工学教育協力プロジェクトへの参加。HEDS プロジェクトでは中心的な支援大学となる。	大規模な JICA 工学教育協力プロジェクトで，引き続き主導的役割を果たす。	JICA 工学教育協力プロジェクトに引き続き積極的に参加。
国際化方針	全般	国際的な学風の確立。留学生受け入れ促進。	国際的な学風の確立。留学生受け入れ推進。	留学生受入と日本人学生海外派遣の双方向の人的交流。途上国への工学教育協力の推進。	人的流動性を高め，技術科学の国際拠点を形成し，グローバルな技術者を育成する。ODA 事業を大学の国際化に活用する。

第 3 章　ODA 参加のイニシアティブ　147

国際活動組織	全般			国際交流室（2008年から国際戦略本部）を設置し，執行部の指揮のもとで国際化を推進。	グローバル工学教育推進機構（副学長トップ）のもとに，国際協力，留学生受入，海外インターン，海外教育拠点の部署をおき，より連携した実施体制に。
	ODA			ICCEED を設置（2001年）。ICCEEDが国際協力事業の中心となる。	ICCEED は，国際協力センターに改編され，グローバル工学教育推進機構（副学長トップ）のもとにおかれる。

（出典）筆者作成。

東海大学の事例

　東海大学は，1960 年代に大学創立者であり総長の松前重義の判断により工学系高等教育協力への支援を開始した。その後も，タイの KMITL への支援を中心とする ODA プロジェクトに教員が継続的に参加するが，一貫して，東海大学法人総長や東海大学学長などの大学経営層の強いイニシアティブが働いていた。1990 年代後半から 2000 年代前半には，ODA の経験を積んだシニアな教員が，一部のプロジェクトについてはイニシアティブを発揮するが，東京工業大学や豊橋技術科学大学に比べると，大学経営層の関与ははるかに強かった。タイの KMITL とは 1977 年に大学間の学術交流協定を結び，1980 年代以降，主に東海大学の経費負担による教員と学生の双方向の交流がおこなわれ，支援から対等なパートナーの関係に移行した。このような ODA から大学間学術交流への移行も，大学経営層のイニシアティブによって可能になったものである。日本の大学が国際化を求められるようになる 2000 年代には，東海大学も国際戦略本部をおいて国際関連事業を強化し，その結果，ODA 事業についても大学経営層のイニシアティブがさらに強まった。

　東海大学の ODA 参加の動機は，1960 年代から 2010 年代まで一貫して，大学の建学の精神にある。東海大学では，創立者の「国際平和の希求と科学技術を中心とする研究・教育の活性化による社会貢献」の思想が今も建学の精神として継承され，大学のすべての活動の基礎におかれている。ODA 事業も例外ではなく，なんらかの具体的な見返りを求めるというよりは，利他的な国際貢

献の考え方にもとづく活動であった。大学の国際化が進展する 2000 年代以降も，ODA は建学の志にもとづいて実施されているが，2010 年代には日本人学生へのグローバル教育との連携にも注意が払われるようになっている。

東海大学の国際協力は，1960 年代から，東海大学法人総長や東海大学学長などの大学経営層の意思によっておこなわれて，法人組織や大学組織の国際担当

表 3-15　東海大学教員の ODA 参加のイニシアティブの推移

		1990 年以前	1990 年代	2000 年代	2010 年代
ODA参加のイニシアティブ		大学経営層の判断と指示により，JICA工学系高等教育プロジェクトへの教員の参加がおこなわれた。それは，世界平和の希求と科学技術教育による社会貢献という建学の志にもとづくものであった。	引き続き，大学経営層のイニシアティブによりODAへの参加がおこなわれた。1990 年代後半には，一部の案件について，シニアな教員のイニシアティブも発揮される。	法人本部と大学を有機的につないで大学の国際化戦略を推進する国際戦略本部が設置され，ODA 参加についても大学経営層のイニシアティブが一層強くなる。	ODA 事業への参加は，引き続き大学経営層の意思により実施される。その動機は，常に変わらず建学の志であるが，日本人学生のグローバル教育との連携にも注意が払われる。
国際活動	全般	建学の精神に根差した特色ある国際活動。1970 年代末からKMITL との大学間交流開始。	KMITL との交流拡大。学生交流も開始。	KMITL は対等な連携対象になり，活発な交流がおこなわれる。留学生獲得にも注力。グローバル教育開始。	ハワイ海外校の活用など教育のグローバル化が一層進展。
	ODA	1960 年代から継続的に KMITL プロジェクトに参加し中心的役割。	KMITL プロジェクトへの参加。	KMITL と共同でラオス支援を実施。	
国際化方針	全般	国際平和の希求と科学技術教育／研究による社会貢献（建学の精神）。	国際平和の希求と科学技術教育／研究による社会貢献（建学の精神）。	建学の精神にもとづき，国際貢献を4つのミッションのひとつとする。	建学の精神にもとづき，国際連携を4つのミッションのひとつとする。グローバル人材育成に重点。
国際活動組織	全般			法人直轄の国際戦略本部をおき，経営層の指揮のもとで国際事業を推進。	国際戦略本部を大学国際部に改組。引き続き国際活動の中心的役割。
	ODA			同上	同上

（出典）筆者作成。

第 3 章　ODA 参加のイニシアティブ　149

事務部門がそれを支えてきた。2000 年代になり，法人組織と大学とをつなぐ強力な国際戦略本部（2010 年代には大学国際部に改組）が設けられてからは，ここを中心にしてこれらの大学経営層のイニシアティブが発揮されるようになった。

東海大学の ODA 参加のイニシアティブの推移を，10 年ごとに区切って一覧表にしたものを**表 3-15**（前ページ）に掲げた。

事例の比較と考察

ここでは，3 事例の比較をつうじて，ODA 参加のイニシアティブについての考察をおこなう。3 事例の分析結果の要点を大学の特徴とともに示したものが**表 3-16** である。この表からは，日本の大学教員の ODA 参加の推進力には，教員グループのイニシアティブと大学経営層のイニシアティブの 2 つの力があることがわかる。以下に，それぞれについての考察を述べる。

表 3-16　ODA 参加のイニシアティブについての事例間の比較

	東京工業大学	豊橋技術科学大学	東海大学
ODA 参加のイニシアティブ	教員グループのイニシアティブ（土木／電気／化学工学の成熟分野）	大学経営層のイニシアティブと教員のイニシアティブの組み合わせ	大学経営層のイニシアティブ
ODA 参加の動機	途上国への研究関心が強い分野の教員グループが ODA を実施	国際的なカラー確立のために大学の国際貢献活動として ODA を実施	建学の精神にもとづき，国際貢献として ODA を実施
時間的変化	一部の ODA 事業で，大学の組織的な取り組み開始（2010 年代 -）	大学の他の国際的な活動との連携強化と執行部のより直接的な指揮（2010 年代 -）	大学経営層のより直接的な指揮（2000 年代 -）
大学の特徴	大規模国立理工系大学先端的な研究に特色	中規模国立単科大学研究とともにグローバルな技術者教育に特色	大規模私立総合大学文理融合型教育を特色とし，教育機能に重点

（出典）筆者作成。

教員グループによる ODA 参加のイニシアティブは東京工業大学の事例で主に確認され，豊橋技術科学大学の事例では，大学経営層のイニシアティブとともに中核的な教員のイニシアティブも確認された。こうした教員グループによる ODA 参加のイニシアティブには，次の 4 点の特徴が指摘できる。

まず，教員グループによるイニシアティブの第 1 の特徴は，途上国に学術的な関心が高い分野の教員グループによって担われていることだ。東京工業大学の場合は，成熟分野とよばれる，学問的に国内では成熟期を迎え，途上国に新

たな研究関心を向ける土木工学，電気工学，化学工学の3分野の教員グループがODA事業に積極的にかかわっている。これらの国づくり基盤工学分野では，日本国内ではすでに多くの研究蓄積があり新たな技術開発や発見の余地が比較的少ない一方，途上国には未着手の研究材料が多く存在し，また，日本の関連産業が途上国に進出して，途上国での技術開発や人材育成をおこなうニーズが高い。そのため，これらの工学分野では，総じて途上国の研究テーマがよく取り上げられ，研究者は自然と途上国に学術関心を持ちやすい。教員グループによる参加のイニシアティブは，こうした途上国に学術的な関心が向きやすい専門分野の教員が担っている。東京工業大学でも，調査したすべての教員が途上国を対象とした研究をしているわけではないが，ODA事業に積極的なのは，教員の専門分野別にみれば，やはり途上国に関心の高い工学分野だ。

　第2の特徴は，教員グループによるイニシアティブは，日頃から国際的な研究活動がおこなわれている研究型の大学においてみられる傾向にあることだ。1つ目の特徴である途上国への学術関心の結果，研究活動の一環としてODA事業に取り組む例，研究活動の延長線上にODA参加がある例など，ODA事業は教員の研究活動と連携して取り組まれることが多い。そのため，教員グループのイニシアティブは国際的な研究機能が強い大学でうまれる。さらに，このようなODA活動は，教員の研究活動に近い領域としての性格を持つので，教員主体で取り組まれ，大学の経営層の関与は比較的少ない。

　第3の特徴は，教員グループのイニシアティブによるODA参加は，大学経営層主導の国際戦略や国際展開事業とは別に独立して実施されてきたことである。東京工業大学においては，1980年代末から土木工学，電気工学，化学工学分野の一部の教員グループが非常に熱心に途上国支援にかかわり，主に東南アジアの大学とのネットワークを築いてきた。そのような教員のネットワークは東南アジアの大学から留学生を呼び込むことにもつながるなど，副次的効果も生んできた。しかし，教員主導の途上国向けのODA事業は1980年代末から連綿とおこなわれてきているものの，全学の公的な資料にはごくわずかな記載しかない。一方，東京工業大学の国際活動の方針は，2000年代から一貫して欧米や東アジアの先端的な大学との連携強化であり，これらについての記載のほうがはるかに多い。東京工業大学では，教員主体の途上国向けODAと大学経営層主導の先端大学との連携が並存している。

　第4の特徴は，教員グループによるODA事業への取り組みは，教員グループのリーダーに牽引されていることである。東京工業大学の例では，土木工学，

電気工学，化学工学の3分野の教員グループそれぞれにリーダー格の教員がいて，ODAプロジェクトの運営から教員の派遣まで，これらのリーダー格の教員が決定している。豊橋技術科学大学の例でも，ODA全般の（専門分野ごとではない）リーダー格の教員が，教員の派遣から事業運営まで取り仕切っていた。これらのリーダーは，大学組織の執行部や部局の管理職としてではなく，学内のバーチャルな教員グループのリーダーとしてODA事業を実質的に管理している。しかし，2000年代以降，教員の公募採用が一般化し採用を含む教員人事の透明化が進んでいることや，研究室構成員の人数が減っていることなどによって，リーダー格の教員のODA事業における影響力は低下する傾向もみられる。

　今回調査した3事例中，豊橋技術科学大学と東海大学では，大学経営層のイニシアティブが確認された。大学経営層のイニシアティブについては，次の5点の特徴をあげておきたい。

　まず，1点目はその動機である。教員グループによるイニシアティブの場合は途上国への学術関心が動機であったが，大学経営層によるイニシアティブの背景には，国際的な学風の確立や教育研究活動の国際化へのプラス効果の期待，また，建学の精神にもとづく利他的な国際貢献などの動機が確認された。豊橋技術科学大学では，新設大学の国際的な学風確立が当初は意識され，近年はそれが大学の国際化への直接的な効果に変化している。一方で，東海大学においては半世紀にわたり世界平和の希求と科学技術教育／研究による社会貢献がODAの根底にある理念である。

　第2の特徴は，大学経営層によるODA参加のイニシアティブは，大学国際化や国際貢献の対象地域として，開発途上国へ関心を有する大学においてみられることだ。教員グループによるイニシアティブは，途上国への研究関心が動機にあり，研究型の大学にみられる傾向にあった。これに対し，大学経営層のイニシアティブは，開発途上国をパートナーとする国際連携や開発途上国への国際貢献に関心のある大学にみられる。

　第3の特徴は，ODA参加が大学経営層の指揮のもとにおこなわれているため，大学の他の国際的な活動と連携して取り組まれる傾向にあることだ。ODA事業が，たとえば，途上国からの留学生受け入れ，日本人学生の途上国への短期研修派遣，途上国での海外拠点の設置，途上国の大学との国際共同教育プログラムなどの取り組みに発展したり，連携して取り組まれたりすることが多い。また，2000年代以降，ODAとこれらの国際展開事業との連携強化の

ために国際担当部局の再編もおこなわれている。

4点目の特徴として，大学経営層と教員をつなぐ要因を指摘したい。大学経営層のイニシアティブによりODA事業への参加が判断されている場合も，実際にODA活動に携わるのは教員であり，大学経営層が教員をODA事業に動員することができる環境が必要である。豊橋技術科学大学の事例においてそれを可能にしたのは，中核的な教員のリーダーシップ，執行部と教員の間の距離の近さ，中規模な大学のサイズ，新設大学の教員の一体感，協力的な事務局の存在などである。東海大学では，私立大学ならではの，建学のミッションとして経営層と教員の間で共有された大学創立者の哲学が要因として指摘できる。これらは本研究事例で確認された要因であり，この他にも大学経営層と教員をつなぐ要因はあり得ると思われるが，逆に，これらの要因と反対の状況―中核的な教員の不在，執行部と教員の間の距離が遠い，大規模大学，伝統校，共有される建学思想の欠如など―のもとでは，大学経営層の判断のもとに教員がODA事業に動員されることはより困難になるであろうと推察される。

最後に，第5の特徴として，事例研究をおこなったいずれの大学でも，大学経営層のイニシアティブが強まる方向にあることが明らかになった。特に今世紀に入り，高等教育の国際化や法人化の流れの中で，大学の国際部局や国際化方針が整備されるにつれ，ODA事業に関しても大学経営層がより関与し，そのほかの国際活動との連携を模索することが増えている。

なお，大学組織は，総合大学の場合は，大学全体を取りまとめる執行部と最も小さな教育研究単位である研究室や教員の間に，学部や研究科などの中間的な部局があり，3層構造になっていることが多い。学部や研究科などの部局は，大学組織の意向を代弁するとともに教員の意見を集約するという意味では，大学経営層と教員グループの中間的な立場であるが，同時に，全学レベルの執行部，学部／研究科，研究室／教員の3者の間の連携の仕方や意思決定の役割分担は，大学ごとに非常に多様である。ちなみに，本研究の事例対象大学は，工学系が3/4を占める理工系総合大学（東京工業大学），工学系の単科大学（豊橋技術科学大学），また創立者の哲学を建学の思想とする私立大学（東海大学）であるので，部局の存在は必ずしも大きくなかった。さらに，具体的なODA参加の状況下では，部局は教員グループの集合体としての立場であったり，大学の管理者としての立場であったりしたので，本研究では，あえて，部局を独立したステークホルダーとして分析していない。部局の立場や機能は，大学組織を担う執行部のそれと教育研究活動に実際に携わる教員のそれに分解できると

思われたためである。

　以上に述べた，ODA 参加についての教員グループのイニシアティブと大学経営層のイニシアティブの特徴を比較表にまとめたものが，**表 3-17** である。

表 3-17　2 つの ODA 参加イニシアティブの特徴

	該当事例	大学のタイプ	ODA 参加の動機	学内の実施メカニズム	大学の国際戦略との関係	時間的変化
教員グループのイニシアティブ	東京工業大学	国際的な研究活動が活発な研究型の大学においてみられる。	途上国に研究材料を求めるなどの途上国への研究関心。	リーダー格の教員に牽引された専門分野ごとの教員グループが実施。	大学の国際戦略や国際展開事業とは別に，独立して実施される。	2000 年代以降，リーダー格の教員の影響力が低下する。
大学経営層のイニシアティブ	豊橋技術科学大学	大学国際化や国際貢献の対象地域として，開発途上国へ関心を有する大学においてみられる。	国際的学風確立，大学国際化，国際貢献などの大学全体の運営方針や経営戦略。	大学経営層が教員を動員するための環境が必要。	大学の他の国際的な活動と連携して取り組まれる。	2000 年代以降，大学の国際化にともない，大学経営層のイニシアティブが多くの大学で強まる。
	東海大学					

（出典）筆者作成。

　本章では，3 大学の事例から，大学の ODA 参加のイニシアティブについて，大学教員グループによるものと大学経営層によるものがあることを分析し，さらにそれぞれの特徴を明らかにした。次章では ODA 参加のインパクトについて調べ，本章のイニシアティブについての調査結果とともに，第 5 章結論で，大学の ODA 参加のモデルを検討する。

注
1)　SeedNet プロジェクトの参加大学は，フェーズ I と II ではアセアン側 19 校と日本側 11 校であったが，フェーズ III からそれぞれ 26 校と 14 校に拡大された。
2)　IDEA リーグはデルフト工科大学（オランダ），スイス連邦工科大学チューリヒ校（スイス），アーヘン工科大学（ドイツ），シャルマーズ工科大学（スウェーデン），ミラノ工科大学（イタリア）の 5 校で構成される，ヨーロッパの理工系トップ大学のコンソーシアム。
3)　1976 年に開始した日本学術振興会の拠点大学交流事業は，1995 年に「発展途上国との学術交流事業」から「アジア諸国等との学術事業」に名称を変え，プロジェクトごとにテーマを絞って実施する方式に変更された。東京工業大学では，「発展途上国との学術交流事業」は理工学国際学術交流センターが担当したが，「アジア諸国等との学術事業」の枠組みで実施された新たな 2 件の交流事業は，それぞれのテーマの専門分野に合致する工学系研究科（土木工学専攻と有機・高分子物質専攻）が担当した。
4)　「一本釣りされた」は「大学組織を通さず，JICA から教員に直接に依頼がいった」の意味。
5)　たとえば，ラオス国立大学工学部情報化対応人材育成機能強化プロジェクト（2003 年〜2008

年）の形成や実施においては，教員グループのイニシアティブが強かったとの意見も，インタビューでは聞かれた。しかしながら，同時にこの案件は委託契約型の案件であったため，契約手続きに関しては，事務方の関与も大きかった。

第4章 ODA 参加のインパクト
——日本の大学と教員は
ODA プロジェクトへの参加から何を得たのか

　前章では，事例研究対象の3大学に関し，教員の ODA 参加がだれのどのような
イニシアティブによっておこなわれているのか，それは，教員個人のイニ
シアティブであるのかそれとも大学の組織的なイニシアティブであるのか，ま
た，大学の国際化方針や国際関連の組織体制とどのような関係にあるのかにつ
いて明らかにした。次に本章では，教員の ODA 事業への参加がどのようなイン
パクトをもたらしているのかについて調べる。前章での分析が，主に大学教
員の ODA 参加の推進力についての，いわば ODA 参加の before の分析であっ
たのに対し，本章の分析は，そのようにしておこなわれた大学教員の ODA 参
加がどのような副次的な効果をもたらしているかについての after の分析にあ
たる。

　ODA 事業は，一義的に開発途上国の開発課題解決のためにおこなわれるも
のである。本研究が対象としている工学系高等教育協力プロジェクトでは，た
とえば途上国の産業人材の育成，途上国の大学の学術レベル向上や産学連携強
化などが目的に掲げられていることが多い。これらの ODA プロジェクトには，
前章でもみたとおり，大学教員グループや大学経営層のイニシアティブによっ
て大学教員が参加してきた。そのため，ODA プロジェクトは，一義的な途上
国での開発効果のみならず，ODA 事業に直接に参加する日本の大学教員や教
員の所属先である日本の大学にも，なんらかの副次的な効果をもたらしている
はずである。本章では，このような ODA 事業参加が日本の大学教員や大学に
もたらすインパクトについて分析する。前章では，ODA 事業への参加にあた
り，日本の大学や大学教員が多様な参加動機を持っていることを明らかにした。
したがって，そのような多様な動機によっておこなわれた ODA 事業への参加
は，大学や教員に多様なインパクトをもたらしていると推察される。また，大
学や教員が当初は期待していなかったような思わぬ効果が生まれている可能性
もある。

　ODA 事業への参加がもたらすインパクトの分析にあたっては，教員レベル

でのインパクトと大学レベルでのインパクトに分けるとともに，教育活動，研究活動，国際展開活動の3領域のインパクトを想定する。教員へのインパクトと大学へのインパクトに分けて分析する理由は，前章でみたとおり，大学のODA参加には，教員個人や教員グループのイニシアティブと大学経営層のイニシアティブによるものがあり，この両者の動機や期待は同じでないことから，インパクトも異なることが想定されるためである。また，インパクトがおよぶ領域を，教育，研究，国際展開の3領域とした理由は次のとおりである。日本の大学の多くが現在作成している中期目標/計画において，最も多くみられる目標の項目は教育，研究，社会貢献，国際化であり[1]，これらが現代の大学の活動領域を一般的に表している。そこで，ODA参加のインパクトを分析するにあたり，これらのうち主に産学連携や地域社会との連携を指す社会貢献を除いた，教育，研究，国際展開の3領域を取り上げることとした。これらの項目を組み合わせて作成した，ODA参加のインパクトの分析枠組みを表4-1に示す。

表4-1　ODA参加がもたらすインパクトの分析枠組み

	教員レベルでのインパクト	主な分析データ	大学レベルでのインパクト	主な分析データ
研究活動	(a) 国際的な研究活動	・大学教員へのインタビュー・データ	(d) ×	
教育活動	(b-1) 留学生受け入れ (b-2) 日本人学生のグローバル教育	・大学教員へのインタビュー・データ	(e) 留学生受け入れ	・全学国別留学生人数の統計データ ・文献データ
国際展開	(c) ×		(f) 国際展開事業	・国際交流協定大学と国際協力展開活動のパートナー大学のデータ ・文献データ

（出典）筆者作成。

表4-1に整理したとおり，大学教員レベルでのインパクトは教員の国際的な研究活動や教育活動へのインパクトが想定される。具体的には，研究活動に関しては，ODA事業への参加が教員の国際共同研究の実施や途上国を対象とした研究活動の拡大などに影響していることが（表4-1の (a)），また，教育活動に関しては，研究室レベルの留学生の受け入れ（表4-1の (b-1)）や日本人学生へのグローバル教育[2]（表4-1の (b-2)）になんらかの影響をおよぼしているこ

第4章　ODA参加のインパクト　157

とが想定される。国際展開については，ひとりひとりの教員レベルでは，大学間のツイニング・プログラムや海外拠点の設置などの大規模な国際展開活動は考えにくいので，教員レベルのインパクトとしては想定しない（**表4-1の(c)**）。教員レベルのこれらのインパクトの分析にあたっては，ODAプロジェクトに参加した経験のある大学教員へのインタビュー・データを用いて，インパクトの有無や程度を明らかにした。

　一方で，ODA事業の大学レベルでのインパクトとしては，全学レベルでの留学生受け入れの動向への影響（**表4-1の(e)**）と国際展開事業への効果（**表4-1の(f)**）が想定される。研究活動は個々の教員に担われていることが多く，大学経営層が主導する研究活動は想定しにくいので，大学レベルのインパクトとしては検討しない（**表4-1の(d)**）。全学レベルの留学生受け入れへのインパクトは，それぞれの大学の国別や教育課程別の留学生数データと文献資料のデータを用いて分析する。また，大学の国際展開事業へのインパクトの分析には，それぞれの大学の国際交流協定大学や国際協力展開事業のパートナー大学のデータと文献資料のデータを用いた。

　このようにして，本章では，教員個人と大学組織という2つの分析単位に関して，教育活動，研究活動，国際展開の3つの観点でインパクトを分析した。その結果，ODA参加は教員個人と大学組織に，それぞれに異なるインパクトをもたらしており，それは，ODA参加のイニシアティブや大学の特性と関係していることがわかった。本章では，ODA参加がもたらすインパクトがどのような状況のもとにうまれているのかを詳しく分析することとする。

4.1　大学教員へのインパクト

　まず，最初に，教員のODA参加が，教員の研究活動や教育活動にどのようなインパクトをおよぼしたのかを調べる。具体的には，研究活動に関しては，国際的な研究活動への影響を，教育活動に関しては，教員の研究室レベルでの留学生受け入れへの影響と日本人学生のグローバル教育への影響を，インタビュー・データと収集資料を用いた分析から明らかにする。

　教員のODA参加のイニシアティブを分析した第3章では，事例対象の3大学を大学の単位で分析したが，ここでは教員個人レベルでのインパクトを明らかにすることが目的であるので，大学単位ではなく，個々の教員単位で分析する。個々の教員単位で分析するのは，同じ大学の中でも異なる特徴の教員が混

在しているため，大学単位ではなく教員単位で分析したほうが，より正確な状況が把握できるためである。また，4.1.1～4.1.3で教員個人レベルの分析をおこなった後には，4.1.4で教員個人単位の分析結果を大学単位で集計して大学ごとの傾向についても検討する。

分析に用いるインタビュー・データは，JICA工学系高等教育協力プロジェクトに専門家として参加した教員へのインタビューの結果である。東京工業大学の10人の教員，豊橋技術科学大学の13人の教員，東海大学の9人の教員（合計32人）がJICAプロジェクトに専門家として参加しており，彼らのインタビュー・データが分析の対象となっている。

4.1.1　研究活動へのインパクト

研究活動へのインパクトの指標化

東京工業大学，豊橋技術科学大学，東海大学の教員はODA事業に参加することで，何を得たのか。教員へのインタビューでは，ODAプロジェクトへの参加が教員の研究活動にどのようなインパクトをもたらしたかについて尋ねた。**表4-2**は，教員ごとに研究活動へのインパクトの大きさを，指標4（インパクトが非常に大きい）から指標1（インパクトは全くない）で示したものである。インパクトの評価は，インタビューで示された教員の認識から，筆者の判断によりおこなった。**表4-2**には，筆者がレーティングの根拠としたインタビューの発言内容を発言者ごとに要約して付記するとともに，**表4-3**にインパクトの大きさを評価する際に用いた評価基準を掲げた。この指標基準にもとづいて分類すると，JICA専門家経験のある32人の教員のうち，ODA参加により研究活動に非常に大きなインパクト（指標4）があった教員が7人，ある程度のインパクト（指標3）があった教員が7人，わずかながらインパクト（指標2）があった教員が6人，全くなかった教員（指標1）が12人である。全体の半数に近い教員（指標3と4の14人）においては，ODAへの参加が研究活動にそれなりのプラスの効果をうんでいることがわかる。

インパクトがあった例

では，より具体的には，どのようなインパクトをうんでいるのか。教員の研究活動へある程度のプラスのインパクト（指標4と指標3）があったと判断された14人の教員の回答には，次の3つの特徴がみられる。

1つ目の特徴は，環境，資源，材料，防災など，途上国に研究材料が豊富な

表 4-2　ODA 参加による研究活動へのインパクト

インパクト指標	インタビュー対象者	インパクト指標の評価根拠（インタビュー回答要約）
4	教員 8	・研究対象が排ガス浄化触媒，光触媒の水浄化，廃棄物利用などであり，途上国に研究対象が多く，ODA 活動は共同研究活動に直結している。
4	教員 9	・環境分野では途上国に研究フィールドが多くあり，途上国での ODA 活動は研究上も大いにプラスになった。
4	教員 10	・カウンターパート教員と自分の専門分野が同じであったので，ODA 活動と研究活動が常にシンクロし，そのなかで自分の研究者としてのキャリアが形成された。
4	教員 12	・既存の国際共同研究が JICA 事業参加のきっかけであり，JICA 事業においても共同研究の要素が強いので，ODA 活動はむしろ研究活動の一部である。 ・環境工学は，地域の気候，文化，生活に密着した学問なので途上国に多くの研究テーマがある。
4	教員 19	・インドネシアは天然ガス，石炭，バイオマスなど自分の研究領域に多くの研究材料を提供した。地域性のある研究を実施して成果が多かった。
4	教員 24	・ODA プロジェクトへの参加は，研究活動の一環であり，プロジェクトの活動として東南アジアの天然有機物の共同研究を実施した。
4	教員 25	・JICA プロジェクトがきっかけとなり，共同研究をおこなうことになった。防災や環境のテーマを扱い，途上国に研究材料が多い。
3	教員 6	・東南アジアでも十分にレベルの高い教員はおり，対等なパートナーとして，JICA 事業の中で共同研究をし，共同発表をし，共著論文を作成した。
3	教員 11	・フィリピンでは JICA プロジェクト終了後も，協力相手機関と共同で研究集会や学生交流をおこない，国際的な研究活動にプラスの効果が生まれている。 ・インドネシアは研究活動にはプラスにならなかった。
3	教員 16	・電力保守管理が研究対象であり，途上国の状況に研究上の関心が強かった。
3	教員 33	・ODA プロジェクトに参加し，その後カウンターパート教員と共同研究を実施し，共著論文を多く作成した。
3	教員 35	・JICA プロジェクトをつうじて国際共同研究の機会が増えた。 ・研究活動が活発になるとグローバルな活動が増え，また，逆に ODA に参加すると共同研究が増える。研究と ODA 活動はきわめて関連性が高い。
3	教員 36	・ODA 事業をつうじて得たアセアンの大学教員とのネットワークがもとになって，研究テーマも広がり，共同研究を実施している。
3	教員 39	・先方大学は教員，施設ともにレベルが高く，十分に共同研究が可能であり，実施している。 ・ラオスではまだ共同研究の環境が整っていない。
2	教員 4	・エンジニアリング・サイエンスの分野であり，研究室の中でおこなうことができるので，共同での研究は可能であるが，個人的にはむしろ留学生の受け入れに関心があった。

2	教員7	・先方大学の学術レベルは高いが，専門領域が，先方の教員と自分とではやや異なるため，研究的には魅力は低い。ただし留学生との共同研究はおこなっている。
2	教員14	・研究機材が必要な分野であるため，途上国での研究実施は難しい。 ・途上国で研究することにより，日本がたどってきた道筋を知ることができる効果がある。
2	教員15	・途上国では，無機材料工学の研究機材が整っておらず，研究の観点からの魅力はない。 ・一方で，東南アジアの一部の大学は成長してきており，優秀な研究者や立派な機材を持つ大学も出始めている。
2	教員20	・ODAと研究活動との関連は少ない。過去に途上国の交通を研究テーマに扱ったことはあるが。
2	教員26	・帰国留学生の研究を支援したことはあるが，それ以外には研究活動へのインパクトは特にない。
1	教員3	・現地の大学は研究環境（機材，薬品，カウンターパート教員のやる気）が十分でないため，共同研究はおこなっていない。長期専門家派遣中は，論文は書けなかった。
1	教員5	・成熟分野である化学工学の中でもプラズマは新しい領域であり，途上国との共同研究は難しい。
1	教員17	・学術研究上でプラスになったことはあまりない。
1	教員18	・ODAがすぐに研究活動につながることはなかった。
1	教員21	・現地の大学では，研究機材がない，カウンターパート教員の時間がない（副業のため），専門レベルが低い等の状況があり，共同研究はできなかった。
1	教員22	・自分の研究分野は特に途上国に関係はなく，研究上のメリットはなかった。
1	教員23	・ロボティックスの研究では日本と途上国との間に歴然とした差があり，また，現地大学に研究費がないため，自分の研究活動にはプラスにならない。
1	教員31	・相手大学の機材や教員のレベルは低く，研究パートナーにはならない。
1	教員32	・自分自身の研究活動にはそれほどプラスにならなかった。
1	教員34	・ODA事業への参加は学術研究上は特にプラスの効果はなかった。 ・現地長期赴任中は，時間的精神的な余裕があるなかで，赴任以前に蓄積した研究成果を論文にまとめることが可能であったが，途上国に関連のある内容ではない。 ・途上国では世界最先端の研究は不可能。
1	教員37	・共同研究は特におこなっていない。
1	教員38	・研究レベルの問題があり，ODA活動は自分の研究活動には特にプラスにならなかった。

（出典）インタビュー結果から筆者作成。

表 4-3　研究活動へのインパクトの評価基準

インパクト指標	インパクトの評価基準	研究活動へのインパクトの例
4	研究活動へのインパクトは非常に大きい。	• ODA 事業に関連した（由来した）研究が，重要な研究テーマのひとつであり，本来の研究活動の一環として取り組んでいる。 • ODA 事業に関連した（由来した）研究が，研究者としての研究成果の重要な一部をなしている。 • ODA 事業に関連した（由来した）研究の，レベルが高く，規模が大きい。
3	研究活動へのインパクトはある程度ある。	• ODA 事業に関連した（由来した）研究に，質や規模は大きくないが，取り組んでいる。 • ODA 事業に関連した（由来した）研究に，取り組みたい，重要だ，または必要だと考えている。
2	研究活動へのインパクトはわずかがある。	• ODA 事業に関連した（由来した）研究は，重要ではなく，必要でもないが，おこなっている。
1	研究活動へのインパクトは全くない。	• ODA 事業に関連した（由来した）研究は，自分の研究分野では，実施できない（研究レベル，研究環境などのため）。 • ODA 事業に関連した（由来した）研究は，おこなっていない。

（出典）筆者作成。

研究分野を対象とする教員が多いことである。下に示した教員 19 のインドネシアのエネルギー / 資源の例に加えて，たとえば，トンレサップ湖の環境保全やメコン川の土砂管理（教員 12），インドネシアのバガス・フライアッシュ（サトウキビの搾りかすの飛灰）を原料とした炭素材料 / シリカ材料の製造やタイの籾殻を原料としたシリカ材料の製造（教員 8），ベトナムのメラルーカ（チャーム木）活用のための精油および吸着剤開発（教員 24），インドネシアの大規模森林火災による大気汚染（教員 25）など，途上国の環境，資源，材料，防災などを研究対象にしているケースが多い。

　　私は，資源やエネルギーの研究をしており，インドネシアは石炭，石油，天然ガスなどの資源が豊富なので，研究レベルは別としても，一緒に共同研究ができるし，あるいは研究指導もテーマとしては合っているので，大変プラスになりました。HEDS プロジェクト〔インドネシア高等教育開発計画〕では対象大学の優秀な教員を発掘して低品位炭の有効利用の共同研究や学位取得の支援をしました。……もうひとつは，今はやりのバイオマスの有効利用ですね。……〔ODA を通して〕こうした地域性のある研究

が可能になります。これらのことは日本ではまずできませんから。(教員
19)

　第3章の「ODA参加のイニシアティブ」の分析のなかで，教員主体のODA
参加は，特に成熟分野といわれる工学分野でみられること，それは途上国への
学術関心が強い分野であることを明らかにした。一方で，ODA参加のインパ
クトを分析すると，途上国に研究材料が豊富な研究分野では研究活動へのプラ
スの効果が大きいことがわかる。この2つは，途上国を研究対象とする工学分
野での，ODA参加の動機と便益という点で表裏をなすものである。
　2つ目の特徴は，ODA事業が教員の研究活動の重要な一部をなしているこ
とである。JICAプロジェクトにおいて，現地の大学を育成するためにおこな
う共同研究／研究者交流／学位取得支援／現地大学の学生指導／留学生の受け
入れといったプロジェクト活動は，日本の支援大学の教員の国際的な研究活動
に非常に近い性格を持つ。そのため，教員の専門分野の研究フィールドが途上
国にある場合には，教員にとって，JICA事業への参加は学術活動から切り離
された独立した業務というよりは，教員の研究活動の一部になっている。さら
に，JICAのプロジェクトをつうじて築かれた途上国の研究者とのネットワー
クは，日本学術振興会の国際交流事業など多様な資金源による新たな国際研究
活動に発展していくことが多い。次の教員2人の発言はこの点をよく物語って
いる。

　　1990年代に出合ったタイ・モンクット王工科大学のカウンターパート
　教員と自分の研究分野が非常に近かったので，以来，ずっと〔日本学術振
　興会の〕拠点大学交流やJICAのプロジェクトをつうじて共同研究や交流
　を継続し，彼が自分の国で成長していくのと，自分のところで自分の研究
　を展開していくのが結構シンクロしていて，楽しかったです。……ある程
　度，〔ODA活動と〕自分のキャリア・ディベロップメントが合致していま
　した。(教員10)

　　私はネットワーク・インフラが十分に機能していないところで使う通信
　ネットワークの研究をしているので，途上国にも関心がありました。……
　〔SeedNetでマラヤ大学やホーチミン市工科大学と共同研究をして，〕アカ
　デミックな活動に大変プラスになった。多くの優秀な研究者と知りあうこ

とができましたし，私の東南アジアの人脈はすべて JICA の SeedNet プロジェクト〔アセアン工学系高等教育ネットワークプロジェクト〕をつうじたものです。(教員 35)

3 つ目の特徴は，一部の教員においては，研究活動の延長線上に ODA 事業があることである。14 人のうち過半数の教員では，JICA プロジェクトへの参加が途上国に関する研究テーマとの出会いのきっかけであるが，JICA プロジェクトに参加する以前に途上国の大学教員と学術交流をおこない，逆にすでに取り組んでいた途上国での研究活動が ODA 事業に参加するきっかけとなっている教員も 3 人いる。

正直なところ，最初は学振〔日本学術振興会〕の国際交流事業を進める中で，〔JICA の〕SeedNet プロジェクトの協力を得ると〔共同研究が〕より発展できるなというのがありました。……学振〔日本学術振興会〕の予算で単独でセミナーを開催するよりも，そういった〔SeedNet の多国間の〕機会を利用する方がネットワークは広がりますので。……環境工学は地域の気候や文化や生活に密着していて，その土地ごとに問題が異なり，そこに適した方法で環境管理をしなければならない。違う国に行くということは，それはそれで新しい研究テーマ，新しい見方が増えることになります。……そういう意味では，JICA のプロジェクトの活動は私の研究活動に非常にプラスになっています。(教員 12)

インパクトがなかった例

次に，ODA への参加が自分の研究活動には全くプラスの効果をおよぼしていないとする教員のケースについてみてみたい。インタビューをおこなった 32 人の教員のうち 12 人では，ODA 参加は教員の研究活動に全くインパクトをおよぼしていない（**表 4-2** の研究活動へのインパクト指標 1 の教員）。これらの教員にとって，JICA プロジェクトへの参加は途上国の大学の能力向上を支援するための教育的な活動であり，日本の教員側にそもそも ODA をつうじて共同研究など研究活動をおこなう意思がない場合が多い。さらに，研究活動へのインパクトについての否定的な意見には共通する 2 つの要因があげられる。1 点目は，相手国の大学の研究環境が整っていないことである。具体的には，研究に必要な設備，機材，消耗品等が不足している，教員が授業や副業のために

研究の時間が取れない，もしくは教員の研究への意欲が欠けていたりする。そのため，相手国の教員は研究のパートナーにならないというものである。

　　　私はロボティックスの分野の研究をしているのですが，東南アジアの研究レベルは高くないですね。ですので，向こうに行って研究の種があるという感じはしない。……やっぱり向こうとこっちでは，研究費ひとつとってもかなり違う。……今ここでやっているような装置を使ってロボットの研究をするのは難しいところがあると思います。あと，あちらの先生は授業時間が多くてすごく忙しい〔ので研究に時間をさけない〕。(教員23)

　　　私の分野の機械系では，先方大学の設備は非常に貧弱で。装置は古いし。さらに，先生方のモティベーションが低いという感じがしましたね。ですから，研究のパートナーをそこに求めるというモティベーションは，私にはなかった。(教員31)

　ODA 事業参加が研究活動にプラスの効果をうまない 2 点目の理由としては，研究分野が，途上国を対象とする分野ではなく，もしくは，まだ途上国ではあまり取り組まれていない先端的な分野であるために，途上国との共同研究に優位性がないという意見である。次はその代表的な例である。

　　　私の分野は，成熟したといわれる化学工学分野の中でもプラズマなんかをやっていたので，比較的新しい分野だったのですね。だから，そういう意味からいくと，東南アジアと付き合って研究の面では役に立っていません。むしろ欧米が相手でした。東南アジアは残念ながら，研究のカウンターパートにはなり得ない。……国際協力はむしろ教育者としての仕事でした。(教員 5)

インパクトの発現時期
　ODA 事業に参加した教員の半数近くが研究活動にプラスのインパクトがあったと答えているが（研究活動へのインパクト指標が 3 と 4 の教員は 32 人中 14 人），インパクトの発現に時期的な特徴はあるのであろうか。**図 4-1** は，インタビュー対象の教員ごとに，研究へのインパクトの大きさとその教員が主に ODA 事業に参加した時期を示した図である。

第 4 章　ODA 参加のインパクト　165

この図からは，ある程度以上のプラスのインパクトをうんでいる（研究活動へのインパクト指標3と4）のは，1997年度以降，主として2000年代以降の専門家活動であり，一方，1990年代前半にJICA専門家の活動を始めた教員の場合は，インパクトが全くなかったか（指標1），もしくはインパクトはわずかであった（指標2）。したがって，教員のODA参加による研究活動へのインパクトは，1990年代末頃から顕著に現れるようになっていることがわかる。

インタビュー対象者	研究へのインパクト指標	1990	1991	1992	1993	1994	1995	1996	1997	1998	1999	2000	2001	2002	2003	2004	2005	2006	2007	2008	2009	2010	2011	2012	2013	最初-最後の専門家派遣年度
教員12	4																						━	━	━	2011-2013
教員9	4																			━	━	━	━	━	━	2008-2013
教員24	4																	━	━	━	━	━	━			2006-2011
教員8	4														━	━	━	━	━	━	━	━	━	━	━	2003-2013
教員25	4										━	━	━	━	━	━	━	━	━	━	━	━	━	━	━	1999-2013
教員10	4								━	━	━	━	━	━	━	━	━	━	━	━	━	━	━	━	━	1997-2013
教員19	4								━	━	━	━	━													1997-2001
教員36	3																				━	━	━	━		2009-2012
教員35	3																		━	━	━	━	━	━	━	2007-2013
教員6	3														━	━	━	━	━	━	━	━	━			2003-2011
教員16	3											━	━	━	━	━	━	━	━	━	━	━	━	━	━	2000-2013
教員33	3											━	━	━	━	━	━	━	━	━	━	━	━	━	━	2000-2013
教員39	3											━	━	━	━	━	━	━	━	━	━	━	━	━	━	2000-2013
教員11	3										━	━	━	━	━	━	━	━								1999-2006
教員7	2																					━	━	━	━	2010-2013
教員15	2																━	━	━	━	━	━	━	━	━	2005-2013
教員26	2															━	━	━	━	━	━	━	━	━	━	2004-2013
教員4	2												━	━	━	━	━	━	━	━	━	━				2001-2010
教員14	2											━	━	━	━	━	━	━	━	━	━	━	━	━		2000-2012
教員20	2			━																						1992-1992
教員23	1																		━	━	━	━	━	━	━	2007-2013
教員31	1																	━	━	━	━	━	━	━	━	2006-2013
教員5	1																━	━	━	━	━	━	━	━	━	2005-2013
教員38	1													━	━	━	━	━	━	━	━	━	━	━	━	2002-2010
教員22	1										━	━	━	━	━	━	━	━	━	━	━	━	━			1999-2011
教員37	1										━	━	━	━	━	━	━	━	━							1999-2007
教員21	1						━	━	━	━	━	━	━	━	━	━	━	━	━	━	━	━	━			1995-2011
教員3	1						━	━	━	━	━	━	━													1995-2006
教員17	1		━	━	━	━	━	━	━	━	━															1991-1999
教員18	1	━	━	━	━	━	━	━	━	━	━	━	━	━	━	━	━	━	━	━						1990-2008
教員32	1	━	━	━	━	━	━	━	━	━	━	━	━	━	━	━	━	━	━							1990-2007
教員34	1	━	━	━	━	━	━	━	━	━	━	━	━	━												1990-2002

(注) 1990年度〜2013年度の間で各教員が長期または短期の専門家として最初に派遣された年度から最後に派遣された年度までの間を，その教員がODA事業に参加した期間と想定して黒線で示した。

インパクト指標4：研究活動へのインパクトが非常に大きい。
インパクト指標3：研究活動へのインパクトはある程度ある。
インパクト指標2：研究活動へのインパクトはわずかだがある。
インパクト指標1：研究活動へのインパクトは全くない。

図4-1　研究活動へのインパクトと教員の専門家派遣時期の関係

（出典）筆者作成。

この背景には，主に東南アジア諸国の成長とともに東南アジアの大学教員の研究能力が向上し，それにともなってJICAの高等教育協力の内容が変化していることが関係している。かつては，高等教育協力プロジェクトの多くは大学

や短大の新設や新規開設学科の立ち上げ支援の協力が多かった。そこでは，日本人専門家は，新設大学（学科）のカリキュラムを作成し，自ら教壇に立って教鞭をとり，現地の教員の学位取得を支援するなど，研究的な活動というよりは，教育体制の基礎を固めるための活動が主であった。しかし，1990年代末頃から，途上国の大学の教育活動に加えて，研究能力の向上を支援するJICAプロジェクトが増加した。実際，図4-2からもわかるとおり，1990年代までは学部レベルやディプロマ・レベルの協力プロジェクトが多かったが，2000年代以降は大学院を支援するプロジェクトが急増している。その背景には，途上国でも高等教育開発が進み，高等教育機関や高等教育修了者の厚みが増して，学部レベルの教育活動よりは大学院レベルの研究能力の向上への協力が求められるようになったことがある。

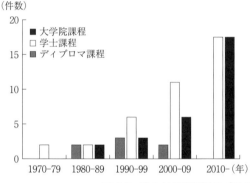

（注）日本の大学が支援した工学教育分野のJICA技術協力プロジェクト（1975～2013年）の，協力対象課程別（ディプロマ課程／学士課程／大学院課程）プロジェクト数内訳。1970-79年と2010-年の欄には，それぞれ1975-79年と2010-2013年のプロジェクト件数を10/5倍，10/4倍したものを示している。

図4-2 協力対象課程別のプロジェクト数の推移
（出典）JICAのプロジェクト報告書をもとに筆者作成。

インタビューで研究活動へのインパクトがないと答えた教員からは，途上国側の大学の研究環境の不足や先端的な専門分野のレベルの低さが指摘されたが，一方で，研究活動へのインパクトが大きく途上国の教員との学術活動を盛んにおこなっている教員からは，近年「途上国にも優秀な教員はいる」，「欧米の大学で学位を取得後帰国した教員も多い」，「共同研究者として遜色ない」といった発言が多く聞かれたのも事実である。JICAプロジェクトの内容が，今世紀に入る頃から，途上国の大学の教育活動支援から研究能力向上への支援と変化するなかで，専門家として参加する日本の大学教員は自分の研究活動へのプラスの効果をより強く見出していくことになった。研究活動とODA事業の結びつきについての教員の次の発言は，このことをよく表している。

〔日本の大学教員は〕昔はもう少し時間的な余裕があり興味があるから国際協力をやっていた。〔国際協力は〕研究とはそれほどつながっていなかった。……今は，本当にやろうとすると研究遂行能力がないとなかなかついていけないですよね。……途上国も成長して上から目線で教えに行くという時代はもうだいぶ遠くなって，もちろん進み具合は国により違うのでしょうけど，十分対抗できるところにきているのですね。……だからどうしても研究アクティビティの高い人が国際協力のアクティビティも高いというのが実態ですね。(教員 35)

　ここまで，JICA の工学系高等教育協力に参加した大学教員へのインタビュー結果から，ODA 事業への参加が教員の研究活動にどのようなインパクトをおよぼしているのかをみてきた。その結果，インタビュー対象者の約半数の教員においては，ODA 事業への参加が研究活動にプラスのインパクトをおよぼしている。特に環境，資源，材料，防災など，途上国に研究対象が豊富な研究分野において，ODA 事業は，新たな研究材料，共同研究者，研究資金などを教員にもたらし，教員の国際的な研究活動を促進している。一部の教員においては，ODA プロジェクトが研究活動の重要な一部をなしており，また一部の教員では，国際的な研究活動が先にあり，それが発展して国際協力活動に取り組む場合もある。このような ODA 参加による研究活動へのプラスの効果は，1990 年代末より顕著であるが，その背景には，途上国側の大学教員の研究能力の向上や JICA 事業の内容の変化がある。

4.1.2　留学生受け入れへのインパクト

　次に，大学教員の ODA 事業への参加が教育活動にもたらすインパクトについて分析する。教育活動への影響としては，研究室レベルでの留学生受け入れと日本人学生のグローバル教育への影響が想定され，4.1.2 で留学生受け入れについてのインパクトを，4.1.3 で日本人学生のグローバル教育へのインパクトを述べる。なお，ここでは，教員の ODA 参加がその教員の研究室の留学生受け入れにどのような影響があったかについて教員に尋ねた結果から，個々の教員レベルの影響に絞って分析しており，全学レベルでの留学生受け入れの状況については，別途 4.2.1 に記述している。

留学生受け入れへのインパクトの指標化

研究活動へのインパクトと同様に，留学生受け入れへのインパクトの大きさを教員ごとに指標4（インパクトが非常に大きい）から指標1（インパクトは全くない）で評価した（**表4-4**参照）。インパクトの評価は，インタビューで示された教員の認識から，筆者の判断によりおこなった。筆者が判断する際の根拠となったインタビューの発言内容の要約を**表4-4**に記し，さらに評価基準を**表4-5**に掲げている。**表4-4**からわかるとおり，ODA参加による留学生受け入れへのインパクトは，JICA専門家経験のある32人の教員のうち，非常に大きなインパクト（指標4）があった教員が13人，ある程度のインパクト（指標3）があった教員が13人，わずかながらインパクト（指標2）があった教員が5人，全くなかった教員（指標1）が1人である。全体の約80％の教員（指標3と4の26人）においては，ODAへの参加が留学生受け入れにそれなりのプラスの効果をうんでいることがわかる。

表4-4　ODA参加による留学生受け入れへのインパクト

インパクト指標	インタビュー対象者	インパクト指標の評価根拠（インタビュー回答要約）
4	教員3	• ODA等をつうじたタイからの留学生が多く，研究室の半分以上は留学生で構成されている。 • 留学生は研究室の大きな戦力になっている。 • 留学生増加により日本人学生の英語力が向上した。
4	教員6	• 博士課程には日本人学生が少ないので，アジアから優秀な留学生を確保することは研究室運営に必須である。JICA事業は直接的，間接的に大きく貢献している。 • 国際的な雰囲気の研究室をつくるプラスの効果がある。
4	教員8	• 博士課程の多くはJICA事業由来の留学生で構成されている。 • 各国のトップの学生が来ており優秀である。
4	教員9	• ODAをつうじて優秀な留学生が来る。 • 環境分野では，研究者を育て各国に強力な研究協力者を確保することは，研究上の大きな価値がある。
4	教員10	• 大学院課程のほとんどは留学生である。 • 国際的な学術交流には師弟関係にある研究者のネットワークが必要であるので，ODAをつうじて積極的に留学生を受け入れた。 • 育成した研究者を持つことは研究上の貴重な財産になった。
4	教員12	• 研究科学生の多くは留学生であり，その半分ぐらいはODA由来の学生である。 • 優秀な留学生が来ており，ありがたい。

4	教員14	・ODA 事業のメリットは留学生受け入れにつながることであり，帰国留学生をつうじて国際的なネットワークが広がった。
4	教員15	・博士課程では留学生の方が多く ODA 活動が留学生受け入れにつながっている。 ・留学生は優秀で向上心があり，日本人学生に良い影響を与えている。
4	教員18	・途上国の大学と付き合う最大のメリットは留学生の獲得である。 ・HEDS の留学生は優秀で研究室の戦力になった。
4	教員21	・JICA プロジェクトをきっかけに多くの留学生を受け入れた。博士課程は半数以上が留学生であった。 ・レベルの低い留学生をとると苦労する。断ることも多い。 ・留学生がいることで，日本人学生の異文化体験に貢献している。
4	教員22	・優秀な留学生受け入れにつながることが，ODA プロジェクトの第一のメリット。博士課程に日本人学生はいないので ODA プロジェクトが呼び水となって，留学生受け入れの継続的な流れができる。 ・留学生は，研究室の日本人学生に英語環境を提供している。
4	教員24	・JICA プロジェクトは，優秀な留学生獲得のための戦術のひとつであり，外国人留学生の存在が，途上国の材料を使った研究推進には非常に有効である。 ・博士／修士課程の半分は留学生である。 ・留学生の存在は，研究室の日本人学生の英語力向上にも貢献した。
4	教員39	・ODA をつうじて留学生を受け入れることは，研究室の研究の一部を担い，将来の国際共同研究の可能性を広げて，研究室の研究活動に計り知れないプラスの効果がある。 ・博士課程は全員留学生である。 ・研究室の国際化にも貢献している。
3	教員4	・優秀な留学生が多く，テーマを与えると多くの成果を出した。 ・優秀な留学生を得るには，ODA 等による現地の教員とのネットワークが重要な役割を果たす。
3	教員5	・ODA は留学生受け入れにつながり，留学生はよい研究をした。 ・留学生は，研究室の日本人学生の国際化に貢献した。
3	教員7	・JICA 事業で短期留学生を受け入れており，それが共同研究実施や研究室の国際化につながり，研究室を活性化している。 ・留学生はやる気や能力が高く，日本人学生への良い刺激になっている。
3	教員16	・ODA による現地の大学育成の結果，博士課程の留学生受け入れが増える。
3	教員17	・JICA プロジェクトをつうじて，博士課程の留学生を受け入れた。 ・1990 年代後半には，優秀な博士課程の留学生が研究室運営に有用であることが認識されるようになり，留学生は引っ張りだこになった。 ・研究室の留学生が増えると，日本人学生が敬遠して来なくなる一方で，意欲の高い留学生に触発される日本人学生もいた。

3	教員 19	• JICA プロジェクトをきっかけに，インドネシアから留学生を受け入れた。彼らは帰国後に教授／准教授になった。 • 留学生を受け入れて将来共同研究が可能な研究者のネットワークを作ることが重要である。
3	教員 20	• ODA がらみの多くの留学生を受け入れた。留学生を受け入れることにより，現地とのパイプは太くなった。 • 研究室の留学生が多くなると，敬遠する日本人学生もいる。
3	教員 23	• JICA プロジェクトをつうじ，留学生を受け入れた。博士課程の留学生により学生指導のサポートが可能になり，大いに助かっている。 • 英語環境や異文化理解の点で，日本人学生にもプラスの効果がある。
3	教員 25	• ODA 由来の留学生受け入れが，研究領域の拡大につながった。
3	教員 26	• JICA プロジェクトの留学生を受け入れた。レベルが高く，英語も達者なので，十分な成果をうんだ。 • 留学生は，日本人学生にもプラスの影響があった。
3	教員 31	• ODA 事業で受け入れた博士課程の留学生は非常に優秀であった。留学生受け入れは歓迎である。 • 研究室のなかでの留学生との交流も盛んである。
3	教員 35	• JICA 事業関連の留学生を受け入れている。将来の研究活動の拡大につながる。 • 研究室の国際化にも貢献する。
3	教員 37	• 現地への長期赴任後，博士課程の留学生を複数受け入れた。 • 彼らが帰国後に，大学間交流のキーパーソンになった。
2	教員 32	• JICA 事業をきっかけに，修士／博士課程に留学生を受け入れた。
2	教員 33	• ODA 関連の留学生は短期でのみ受け入れたことがある。
2	教員 34	• 東南アジアから留学生を受け入れたが，レベル的に問題が多い。
2	教員 36	• ODA 関連の短期留学生は受け入れたが，長期では受け入れ無し。 • アセアンの留学生は優秀である。
2	教員 38	• 留学生受け入れの指導はしたが，自分の研究室所属ではない。 • 留学生のレベルに問題があった。
1	教員 11	• 留学生は特に受け入れていない。

（出典）インタビュー結果から筆者作成。

表 4-5　留学生受け入れへのインパクトの評価基準

インパクト指標	インパクトの評価基準	留学生受け入れへのインパクトの例
4	留学生受け入れへのインパクトは非常に大きい。	• ODA 由来の留学生なくては大学院（または博士課程）が成り立たない。 • 大学院（または博士課程）の半数以上は留学生。
3	留学生受け入れへのインパクトはある程度ある。	• ODA 由来の留学生を，ある程度の人数，受け入れた。 • ODA 由来の留学生は必要だと考えている。
2	留学生受け入れへのインパクトはわずかだがある。	• ODA 由来の留学生はわずかだが受け入れた。 • ODA 由来の留学生は，よい面もあるが，悪い面（手間がかかる，学力不足，日本人学生が敬遠するなど）もある。
1	留学生受け入れへのインパクトは全くない。	• ODA 由来の留学生は，受け入れたことがない，または受け入れない。

（出典）筆者作成。

インパクトがあった例

ODA 参加のインパクトとして，ODA 事業が途上国からの留学生の受け入れにつながることをあげた教員は，32 人中の 26 人（指標 4 と 3 の教員）と非常に多い。では，ODA をつうじて留学生を受け入れることは，教員にとって具体的にどのようなメリットがあるのだろうか。留学生受け入れによりある程度のプラスの効果があったとする 26 人の教員のインタビュー回答からは，主に，教員の研究活動の促進，日本人学生の国際性の涵養，研究室の運営への貢献の 3 つの側面でのプラスの効果があげられた。以下に，その具体的な事例を示す。

まず，教員の研究活動へのプラスの効果に言及している事例である。次の教員の発言からは，ODA をつうじて受け入れた大学院レベルの留学生が，教員が取り組んでいる研究の一部や関連領域の研究をおこなうことで，教員にとってプラスのインパクトをもたらしていることがわかる。

　　僕は優秀な外国人留学生を獲得して，一緒に研究をやって，自分の研究分野の論文を生産してくれる，あるいは開拓してくれる，そういう学生さんが欲しいわけですね。……これが，国際協力事業に参加することで，個人として得られた最も具体的なものです。……国際協力は，優秀な留学生に来てもらい，一緒に最先端の研究をするための種まきです。（教員 24）

博士課程の留学生の半分ぐらいは，学振〔日本学術振興会〕や JICA の SeedNet プロジェクトの関係だと思います。彼らは優秀なので，研究室のプロジェクトをやるうえで貢献してくれていますので，研究室としてはありがたいと思っています。（教員 12）

　さらに，帰国後の元留学生とのネットワークが，将来の研究活動にプラスの効果をもたらすことに言及している教員もいる。途上国を対象とする研究をしている日本の大学教員にとっては，帰国した元留学生は貴重な研究のサポーターやパートナーであり，留学生受け入れは，将来の研究活動のための投資なのである。

留学生を引き受ける目的のひとつは，留学生が来てくれれば，我々も研究はできますし，それはそれなりにメリットが大きい。もうひとつはネットワークを作るというメリットがあります。今教育している学生が国に戻って，大学でちゃんと教員になって，ずっとこれから活躍するとなると，分野にもよるんですけれども，そのネットワークはすごく有効です。……我々の環境分野は特にそうですね。……フィリピンだ，タイだ，カンボジアだ，ベトナムだ，ラオスだというので，それなりにコラボレーター〔研究協力者〕を確保して研究ができれば，その研究の価値は上がりますから。……そのための投資だと思えばいいような気がします。（教員 9）

〔自分にとっての国際協力の意義は，一つ目は自分の学術上のキャリアの向上であり，〕二つ目は，留学生の獲得ですね。……やっぱり学術交流というのは師弟関係がないと難しいので，そのためには先行投資でたくさんその地域から人を受け入れることが重要だと思っていました。それでどんどん留学生を受け入れるようにして。……学振〔日本学術振興会〕の国際共同研究などは，やはり人のマッチングの問題がセンシティブ〔機微〕なのです。少なくとも自分が回せるようにならないと長く続かないって思っていましたから。（教員 10）

　大学院レベルの留学生受け入れが研究活動へプラスの効果があるとしたこれらの教員と，4.1.1 で述べた研究活動へのインパクトが非常に大きい教員はほぼ重なっている。途上国に研究対象を持ち，途上国を頻繁に訪れながら研究活

動をしている教員の場合には，ODA 事業参加が研究に直接のプラスの効果を持つと同時に，途上国からの留学生受け入れもまた研究活動に貢献するのである。濱中（2004）によると，日本の「工学系の研究室では，教員を頂点とし，助手，博士課程学生，修士課程学生，学部4年生と続く階層的ピラミッド型研究組織で，教員の専門領域である一つあるいは複数の研究が進められ」，「研究活動とはおおむね研究室構成員との共同研究を指」している。そこでは，博士課程の学生は指導教員の専門領域の研究の一部を担っているのである。したがって，ODA 事業をつうじて受け入れる博士課程や修士課程の留学生の場合も，日本人の大学院生の場合と同様に，教員の専門領域の研究推進に貢献し，さらにそれが途上国に関連した研究であれば，教員にとって留学生受け入れのメリットは一層大きい。

　ODA 事業をきっかけに受け入れた修士や博士課程の留学生の存在が，研究室の日本人学生にプラスの影響を与えたとする声も多く聞かれた。工学系の研究室では，大学院生や学部4回生が，実験などのために研究室で一緒に過ごす時間が長く，共同で作業する機会も多い（荒井 1989）。そのような環境のなかで留学生と一緒に過ごすことにより，日本人学生の英語能力が向上し，異文化理解が進む効果がうまれている。さらに，途上国からの留学生のなかには優秀で勉学意欲が高い学生も多く，日本人学生に良い刺激を与えている。次の3人の教員の発言は，日本人学生への影響についての代表的な発言である。

　　〔国際協力事業への参加は，〕いい留学生を取るという意味ではよかったし，それともうひとつは研究室の学生の国際化というか，そのメリットが一番大きかったような気もしますね。……東工大は，留学生は来るけれど日本人学生が海外に出ていかないのです。……そこで何とか外に出そう，そのためには普段から外国人がいる雰囲気はいいことだと考えていました。（教員5）

　　〔国際協力をつうじて留学生が増えることは，〕すごくいい影響がありますね。日本人だけの研究室よりは留学生がいると，英語でコミュニケーションをとり，日本の文化や外国の文化を理解しますよね。さらに研究テーマによっては日本の学生と留学生が一緒に研究室の中で実験しますので，それはそのまま，日本の学生が就職して，現地に行って，現地の工場で何かしてきてくださいというのと同じようなシチュエーション〔状況〕にな

りますので。（教員25）

　ODAをつうじたアセアン地域とのつながりは非常に重要だと思います
ね。アセアンは，アジアのなかでも非常に活気があって，学生も向上心が
ある。ヨーロッパの学生ともアメリカの学生とも違って，かつての日本も
そうだったように，勉学に対する熱意というのを感じます。……そういう
人たちが学内に来て，日本人学生と一緒に勉学に励むことは，日本人学生
に非常にいい効果がある。（教員15）

　ODA参加をつうじた留学生受け入れのメリットを評価する教員は全体の8
割で，非常に多かった。その具体的なメリットとしては，上述した研究活動の
促進や日本人学生の国際性涵養に加えて，そもそも，博士課程は留学生なくし
ては成り立たないので，留学生の存在そのものが必須とする教員も複数いた。
大学全体の留学生の割合は，東京工業大学では12.5%，豊橋技術科学大学では
7.5%であるが，博士課程だけでみると，留学生の割合は東京工業大学では
31.4%，豊橋技術科学大学では44.6%にのぼる（**表4-6**参照）。

表4-6　東京工業大学，豊橋技術科学大学，東海大学における課
**　　　 程別の留学生割合**

	東京工業大学	豊橋技術科学大学	東海大学
全学	12.5%	7.5%	2.3%
学部	3.9%	4.6%	1.6%
修士課程	11.2%	6.3%	14.7%
博士課程	31.4%	44.6%	

　（注）東京工業大学と豊橋技術科学大学は2015年5月時点の，東海大学は
　　　　2016年5月時点のデータ。
　（出典）東京工業大学（2015a），豊橋技術科学大学（2016a）および東海大学
　　　　 HPから筆者作成。

　これらの大学では，博士課程が機能するためには外国人留学生の存在が不可
欠であり，ODA事業をつうじてアジアの優秀な留学生を博士課程に受け入れ
ることは，教員にとってODA参加の大きなメリットになっている。

　〔SeedNetプロジェクトに参加した結果，〕ベトナムの留学生が博士課程
に2人来てくれて，〔専門家として〕行ってよかったのは，実はそこが一

番大いですね。……日本人はドクターに行かないですよ。……〔私の研究室には〕日本人学生はまだゼロです。……〔ODA事業への参加と〕留学生受け入れはほとんどギブアンドテイクですね。〔日本の教員側にもメリットが大きいので，〕国際貢献という意識はないです。(教員22)

　こういう仕事〔ODA事業〕をさせてもらっているからこそ，うちにドクターの留学生が来てくれるのであって，その留学生が研究室にいることによるメリットというのは結構計り知れないものがある。(教員39)

インタビューした教員の多くが，特に博士課程の留学生の受け入れをODA事業参加のメリットとしてあげ，博士課程の留学生を受け入れるという点では，ODA事業は犠牲をともなう協力や支援事業ではなく，教員にとって十分な利益をもたらすものだと述べた。このことは，日本の工学系の研究室では，博士課程の学生が重要な役割を果たしていることとも関係している。荒井(1989)は，このような日本の工学系大学院の教育や研究のシステムを「研究室方式」とよび，次のように説明している。「研究室ではだいたい博士課程の学生の数に相当する比較的大きな研究テーマが同時並行的に進められており，助手や博士課程の学生がチームリーダーとなる。修士課程の学生や学部卒研生はたいていどれかひとつのグループに属して」，大学院の講義への出席とともに研究室の中のグループでの実験や実習をとおして，教育がおこなわれる。そこでは「研究室のルーチンな活動は助手と博士課程の学生たちの集団指導によって進められる。したがって，この層の充実度が研究室の活性度を規定し，それは同時に修士課程や卒研生の教育と研究をささえる重要な要素となる」のである(荒井1989)。インタビューにおいても，ODA事業をつうじて受け入れた博士課程の留学生の存在により，「〔教員は〕まず自分の研究ができるし，学生の研究もサポートしてくれる」(教員23)との声が聞かれた。「研究室方式」では教育活動と研究活動の両方において，博士課程の学生が重要な役割を果たすが，日本人学生の博士課程進学者は少ないので，途上国からの留学生がその役割を果たすことを期待されているのである。豊橋技術科学大学で1990年代初めからODA事業に深くかかわったある教員は，次のように語っている。

　〔1990年代に〕定員削減で教員とか技官とかが減らされて，どうしても若手の教官の数が減ってくる。ところが，博士課程の若い優秀な人が一人

いれば，助手だろうが技官だろうが，いなくたって研究室は回っていくわけです。そういうことがわかってきて，その結果，〔ODAをつうじた〕留学生は引っ張りだこになったわけです。（教員17）

インパクトがなかった例

ODA事業による留学生の受け入れがほとんどインパクトを持たない（指標2），またはまったくインパクトを持たない（指標1）とした教員は，30人中6人と少ない。これらの教員は，ODA関連の留学生を受け入れていないか，もしくは受け入れていてもその人数はわずかである。その理由として，これらの教員からは，途上国からの留学生は「手取り足取り教えなければならない」（教員34），「研究についての基本的なトレーニングができていない」（教員38）など，留学生の学力や研究能力の不足が指摘された。留学生受け入れによるインパクトが比較的大きかった教員（指標3と4）の多くは，途上国，なかでもアジアからの留学生の優秀さに言及する教員が多かったのと対照的である。

インパクトの発現時期

ODA参加による留学生受け入れへのインパクトは，全体の8割の教員が肯定的に評価しているが，時間的な特徴はあるのだろうか。**図4-3**では，教員ごとにODA参加の時期と留学生受け入れへのインパクトの指標を示している。この図からは，留学生受け入れのインパクトがあった教員（指標4および3）の派遣時期は1990年代前半から始まっている。ODA参加による研究活動へのインパクトは1990年代末から始まっている（**図4-1**参照）のに対し，留学生受け入れへのインパクトはもう少し早い時期の1990年代前半から始まっていることがわかる。1980年代末には，東京工業大学では博士課程の留学生は同課程の3割を占め，また，豊橋技術科学大学では博士課程の過半数が留学生であった[3]。したがって，両大学とも1990年前後には，すでに博士課程に占める留学生の割合は高く，留学生の存在が博士課程の運営に重要な役割を果たしていたものと推察できる。こうしたことからも，1990年代前半から，ODA事業参加をつうじた博士課程の留学生受け入れは，教員にとってプラスの効果をもたらしていたことがわかる。

インタビュー対象者	留学生受け入れへのインパクト指標	最初－最後の専門家派遣年度
教員12	4	2011-2015
教員9	4	2008-2014
教員24	4	2006-2011
教員15	4	2005-2015
教員8	4	2003-2013
教員6	4	2003-2011
教員39	4	2000-2013
教員14	4	2000-2012
教員22	4	1999-2011
教員10	4	1997-2015
教員21	4	1995-2011
教員3	4	1995-2006
教員18	4	1990-2008
教員7	3	2010-2015
教員23	3	2007-2013
教員35	3	2007-2013
教員31	3	2006-2013
教員5	3	2005-2015
教員26	3	2004-2013
教員4	3	2001-2010
教員16	3	2000-2013
教員25	3	1999-2013
教員37	3	1999-2007
教員19	3	1997-2001
教員20	3	1992-1992
教員17	3	1991-1999
教員36	2	2009-2012
教員38	2	2002-2010
教員33	2	2002-2010
教員32	2	1990-2007
教員34	2	1990-2002
教員11	1	1999-2006

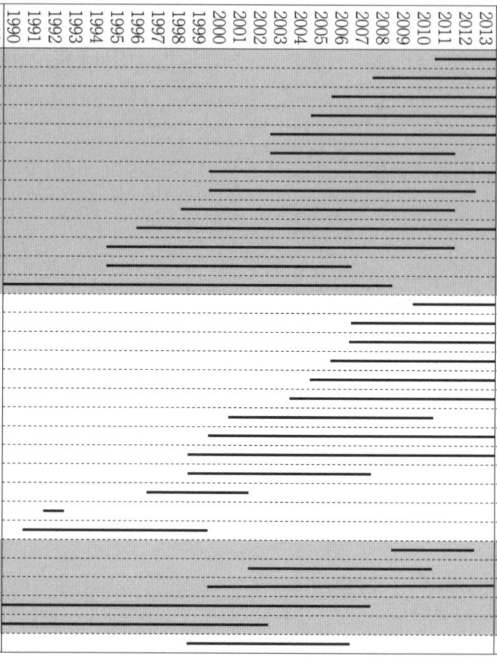

（注）1990年度～2013年度の間で各教員が長期または短期の専門家として最初に派遣された年度から最後に派遣された年度までの間を，その教員がODA事業に参加した期間として黒線で示した。
インパクト指標4：研究活動へのインパクトが非常に大きい。
インパクト指標3：研究活動へのインパクトはある程度ある。
インパクト指標2：研究活動へのインパクトはわずかだがある。
インパクト指標1：研究活動へのインパクトは全くない。

図4-3　留学生受け入れへのインパクトと教員の専門家派遣時期の関係
（出典）筆者作成。

　以上に，教員のODA参加が，研究室レベルの留学生受け入れにどのようなインパクトをおよぼしているのかをみてきた。そこからは，JICAの工学系高等教育協力に参加した大学教員の8割においては，ODA事業への参加が大学院レベルの留学生受け入れにつながり，各教員の研究活動や日本人学生の国際性涵養にプラスの効果をうんでいる状況が浮かびあがる。特に，ODA事業への参加と教員の研究活動が密接に関係している教員の場合は，留学生の受け入れが教員の研究活動に貢献し，さらに帰国後には現地の研究協力者となることが期待されている。また，日本の工学系の研究室では，博士課程の学生が，研究室の研究活動や教育活動において教授を補佐する重要な役割を果たすが，日本人学生の博士課程進学者が少ないため，その不足を博士課程の留学生が補っ

ているのが現状である。そのため，ODA事業への参加をつうじて優秀な博士課程の留学生を確保することは，研究室の活動を維持するうえで，教員にとって大きな意味がある。こうした留学生受け入れによるODAのプラスの効果は，1990年代前半より始まっていた。

4.1.3　日本人学生のグローバル教育へのインパクト

　大学教員にとってのODA参加のメリットは，これまで述べてきた途上国に関連する研究活動の促進や途上国からの留学生の獲得に加えて，日本人学生向けのグローバル教育へのインパクトがインタビューでは語られた。ここではこの点について検証する。大学教員のODA参加にともなって増加した留学生が，研究室の国際的な環境づくりに貢献し，結果として日本人学生に良い影響を与えていることは，4.1.2「留学生受け入れへのインパクト」で述べたとおりである。しかしそれ以外にも，教員のODAプロジェクトへの参加を契機として，途上国への短期研修など日本人学生が直接に途上国を訪問する機会が生まれて，研究室レベルの国際的な教育活動が増加している。**表4-7**は，大学教員へのインタビューにおいて語られた，このような日本人学生へのグローバル教育のインパクトに関する回答を要約して示したものである。なお，このような日本人学生のグローバル教育への直接的なインパクトは，教員の研究活動や研究室レベルの留学生受け入れに比べると，インタビューにおいて語られることが比較的少なかった（**表4-7**の12人のみ）。さらに，グローバル教育は研究活動や留学生受け入れに比べて活動の種類が多様であるため，インパクトの大きさを相対的に評価して指標に表すことが難しかった。そのため，指標化はおこなっていない。

インパクトがあった例

　32人のインタビュー対象者のうち10人は，ODA事業によって築かれた途上国の大学や教員とのネットワークを活用し，短期研修，フィールドワーク，実務研修，インターンシップ，学生交流などの名前でよばれる，学生の短期海外渡航プログラムを企画し実施している。これらの短期現地研修を実施している複数の教員は，成長が著しいアセアンの国々への訪問経験は日本人学生の就職やその後の職業生活にも役立つものだと述べて，教員の途上国へのかかわりが，日本人学生への教育においてプラスの効果を発揮していることを示している。次は，その具体的な発言の事例である。

表 4-7　ODA 参加による日本人学生のグローバル教育へのインパクト

インタビュー対象者	インタビュー回答要約	短期海外研修の企画
教員 7	• JICA 事業への参加をきっかけに，エジプトへの短期研修旅行（現地で日本とエジプトの学生コンペ実施）を企画した。	○
教員 8	• 本研究科では途上国でのフィールドワークが必修科目であり，主に ODA でつながりのある東南アジアの大学と連携してプログラムを組んでいる。	○
教員 10	• ODA 事業は，日本人学生の海外送り出しの受け皿開拓につながった。しかし，工学系学生は線が細く，途上国を敬遠する側面もある。一方で，学生を採用する企業側は学生の途上国経験を高く評価し，就職に有利である。	○
教員 11	• JICA プロジェクトで形成された大学教員ネットワークをもとに，日本人学生の短期海外研修を企画している。	○
教員 12	• JICA プロジェクトをつうじて，研究科の学生に国際学会で発表をさせるなど，日本人学生のグローバルな教育推進の点でもプラスになっている。 • 短期交換留学や長期留学においては，本学よりもレベルの高い大学へ行かせたい。	
教員 15	• 日本人学生の海外学生交流や海外実務訓練（インターンシップ）を実施しているが，アセアンなどの途上国を知ることは，日本人学生の将来の職業生活においても重要である。	○
教員 20	• カンボジアに日本人大学院生を現地調査に数回連れて行ったが，貴重な経験をさせることができた。途上国を知ることは，日本人学生の将来の仕事に役立つ。	○
教員 33	• ラオスで短期海外研修を実施し，現地でロボコンを開催し，日本人学生を参加させた。	○
教員 34	• 1990 年代末から，JICA プロジェクトの相手大学との双方向の学生交流をおこなっており，双方の学生に好評である。	○
教員 35	• JICA 事業のなかで，学生に国際会議発表をさせたが，学生の大きな自信につながった。	○
教員 37	• KMITL と学部レベルの交流が盛んであり，国際シンポジウムを開催している。日本人学生にも有意義な経験になっている。	○
教員 38	• 日本人学生の関心はやはり欧米中心であるので，意図的に途上国の大学との国際会議などを開催して，日本人学生に途上国との接触の機会を与えることが重要である。	

（出典）インタビュー結果から筆者作成。

　　フィリピン大学 IT 研修センター〔かつて JICA 技術協力により設立支援実施〕のA先生とのコネクションで，今年から日本人学生の海外短期研修を企画しています。……海外で IT の研修をするというと，シリコンバレーとかもあるんですけれど，実際の日本の産業活動はシリコンバレーよりも中国，ベトナム，フィリピンなどのオフショア開発などがよくあるこ

となので，……フィリピン大学 IT 研修センターは日系企業との関係が深く，その辺を絡めてやります。……これも A 先生とのコネクションのおかげなので，そういう意味では，日本人学生への教育活動にも〔JICA プロジェクトへの参加が〕本当に貢献しています。(教員 11)

日本人の学生にグローバル化をやれと口で言ったって駄目で，実際に〔海外に〕連れて行くとか，何人も連れて行ったりしていますので，そういうことで刺激を与えています。〔JICA 事業参加により〕非常に良いきっかけをいただいた。……うちの大学はあまり自信のない学生が多いのですが，国際交流の場に無理やり連れて行って発表させることにより，一段と育つというのは間違いありません。「自分たちは結構いけるのではないか」という思いを持たせるという意味では，国際的なディスカッションの場に出ることは大変よい刺激になっています。(教員 35)

インパクトがなかった例

一方で，インタビューにおいて，少数ではあるが，ODA 支援の対象である，もしくは ODA 支援の対象であった途上国の大学は日本人学生の研修先や留学先に適しておらず，日本人学生はむしろ先進国やアジアのトップ大学に行くべきであるとの声もあった。

日本人学生の派遣先としてアセアンは第 1 候補にはならないような気がしますね。短期の交換留学でも長期の留学でも，行くのなら東工大よりもレベルが高いところに行かせたいというのがある。ただ，分野によってはちょっと違っていて，たとえばタイで洪水があった時など，タイに行ったほうが現地のことがよくわかるしデータも取りやすい。分野によっては東南アジアに行かせるというのは重要になることもありますね。でもそれは学生のマジョリティ〔大多数〕ではない。(教員 12)

4.1.4 所属大学および ODA 参加のイニシアティブによるインパクトの発現の違い

これまでみてきたとおり，大学教員の ODA 参加は，主に教員の研究活動や研究室レベルでの留学生受け入れ，さらには日本人学生のグローバル教育にプラスのインパクトをうんでいる。では，そうした ODA 参加のインパクトの強

さは，所属大学により異なっているのだろうか。また，だれの指示によって
ODA に参加したのかというような，ODA 参加のイニシアティブによって異な
っているのだろうか。ここでは，どのような特性の教員のどのような ODA 参
加の場合に，ODA 参加のメリットがより強く発現するのかを調べる。具体的
には，ODA 参加のインパクトと教員の所属大学との関係，さらに ODA 参加
のインパクトと ODA 参加のイニシアティブとの関係を分析する。

分析の方法

　第3章では，インタビューで得たデータや文献から，大学教員がなぜ，どの
ようにして ODA 事業に参加しているのかを調べ，大学教員の ODA 参加には
教員グループのイニシアティブによる場合と，大学経営層のイニシアティブに
よる場合があることを明らかにした。インタビューにおいては，ODA 参加の
イニシアティブを調べるために，JICA プロジェクトに専門家として参加した
経験のある大学教員に，「国際協力活動は教員主体の活動であったと思うか，
または大学主体の活動であったと思うか」，さらに「JICA 専門家としての出張
や赴任はだれから依頼されたか」について尋ねている（**表 3-2，3-3，3-6，3-7，
3-10，3-11** 参照）。前者の問いに関しては，ODA 参加は教員主体の活動と認識
している教員と大学主体の活動と認識している教員がいること，後者の問いに
関しては，専門家派遣の依頼は教員の属する教員グループからなされている場
合と大学組織からなされている場合があることがわかっている。そこで，ここ
では各大学教員がどのようなイニシアティブのもとに ODA に参加したのかを
示すデータとして，教員へのインタビューにおけるこの2つの問いに対する回
答を使用する。

　表 4-8 は，JICA の高等教育技術協力プロジェクトに参加した32人の教員そ
れぞれについて，ODA 参加のインパクト，各教員の所属大学，第3章で分析
した ODA 参加のイニシアティブを一覧表にしたものである。ODA 参加のイ
ンパクトについては，研究活動と留学生受け入れのそれぞれについてインパク
トの大きさを示す指標（**表 4-2，4-4** 参照）を，ODA 参加のイニシアティブにつ
いては，ODA 活動についての教員の認識と JICA 専門家派遣の依頼者につい
ての2つの問いの答え（**表 3-2，3-3，3-6，3-7，3-10，3-11** 参照）を示している。
この表を使って，ODA 参加のインパクトと所属大学，さらに ODA 参加のイ
ンパクトとイニシアティブの関係について分析する。

表 4-8　ODA 参加のインパクトと ODA 参加のイニシアティブの一覧表

インタビュー対象者	ODA 参加のインパクト		所属大学	ODA 参加のイニシアティブ	
	研究活動	留学生受け入れ		ODA 活動についての教員の認識	専門家派遣の依頼者
教員 3	1	4	東京工業大学	教員主体の活動	教員グループからの依頼
教員 4	2	3	東京工業大学	教員主体の活動	教員グループからの依頼
教員 5	1	3	東京工業大学	教員主体の活動	教員グループからの依頼
教員 6	3	4	東京工業大学	教員主体の活動	教員グループからの依頼
教員 7	2	3	東京工業大学	教員主体の活動	大学組織からの依頼
教員 8	4	4	東京工業大学	教員主体の活動	教員グループからの依頼
教員 9	4	4	東京工業大学	教員主体の活動	教員グループからの依頼
教員 10	4	4	東京工業大学	教員主体の活動	教員グループからの依頼
教員 11	3	1	東京工業大学	教員主体の活動	教員グループからの依頼
教員 12	4	4	東京工業大学	大学主体の活動	教員グループからの依頼
教員 14	2	4	豊橋技術科学大学	大学主体の活動	大学組織からの依頼
教員 15	2	4	豊橋技術科学大学	大学主体の活動	大学組織からの依頼
教員 16	3	3	豊橋技術科学大学	大学主体の活動	教員グループからの依頼
教員 17	1	3	豊橋技術科学大学	大学主体の活動	大学組織からの依頼
教員 18	1	4	豊橋技術科学大学	大学主体の活動	大学組織からの依頼
教員 19	4	3	豊橋技術科学大学	教員主体の活動	教員グループからの依頼
教員 20	2	3	豊橋技術科学大学	教員主体の活動	教員グループからの依頼
教員 21	1	4	豊橋技術科学大学	大学主体の活動	大学組織からの依頼
教員 22	1	4	豊橋技術科学大学	教員主体の活動	大学組織からの依頼
教員 23	1	3	豊橋技術科学大学	教員主体の活動	大学組織からの依頼
教員 24	4	4	豊橋技術科学大学	教員主体の活動	大学組織からの依頼
教員 25	4	3	豊橋技術科学大学	教員主体の活動	教員グループからの依頼
教員 26	2	3	豊橋技術科学大学	教員主体の活動	教員グループからの依頼
教員 31	1	3	東海大学	大学主体の活動	大学組織からの依頼
教員 32	1	2	東海大学	大学主体の活動	大学組織からの依頼
教員 33	3	2	東海大学	大学主体の活動	教員グループからの依頼
教員 34	1	2	東海大学	大学主体の活動	大学組織からの依頼
教員 35	3	3	東海大学	教員主体の活動	大学組織からの依頼
教員 36	3	2	東海大学	大学主体の活動	教員グループからの依頼
教員 37	1	3	東海大学	大学主体の活動	大学組織からの依頼

| 教員38 | 1 | 2 | 東海大学 | 大学主体の活動 | 大学組織からの依頼 |
| 教員39 | 3 | 4 | 東海大学 | 大学主体の活動 | 大学組織からの依頼 |

(注)
- ODA参加のインパクト（研究活動/留学生受け入れ）の欄の指標は次を示す。
  （**表4-2**と**表4-4**から転記。）
  インパクト指標4：研究活動/留学生受け入れへのインパクトが非常に大きい。
  インパクト指標3：研究活動/留学生受け入れへのインパクトはある程度ある。
  インパクト指標2：研究活動/留学生受け入れへのインパクトはわずかだがある。
  インパクト指標1：研究活動/留学生受け入れへのインパクトは全くない。
- ODA参加のイニシアティブの欄の記載は次を示す。
  （**表3-2, 3-3, 3-6, 3-7, 3-10, 3-11**から転記。）
  ODA活動についての教員の認識：「国際協力活動は教員主体の活動であったと思うか，または大学主体の活動であったと思うか」の問いに対する答え。
  専門家派遣の依頼者：「JICA専門家としての出張や赴任はだれから依頼されたか」の問いに対する答え[4]。

(出典) インタビュー結果から筆者作成。

教員の所属大学とインパクトの関係

　まず，教員の所属大学ごとに，ODA参加のインパクトがどのように違うのかを調べる（**表4-9**参照）。ODA参加が研究活動にもたらしたインパクト指標の所属大学ごとの平均値は，東京工業大学が2.80で最も大きく，豊橋技術科学大学が2.15，東海大学が1.89の順である。東京工業大学は国際的な研究活動が多くおこなわれている研究型の大学であり，教員グループのイニシアティブによって途上国に学術的な関心を持つ工学分野の教員グループがODAに参加していることは第3章で明らかにしたとおりである。したがって，研究活動が盛んな東京工業大学の教員が，途上国への学術関心を動機としてODAに参加し，自分の研究活動とODA事業を連携させて取り組み，その結果，自分の研究活動へのインパクトが大きいことは，想像に難くない。

　次に，ODA参加が研究室レベルの留学生受け入れにもたらしたインパクトを，教員の所属大学ごとに比べる（**表4-9**参照）。教員の所属大学ごとの平均値は，豊橋技術科学大学が最も高く3.46であり，東京工業大学もほぼ同程度の3.40を示し，東海大学教員では2.56である。教員のODA参加は途上国の教員や大学とのネットワークを構築し，そのネットワークをつうじて，特に博士課程の留学生を教員の研究室に受け入れることにつながっている。東京工業大学と豊橋技術科学大学では，博士課程で留学生の割合が高く（東京工業大学で約30%，豊橋技術科学大学で約45%，**表4-6**参照），研究室の運営は外国人留学生にある程度依存している現実がある。一方で，東海大学では，そもそも博士課程の規模は小さく，また大学院レベルでの留学生の割合は約15%でそのほとんどは修士課程の留学生である。そのため，ODA参加による留学生受け入れへ

表 4-9　所属大学別の研究活動 / 留学生受け入れへのインパクト

	研究活動へのインパクトの平均値	標準偏差	留学生受け入れへのインパクトの平均値	標準偏差
東京工業大学の教員（10 人）	2.80	1.23	3.40	0.97
豊橋技術科学大学の教員（13 人）	2.15	1.21	3.46	0.52
東海大学の教員（9 人）	1.89	1.05	2.56	0.73

（出典）筆者作成。

のインパクトは，博士課程の留学生割合が最も高い豊橋技術科学大学では非常に高く，その次に東京工業大学が高く，博士課程の留学生の少ない東海大学の教員においてはそれほど高くないのである。

ODA 参加のイニシアティブと研究インパクトの関係

　では，教員の所属大学ではなく，教員がどのようにして ODA に参加したのか――教員グループのイニシアティブによって参加したのか，それとも大学経営層のイニシアティブによって参加したのか――の観点から ODA 参加のインパクトを調べると，どのような結果が得られるのであろうか。上述したとおり，(1)「ODA 活動は教員主体の活動であったと思うか，または大学主体の活動であったと思うか」の質問によって，ODA 参加は教員主体の活動と認識している教員（16 人）と ODA 参加は大学主体の活動と認識している教員（16 人）に分け，また，(2)「JICA 専門家としての出張や赴任はだれから依頼されたか」の質問によって，教員グループからの協力依頼であった教員（16 人）と大学組織からの協力依頼であった教員（16 人）に分けて，ODA 参加のインパクトの平均値を求めた（**表 4-10** 参照）。それによると，研究活動へのインパクトは，ODA 活動を教員主体の活動と認識している教員の平均値が 2.75 であるのに対し，大学主体の活動と認識している教員の平均値は 1.81 でより低い。同様に，教員グループから専門家派遣を依頼された教員と，大学組織から専門家派遣を依頼された教員とで，研究活動へのインパクトの平均値を比べると，前者が 2.94 であるのに対し，後者が 1.63 でより小さい値を示している。また，「ODA は教員主体の活動だと認識している教員」を 1 とし，「大学主体の活動だと認識している教員」を 0 として，研究インパクト指標との相関を求めると相関係数は 0.40 である。同様に，「教員グループからの依頼で ODA に参加した教員」を 1 とし，「大学の組織的な依頼で ODA に参加した教員」を 0 として，研究活動へのインパクト指標との相関係数を求めると 0.56 であった。したがって，

第 4 章　ODA 参加のインパクト　　185

ODA 参加のイニシアティブと研究インパクトの発現には，中程度の相関が認められる。これらの結果から，教員グループのイニシアティブにより ODA 事業に参加した教員が，高い研究活動へのインパクトを示す傾向にあることがわかる。第 3 章では，ODA 参加には教員グループのイニシアティブによるものと大学経営層のイニシアティブによるものがあり，教員グループのイニシアティブによる参加は途上国への研究関心にもとづく傾向にあることを明らかにした。**表 4-10** で示された，教員グループのイニシアティブにより ODA に参加した教員のほうが，高い研究活動へのインパクトを示していることは，第 3 章で明らかにした ODA 参加の動機と平仄があっている。

表 4-10　ODA 参加イニシアティブ別の研究活動へのインパクト

(1) ODA 参加は教員主体の活動と認識している教員と大学主体の活動と認識している教員

	研究活動へのインパクトの平均値	標準偏差	相関係数
ODA 参加は教員主体の活動と認識している教員（16 人）	2.75	1.18	0.40
ODA 参加は大学主体の活動と認識している教員（16 人）	1.81	1.05	

(2) 専門家派遣が教員グループからの依頼であった教員と大学組織からの依頼であった教員

	研究活動へのインパクトの平均値	標準偏差	相関係数
教員グループからの協力依頼であった教員（16 人）	2.94	1.06	0.56
大学組織からの協力依頼であった教員（16 人）	1.63	0.96	

（出典）筆者作成。

ODA 参加のイニシアティブと留学生受け入れインパクトの関係

最後に，ODA 参加のイニシアティブと留学生受け入れへのインパクトの関係を分析する。**表 4-11** は，上記の研究活動へのインパクトの例と同様に，「国際協力活動は教員主体の活動であったと思うか，または大学主体の活動であったと思うか」の質問によって，教員を（1）ODA 参加は教員主体の活動と認識している教員（16 人）と ODA 参加は大学主体の活動と認識している教員（16 人）に分け，また，「JICA 専門家としての出張や赴任はだれから依頼されたか」の質問によって，（2）教員グループからの協力依頼であった教員（16 人）と大学組織からの協力依頼であった教員（16 人）に分けて，留学生受け入れへのインパクトの平均値を求めたものである。結果は，留学生受け入れへのインパクトの平均値は，ODA 事業は教員主体の活動だと認識している教員では 3.31，

大学主体の活動だと認識している教員では 3.06 で，両者の差は大きくなく，また教員グループからの依頼で ODA に参加した教員では 3.13，大学組織からの依頼で ODA に参加した教員では 3.25 で，この両者の間でも差も大きくない。また，「ODA は教員主体の活動だと認識している教員」を 1 とし，「大学主体の活動だと認識している教員」を 0 として，留学生受け入れインパクト指標との相関を求めると相関係数は 0.15 である。同様に，「教員グループからの依頼で ODA に参加した教員」を 1 とし，「大学の組織的な依頼で ODA に参加した教員」を 0 として，留学生受け入れインパクト指標との相関係数を求めると－0.08 であった。したがって，ODA 参加のイニシアティブと留学生受け入れインパクトの発現には，まったく相関がみられない。だれのイニシアティブによって ODA に参加したかは留学生受け入れのインパクトにほとんど影響をおよぼしていないと思われる。

表 4-11　ODA 参加イニシアティブ別の留学生受け入れへのインパクト

(1) ODA 参加は教員主体の活動と認識している教員と大学主体の活動と認識している教員

	留学生受け入れへのインパクトの平均値	標準偏差	相関係数
ODA 参加は教員主体の活動と認識している教員（16 人）	3.31	0.79	0.15
ODA 参加は大学主体の活動と認識している教員（16 人）	3.06	0.85	

(2) 専門家派遣が教員グループからの依頼であった教員と大学組織からの依頼であった教員

	留学生受け入れへのインパクトの平均値	標準偏差	相関係数
教員グループからの依頼であった教員（16 人）	3.13	0.89	－0.08
大学組織からの依頼であった教員（16 人）	3.25	0.77	

（出典）筆者作成。

4.2　大学全体へのインパクト

　本節では，大学教員の ODA 参加が，教員個人ではなく，大学全体の国際化にどのような影響を与えているのかを調べる。第 4 章の冒頭に記したとおり，大学全体の国際化へのインパクトとしては，留学生受け入れと海外の大学との国際連携への影響が想定されるので，この 2 つの側面についてそれぞれ検討する。

4.2.1 留学生受け入れへのインパクト

東京工業大学，豊橋技術科学大学，東海大学の留学生受け入れ事業への
ODA 参加の影響を調べるために，3 大学それぞれについて，まず留学生の推
移を概観したのちに，国別の留学生受け入れの状況を分析する。分析にあたっ
ては，各大学の留学生事業に関する文献や統計資料を主として使用し，大学教
員と職員へのインタビューにおける発言も一部に引用している。

4.2.1.1 東京工業大学

留学生受け入れの概観

東京工業大学の留学生受け入れの歴史は古い。東京工業大学の留学生事業は，
大学昇格前の 1896 年に朝鮮から，1901 年に清国からの留学生を受け入れたこ
とに始まり，戦前の 1932 年時点で 700 人を超える外国人卒業生を輩出してい
た（東京工業大学 2011c）。戦後は，1952 年にインドネシア政府派遣留学生を受
け入れたことをはじめとして（佐藤（由）・新井 2006），留学生数は 1965 年に
60 人（全学生の 1 ％を占める）を，1985 年に 300 人（同 5 ％）を，2007 年に
1,000 人（同 9 ％）を超え，2013 年には 1,255 人（同 11％）の留学生が在籍して
いる。留学生増加のための取り組みとしては，1990 年代に開始した 2 つの教育
プログラムが特筆される。そのひとつは，「東京工業大学の将来構想」にもと
づいて，1993 年に開設された国際大学院コースである。非漢字圏からの留学生
増加をねらい，海外での受験や英語での履修を可能とする修士・博士課程で，
化学・化学工学，電気・情報工学，生命理工学等をはじめとして複数の研究科
で設置され，毎年 50〜70 人程度の留学生を受け入れた（東京工業大学 2011c）。
もうひとつは，1995 年に開設された開発システム工学科（さらに 1999 年には国
際開発工学専攻設置）である。この課程は途上国開発を担う人材の育成を目的と
し，化学工学，機械，電気，土木の 4 コースからなり，留学生と日本人学生そ
れぞれ 20 人ずつで構成された[5]。1990 年以降の留学生数は，1994 年から 1997
年の間と 2003 年以降に大きく増加したが，佐藤（由）・新井（2006）は前者は
1993 年の国際大学院コースと 1995 年の開発システム工学科の開設によるもの
であり，後者は 2002 年に国際室を設置し海外大学とのネットワーク化構築や
研究教育環境の国際化を推進した効果だと説明している。

図 4-4 は，1985 年から 2014 年までの教育課程別留学生数の推移である。こ
の図からもわかるとおり，留学生のうち最も多いのは博士課程の留学生であり，

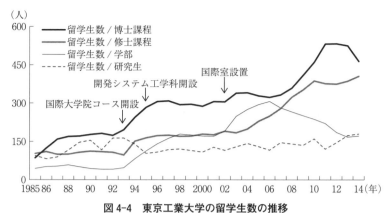

図 4-4　東京工業大学の留学生数の推移
(出典) 東京工業大学 (1985〜1992, 1993a, 1994, 1995a, 1996〜1998, 1999a, 2000〜2001, 2002a〜2012a, 2012b, 2014a, 2014b) をもとに筆者作成。

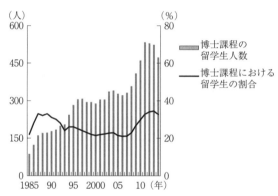

図 4-5　東京工業大学博士課程の留学生数と学生数に占める割合の推移
(出典) 図 4-4 に同じ。

留学生全体の 30％〜40％を占めている。そのため，東京工業大学の博士課程では学生全体の 20〜35％が留学生であり，留学生の割合の高さが際立っている (図 4-5 参照)。一方で，修士課程では留学生の割合は 5％〜10％程度，学部レベルでは 1％〜5％程度である。

　地域別の内訳 (図 4-6 参照) では，中国[6]／韓国／台湾からの留学生が大半を占める。しかしながら，1985 年に約 70％であったこれら 3 国からの留学生のシェアは，2014 年には約 50％にまで減った。その一方で，1985 年に約 15％であった東南アジアからの留学生の割合が，2014 年には 30％弱にまで伸びて，東南アジア諸国の留学生の割合が増加した。

第 4 章　ODA 参加のインパクト　｜　189

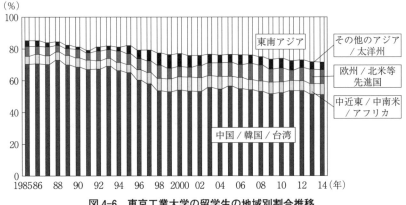

図 4-6　東京工業大学の留学生の地域別割合推移
(出典) 図 4-4 に同じ。

　次に，東京工業大学の留学生受け入れの特徴を国別にみてみると，タイ，インドネシアをはじめとする東南アジア諸国からの留学生の割合が比較的大きい。**表 4-12** は，東京工業大学の国別留学生数（国別人数の上位 20 ヶ国）を示した表である。日本全体の国別留学生数も参考までに付記した。日本全体の留学生では，中国からの留学生が 60％を，韓国からの留学生が 12％を，ベトナムからの留学生が 4％を占めているほかは，いずれの国も数％以下のシェアである。一方，東京工業大学では中国からの留学生の割合は 40％程度にとどまり，タイ 9.6％（全国値 1.7％），インドネシア 6.3％（全国値 1.7％），ベトナム 5.6％（全国値 4.3％），マレーシア 3.0％（全国値 1.7％）といった東南アジア諸国のシェアが，日本全体の留学生国別割合に比べて大きい。これらの国はいずれも，東京工業大学の教員が JICA の高等教育技術協力プロジェクトに参加していた国と重なっている。そこで，東京工業大学の留学生受け入れ上位 20 ヶ国のうち東京工業大学教員が JICA 高等教育技術協力プロジェクトに参加してきたタイ，インドネシア，ベトナム，マレーシア，フィリピンについて，より詳細に検討する。

タイ，インドネシア，ベトナム，マレーシア，フィリピンの国別留学生数推移

　図 4-7 から**図 4-11** までは，タイ，インドネシア，ベトナム，マレーシア，フィリピンの 5 ヶ国について，東京工業大学における 1985 年から 2014 年までの国別の留学生割合と留学生数（いずれも学部／修士課程／博士課程別）の推移を示したものである。これらの 5 ヶ国は，東京工業大学教員が JICA の技術協力

表 4-12 東京工業大学の留学生の国別割合と人数

（2010 年～2014 年平均，上位 20 ヶ国）

| 順位 | 国名 | 東京工業大学 | | | | | | | | | 日本全体 | |
| | | 国別割合（％） | | | | 留学生数（人） | | | | | 国別割合（％） | 留学生数（人） |
		合計	学部	修士	博士	合計	学部	修士	博士	研究生／専門学位		
1	中国	39.7%	44.7%	45.3%	35.2%	493	88	175	177	53	60.6%	83,941
2	韓国	11.1%	16.9%	8.5%	12.4%	138	33	33	62	9	12.1%	16,747
3	タイ	9.6%	4.0%	12.6%	10.3%	119	8	49	52	10	1.7%	2,410
4	インドネシア	6.3%	4.5%	5.3%	7.9%	78	9	21	40	9	1.7%	2,349
5	ベトナム	5.6%	13.0%	5.9%	4.0%	70	26	23	20	1	4.3%	5,893
6	マレーシア	3.0%	6.2%	2.3%	2.6%	37	12	9	13	3	1.7%	2,371
7	フィリピン	1.6%	0.1%	1.2%	2.6%	19	0	5	13	1	0.4%	514
8	台湾	1.5%	0.0%	1.2%	2.0%	19	0	5	10	4	3.5%	4,835
9	アメリカ	1.4%	0.0%	1.8%	1.2%	17	0	7	6	4	1.4%	1,999
10	モンゴル	1.3%	2.7%	1.4%	0.9%	16	5	5	4	0	0.9%	1,185
11	バングラデシュ	1.0%	0.9%	0.8%	1.5%	12	2	3	7	0	0.8%	1,123
12	フランス	0.9%	0.0%	0.6%	0.6%	11	0	2	3	6	0.5%	720
12	スリランカ	0.9%	0.9%	0.9%	1.1%	11	2	4	5	1	0.6%	776
14	ドイツ	0.9%	0.0%	0.1%	0.4%	11	0	0	2	8	0.4%	557
15	イラン	0.8%	0.7%	0.2%	1.4%	10	1	1	7	1	―	―
16	ブラジル	0.8%	0.7%	0.5%	1.0%	10	1	2	5	2	0.2%	316
16	トルコ	0.8%	0.0%	0.8%	1.1%	10	0	3	6	1	―	―
18	インド	0.7%	0.5%	0.6%	0.8%	9	1	2	4	2	0.4%	568
19	カンボジア	0.7%	0.6%	1.0%	1.0%	9	1	3	5	0	0.2%	335
20	スウェーデン	0.7%	0.0%	0.2%	0.4%	9	0	1	2	6	0.2%	241
	総数	100.0%	100.0%	100.0%	100.0%	1,244	198	386	503	158	100.0%	138,462

（注）網掛けの欄は，東京工業大学教員が JICA 高等教育技術協力プロジェクトに参加した国を示す。日本全体の留学生数は日本の高等教育機関に在籍する外国人留学生数。東京工業大学留学生，日本全体の留学生のいずれも，2010 年から 2014 年までの平均値。
（出典）次のデータをもとに筆者作成。
　　　　東京工業大学の国別留学生数の出所：**図 4-4** に同じ。
　　　　日本全体の国別留学生数の出所：日本学生支援機構（2011～2015）。

プロジェクトに参加した主な国であり，それぞれの国でのJICA技術協力プロジェクトの実施時期を，国別の図の下に付記した。またあわせて，東京工業大学独自の留学生受け入れ関連事業の実施時期も記した。これらの図からは，国別の留学生数（**図4-7**〜**図4-11**の棒グラフ）の推移が，**図4-4**に掲げた東京工業大学の全留学生数の推移と必ずしも同じではなく，国ごとにも教育課程ごとにもそれぞれ異なるパターンを示していることがわかる。また，学部，修士課程，博士課程それぞれにおける留学生の国別シェア（**図4-7**〜**図4-11**の折れ線グラフ）も同様に多様な傾向を示している。

図4-7から**図4-11**において，留学生の推移とJICA技術教育プロジェクトの実施時期を比べると，次のような共通する相関が観察される。タイとインドネシアでは，1980年代より日本学術振興会の拠点大学交流事業がおこなわれ，1990年前後から複数のJICAプロジェクトが実施されてきたが，この両国については，博士課程の国別シェアが1990年頃にすでに5％前後であり，2010年代にかけて徐々に10％程度にまで微増している。一方で，2000年代以降，JICAプロジェクトが開始されたベトナム，マレーシア，フィリピンについては，博士課程留学生は1990年代まではきわめて少ないが，2000年代からは数％から5％弱にシェアを伸ばしている。また，これら5ヶ国のいずれにおいても，修士課程や学部の留学生の国別シェアの変化とJICA事業の実施時期とは，多くの場合，相関していない。このことから，東京工業大学教員のJICA事業参加は，主に博士課程の留学生の増加に貢献している一方で，修士課程や学部の留学生の増加には影響していないものと思われる。

博士課程の留学生の拡大には，教員の国際的なネットワークが重要な役割を果たす。博士課程の留学生は，所属する大学や指導する教員の国際的なネットワークをつうじて留学先大学を決めることが多い。東京工業大学の留学生の4割は博士課程の留学生であるので，教員のODA事業参加により形成された途上国の大学や教員とのネットワークが，途上国からの留学生を呼び寄せることにつながっているのである。このことは，東京工業大学教員のインタビューにおいても，たびたび指摘された点であった。

　　優秀な留学生を採るためには，教員のネットワークが相当に重要です。ただ東工大だから留学生が来るわけではなく，先生方のきめ細かなネットワークが代々続いていかないと〔留学生は来ない〕。急にというわけにはいかないのです。（教員4）

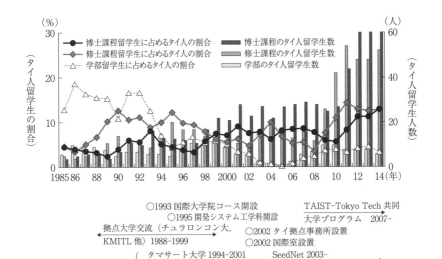

図 4-7 東京工業大学のタイ人留学生の人数とシェアの推移

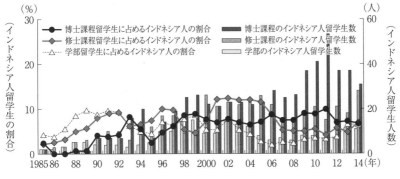

図 4-8 東京工業大学のインドネシア人留学生の人数とシェアの推移

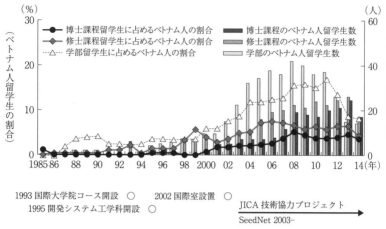

図 4-9　東京工業大学のベトナム人留学生の人数とシェアの推移

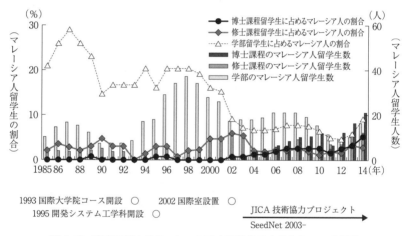

図 4-10　東京工業大学のマレーシア人留学生の人数とシェアの推移

　東京工業大学の教員へのインタビューでは，多くの教員が，ODA 参加は特に博士課程の留学生受け入れにつながり，教員の研究活動や教育活動にプラスの効果をもたらしたと述べ，ODA 参加が留学生受け入れにプラスの効果があったとする認識は非常に強かった（4.1.2 参照）。そして，JICA 技術協力プロジェクトが実施されたタイ，インドネシア，ベトナム，マレーシア，フィリピンの留学生受け入れ推移の全学レベルのデータを検証すると，教員の ODA 参加時期と，微増ではあるが博士課程留学生の増加時期とは符合している。

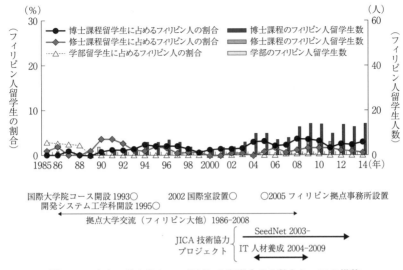

図 4-11 東京工業大学のフィリピン人留学生の人数とシェアの推移
(図 4-7〜4-11 の出典) 図 4-4 に同じ。

留学生受け入れ方針との関係

では，東京工業大学は，教員の ODA 参加と留学生受け入れの関係について，大学としてどのような方針や認識を持っていたのであろうか。まず，留学生事業に関する大学の方針については，**表 4-13** に掲げたとおり，優秀な留学生を世界の理工系トップ大学から受け入れることに重点がおかれてきた。そのため，ODA の対象である東南アジアの大学は，これらの留学生事業の方針文書には表れていない。

また，教員の ODA 参加と留学生受け入れの関係について，東京工業大学の公開されている文書のなかで言及されたものはきわめて少ない。1993 年から 2010 年の間の 5 回にわたる大学の自己評価報告書（東京工業大学 1993b，1995b，1999b，2002b，2010c）や平成 26 年度スーパーグローバル大学創成支援構想調書（東京工業大学 2014d）では，留学生受け入れに関し国際大学院コース／プログラム設置の効果などがあげられているが，ODA 事業と留学生受け入れの関連については記述されていない。

表 4-13　東京工業大学の留学生事業に関する方針

年度	留学生事業に関する方針
2003	**東京工業大学の国際化戦略（国際化ポリシーペーパー）** • 世界からもっと優れた留学生を集めるため，……戦略的に重要な大学や地域を優先して，計画的に受け入れを進める。
2004	**第 1 期中期目標 / 計画** • 世界一流の諸大学との研究交流および学生を含めた人的交流促進を図る。
2009	**東京工業大学の将来構想（東工大ビジョン 2009）** • 地域別の留学生獲得戦略を策定し，質の高い留学生の確保に取り組む。中・東欧からの留学生・ポスドクの獲得を推進するとともに，欧米からの留学生を戦略的に増やす。
2010	**第 2 期中期目標 / 計画** • 世界の理工系トップ大学・研究機関との連携を大学および部局レベルで強化し，研究者および学生の交流を促進する。
2012	**東工大の国際戦略 2012** • 海外の優秀な学生のリクルートと育成。 —海外の優秀な学生をリクルートするための制度改革。 —世界トップ校からの留学生の確保。 　清華大学，KAIST，欧米やアジアの理工系トップ大学が主な対象。 —海外の優秀な学生が東工大を体験する制度整備。 —社会が求める留学生の人材育成および就職支援。
2016	**第 3 期中期目標 / 計画** • 理工系分野における知と人材の世界的環流のハブの形成（スーパーグローバル大学創成支援事業） —外国人留学生の割合を約 20%にする。 —世界の理工系トップ大学や研究機関と戦略的な連携の構築，……教職員・研究者・学生の交流をつうじて，教育・研究の国際化を推進する。

（出典）東京工業大学（2003b，2004b，2009c，2010a，2012d，2016b），文部科学省（2004a，2010a，2016a）から筆者作成。

東京工業大学における留学生受け入れインパクトのまとめ

　以上から，東京工業大学に関しては次のように判断される。JICA 高等教育技術協力プロジェクトが実施された国に関して，教員の ODA 参加が教員の国際的なネットワークの形成につながり，それが博士課程の留学生を増加させた。しかしながら，東京工業大学の留学生事業の方針は世界の理工系トップ大学から優秀な留学生を確保することであり，大学組織レベルでは ODA の留学生事業へのインパクトについての認識は薄い。

4.2.1.2　豊橋技術科学大学

東京工業大学の場合と同様に，ここでは，豊橋技術科学大学における留学生受け入れ事業へのODA参加の影響を調べるために，まず留学生の推移を概観したのちに，国別の留学生受け入れの状況を分析する。

留学生受け入れの概観

豊橋技術科学大学の国際的な活動は，1980年に最初の留学生を中国から受け入れたことに始まる（豊橋技術科学大学開学20周年記念事業委員会年史編集部会 1996）。これは第一期生入学の2年後であり，開学後の早い時期から国際的な活動が開始された。1983年には政府の10万人留学生受入計画が開始し，豊橋技術科学大学の留学生数も急速に拡大した。留学生数は1990年には100人（全学生の6％を占める）を超えた（豊橋技術科学大学工学教育国際協力研究センター 2011b）。この頃の留学生の大半は中国からの留学生であった。この時期には，留学生の増加にともなう留学生の宿舎確保や日本語教育が課題となったが，前者については1983年に国際交流会館が建設され，さらに1988年に増築されるとともに，後者については1982年に留学生向けの日本語補講が開始されるなど，問題解決の努力が払われた。留学生数は，その後も順調に伸び，2001年に180人（同8％）に達し，その後は2014年まで180人前後（同8％）を推移してい

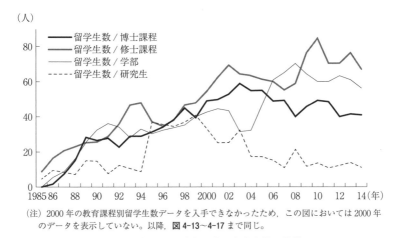

（注）2000年の教育課程別留学生数データを入手できなかったため，この図においては2000年のデータを表示していない。以降，**図4-13～4-17**まで同じ。

図4-12　豊橋技術科学大学の留学生数の推移
（出典）豊橋技術科学大学（1984～2003, 2004a～2016a）をもとに筆者作成。

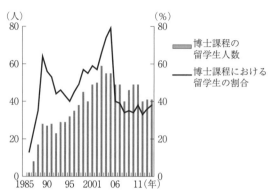

図 4-13　豊橋技術科学大学博士課程の留学生数と学生数に占める割合の推移
(出典) 図 4-12 に同じ。

る。

　豊橋技術科学大学の留学生受け入れの1つ目の特徴は，人数の上では修士課程と学部の留学生が多いことである（**図 4-12** 参照）。2000年代以降，豊橋技術科学大学の留学生全体は，修士課程留学生が30～40%，学部留学生が30%強，博士課程留学生が20～30%で構成されている。2つ目の特徴は，博士課程における留学生割合の高さである。各教育課程別の留学生割合をみると，学部レベルでは留学生の割合が5%弱，修士課程では5～10%であるのに対し，博士課程では2000年代以降の平均が50%近くにのぼり非常に大きい。博士課程留学生は人数の上では，修士課程や学部の留学生数よりも少ないが，豊橋技術科学大学の博士課程の規模が学部や修士課程に比べてそもそも小さいので，結果として博士課程では留学生の占める割合が高い。1990年代から2000年代初め頃までは，博士課程の留学生割合が50%を超える年も多く，最大では78%（2005年）にも達している（**図 4-13** 参照）。豊橋技術科学大学の博士課程の運営には留学生の受け入れが不可欠なものになっていたことがわかる。

　豊橋技術科学大学の留学生受け入れは，東南アジアからの留学生が多いことが，もうひとつの特徴である（**図 4-14** 参照）。1980年代後半に全体の半分を占めていた中国/韓国/台湾の留学生はその割合を徐々に減らし，2014年には10%を切った。その一方で，東南アジアからの留学生数は，1999年に中国/韓国/台湾からの留学生数を抜いて全体の40%になり，さらに2014年には70%を占めるにいたっている。東南アジアのシェアの拡大は，主にマレーシア，インドネシアなどの国からの留学生の増加によるものであった。1990年代には，

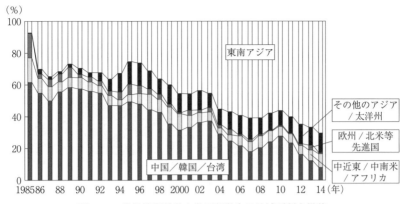

図 4-14　豊橋技術科学大学の留学生の地域別割合推移
(出典) 図 4-12 に同じ．

大規模なマレーシア政府派遣留学生事業がおこなわれたことに加えて，HEDS プロジェクト等によりインドネシアの大学との交流が深まったことがその要因であった．

では，国別の留学生受け入れの状況はどのようであろうか．**表 4-14** は，留学生の国別割合（上位 21 ヶ国）を示した表であるが，マレーシアの 28.5%（全国値 1.7%），インドネシアの 13.7%（全国値 1.7%），ベトナムの 12.2%（全国値 4.3%）あたりが非常に高い．日本の高等教育機関全体の留学生国別割合と比べると，豊橋技術科学大学での東南アジア出身留学生のシェアの高さがよくわかる．さらに教育課程別に国別のシェアをみると，マレーシアは学部留学生が多く，学部レベルの留学生の 2 人に 1 人はマレーシア出身である．一方，インドネシア人留学生は学部レベルで非常に少ないものの，博士課程で多く，博士課程の留学生の 3 人に 1 人がインドネシア出身である．**表 4-14** の表中に網掛けで示したマレーシア，インドネシア，ベトナム，ラオス，カンボジア，ミャンマー，スリランカ，タイは，豊橋技術科学大学教員が JICA 事業に参加した国である．これらの国の留学生数は 54 人～1 人であるが，留学生数が少ない場合には，留学生数の推移の背景を正確に理解することが難しいので，これら 8 ヶ国のうち，留学生数が 10 人以上のマレーシア，インドネシア，ベトナムに関し，教員の ODA 事業参加と留学生数の推移との関係について，次に検討する．

第 4 章　ODA 参加のインパクト　199

表 4-14　豊橋技術科学大学の留学生の国別割合と人数

（2010 年～2014 年平均，上位 21 ヶ国）

順位	国名	豊橋技術科学大学 国別割合（%）				豊橋技術科学大学 留学生数（人）					日本全体	
		合計	学部	修士	博士	合計	学部	修士	博士	研究生/専門学位	国別割合（%）	留学生数（人）
1	マレーシア	28.5%	54.5%	19.8%	14.1%	54	33	15	6	1	1.7%	2,371
2	インドネシア	13.7%	2.0%	10.1%	37.3%	26	1	7	16	1	1.7%	2,349
3	中国	12.5%	7.3%	17.9%	8.6%	24	4	13	4	2	60.6%	83,941
4	ベトナム	12.2%	17.6%	13.6%	5.0%	23	11	10	2	0	4.3%	5,893
5	韓国	4.9%	0.7%	0.5%	12.7%	9	0	0	6	3	12.1%	16,747
6	ラオス	4.5%	7.6%	4.6%	1.4%	9	5	3	1	0	―	―
7	バングラデシュ	4.4%	0.3%	7.1%	6.4%	8	0	5	3	0	0.8%	1,123
8	モンゴル	2.5%	4.3%	3.0%	0.0%	5	3	2	0	0	0.9%	1,185
9	カンボジア	2.0%	0.7%	4.1%	0.9%	4	0	3	0	0	0.2%	335
10	ミャンマー	1.7%	0.0%	4.3%	0.0%	3	0	3	0	0	0.8%	1,167
11	エジプト	1.2%	0.0%	0.3%	3.2%	2	0	0	1	1	0.2%	247
11	アフガニスタン	1.2%	0.0%	2.4%	0.0%	2	0	2	0	0	―	―
13	スリランカ	0.9%	1.3%	0.5%	1.4%	2	1	0	1	0	0.6%	776
14	ネパール	0.7%	0.0%	0.8%	1.4%	1	0	1	1	0	2.1%	2,955
14	タイ	0.7%	0.3%	1.1%	0.9%	1	0	1	0	0	1.7%	2,410
14	インド	0.7%	1.3%	1.1%	0.0%	1	1	1	0	0	0.4%	568
17	コロンビア	0.6%	0.7%	1.1%	0.0%	1	0	1	0	0	―	―
18	ウズベキスタン	0.5%	0.0%	0.8%	0.9%	1	0	0	1	0	0.2%	221
18	ブラジル	0.5%	0.3%	0.5%	0.5%	1	0	0	1	0	0.2%	316
18	タンザニア	0.5%	0.0%	0.8%	0.0%	1	0	1	0	0	―	―
18	台湾	0.5%	0.0%	0.5%	0.0%	1	0	0	0	1	3.5%	4,835
	総数	100.0%	100.0%	100.0%	100.0%	190	60	74	44	12	100.0%	138,462

（注）網掛けの欄は，豊橋技術科学大学教員が JICA 高等教育技術協力プロジェクトに参加した国を示す。日本全体の留学生数は日本の高等教育機関に在籍する外国人留学生数。豊橋技術科学大学留学生，日本全体の留学生のいずれも，2010 年から 2014 年までの平均値。

（出典）次のデータをもとに筆者作成。

豊橋技術科学大学の国別留学生数の出所：**図 4-12** に同じ。

日本全体の国別留学生数の出所：日本学生支援機構（2011～2015）。

マレーシア，インドネシア，ベトナムの国別留学生数推移

図 4-15〜図 4-17 は，マレーシア，インドネシア，ベトナムについて，1985年から 2014 年までの国別の留学生割合と留学生数（いずれも学部／修士課程／博士課程別）の推移を示したものである。東京工業大学の事例と同様に，それぞれの国での JICA 技術協力プロジェクトの実施時期と豊橋技術科学大学独自の留学生関連事業の実施時期を，国別の図の下に付記した。図 4-15〜図 4-17 をみると，留学生の人数と国別割合は，国ごとに，また教育課程ごとに異なるパターンで推移している。たとえば，マレーシアの場合は学部レベルの留学生が非常に多く，ベトナムの場合は，1990 年代には留学生はほぼ皆無である。留学生数の推移と JICA 技術協力プロジェクトの実施時期を比べると，次のような相関がみられる。マレーシアとベトナムでは，JICA プロジェクトが開始された 2000 年代に博士課程と修士課程の留学生シェアが拡大した。インドネシアでは JICA プロジェクトが実施されていた 1990 年代から博士課程でのシェアが徐々に拡大し，2000 年代には新たな JICA プロジェクトが始まるとともに博士課程留学生シェアが一層伸びた。その一方で，修士課程のシェアは 2000 年代以降むしろ減少した。いずれの国においても，学部レベルでは留学生の国

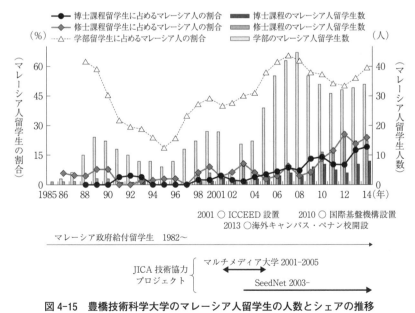

図 4-15　豊橋技術科学大学のマレーシア人留学生の人数とシェアの推移

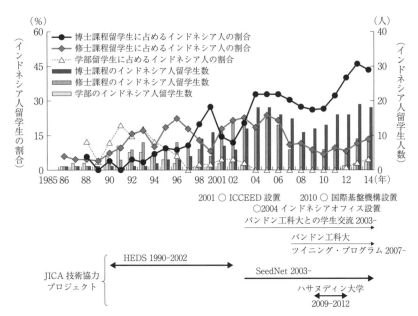

図 4-16　豊橋技術科学大学のインドネシア人留学生の人数とシェアの推移

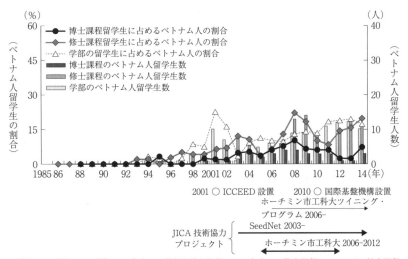

（図 4-15〜図 4-17 の注）1987 年までの学部と博士課程，1985 年までの修士課程については，教育課程ごとの留学生総数が 10 人以下であり，国別割合の値が不安定になるため表示していない。

図 4-17　豊橋技術科学大学のベトナム人留学生の人数とシェアの推移

（図 4-15〜図 4-17 の出典）図 4-12 に同じ。

202

別シェアと JICA プロジェクトの実施時期との相関は見られない。これらから，豊橋技術科学大学の教員の ODA 参加は，東京工業大学の事例と同様に，主に博士課程の留学生の増加に貢献しているものと思われる。

　豊橋技術科学大学の教員や職員は，教員の ODA 参加が大学の留学生受け入れ事業にどのような影響をおよぼしたと認識しているのであろうか。多くの教員や職員は，アセアン諸国を対象とした JICA プロジェクトへの参加が，アセアンからの留学生の受け入れ拡大につながったという認識を共有している。ODA プロジェクトへの参加をつうじて，豊橋技術科学大学の教員が途上国の大学や教員とのネットワークを構築し，それが留学生の受け入れ促進につながるという構図は，東京工業大学の教員の認識とも同じである。

　　技科大〔豊橋技術科学大学〕にとっての ODA のメリットは，やっぱり一番わかりやすいのは，留学生獲得につながったっていうことでしょうね。博士課程の外国人留学生のうち，27％だったかな（ママ）がインドネシアなんです。これはきわめて大きいんですよね。HEDS〔インドネシア高等教育開発計画〕からこの方，いろいろな付き合いが〔インドネシアの大学と〕あったから，〔インドネシア側の教員に〕「ああ，あの技科大なら」っていう安心感もあるし，こっちから見ても，「HEDS のインドネシア人のパートナー教員の勧める学生なら」っていう安心感もある。同じように，マレーシア，ベトナムなんかも……。それぞれ技科大の ODA 協力の経験がある国からは留学生がたくさん来ていて，それはつながっているんです。（職員 4 ）

　　大学への ODA の影響はあると思いますよ。留学生のほとんどがアセアンから来ているわけですよね。アセアンからこれだけたくさん来ている学校というのは，うちと長岡〔技術科学大学〕を除くとあまりないんじゃないかと思うんですよね。……〔JICA〕プロジェクトは 3 年とか 4 年とかで終わる宿命ですけれど，3 年や 5 年で〔教員のネットワークは〕終わるわけではなく，それが起爆剤になって，留学生などのいろんないいサイクルがおこってくるんです。（教員 16）

　　とにかく，HEDS〔インドネシア高等教育開発計画〕は，本学にとって途上国，特にインドネシアの大学との関係を作るのに非常に役に立ったと

第 4 章　ODA 参加のインパクト　203

いうか，HEDS がなかったら本学はインドネシアにおいてネームバリューは全然なかっただろうと思う。それが HEDS のおかげで，大学ばかりじゃなくて〔インドネシア政府の〕高等教育総局にも名前を知っていただいた。……東南アジアの国との大学協定というのは，ほとんど HEDS が始まるまではなかった。それができて，インドネシアの学生を受け入れ，向こうの大学にも訪ねていくことが広がった。(教員 18)

　豊橋技術科学大学の留学生事業に ODA プロジェクトへの参加が大きく影響してきたという記述は，同大学の多くの公開文書でも確認できる。2014 年のスーパーグローバル大学創成支援構想調書には，「これは〔アセアン諸国からの留学生比率が高いことは〕，本学が ASEAN 諸国に対しておこなってきた工学教育支援や海外事務所の設置など，ASEAN 重視の特徴的な取り組みの成果でもある」と記され（豊橋技術科学大学 2014c），同大学広報誌の天伯 No. 134 で国際交流課長の菅谷淳子は，「本学がアセアン諸国から多くの留学生を受け入れているのには，明確な理由があります。本学は開校当初から“国際化”を推進し，積極的にアセアン諸国への技術協力支援をおこなってきた実績をもちます。国際交流は一朝一夕に進められるものではなく，多くの先人の方々がこれまで長い時間をかけて，少しずつ丁寧に築いてこられた友好関係があってこそ，現在多くの留学生が本学に学んでいることを，私たち国際交流課のメンバーはいつも心に留めて仕事をしています」と語っている（菅谷 2012）。また，豊橋技術科学大学 ICCEED10 年史は，「1990 年代からの本学の協力の歴史が，インドネシアの諸大学の教員との連携をもたらし……，そうした人的なつながりが，次世代の若手教員の本学博士後期課程への進学に繋がっており，本学の留学生受け入れを特徴づけている」と述べている（豊橋技術科学大学工学教育国際協力研究センター 2011b）。いずれの文書からも，教員の ODA 参加が途上国の教員とのネットワーク構築につながり，それが博士課程留学生受け入れ増加をうむ流れができていることを示している。

　インタビュー発言や公開文書でたびたび取り上げられているのが，HEDS プロジェクトの存在である。HEDS プロジェクト（1990 年～2002 年）は，豊橋技術科学大学が初めて参加した ODA プロジェクトであったが，事業規模が大きいだけでなく，インドネシアの工学系トップ大学のひとつであるバンドン工科大学と協力して 11 の地方大学の工学部教育を改善する事業であり，インドネシアの 12 大学と連携するという点では，ネットワーク構築効果の高い協力事

業であった。HEDS プロジェクトに豊橋技術科学大学は多数の教員を派遣し，1990 年代後半には，全教員に占める専門家派遣教員の割合は 7 ～ 8 ％にのぼった。そしてプロジェクト終了後の 2003 年には，バンドン工科大学内に初の海外拠点をおいて，インドネシアの大学とのネットワークの維持発展や留学生の確保にあたった。豊橋技術科学大学における 2000 年代以降のインドネシア人博士課程留学生の伸びは，マレーシアやベトナムに比べても大きく，目を見張るものがあるが，これは，ODA 事業をつうじて築かれた教員ネットワークに加えて，海外拠点設置などの大学の組織的な海外展開活動がおこなわれたためである。豊橋技術科学大学の留学生受け入れの特徴は，教員の ODA 参加により築かれた教員ネットワークが重要な役割を果たしたこととともに，拠点設置などの大学の組織的な海外展開活動がさらにプラスの効果をうんだことである。

留学生受け入れ方針との関係

　これまでの豊橋技術科学大学の留学生事業の方針をみると（**表 4-15** 参照），そのいくつかでは，留学生受け入れにあたりアジア地域の重点化や ODA 事業との連携を謳っている。たとえば，2010 年の第 2 期中期目標／計画ではアジアを中心とした留学生ネットワークの強化があげられ，2015 年の「国際戦略 2014-2015」では途上国への援助事業で培われたネットワークを大学の教育活動にフィードバックすることが謳われ，2016 年の第 3 期中期目標／計画は JICA プロジェクトを活用して教育の国際事業を増加させるとしている。これらの方針からは，大学の経営層が ODA 事業への参加は留学生受け入れをはじめとする教育活動にプラスの効果があることを認識し，ODA 事業を大学の国際化に積極的に活用することを企図していることがわかる。

　豊橋技術科学大学における留学生受け入れへの ODA 事業のインパクトに関しては，大学の規模についても考慮する必要がある。豊橋技術科学大学の教員は全学で約 200 人であり，1990 年代後半にはそのうち 7 ～ 8 ％の教員が JICA プロジェクトに専門家として途上国に派遣された。東京工業大学は約 1,000 人の教員を擁していることを考えると，教員の ODA 参加が留学生受け入れの全学的な状況にもたらすインパクトは，東京工業大学に比べて豊橋技術科学大学でははるかに大きかったと推察される。

　　それ〔HEDS プロジェクト〕に絡んで本学に来た留学生の数が生半可じ

表 4-15　豊橋技術科学大学の留学生事業に関する方針

年度	留学生事業に関する方針
2004	**第 1 期中期目標 / 計画** • 外国人留学生の受け入れに努め，その在籍人数は 200 人程度を維持する。 • 重点交流拠点大学・研究機関を複数選定し，研究者，学生，職員の幅広い交流を推進する。
2010	**第 2 期中期目標 / 計画** • アジアを中心とした留学生・研究者のネットワーク，発展途上国の工学教育協力プロジェクト，留学生を含む人材養成の強化を図るため，国際交流事業等を担当する本学の諸センターを積極的に活用する。 • 外国人留学生の受け入れの拡大に努め，在籍学生の 10％程度以上を年間目標に受け入れを推進する。
2015	**国際戦略 2014-2015** • 外国人留学生比率 25％を目標とする。 • 国際貢献活動をつうじて構築した国内外の政府関係機関・産業界・大学等とのネットワークを発展させ，豊橋技術科学大学の研究・教育活動にもフィードバックする。
2016	**第 3 期中期目標 / 計画** • 留学生比率を 20％以上まで拡大する。 • JICA 等の国内外諸機関の支援プロジェクト等を積極的に活用し，教育・研究・産学連携等の国際プロジェクト事業を増加させる。

（出典）豊橋技術科学大学（2004b，2010c，2015c，2016c），文部科学省（2004b，2010b，2016b）から筆者作成。

ゃなくて多かった。……うちは全体が 2,000 人強の〔学生数の〕小さな大学なんですけど，そのうち 10％ぐらいが留学生で，当時はインドネシアが多かった。……総合大学の大規模な，何万人も学生がいる中に，例えば 10人，20 人の留学生が来ても，そんなに大きくは見えないですが，本学は小ぶりな規模なので，そこに相当数の留学生が来ると，かなりウエートとしては大きかったと思うんです。（教員 13）

豊橋技術科学大学における留学生受け入れインパクトのまとめ

　以上から，豊橋技術科学大学に関しては次のように判断される。JICA 高等教育技術協力プロジェクトが実施された国に関して，ODA 参加が教員の国際的なネットワークの形成につながり，それが博士課程の留学生を増加させた。インドネシアでは，教員の ODA 参加に加えて，大学の海外拠点設置など組織的な海外展開活動がおこなわれた結果，博士課程の留学生数はさらに拡大した。豊橋技術科学大学が比較的小規模であり，留学生受け入れ事業に ODA を活用する方針を持っていたことも，留学生受け入れへの ODA 参加のインパクト発

現に貢献した。

4.2.1.3 東海大学

留学生受け入れの概観

1946年に開校した東海大学には，戦後の早い時期から留学生が在籍し，1964年には留学準備教育機関として別科日本語研修課程が設けられた。タイのモンクット王工科大学ラカバン校（KMITL）の前身であるノンタブリ電気通信学校からの留学生4人が，別科日本語研修課程に入学したのはその翌年の1965年である。留学生数はその後順調に増え，1980年代中頃に300人を超え，1990年代前半に400人弱に達した。留学生数は1990年代後半に減少したが，1990年代末から反転して急拡大し，2003年には500人を超えて，その後は450人から600人の間を推移している。なお，東海大学は学生数約3万人の大きな大学であるため，全学生に占める留学生の割合は数％にとどまっている。

最近の10年間（2005年～2014年）では，留学生の50％～70％が学部に，10％～20％が大学院[7]に，10％～25％が別科日本語研修課程に在籍しており，学部留学生が全体の半数以上を占める（**図4-18**参照）。2000年代以降の留学生数の伸びは学部留学生の伸びによるものであり，その結果，学部留学生の割合が増加し，別科留学生の割合は減少した。教育課程別に留学生が占める割合を

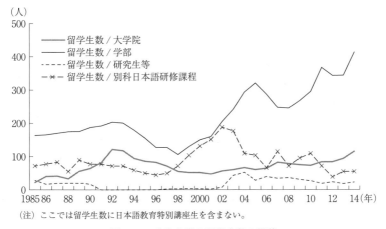

（注）ここでは留学生数に日本語教育特別講座生を含まない。

図4-18　東海大学の留学生数の推移

（出典）東海大学（1986～1992, 1993a, 1994～1996, 1997a, 1998～2008, 2009a, 2010～2012, 2013a～2015a, 2016）および東海大学提供データをもとに筆者作成。

みると，学部レベルで全学生の数％が，大学院レベルで全学生の約15％が留学生である。

留学生の出身地域は，中国／韓国／台湾が多く2000年代前半まで70％～80％を占めたが，その後減少して，2010年代には50％を切った（**図4-19**参照）。一方で，東南アジアからの留学生シェアは，2010年代前半まで10％～20％程度であったが，中国／韓国／台湾の減少と同時に増加し，2007年以降は常に20％を超えるようになった。さらに2009年からはサウジアラビア政府給付留学生の東海大学留学が始まり，中近東／中南米／アフリカからの留学生が2014年には100人を超えて全体の20％弱を占めている。

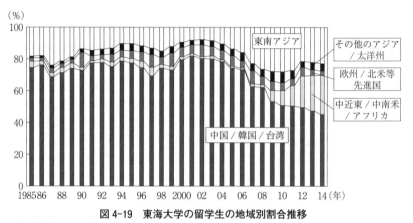

図4-19　東海大学の留学生の地域別割合推移

（出典）**図4-18**に同じ。

留学生の国別割合（2010年～2014年平均）を東海大学と日本全体の値で比べると，東海大学で特徴的に多いのは，サウジアラビアの13.7％（全国値0.3％），タイ12.4％（全国値1.7％），マレーシア8.9％（全国値1.7％）である（**表4-16**参照）。サウジアラビアは主に学部レベルの留学生である。タイとマレーシアは学部留学生も多いものの，大学院課程で国別割合が一層高い。**表4-16**に示した留学生数国別の上位21ヶ国のうちJICAプロジェクトに東海大学の教員が参加していたのは，タイとマレーシアであるので，この2ヶ国について，JICA事業への参加と留学生受け入れの推移の関係について，次に検討する。

表 4-16　東海大学の留学生の国別割合と人数

（2010 年～2014 年平均，上位 21 ヶ国）

順位	国名	東海大学							日本全体	
		国別割合（%）			留学生数（人）				国別割合（%）	留学生数（人）
		合計	学部	修士＋博士	合計	学部	修士＋博士	研究生等		
1	中国	30.3%	30.8%	32.7%	162	109	30	23	60.6%	83,941
2	サウジアラビア	13.7%	17.1%	3.3%	73	61	3	9	0.3%	417
3	韓国	13.3%	17.2%	2.6%	71	61	2	8	12.1%	16,747
4	**タイ**	**12.4%**	**8.1%**	**16.6%**	**66**	**29**	**15**	**22**	**1.7%**	**2,410**
5	**マレーシア**	**8.9%**	**9.1%**	**16.6%**	**47**	**32**	**15**	**0**	**1.7%**	**2,371**
6	台湾	4.9%	4.0%	5.3%	26	14	5	7	3.5%	4,835
7	アラブ首長国連邦	2.0%	2.5%	1.3%	11	9	1	1	—	—
8	モンゴル	1.6%	1.2%	2.6%	8	4	2	2	0.9%	1,185
9	インドネシア	1.2%	0.8%	3.3%	6	3	3	0	1.7%	2,349
10	カザフスタン	0.9%	0.7%	2.4%	5	2	2	0	—	—
10	パキスタン	0.9%	0.6%	0.0%	5	2	0	3	—	—
12	アメリカ	0.8%	0.9%	0.4%	4	3	0	1	1.4%	1,999
12	ベトナム	0.8%	0.6%	0.9%	4	2	1	1	4.3%	5,893
12	オマーン	0.8%	1.1%	0.0%	4	4	0	0	—	—
15	アフガニスタン	0.6%	0.0%	3.8%	3	0	3	0	—	—
15	ノルウェー	0.6%	0.6%	0.0%	3	2	0	1	—	—
15	カンボジア	0.5%	0.0%	2.9%	3	0	3	0	0.2%	335
18	カナダ	0.5%	0.5%	0.0%	2	2	0	1	0.2%	313
18	ナイジェリア	0.4%	0.5%	0.0%	2	2	0	0	—	—
20	バングラデシュ	0.4%	0.2%	1.1%	2	0	0	0	0.8%	1,123
20	ミャンマー	0.4%	0.4%	0.4%	2	1	0	0	0.8%	1,167
	総数	100.0%	100.0%	100.0%	533	354	91	88	100.0%	138,462

（注）網掛けの欄は，東海大学教員が JICA 高等教育技術協力プロジェクトに参加した国を示す。日本全体の留学生数は日本の高等教育機関に在籍する外国人留学生数。東海大学留学生，日本全体の留学生のいずれも，2010 年から 2014 年の平均値。

（出典）次のデータをもとに筆者作成。
東海大学の国別留学生数の出所：**図 4-18** に同じ。
日本全体の国別留学生数の出所：日本学生支援機構（2011～2015）。

第 4 章　ODA 参加のインパクト　209

タイ，マレーシアの国別留学生推移

東京工業大学や豊橋技術科学大学の事例の場合と同様に，東海大学のタイとマレーシアの留学生数と留学生割合（いずれも学部／大学院別）の推移を，図4-20〜図4-21に示した。またあわせて，それぞれの国でのJICA技術協力プロジェクトの実施時期と，東海大学独自の留学生受け入れ関連事業の実施時期を，国別の図の下に付記した。

タイのケース（図4-20参照）では，1980年代から2010年代まで一貫して，大学院に10人〜20人程度のタイ人留学生が在籍し，大学院留学生の10%〜20%を占めている。一方，学部レベルの留学生は，1990年代から2000年代初めまでは数名の規模であったものが，2005年頃から急速に拡大して，2008年以降は40人近く（学部留学生の約15%）にまで達する年が増えた。大学院レベルでタイ人留学生が多いのは，1960年代からKMITLへのODA支援に東海大学教員が参加してきたことや，さらにODAを契機とした東海大学とKMITLの間の大学間学術交流が1980年代からおこなわれてきたことと関係がある。2005年時点で，東海大学で学位を取得したKMITLの教員は18人にのぼり，東海大学への最初の留学生のひとり（プラキット・タンティサノン氏）が1998年にはKMITL学長になるなど（「東海大学の国際協力」編集委員会 2005），1990

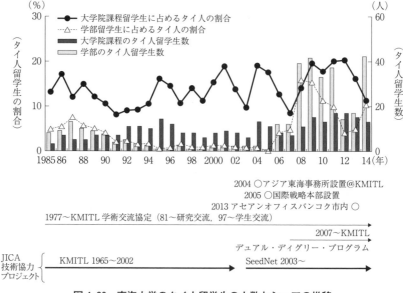

図 4-20 東海大学のタイ人留学生の人数とシェアの推移

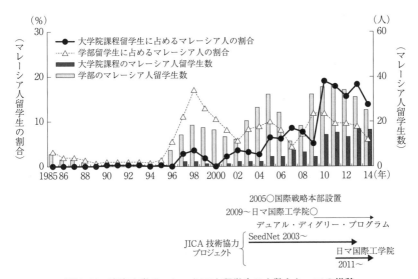

図 4-21　東海大学のマレーシア人留学生の人数とシェアの推移
(図 4-20〜図 4-21 の出典) 図 4-18 の出典データおよび東海大学提供データをもとに筆者作成。

年代には東海大学と KMITL の人的つながりは非常に強固なものになっていた。一方で，学部留学生の 2005 年以降の急拡大は，2004 年に KMITL 内に東海大学の海外拠点がおかれ，タイ国内での学生募集活動が活発になったことや，2005 年に国際戦略本部が設置されて，外国政府給付留学生の獲得や日本語学校への働きかけがおこなわれたことが要因である (東海大学 2012, 2013a, 2014a, 2015a, 2016)。

　マレーシアの場合 (**図 4-21** 参照) は，1990 年代中頃まで留学生はほぼ皆無であったが，1990 年代後半から増え始め，学部留学生は 2000 年代以降 20 人〜40 人で 10％程度のシェアを，大学院留学生は 2010 年以降 15 人程度で 20％弱のシェアを占めている。教員の JICA 事業への参加との関係では，大学院留学生の拡大の時期と JICA 事業の実施時期が符合する。しかしながら，学部留学生の増減とは時期が符合していない。学部留学生の 1990 年代後半からの拡大は，主にマレーシア高等教育基金借款事業 (Higher Education Loan Fund Project: HELP) によるものである。以上から，東海大学では，教員の JICA 高等教育技術協力プロジェクトへの参加が直接的に大学院レベルの留学生の増加につながっていること，また間接的には海外拠点の設置などをつうじて学部レベルの留学生拡大にも貢献していることが推察される。一方で，上記両国において，学部レベルの留学生の増加をもたらしている直接的な要因は，大学の国際部局の

第 4 章　ODA 参加のインパクト　｜　211

積極的な留学生誘致活動や円借款事業であった。

東海大学でのインタビューでは，ほとんどすべてのインタビュー対象者から，東海大学とKMITLとの長い交流の歴史，それによって培われた人的なネットワーク，さらにそれが留学生の増加や学生の交流などにつながっていることが口々に語られた。

　　KMITLへの協力は1960年代，1970年代から始まり，〔KMITLは〕東海大学の支援で成長した。そして，そのころに東海大学を卒業した人たちが，みなさん，今は偉くなってきていて，自分の教え子を東海大学に留学させるということが多く，〔タイで東海大学の〕知名度が徐々に高まった。……〔日本の大学のなかで，東海大学のタイ人留学生数は〕人数だと5番目か6番目くらいなんですが，〔大学の〕知名度では旧帝大くらいのレベルにあると思います。（職員6）

　　東京の日本語学校で〔東海大学の入学案内の〕説明をおこなった時に，130人くらいのタイ人のクラスで「日本に来る前から東海大学を知っていた人」と言うと，全員手が挙がったのですね。「どうして知っていたのか」と聞いたら，「友人がKMITLの学生で，その友人から聞いた」，「同じ村の先輩から聞いた」，「親が知っていた」とかいうことで，やはり口コミなのですね。……KMITLへの協力のアセット〔蓄積〕は，留学生受け入れの観点で，大学にとって相当プラスになっていると思います。（職員5）

1965年から始まった東海大学のKMITL支援は，協力の歴史の長さと規模と成果の点で多くのODAプロジェクトのなかでも抜きんでたものであったが，東海大学の留学生事業にも少なからぬ影響をおよぼしてきた。東海大学の留学生教育センター長（当時）の谷口（2005）は，同大学の「留学生交流の発展と，KMITLとの交流の歴史はほとんど重なっている」として，1960年代から70年代にかけて，「本学ではKMITLからの留学生を含むタイからの留学生数がしばらく1位を占めるほどに多かった」と述べている。さらに，1980年代，90年代の低調期ののちに，タイから「短期の受け入れ人数が増大し，それの波及効果もあって……私費の留学希望者も増えてきている」ことや，全学交流協定にもとづく人的交流，タイ政府派遣やJICA招へいの研究者交流，ツイニング・プログラムによる留学生受け入れなど「KMITLとの教育研究交流がます

212

ます広汎かつ重層的になってきている」ことも指摘している（谷口 2005）。

　東海大学の KMITL 支援が同大学の留学生事業におよぼした影響を考えるにあたって，次の2点を考慮する必要がある。1点目は，協力の歴史の長さである。東海大学の KMITL 支援は 1965 年の留学生受け入れに始まり，その後も継続して，東海大学における学位取得支援や短期研修による交流がおこなわれた。その結果，1997 年には東海大学卒業生が KMITL 学長になったほか，「副学長，工学部長，副学部長，大学院委員長などの多くの役職において卒業生が活躍」するようになり（「東海大学の国際協力」編集委員会 2005），両大学間の非常に強固な人的なネットワークが築かれ，このことがタイにおける東海大学の知名度の向上につながった。

　2点目は，東海大学は KMITL 支援の ODA 事業に参加したのみならず，KMITL との大学独自の交流や国際展開をおこなってきており，このことが留学生の継続的な受け入れや増加に貢献したことである。KMITL への ODA による技術協力は 1960 年から 2002 年の間に断続的に4次にわたっておこなわれたが，一方で，東海大学は 1977 年に KMITL と大学間学術交流協定を締結した。その交流協定のもとで，両大学は ODA によらない研究者交流，留学，学生交流などをおこなっている。東海大学はこれらの交流のために独自の予算措置を講じて資金的に支えた。また，人的交流実績の点では派遣と受け入れ人数がほぼ同数で実質的に双方向の交流であった（**表 4-17** 参照）。こうした学生も含む交流事業は，両大学間の人的ネットワークをさらに強固にし，ODA 事業による支援の関係から大学間の自律的な交流関係への移行を可能にして，タイから東海大学への留学生の流れの維持拡大に貢献している。

　2004 年には KMITL 内に東海大学の海外拠点が開設され学術交流や留学生受け入れに関する業務を開始し，また 2005 年には学校法人組織に国際戦略本部がおかれ，留学生確保のための戦略的な活動が強化された。2005 年以降の学部レベルの留学生の増加は，東海大学が国際協力をつうじてタイに蓄積してきたさまざまな経験や人的つながりを活用しつつも，直接的にはむしろ東海大学の海外拠点活動や国際戦略本部の活動が功を奏したものである。したがって，東海大学において，タイからの留学生が現在も大学院レベルの留学生の 16%を占め，また，学部レベルの留学生が増加していることは，東海大学教員のODA 参加の長い蓄積とともに，学術交流協定締結や海外拠点設置，さらには留学生獲得の努力など大学経営層による国際展開の取り組みが相まって，うみだされていることがわかる。

第4章　ODA 参加のインパクト　213

表 4-17　学術交流協定による東海大学と KMITL の交流実績

	年	1981	1982	1983	1984	1985	1986	1987	1988	1989	1990	1991	1992	1993	1994
KMITL から東海大学への派遣（人）	研究交流	2		2	1	3	3	2	2	5		2	4	9	6
	留学（教員）														
	学生の夏季研修														
	別科日本語ツイニング・プログラム														
東海大学から KMITL への派遣（人）	研究交流			1	2	1	1	1	1	4	5	2	1	1	2
	留学（学生）														
	国際ボランティア学生派遣														

	年	1995	1996	1997	1998	1999	2000	2001	2002	2003	2004	2005	2006	計
KMITL から東海大学への派遣（人）	研究交流	5	5	4	4	6	7	8	6	6	5	6	4	107
	留学（教員）	1	1	1	1	1	1	1	1	1	1			10
	学生の夏季研修			8	8	8	10	15	10	16	15	19	24	133
	別科日本語ツイニング・プログラム											8	15	23
東海大学から KMITL への派遣（人）	研究交流	2	3	6	5	5	7	6	6	6	7	6	6	86
	留学（学生）							1	2		1	5		9
	国際ボランティア学生派遣			13	12	14	14	13	12	16	37	16	15	162

（出典）「東海大学の国際協力」編集委員会（2005），東海大学（2006〜2008）をもとに筆者作成。

留学生受け入れ方針との関係

　東海大学の第 1 期および第 2 期中期目標における留学生に関する方針の記載は **表 4-18** のとおりであり，やや一般的な表現にとどまるが，留学生事業拡充の方向性を示している。さらに 2009 年度から 2013 年度の間の東海大学教育研究年報には，東海大学の国際部によるタイをはじめとする各国の政府系奨学生の獲得努力や国内外の日本語教育機関への広報活動など，大学経営層の方針にもとづく，私学ならではの留学生増加のための具体的な活動実績が記録されている（東海大学 2011，2012，2013a，2014a，2015a）。

東海大学における留学生受け入れインパクトのまとめ

　以上から，東海大学における教員の ODA 参加と大学の留学生事業との関係は次のように判断される。東海大学においても，JICA 高等教育技術協力プロジェクトが実施された国においては，相手国大学の教員とのネットワークが形

表 4-18　東海大学の留学生事業に関する方針

年度	留学生事業に関する方針
2009	**第 1 期中期目標** • 多様な人材を受け入れるために，留学生を積極的に受け入れる。 • 国際貢献活動を活性化させるために交換留学にとどまらない国際交流活動を増加させる。
2014	**第 2 期中期目標** • キャンパスに外国人留学生を増やす。 • 国際連携での人材育成に協力する。

（出典）東海大学（2009b, 2014b）から筆者作成。

成されて，大学院レベルの留学生の増加につながった。特に KMITL への支援は長期におよび，大学独自の学術交流事業もおこなわれたので，タイにおける東海大学の知名度が向上し，多くの大学院レベルの留学生受け入れにつながった。さらに 2000 年代以降は，こうした知名度に加えて，大学経営層主導の海外拠点の設置や留学生獲得の努力のおかげで，学部留学生の急速な増加につながった。

4.2.2　国際展開へのインパクト

　教員の ODA 参加が大学全体の国際化におよぼす影響について，ここまで全学レベルでの留学生受け入れの側面についてみてきた。次に，大学全体の国際展開事業におよぼす影響について検証する。ここで扱う国際展開事業とは，学生や研究者などの人材，教育研究プログラム，大学組織の一部などを，国境を越えて海外に展開する事業[8]であり，具体的には，学生や研究者の海外派遣，ジョイント・ディグリー・プログラムやダブル・ディグリー・プログラムなどの外国の大学との共同教育プログラムの実施，大学の海外拠点や海外分校の設置などがあげられる。こうした海外展開事業のなかには，全学レベルでの取り組み以外にも，小規模なものであれば，学部や学科や研究室レベルや，もしくは個々の教員レベルでおこなわれるものもある。しかし，ここでは，教員のODA 参加が全学レベルの国際化に与える影響を調べることが目的であるので，事例対象大学の全学レベルでの活動に絞って分析する。具体的には，東京工業大学，豊橋技術科学大学，東海大学のそれぞれについて，まず国際展開事業の推移を概観したのちに，国際展開事業のパートナー大学と ODA により支援した途上国の大学との重なりを調べ，ODA 事業が各大学の国際展開事業にどのような影響を与えているのか検討する。分析には，大学の国際展開事業に関す

第 4 章　ODA 参加のインパクト　　215

る文献や統計資料のデータと大学教員と職員へのインタビュー・データを用いる。

4.2.2.1　東京工業大学

国際展開事業の推移

まず，最初に東京工業大学の全学的な国際展開事業の推移を概観する。**表4-19**に東京工業大学の主要な国際展開事業の一覧を掲げる。

2000年以前の東京工業大学の国際的な活動は，学生や研究者などの人的交流が中心であり，国際展開をともなう事業は，日本学術振興会の拠点大学方式学術交流事業（1979年〜）や中国赴日前予備教育への教員派遣（1982年〜），JICA プロジェクトへの参加（1987年〜）などがあるのみで，その数は限られていた（東京工業大学 1993b）。拠点大学方式学術交流事業は，1977年の学術審議会建議「発展途上国との学術交流の推進について」にもとづいて開始された事業であり（文部省 1991），ODA 予算を活用した途上国の大学との組織的で計画的な学術交流という点で，画期的なものであった。東京工業大学は，1979年にインドネシア大学を中心としたインドネシアとの，1986年にフィリピン大学を中心としたフィリピンとの，1988年にはモンクット王工科大学ラカバン校（KMITL）を中心としたタイとの間でこの事業を開始し，共同研究の実施，セミナー開催，研究者交流等をおこなった（東京工業大学 1995b）。1980年代には，拠点大学方式学術交流事業で，年間約100人の東京工業大学と相手国の大学の教員が互いの大学に滞在して教育や研究に携わった（東京工業大学 1993b，1995b）。これにより，東南アジアの大学との関係が築かれ，その後に始まるJICA の工学系高等教育協力への参加につながっていった。

2000年代に入ると，国際化の方針のもと，新たな国際的な活動が次々と開始された。その特徴のひとつは，1990年代までは，日本学術振興会や JICA などの外部機関からの依頼や委託と資金提供により実施されることが多かったのに対して，2000年代には，大学独自の資金による大学の主体的な活動が増加したことである。2000年代には，清華大学大学院合同プログラム，TAIST-Tokyo Tech（Thailand Advanced Institute of Science and Technology-Tokyo Tech），アジア・オセアニア工学系トップ大学リーグ（Asia-Oceania Top University League on Engineering: AOTULE），アジア理工系大学トップリーグ（Asian Science and Technology Pioneering Institutes of Research and Education: ASPIRE）などの主要な国際展開事業が開始されたが，これらはいずれも東京工業大学の自己資金

表 4-19　東京工業大学の主要な国際展開事業

年	事業名	内容	種別	資金
【1990 年代以前開始】				
1979-2010	拠点大学方式交流事業（①）	日本と東南アジアとの間で大学間学術交流を促進するために研究者の交流，共同研究の実施，セミナーの開催等をおこなう日本学術振興会の事業。東京工業大学は 1979 年に，学内に理工学国際交流センターを設置して，本事業を開始した。 • 発展途上国との学術交流事業（理工学国際交流センター担当） 　1979-1997 年にインドネシア（インドネシア大学，バンドン工科大他）と，1986-1998 年にフィリピン（フィリピン大学他）と，1988-1999 年にタイ（チュラロンコン大学，モンクット王工科大学ラカバン校他）と実施された。 • アジア諸国等との学術交流事業（工学系研究科担当） 　1999-2008 年に環境工学分野でフィリピン（フィリピン大学他）と，2000-2010 年にソフトマテリアル分野で韓国（韓国科学技術院他）と実施された。	学術交流	日本学術振興会
1982-現在	中国赴日本国留学生予備教育（②）	日中政府の合意にもとづき，中国の赴日本国留学生予備学校（東北師範大学内設置）では，日本留学予定者へ基礎日本語と専門日本語の 1 年間の予備教育をおこなっている。東京工業大学は 1982 年からこのプログラムを支援し，現在までに専門日本語教育のため 150 人を超える教員を派遣した。	留学生	文部科学省
【2000 年代開始】				
2004-現在	清華大学大学院合同プログラム（③）	国際的リーダーシップを発揮できる優れた理工系人材養成を目的として，東京工業大学と清華大学の双方に在籍し指導を受ける共同教育プログラム。ナノテクノロジー，バイオ，社会理工学の 3 分野の修士と博士課程があり，修士課程はダブル・ディグリー・プログラムである。	共同教育プログラム	東京工業大学
2005-2009	大学国際戦略本部強化事業（④）	大学の国際戦略を策定し，学内の各種組織を有機的に連携させて，全学的，組織的な国際活動をおこなうための，国際化担当組織体制の整備事業。	体制整備	日本学術振興会
2007-現在	TAIST-Tokyo Tech（⑤）	理工学系高度人材の育成と研究開発のアジア圏のハブを目指して作られた，国際大学院プログラム（自動車工学，組込情報システム，環境工学の 3 分野）。東京工業大学，タイ国立科学技術開発機構，タイの大学グループ（モンクット王工科大学ラカバン校，モンクット王工科大学トンブリ校，タマサート大学シリトーン国際工学部，カセサート大学）の連携事業である。東工大は講義担当教員の派遣と修士論文研究の指導を分担している。	共同教育プログラム	東京工業大学

2007-現在	アジア・オセアニア工学系トップ大学リーグ（AOTULE）（⑥）	アジア・オセアニア地区のトップレベルの工学系大学間の多角的交流のための大学連盟。学部長会議，学生ワークショップ，留学生ワークショップ，交換留学等を実施。東京工業大学の工学系部局で形成し，実施しているプログラムである。 参加校：メルボルン大学，清華大学，国立台湾大学，香港科学技術大学，バンドン工科大学，韓国科学技術院，マラヤ大学，インド工科大学マドラス校，ハノイ工科大学，ナンヤン工科大学，チュラロンコン大学　東京工業大学，オークランド大学	学術交流	東京工業大学
2009-現在	アジア理工系大学トップリーグ（ASPIRE）（⑦）	東京工業大学が主導して形成したアジアのトップレベルの理工系5大学のコンソーシアム。学生や研究者の交流，国際会議開催，共同サテラルトラボ運営，教育情報の交換などを実施している。 参加校：東京工業大学，清華大学，香港科学技術大学，ナンヤン工科大学，韓国科学技術院の5大学	学術交流	東京工業大学
【2010年代開始】				
2011-現在	大学の世界展開力強化事業（⑧）	グローバル人材の育成と大学教育のグローバル展開力の強化を目指し，戦略的な学生交流と研究交流をおこなう事業。次の2件を実施。 • 日中韓先進科学技術大学教育環高度化プログラム：清華大学（中国），韓国科学技術院（KAIST）（韓国） • グローバル理工系リーダー養成協働ネットワーク：欧米を中心とした世界トップクラスの大学17校（カリフォルニア工科大学，カリフォルニア大学バークレー校，スイス連邦工科大学など）	留学	日本学術振興会
2014-2023	スーパーグローバル大学創成支援事業（タイプA）（⑨）	大学改革と国際化により，国際通用性，ひいては国際競争力の強化に取り組む大学の教育環境の総合的な整備支援。	体制整備	日本学術振興会

（注）JICA事業は除く。
（出典）東京工業大学（2005b～2015b, 2016a），日本学術振興会年報（1988）から筆者作成。

による活動である。もうひとつの特徴は，今世紀に入り，本格的な海外展開をともなう事業が増えたことだ。たとえば，清華大学大学院合同プログラムやTAIST-Tokyo Tech の国際的な共同教育プログラムや，AOTULE や ASPIREの国際的な大学交流のネットワーク構築など，留学生受け入れにとどまらない活動が増加した。2010年代には，日中韓や欧米のトップレベルの大学と連携し学生交流や研究交流をおこなう世界展開力強化事業が新たに始まり，2014年にはスーパーグローバル大学創成支援事業（タイプA）に採択された。

国際展開事業のパートナー大学

　上述のとおり，東京工業大学の海外展開事業は 2000 年代に入って活発にお
こなわれるようになったが，それらの活動と ODA 事業への教員の参加とはど
のような関係にあるのだろうか。ここでは，大学の国際展開事業のパートナー
校と JICA プロジェクトの支援大学がどのように重なっているのかを調べるこ
とにより，この点を明らかにする。

　文部科学省の「大学における教育内容等の改革状況調査（平成 25 年度）」に
よると，2013 年度の東京工業大学の大学間協定相手校は 174 校である[9]（**表
4-20 参照**）。その内訳は，欧州／北米などの欧米等先進国の大学が 98 校（全体
の 56%），次いで中国／韓国／台湾が 34 校（20%），東南アジアが 25 校（14%）
である。これらの大学の合計で全体の 90% になり，大学間協定の重点は先進国
と東アジアと東南アジア地域におかれていることがわかる。さらに，東京工業
大学の代表的な国際展開事業の取り組みについて，その配置をみてみると（**表
4-20 参照**），やはり，この 3 つの地域での事業が多い。中国／韓国／台湾と東南
アジアでは共同教育プログラムの実施や大学間交流リーグの形成等の連携が多
く，欧米等の先進諸国とは学生交流が主である。さらに，中国の清華大学や香
港科技大学，韓国の韓国科学技術院（Korea Advanced Institute of Science and
Technology: KAIST），シンガポールのナンヤン工科大学といった世界でもトッ
プレベルのアジアの大学には，いくつもの国際連携事業が集中し，深い連携関
係にあることがわかる。

　一方で，東京工業大学教員が支援した JICA 技術協力も東南アジアに集中し
ている。JICA 事業対象大学と国際展開対象大学との重なりを**表 4-20** からみて
みると，東南アジア地域には，現在実施中の国際展開事業のパートナー大学が
10 校あるが，そのうち 9 校は，東京工業大学教員が JICA プロジェクトをつう
じて支援した，または現在も支援している大学であり，ほぼ重なっていること
がわかる。その時間的な関係をみると，実は，拠点大学学術交流事業が最も早
く 1970 年代から 1980 年代に始まり，次に JICA 事業が 1990 年代から 2000 年
代に開始され，最後に，トップ大学リーグや共同教育プログラムや海外拠点の
設置などの国際展開事業が 2007 年頃から始まっている。これらのことから，
東南アジアでは，1980 年代から始まった拠点大学方式学術交流や 1990 年代か
ら本格化した JICA 技術協力をつうじて，東京工業大学とこれらの大学との間
で教員ネットワークが築かれ，このネットワークを基礎にして国際連携事業が
形成されたことが推察される。その一方で，東京工業大学が多くの連携協定大

第 4 章　ODA 参加のインパクト　219

表 4-20　東京工業大学の大学間協定パートナー大学

	国名	大学間交流協定の相手方大学	東京工業大学教員が参加した主要な JICA 教育協力プロジェクト	東京工業大学の主要な国際展開事業
東南アジア（25 校）				
1	インドネシア（3 校）	インドネシア大学	SeedNet プロジェクト（03-）	拠点大学交流事業（終了済）
2		ガジャマダ大学	SeedNet プロジェクト（03-）	
3		バンドン工科大学	HEDS プロジェクト（90-02） SeedNet プロジェクト（03-）	トップ大学リーグ（07-）⑥ 拠点大学交流事業（終了済）
4	シンガポール（2 校）	シンガポール国立大学	SeedNet プロジェクト（03-）	
5		ナンヤン工科大学	SeedNet プロジェクト（03-）	トップ大学リーグ（07-）⑥ トップ大学リーグ（09-）⑦ 学生交流（11-）
6	タイ（9 校）	アジア工科大学院		
7		カセサート大学	SeedNet プロジェクト（03-）	連携大学院プログラム（07-）⑤
8		モンクット王工科大学トンブリ校		連携大学院プログラム（07-）⑤
9		モンクット王工科大学北バンコク校		
10		モンクット王工科大学ラカバン校（KMITL）	KMITL 情報通信技術研究センタープロジェクト（97-02） SeedNet プロジェクト（03-）	連携大学院プログラム（07-）⑤ 拠点大学交流事業（終了済）
11		タマサート大学	タイタマサート大学工学部拡充プロジェクト（94-01） SeedNet プロジェクト（03-）	連携大学院プログラム（07-）⑤
12		チェンマイ大学		
13		チュラロンコン大学	SeedNet プロジェクト（03-）	トップ大学リーグ（07-）⑥ 拠点大学交流事業（終了済）
14		マヒドン大学		
15	フィリピン（4 校）	デラサール大学	SeedNet プロジェクト（03-）	海外拠点設置（05-）
16		フィリピン工科大学		
17		フィリピン大学	フィリピン IT 人材育成プロジェクト（04-09） SeedNet プロジェクト（03-）	拠点大学交流事業（終了済）
18		ミンダナオ州立大学イリガン校	SeedNet プロジェクト（03-）	
19	ベトナム（5 校）	ハノイ工科大学	SeedNet プロジェクト（03-）	トップ大学リーグ（07-）⑥
20		ベトナム国家大学ハノイ校科学大学		
21		ベトナム電力大学		
22		ホーチミン市工科大学	SeedNet プロジェクト（03-）	
23		レクイドン技術大学		
24	マレーシア（2 校）	テナガ・ナショナル大学		
25		マラヤ大学	SeedNet プロジェクト（03-）	トップ大学リーグ（07-）⑥
中国 / 韓国 / 台湾（34 校）				
1	中国（18 校）	清華大学		共同教育プログラム（04-）③ 海外拠点設置（06-） トップ大学リーグ（07-）⑥ トップ大学リーグ（09-）⑦ 学生交流（11-）⑧

2		香港科技大学		トップ大学リーグ（07-）⑥ トップ大学リーグ（09-）⑦ 学生交流（11-）⑧
3		東北師範大学		留学生予備教育（82-）②
4〜18		上海交通大学他14校		
19	韓国 （11校）	韓国科学技術院（KAIST）		トップ大学リーグ（07-）⑥ トップ大学リーグ（09-）⑦ 学生交流（11-）⑧
20〜29		ソウル国立大学他9校		
30	台湾 （5校）	国立台湾大学		トップ大学リーグ（07-）⑥
31〜34		国立清華大学他3校		

そのほかのアジア（7校）

1	インド （2校）	インド工科大学マドラス校		トップ大学リーグ（07-）⑥
2		ベロール工科大学		
3	カザフスタン （2校）	カザフ・ブリティッシュ工科大学		
4		カザフ国立大学		
5	ネパール	トリブバン大学		
6	モンゴル （2校）	モンゴル科学技術大学		
7		モンゴル国立大学		

中近東（8校）

1	イラン	シャリフ工科大学		
2	エジプト （2校）	アシュート大学		
3		エジプト日本科学技術大学	エジプト日本科学技術大学プロジェクト（08-）	海外拠点設置（14-）
4	トルコ （4校）	イスタンブール工科大学		
5		ボアージチ大学		
6		ユルドゥズ工科大学		
7		中東工科大学		
8	バーレーン	バーレーン医科大学		

中南米（2校）

1	ブラジル	サンパウロ大学		
2	ペルー	サンマルコス大学		

欧州/北米等先進国（98校）

1		ウィスコンシン大学		学生交流（11-）⑧
2		カリフォルニア大学バークレー校		学生交流（11-）⑧
3		ジョージア工科大学		学生交流（11-）⑧
4	アメリカ （12校）	スタンフォード大学		学生交流（11-）⑧
5		マサチューセッツ工科大学		学生交流（11-）⑧
6		ミネソタ大学		学生交流（11-）⑧
7		ワシントン大学		学生交流（11-）⑧
8〜12		ペンシルバニア州立大学他4大学		
13	イギリス （10校）	インペリアル・カレッジ・ロンドン		学生交流（11-）⑧
14		ケンブリッジ大学		
15〜22		オックスフォード大学他7校		

23		アール・ゼ・メティエ		学生交流（11-）⑧
24		エコール・ポリテクニーク		学生交流（11-）⑧
25		テレコム・パリテック		学生交流（11-）⑧
26		エコール・デ・ポン・パリテック		学生交流（11-）⑧
27		アグロ・パリテック		学生交流（11-）⑧
28	フランス（22校）	シミー・パリテック		学生交流（11-）⑧
29		先端技術大学院		学生交流（11-）⑧
30		工業物理・工業化学大学院		学生交流（11-）⑧
31		統計・財政大学院		学生交流（11-）⑧
32		経営大学院		学生交流（11-）⑧
33		光学大学院		学生交流（11-）⑧
34～44		エクスマルセイユ大学他10大学		
45	ドイツ（9校）	アーヘン工科大学		学生交流（11-）⑧
46～53		ミュンヘン工科大学他7校		
54	カナダ（2校）	ウォータールー大学		
55		ブリティッシュ・コロンビア大学		
56	オーストラリア（4校）	メルボルン大学		トップ大学リーグ（07-）⑥
57～59		シドニー工科大学他2校		
60～66	イタリア（7校）	ミラノ工科大学他6校		
67	オランダ（3校）	デルフト工科大学		学生交流（11-）⑧
68～69		ライデン大学他1校		
70	スイス（3校）	スイス連邦工科大学		学生交流（11-）⑧
71～72		ジュネーブ大学他1校		
73～77	スウェーデン（5校）	スウェーデン王立工科大学他4校		
78～80	スペイン（3校）	マドリッド工科大学他2校		
81～84	フィンランド（4校）	アールト大学他3校		
85～86	ベルギー（2校）	ゲント大学他1校		
87	オーストリア	ウィーン工科大学		
88	スロバキア	スロバキア工科大学		
89	スロベニア	リュブリャナ大学		
90	セルビア	ベオグラード大学		
91～92	デンマーク（2校）	デンマーク工科大学他1校		
93	ニュージーランド	オークランド大学		トップ大学リーグ（07-）⑥
94	ノルウェー	ノルウェー工科・自然科学大学		
95	リトアニア	カウナス工科大学		
96～97	ルーマニア（2校）	ブカレスト工科大学他1校		
98	ロシア	ロシア国立原子力研究大学		

（注）大学間協定校は，文部科学省の「大学における教育内容等の改革状況調査（平成 25 年度）」の結果による。また，東京工業大学の教員が JICA プロジェクトをつうじて支援した大学を網掛けで示した。
国際展開事業の相手校は，東京工業大学が現在実施している主要な国際連携について記載している。国際展開事業の欄の①〜⑧の番号は次の国際展開事業を指しており，その事業内容については**表 4-19** を参照されたい。
②中国赴日本国留学生予備教育，③清華大学大学院合同プログラム，⑤ TAIST-Tokyo Tech，⑥アジア・オセアニア工学系トップ大学リーグ（AOTULE），⑦アジア理工系大学トップリーグ（ASPIRE），⑧大学の世界展開力強化事業（日中韓先進科学技術大学教育環，グローバル理工系リーダー養成協働ネットワーク）
（出典）文部科学省（2015b），東京工業大学（2011b, 2012c, 2013a, 2014c, 2015a, 2016a），日本学術振興会年報（1988）から筆者作成。

学を持つ中国 / 韓国や欧米先進国では，ODA 事業はおこなわれていない。したがって，東南アジアでは ODA 事業への教員の参加がその後の大学の国際展開にある程度貢献したと思われるが，中国 / 韓国や欧米先進国では，ODA 事業と大学の国際展開につながりがないことがわかる。

　東京工業大学は，2001 年以来，世界最高の理工系総合大学の実現を長期目標に堅持し，2013 年以降には，世界トップ 10 に入るリサーチ・ユニバーシティになることをスローガンに掲げるなど，研究能力の向上とその世界的な認知を重視してきた。そのため，国際化方針でも世界のトップ大学との連携強化が謳われており，そのことが先進諸国のトップレベルの大学との交流協定や国際連携事業の多さにつながっている。一方で，東京工業大学の教員の一部は，1980 年代から東南アジアの大学との拠点大学方式学術交流や国際協力を熱心におこなって，教員レベルのネットワークを築き，これが東南アジアとの国際連携の基礎となってきた。東京工業大学には，こうした東南アジアの大学との連携と，欧米先進国のトップレベルの大学との連携の 2 つの異なる流れがある。

国際展開の事例

　次に，東京工業大学教員の ODA 参加と大学の国際展開事業との関連を文献資料とインタビューのデータから調べる。まず文献資料に関しては，東京工業大学の公開資料では JICA 事業に関する記述はあまり存在せず，教員の JICA 事業参加と大学の国際展開事業との関連について記されたものは非常に少ない。第 3 章でみたとおり，東京工業大学では，JICA 事業への参加は基本的に教員グループ主体でおこなわれ，ODA 事業は教員レベルの活動と認識されてきた。そのため，教員の ODA 参加と，大学経営層が主導する全学レベルの国際連携事業が結びつきにくいことは容易に想像できる。実際，教員や職員へのインタビューにおいても，教員の JICA プロジェクトへの参加が全学的な国際展開事

業へと発展した事例について語られることは少なかったが，AOTULE の形成
にあたっては，教員の東南アジアの大学とのネットワークが基礎になったとい
う次のような意見も聞かれた。

> AOTULE は，アジアからオセアニアまではいった大きなつながりです
> が，……チュラロンコン大学やマラヤ大学など，教員がずっとやってきた
> ネットワークを使って，個人ベースでいろいろな大学に代表を出してくだ
> さいと，東工大が呼びかけて作ったんです。……私は SeedNet プロジェク
> トやその前のつながりでバンドン〔工科大学〕にしょっちゅう行っていた
> ので，私から〔バンドン工科大学に〕話したりしました。（教員4）

　東京工業大学は，世界のトップレベルの理工系総合大学の実現を全学的な目
標に掲げているので，国際連携のパートナーも欧米や東アジアの先端的な大学
が多く，途上国の大学は連携対象の一部にすぎない。そのため，JICA プロジ
ェクトへの参加が，全学的な国際連携事業と結びつくことは必ずしも多くなか
ったが，東南アジアの一部の国際連携事業においては，ODA をつうじて培わ
れた教員のネットワークが活用された。
　さらに，近年，新たな動きもある。それは，東京工業大学が，2014 年に，
JICA 技術協力をつうじて支援してきた E-Just のプロジェクトサイトに，東京
工業大学の4つ目の海外拠点としてエジプト E-Just オフィスを設置したこと
である（3.1.4 参照）。同時に，国際室海外拠点運営室のもとには，E-Just への
国際協力活動を支援するための，エジプト E-Just 拠点チームがおかれた。そ
れまで教員グループ主体の取り組みであった JICA プロジェクトへの支援を，
副学長直轄の国際室に E-Just 支援チームをおいておこない，あわせて JICA プ
ロジェクトへの支援と連携させながら大学独自の学術交流や広報活動をおこな
うための体制整備であった。これは，東京工業大学において，ODA 事業と大
学の国際展開事業を意図的に連携させていこうとする初の試みである。

東京工業大学の国際展開へのインパクトのまとめ

　以上から，東京工業大学の国際展開と ODA の関係については，次のように
まとめることができる。東京工業大学の大学間協定や国際展開事業のパートナ
ーは，主に欧米先進国と中国／韓国と東南アジアの大学に広がっているが，世
界のトップレベルの大学との連携に重点があるので，これらのなかでは，数で

は先進国の大学が，連携の深さでは中国／韓国／シンガポールの先端大学が勝っている。それらの大学にはおよばないものの，東南アジア各国の一部のトップ大学とも連携事業がおこなわれてきており，それには拠点大学交流事業やJICA技術協力への参加により築かれた教員のネットワークが貢献した。近年，東京工業大学教員が設立支援に参加したE-Just内に東京工業大学の海外拠点をおくなど，ODAと大学の国際展開を連携させる新たな取り組みもみられる。

4.2.2.2　豊橋技術科学大学

国際展開事業の推移

　1976年に開校した豊橋技術科学大学の国際展開事業は，1990年代のJICA工学教育プロジェクトへの参加に始まる。同大学は，1990年代には，多数の教員をJICA専門家として東南アジアの大学に送り，HEDSプロジェクトをはじめとするJICA事業を支えた。1990年代末には，豊橋技術科学大学は，工学教育分野のODA事業の主要な支援大学のひとつになっていた。同大学のこうした豊富なODA事業への参加実績は，東南アジアの大学との新たな関係をうんだ。たとえば，HEDSプロジェクトにより築かれた交流関係をもとに，インドネシアのランポン大学は，新設学科立ち上げの支援を豊橋技術科学大学に直接に要請し，豊橋技術科学大学は1998年に，ODA予算によらない大学独自の協力事業を開始した（本間 1998）。90年代に始まる豊橋技術科学大学の大規模なODA参加は，2000年代に多様な大学の国際事業に展開していくが，ランポン大学への独自支援は，その先駆けをなすものであった（**表4-21**参照）。

　2000年代には，JICAからの依頼に応えてODAプロジェクトに参加するだけではなく，豊橋技術科学大学が自ら途上国の大学支援のニーズを発掘し，協力案件を形成し，主体的に実施するなど，より踏み込んだ国際協力への取り組みがおこなわれた。豊橋技術科学大学に2001年に設置された工学教育国際協力研究センター（ICCEED）は，2002年からプロジェクト形成のための調査団派遣や調査研究活動をセンター独自でおこない（本間 2008），その結果，JICA実施プロジェクトにつながった例や（2006年～，ベトナム・ホーチミン市工科大学地域連携機能強化プロジェクト）（豊橋技術科学大学工学教育国際協力研究センター 2006），文部科学省による国際協力イニシアティブ・教育協力拠点形成事業の競争的資金を使って協力を実施した例（2007年～，スリランカ・モロツワ大学産学連携による工学部機能強化プロジェクト）（豊橋技術科学大学工学教育国際協力研究センター 2011b）などがうまれている。また，インドネシア・スラバヤ電子

工学ポリテクニックからは豊橋技術科学大学に直接に支援が求められ，2010年から大学の資金による独自の支援事業が実施されている（豊橋技術科学大学工学教育国際協力研究センター 2011b）。さらに，2000年代には，海外拠点の設置や日本人学生の海外インターンの実施なども始まった。たとえば，2004年に初めての海外拠点を，HEDSプロジェクトのパートナー大学であったバンドン工科大学に設置し，また同年には日本人の学生の海外実務訓練（インターンシップ）が開始された。さらにODAにより築かれた交流関係がもとになって，東南アジアの大学とのツイニング・プログラムも開始した（2006年〜，ベトナム・ホーチミン市工科大学，2007年度〜，インドネシア・バンドン工科大学）（豊橋技術科学大学開学30周年記念事業委員会年史編集部会 2006; 本間 2008; 平波ほか2007）。

　2010年代に入り，日本人学生のグローバル教育を推進するための取り組みが大きく進展している。2013年には，マレーシア科学大学に海外教育拠点（ペナン校）が開設された。2014年には，グローバルに活躍できる技術者養成をコンセプトとした豊橋技術科学大学の提案がスーパーグローバル大学創成支援事業に採択されたが，マレーシア・ペナン校はそのなかで海外実務訓練拡充の中心的な拠点となることが予定されている。

表 4-21　豊橋技術科学大学の主要な国際展開事業

年	事業名	内容	種別	資金
【1990年代開始】				
1998-2000	インドネシア・ランポン大学新学科立ち上げ支援（①）	HEDSプロジェクトの支援対象校であるランポン大学は，機械工学科と電気工学科の新設に関し，施設と機材の整備をアジア開発銀行の資金によりおこない，シラバスの作成や教科書の選定などの支援を豊橋技術科学大学に要請した。豊橋技術科学大学は，数次にわたり大学教員を現地に派遣し協力を実施した。	国際協力	豊橋技術科学大学
【2000年代開始】				
2003-現在	大学生国際交流プログラム（②）	豊橋技術科学大学とインドネシア・バンドン工科大学の学生が中心になり，他大学の学生の参加も得て，日本もしくはインドネシア等において共通課題についての研究討議をおこない学生交流を深めるプログラム。毎年実施している。	学生交流	豊橋技術科学大学他

2006-現在	ベトナム・ホーチミン市工科大学，インドネシア・バンドン工科大学とのツイニング・プログラム（③）	ベトナム・ホーチミン市工科大学（2006年度開始），およびインドネシア・バンドン工科大学（2007年度開始）での1〜1.5年の教育と1年間の豊橋技術科学大学での教育を組み合わせておこなう修士プログラムで，豊橋技術科学大学の学位を取得する。これらは，国際協力事業をつうじて築かれた教員の交流が，大学間の共同教育プログラムに発展したもの。なお，学部レベルのツイニング・プログラムとしては，このほかに学部レベルのベトナム・ハノイ工科大学（2003年〜）とのプログラム等もある。	共同教育プログラム	豊橋技術科学大学
2007-2009	スリランカ・モロツワ大学産学連携による工学部機能強化プロジェクト（④）	途上国の大学における産学連携促進を目的として，スリランカのモロツワ大学をモデル校とし，産学連携を促進するための理解向上，学内規則の整備，組織体制整備，研究資金循環メカニズムの構築などに取り組んだ。文部科学省の国際協力イニシアティブ・教育協力拠点形成事業の競争的資金により実施。	国際協力	文部科学省

【2010年代開始】

2010-現在	インドネシア・スラバヤ電子工学ポリテクニック教育高度化支援事業（⑤）	インドネシア・スラバヤ電子工学ポリテクニックの教員の高位学位取得と新設された修士課程の充実のための支援事業。インドネシア国民教育大臣から豊橋技術科学大学学長に直接に支援依頼があり，同大学の独自事業として実施している。	国際協力	豊橋技術科学大学
2014-現在	インドネシア・ハサヌディン大学とのツイニング・プログラム（⑥）	インドネシア・ハサヌディン大学での1〜1.5年の教育と1年間の豊橋技術科学大学での教育を組み合わせておこなう修士プログラムで，豊橋技術科学大学の学位を取得する。国際協力事業をつうじて築かれた教員の交流が，大学間の共同教育プログラムに発展したもの。	共同教育プログラム	豊橋技術科学大学
2014-2023	スーパーグローバル大学創成支援事業（タイプB）（⑦）	世界の技術科学を先導する高度技術者「グローバル技術科学アーキテクト」を養成する。国際通用性が高い「多文化共生・グローバルキャンパス」を，「グローバル技術科学アーキテクト」養成コース，グローバル寄宿舎，キャンパス内の人的資源の多国籍化と国際通用力強化をつうじて実現するもの。	体制整備	日本学術振興会

（注）JICA事業は除く。
（出典）豊橋技術科学大学（2005b 〜2016b），豊橋技術科学大学工学教育国際協力研究センター（2006〜2010, 2011a, 2012〜2013），豊橋技術科学大学グローバル工学教育推進機構（2014〜2015）から筆者作成。

国際展開事業のパートナー大学

　東京工業大学の場合と同様に，ここでは豊橋技術科学大学の国際展開事業の
パートナー校と JICA プロジェクトの支援大学がどのように重なっているのか
を調べる。文部科学省の「大学における教育内容等の改革状況調査（平成 25 年
度）」によると，2013 年度の豊橋技術科学大学の大学間協定の相手大学は 56 校
である[10]（**表 4-22**）。地域別には，東南アジアが最も多い 22 校（40％），欧州／北
米等先進国が 16 校（28％），中国／韓国／台湾が 13 校（23％）である。これら
3 つの地域の合計が全体の 90％強であることは，東京工業大学と同じであるが，
東京工業大学では欧米等の先進国が全体の半分であったのに対し，豊橋技術科
学大学では東南アジアの大学が最多の 40％をなしている。そのなかでも特に
多いのがインドネシアの 13 校であり，全 56 協定大学の 20％強，東南アジアの
22 協定大学の 60％という非常に大きな割合をインドネシアの大学が占めてい
る。**表 4-22** には，豊橋技術科学大学の主な国際展開事業を記載しているが，
ほぼすべてが東南アジアの大学を対象とした事業であり，やはり東南アジアの

表 4-22　豊橋技術科学大学の大学間協定パートナー大学

	国名	大学間交流協定の相手方大学	豊橋技術科学大学教員が参加した主要な JICA 教育協力プロジェクト	豊橋技術科学大学の主要な国際展開事業
東南アジア（22 校）				
1	インドネシア（13 校）	アンダラス大学	インドネシア 高等教育開発計画（90-02）	
2		スラバヤ電子工学ポリテクニック		大学独自の国際協力（10-）⑤
3		ガジャマダ大学	SeedNet プロジェクト（03-）	
4		シャクアラ大学	インドネシア 高等教育開発計画（90-02）	
5		スラバヤ工科大学	SeedNet プロジェクト（03-）	
6		タドラコ大学		
7		ハサヌディン大学	インドネシア ハサヌディン大学工学部プロジェクト（08-11）	ツイニング・プログラム（14-）⑥
8		パダン工科大学		
9		パランカラヤ大学		
10		バンドン工科大学	インドネシア 高等教育開発計画（90-02）アセアン工学系高等教育ネットワーク（03-）	海外拠点設置（04-）学生交流（03-）②ツイニング・プログラム（07-）③
11		ブラウィジャヤ大学		
12		ランポン大学	インドネシア 高等教育開発計画（90-02）	
13		北スマトラ大学	インドネシア 高等教育開発計画（90-02）	

14	タイ （3校）	タマサート大学	SeedNet プロジェクト（03-）	
15		チュラロンコン大学	アセアン工学系高等教育ネットワーク（03-）	
16		パトムワン工科大学	タイ パトムワン工業高等専門学校プロジェクト（93-99）	
17	ベトナム （3校）	ダナン大学・工科大学		
18		ベトナム国家大学ハノイ校工科大学		
19		ホーチミン市工科大学	SeedNet プロジェクト（03-） ホーチミン工科大地域連携機能強化（05-12）	ツイニング・プログラム（06-）③
20	マレーシア （3校）	トゥン・フセイン・オン・マレーシア大学		
21		マレーシア工科大学	SeedNet プロジェクト（03-）	
22		マレーシア科学大学	SeedNet プロジェクト（03-）	海外拠点設置（13-）

中国 / 韓国 / 台湾（13校）

1	中国 （4校）	清華大学		
2		中国科学院金属研究所		
3		天津大学文法学院		
4		東北大学		海外拠点（05-）
5	韓国 （7校）	安東大学校		
6		釜山カソリック大学校		
7		韓国技術教育大学校		
8		慶北大学校		
9		国立ソウル科学技術大学校		
10		全北大学校工科大学		
11		嶺南大学		
12	台湾 （2校）	国立交通大学		
13		国立台湾師範大学		

中近東（3校）

1	イラン	バボルノシルバニ工科大学		
2	エジプト （2校）	アシュート大学		
3		タンタ大学		

中南米（2校）

1	アルゼンチン	ツクマン国立大学		
2	メキシコ	国立工科大学		

欧州 / 北米等先進国（16校）

1	アメリカ （3校）	ウィスコンシン大学マディソン校		
2		カリフォルニア大学バークレー校		
3		ニューヨーク市立大学クイーンズ校		
4	ドイツ （3校）	シュトゥットガルト大学		ダブル・ディグリー・プログラム（14-）
5		ミュンヘン工科大学		
6		ルーア大学		

7	フランス （2校）	ピエール＆マリー・キュリー大学		
8		フランシュ＝コンテ大学		
9	ロシア	ロモノーソフ記念モスクワ国立大学		
10	ウクライナ	ウクライナ国立技術総合大学		
11	オランダ	アイントホーフェン工科大学		
12	スウェーデン	スウェーデン王立工科大学		
13	スロバキア	ジリナ大学		
14	フィンランド	東フィンランド大学		
15	ルーマニア	ブカレスト工科大学		
16	ニュージーランド	オークランド大学		

（注）大学間協定校は，文部科学省の「大学における教育内容等の改革状況調査（平成25年度）」の結果による。
　　　また，豊橋技術科学大学の教員がJICAプロジェクトをつうじて支援した大学を網掛けで示した。
　　　国際展開事業の相手校は，豊橋技術科学大学が現在実施している主要な国際連携について記載している。
　　　国際展開事業の欄の②③⑤⑥の番号は次の国際展開事業を指しており，その事業内容については**表4-21**を
　　　参照されたい。
　　　②大学生国際交流プログラム，③ベトナム・ホーチミン市工科大学，インドネシア・バンドン工科大学，
　　　ベトナム・ハノイ工科大学とのツイニング・プログラム，⑤インドネシア・スラバヤ電子工学ポリテクニ
　　　ック教育高度化支援，⑥インドネシア・ハサヌディン大学とのツイニング・プログラム
（出典）文部科学省（2015b），豊橋技術科学大学（2005b～2016b），豊橋技術科学大学工学教育国際協力研究セ
　　　ンター（2006～2010，2011a，2012～2013），豊橋技術科学大学グローバル工学教育推進機構（2014～
　　　2015）から筆者作成。

大学とのつながりが深いことがわかる。

　東南アジアの協定相手大学22校中の14校は，豊橋技術科学大学の教員が
JICAの技術協力プロジェクトをつうじて支援した大学である。また東南アジ
アの国際展開事業の5対象校中4校は，同様にODAをつうじた支援相手大学
であった。また，JICA技術協力の実施時期と，海外拠点の設置やツイニン
グ・プログラムなどの国際展開事業の実施時期をくらべると，ほとんどの場合
が，国際展開事業に先立ってJICAプロジェクトへの教員の参加がおこなわれ
ている。豊橋技術科学大学の協定校にはインドネシアの大学が多く含まれるが，
豊橋技術科学大学は1990年代にHEDSプロジェクトをつうじてインドネシア
の11の地方大学の支援に中心的な役割を果たした実績を持っている。これら
のことから，教員のODA参加をつうじてはぐくまれた東南アジアの大学との
ネットワークがやがて大学の国際展開事業の基礎になっていたことが推察され
る。

国際展開の事例

　豊橋技術科学大学教員の ODA 事業参加と大学の国際展開事業との関連は，同大学のさまざまな公表文書にも記載されている。たとえば，1990 年代から 2000 年代にかけて豊橋技術科学大学の国際協力と国際展開の中心的な役割を担っていた本間（2009）は，「本学の国際連携活動の根源の一つに，インドネシア高等教育支援計画（HEDS）プロジェクトを上げるのが妥当と思います。1990 年から 2002 年まで本学が主体となって支援してきたプロジェクトです。……長期間にわたって本学とインドネシアの大学との交流が継続されたことにより，本学の存在がしっかりと印象付けられ，本学の教育研究の質の高さも理解され，〔インドネシアの〕バンドン工科大学，ガジャマダ大学，スラバヤ工科大学，北スマトラ大学，シャクアラ大学，アンダラス大学，ランポン大学，ハサヌディン大学との強固な信頼関係が構築されました。特にバンドン工科大学には本学インドネシア事務所を設置し，交流の拠点としての機能を果たしています」と述べている。こうした記述からも，教員の HEDS プロジェクトへの参加が，その後の交流協定締結やツイニング・プログラムの実施など，インドネシアの複数の大学と学術交流関係を築くことに貢献し，さらに，豊橋技術科学大学初の海外拠点事務所をバンドン工科大学に設置することにつながったことがわかる。このほかにも，豊橋技術科学大学とベトナム・ホーチミン市工科大学とのツイニング・プログラム（2006 年～）の実施の経緯について，「HCMUT〔ホーチミン市工科大学〕との最初の交流は，JICA プロジェクトの一つである『アセアン工学系高等教育ネットワーク〔SeedNet プロジェクト〕』の調査団として筆者が 2002 年 10 月に派遣されたことに始まる。その後……交流が深まり……双方から大学院のツイニングプログラムの構想が浮上し 2005 年 4 月に交渉が開始された」と記録されている例もある（豊橋技術科学大学開学 30 周年記念事業委員会年史編集部会 2006）。

　豊橋技術科学大学教員の ODA 事業参加と大学の国際展開事業との関連は，教員や職員へのインタビューにおいてもたびたび語られた。豊橋技術科学大学は 2013 年に，マレーシア科学大学の協力のもと，マレーシア海外教育拠点ペナン校を設置した。ペナン校は，同大学の 4 年生向けの海外実務訓練（インターンシップ）のコーディネートを担当するとともに[11]，将来的にはマレーシアや近隣国から 100 人を超える学生を受け入れ，教育することが計画されている。マレーシア・ペナン校の設置について，ある教員は，インタビューで次のように語っている。

第 4 章　ODA 参加のインパクト　　231

〔ODA 事業への教員の参加と大学のグローバル化の取り組みを〕切り分けることはできないかもしれませんね。うちでは，SeedNet プロジェクトでかなり材料〔工学〕とか情報〔工学〕とかをやっていて，それらの先生が留学生の受け入れをはじめとしてずいぶん協力していたんですが，そこにたまたま USM〔マレーシア科学大学〕が SeedNet プロジェクトの材料分野の幹事校として入っていた。そこのところがうまく合体したことによって，今のこと〔海外拠点ペナン校の設置〕に発展しているんじゃないかと思う。……思いつきでペナンが出てきたわけではなくて，USM〔マレーシア科学大学〕という大学を検討した時に，それが SeedNet プロジェクトの幹事校だったというのは，かなり効いているような気がします。……人的なつながりがあって，教員の交流があったというのも受け入れやすく，〔先方にとっても〕「ああ豊橋か」という，その下地があったことが，海外拠点校を設置するうえで大きかったと思います。(教員 14)

　これらの文献の記録やインタビューの発言からは，豊橋技術科学大学の教員が 1990 年代から ODA をつうじて築いてきた東南アジアの大学とのネットワークが，2000 年代以降の大学の国際展開に重要な役割を果たし，東南アジアの大学をパートナーとした学生交流，共同教育プログラム，海外拠点の設置などの基礎となったことがわかる。では，大学経営層や教員は，このような ODA と国際展開のつながりを当初から意識していたのであろうか。豊橋技術科学大学の国際関連の方針文書や当時の関係者の記録をみると，2000 年代までは，途上国の大学支援は国際的な大学が果たすべき国際貢献として位置付けられており（第 1 期中期目標 2004 年等），大学の国際化へのインパクトを ODA 参加の前提とする記載は見当たらない。しかし，2015 年の「国際戦略 2014-2015」では，「国際貢献活動をつうじて構築した国内外の政府関係機関・産業界・大学等のネットワークを発展させ，豊橋技術科学大学の研究・教育活動にもフィードバックする」ことが謳われ，ODA 事業を大学の国際化に活用していこうという姿勢が見られるようになった（豊橋技術科学大学 2015c）。このような考え方の変化は，豊橋技術科学大学の国際関連部局の整備にも表れている。2013 年には，それまで独立していた ICCEED 国際協力センター（国際協力担当），国際教育センター（日本人の海外教育担当），国際交流センター（留学生担当）を，副学長を長とするグローバル工学教育推進機構のもとに一元的におき，活動の連携が図られるようになった。ODA 事業の蓄積が結果として，大学の国際展開につな

がるという形ではなく，今では，ODA 事業と国際展開事業や留学生事業をより意図的に連携させて一体的に取り組もうとしている。

豊橋技術科学大学の国際展開へのインパクトのまとめ

以上から，豊橋技術科学大学の国際展開と ODA の関係については，次のようにまとめることができる。豊橋技術科学大学の大学間協定や国際展開事業の相手大学は，東南アジアの大学が多く，中でもインドネシアの大学が大きな割合を占めている。これは，同大学と東南アジアの大学との交流が，1990 年に始まる HEDS プロジェクトへの参加をその端緒とし，その後いくつもの JICA 事業をつうじて促進された結果である。また，同時に，豊橋技術科学大学独自の国際協力事業や個々の教員の往来などの ODA を財源としない交流も盛んになり，さらには大学が組織的におこなう海外拠点設置などの取り組みが組み合わされて，同大学の国際展開事業の基礎となっていった。また，2010 年代中頃からは，ODA 事業と留学生受け入れや日本人の海外教育とを連携させて取り組むなど，ODA への参加を大学の国際化に積極的に活用しようという姿勢が顕著である。

4.2.2.3　東海大学

国際展開事業の推移

東海大学は 1965 年にタイのノンタブリ電気通信学校（後の KMITL）から留学生を受け入れた後，1972 年には東海大学教員を KMITL へ長期専門家として初めて派遣した。このようにして始まった東海大学の KMITL 支援は，2002 年に第 4 次技術協力プロジェクトが終了するまで続き，さらにその後も，ラオス国立大学工学部への JICA 協力プロジェクト（2003〜2008 年）を東海大学と KMITL が共同で支援し，SeedNet プロジェクト（2003 年〜）に両大学が参加するなど，JICA 事業をつうじた両大学の連携関係が続いている。その一方で，1977 年には，両大学間で学術交流協定が結ばれた。この学術交流協定にもとづいて，両大学の独自予算により，研究者の相互派遣（1981 年〜），KMITL 教員の東海大学留学（1995 年〜），学生の相互派遣（1997 年〜），東海大学学生の KMITL 留学（1999 年〜）が開始した。さらに，2004 年には KMITL に東海大学の海外拠点が設置され，2007 年にはデュアル・ディグリー・プログラムが始まるなど，KMITL をパートナーとする国際展開事業は 1980 年代から現在まで深化し続けている。東海大学の主な ODA 事業は，2013 年に始まる日本マ

第 4 章　ODA 参加のインパクト　233

レーシア国際工科院整備プロジェクト（MJIIT）以外は，ラオス国立大学工学部情報化対応人材育成機能強化プロジェクトを含めて，すべて KMITL に関係するプロジェクトである（**表 3-9** 参照）。ODA をつうじて始まった東海大学と KMITL の関係は，大規模な学術交流関係に進展し，現在も東海大学の国際展開事業の重要な一部をなしている。

　東海大学は，一貫して国際平和の希求と科学技術教育による社会貢献を建学の精神とし，それにもとづく国際交流活動を推進してきた。上記の KMITL との国際協力／交流もその精神を具現化するひとつの形であるが，そのほかにも特色のある国際展開事業を早い時期からおこなっている。たとえば，1960 年代には，調査実習船を使って学部学生が参加する海外研修航海（1968 年～）や東欧やソ連などの旧東側諸国との学術交流（ブルガリア 1969 年～，ソ連 1973 年～）を開始し，1980 年代には，アジア・環太平洋学長研究所長会議（1987 年～）を提唱して長く東海大学がその事務局を務めた（東海大学 1993b）（**表 4-23** 参照）。また，1970 年にはデンマークに学術文化交流の拠点となるヨーロッパ学術センターを開設し，1984 年に日本の武道の普及とスポーツ交流を図るため松前武道センターをウィーンにおいた。これらはいずれも当時の総長松前重義の強いイニシアティブによるものであった。

　1990 年代に，東海大学は日本人学生のグローバル教育への取り組みを拡充し，ハワイに東海大学パシフィックセンターを開設し（1990 年），またハワイ東海インターナショナルカレッジを開校（1992 年）した。このカレッジは，1994 年に米国西地区学校・大学協会のアクレディテーションを受け，さらに 2015 年にハワイ州立大学の新キャンパス内に移転した。今後は，東海大学の全学生の 1 割がここに体験留学する予定である（毎日新聞 Web 版 2013）。

表 4-23　東海大学の主要な国際展開事業

年	事業名	内容	種別	資金
1990 年代以前開始				
1968-現在	海外研修航海（①）	東海大学学生が東海大学所有の海洋調査実習船に約 1.5 ヶ月乗船して諸外国を訪問することにより，国際性や協調性を育む研修航海をおこなう。毎年実施。	海外研修	東海大学
1969-現在	旧東側諸国との学術交流（②）	1969 年にブルガリア高等教育委員会と，1973 年にモスクワ国立大学と学術交流協定を結び，当時まだ一般的ではなかったソ連や東欧の社会主義国との間で，研究者交流や留学生交換など人的交流を開始した。	学術交流・留学	東海大学

234

1981-現在	KMITL との研究交流（③）	1977 年に KMITL との学術交流協定が結ばれ，1981 年から研究者交流が開始した。 ・KMITL の教員の受け入れ 1981 年から短期受け入れ，1995 年から学位取得のための留学生招へい。 ・東海大学の教員の派遣 1984 年から短期派遣。	学術交流・留学	東海大学
1987-2005	アジア・環太平洋学長研究所長会議（④）	アジア・環太平洋地域の 18 ヶ国，56 の大学・研究所の代表が参加して，この地域の平和と繁栄のために果たすべき使命について意見交換をおこなった。東海大学にこの会議の連絡事務所がおかれ，2005 年までに実施された 10 回の会議のうち 6 回を東海大学がホストした。	国際協力	東海大学
1990 年代開始				
1997-	KMITL との学生交流（⑤）	KMITL との教員の交流の深まりは，その次の段階として学生交流の要望につながり，1996 年に両大学間の学術交流協定が改定されて，学生交流が開始した。 ・KMITL の学生の受け入れ（サマースクール） KMITL の学生 8 人（2000 年代には 20 人程度にまで拡大）を工学部の各学科で約 1 ヶ月受け入れ。 ・東海大学学生の国際ボランティア活動 東海大学の学生が KMITL の学生とともに，タイの農村部で現地の子どもの教育支援をおこなう。	研修・海外研修	東海大学
2000 年代開始				
2005-2009	大学国際戦略本部強化事業（⑥）	大学としての国際戦略を打ち立てながら，学内の各種組織を有機的に連携した全学的，組織的な国際活動を支援するための，国際化担当組織体制を整備する事業。東海大学では法人傘下の教育機関全体の国際戦略の策定と推進などが取り組まれた。	体制整備	日本学術振興会
2009-2013	遠隔教育による在日ブラジル人教育者向け教員養成講座（⑦）	ブラジル連邦政府は，在日ブラジリアン・スクールの教員や地方自治体の補助教員を対象にブラジルの教員資格を取得させる E-learning プログラムを実施した。東海大学はブラジル政府の要請を受けて，日本側事務局を引き受け，スクリーニングの実施，マトグロッソ連邦大学による授業配信のバックアップサーバーの設置，受講生のモニタリング等を担当した。	研修	民間等

（注）JICA 事業は除く。
（出典）東海大学（1993b，2013c，2014c），「東海大学の国際協力」編集委員会（2005）から筆者作成。

国際展開事業のパートナー大学

東海大学の国際展開事業は，1960年代という早い時期から特色ある活動が展開されてきたが，それらの活動とODA事業への教員の参加とはどのような関係にあるのであろうか。ここでは，大学の国際展開事業のパートナー校とJICAプロジェクトの支援大学がどのように重なっているのかを調べることにより，この点を明らかにする。**表4-24**は，文部科学省の「大学における教育内容等の改革状況調査（平成25年度）」にもとづいて，東海大学の協定相手校をリストアップしたものである。東海大学は全部で87の大学間協定校を持ち[12]，そのうち半分以上の47校（54％）は欧州/北米等先進国の大学，16校（18％）が東南アジアの大学，15校（17％）が中国/韓国/台湾の大学である。東海大学の大学間協定校の特徴のひとつは，東欧/北欧/ロシアの大学が多いことである（17大学，20％）。東海大学は，1960年代末から，東西冷戦のためにまだ交流の機会が少なかった旧東側諸国と国際交流を継続してきた。その結果，今も東欧/北欧/ロシアの大学との結びつきが強い。

表4-24には，東海大学の教員が参加したJICA技術協力プロジェクトと東海大学の国際展開事業の相手校を付記した。東海大学のODA参加は，ODAによるタイKMITL支援の長い歴史とほぼ重なる。東海大学はKMITLに対し長期で大規模な協力をおこなったが，支援プロジェクトの数をむやみに拡大することはしなかったので，ODAによる支援相手先の大学数は必ずしも多くない。KMITLにおいては，最初はODAをつうじた支援であったものが，1980年代から大学間協定にもとづく自律的な大学間交流へと移行し，多くの教員や学生が参加する双方向の交流事業に発展している（**図4-22**参照）。まさにODA事業への参加が，後に大学の国際展開事業へと発展した典型的な事例である。

表4-24　東海大学の大学間協定パートナー大学

	国名	大学間交流協定の相手方大学	東海大学教員が参加したJICA教育協力プロジェクト	東海大学の主要な国際展開事業
東南アジア（16校）				
1	インドネシア（2校）	ガジャマダ大学	SeedNetプロジェクト（03-）	
2		バンドン工科大学	SeedNetプロジェクト（03-）	
3	カンボジア	カンボジア工科大学	SeedNetプロジェクト（03-）	
4	タイ（6校）	コンケン大学		
5		サイアム大学		
6		メジョー大学		
7		モンクット王工科大学トンブリ校		

8		モンクット王工科大学ラカバン校（KMITL）	タイ KMITL プロジェクト（65-02）SeedNet プロジェクト（03-）	交流協定による国際交流（81-）③&⑤海外拠点（04-）デュアル・ディグリー・プログラム（07-）
9		泰日工業大学		
10	フィリピン（2校）	セントラル・ルソン国立大学		
11		フィリピン大学ロス・バニョス校		
12	ベトナム（2校）	ハノイ工科大学	SeedNet プロジェクト（03-）	
13		ベトナム国家大学ホーチミン校人文科学大学		
14	マレーシア（2校）	マルチメディア大学		
15		マレーシア工科大学	SeedNet プロジェクト（03-）日マ国際工科院（13-）	
16	ラオス	ラオス国立大学	SeedNet プロジェクト（03-）ラオス国立大学工学部情報化対応（03-07）	

中国 / 韓国 / 台湾（15校）

1	中国（5校）	華東師範大学		
2		中国人民大学		
3		中山大学		
4		復旦大学		
5		北京大学		
6	韓国（7校）	漢陽大学		海外拠点（05-）
7		建国大学		
8		光云大学		
9		国民大学		
10		新羅大学		
11		東義大学		
12		馬山大学		
13	台湾（3校）	淡江大学		
14		東海大学		
15		明道大学		

その他のアジア（2校）

1	インド	SRM 大学		
2	カザフスタン	ユーラシア国立大学		

中近東（4校）

1	アラブ首長国連邦	アブダビ石油資源大学		
2	サウジアラビア（3校）	アル・イマーム・ムハンマド・イブン・サウード・イスラーム大学		
3		エファット大学		
4		キング・アブドゥルアズィーズ大学		

中南米（2校）

1	ブラジル	マトグロッソ連邦大学		国際協力（09-13）⑦
2	ペルー	サンマルコス大学		

アフリカ（1校）

| 1 | ケニア | ナイロビ大学 | | |

欧州/北米等先進国（47校）

1		アラスカ大学フェアバンクス		
2		ウェイク・フォレスト大学		
3		ケース・ウエスタン・リザーブ大学		
4		シラキュース大学		
5	アメリカ	タフツ大学		
6	（11校）	ニューヨーク医科大学		
7		ノースダコタ大学		
8		ハワイ大学		海外拠点（92-）
9		ハワイ東海インターナショナルカレッジ		海外拠点（92-）
10		マイアミ大学		
11		ノースダコタ大学		
12		オタワ大学		
13	カナダ	トンプソンリバーズ大学		
14	（3校）	ブリティッシュコロンビア大学		
15		インペリアル・カレッジ・ロンドン		
16	イギリス	エセックス大学		
17	（3校）	カーディフ大学		
18		エックス・マルセイユ大学		
19	フランス	ニューカレドニア大学		
20	（4校）	パリ建築専門大学		
21		ブルゴーニュ大学		
22		エスリンゲン工科大学		
23	ドイツ	カッセル大学		
24	（3校）	フンボルト大学		
25		ストックホルム大学		
26	スウェーデン	ダーラナ大学		
27	（3校）	ヨーテボリ大学		
28		コペンハーゲン商科大学		
29	デンマーク	コペンハーゲン大学		
30	（3校）	デンマーク海事大学		
31	ノルウェー	オスロ大学		
32	（2校）	ベルゲン大学		
33	ハンガリー	センメルワイス大学		学術交流（92-）②
34	（2校）	ブダペスト工科大学		学術交流②
35	フィンランド	トゥルク大学		
36	（2校）	ラップランド大学		
37	オーストリア	ウィーン大学		
38	スペイン	サラマンカ大学		

39	アイスランド	アイスランド大学	
40	イタリア	ヴェネツィア大学	
41	ブルガリア	ソフィア工科大学	学術交流②
42	ロシア （2校）	モスクワ国立大学	学術交流（73-）②
43		極東国立総合大学	学術交流（89-）②
44	オーストラリア （3校）	クイーンズランド大学	
45		グリフィス大学	
46		ニューキャッスル大学	
47	ニュージーランド	ワイカト大学	

(注) 大学間協定校は，文部科学省の「大学における教育内容等の改革状況調査（平成25年度）」の結果による。また，東海大学の教員がJICAプロジェクトをつうじて支援した大学を網掛けで示した。
国際展開事業の相手校は，東海大学が現在実施している主要な国際連携について記載している。国際連携事業の欄の②③⑤⑦の番号は次の国際展開事業を指しており，その事業内容については**表4-23**を参照されたい。
②旧東側諸国との学術交流，③＆⑤KMITLとの研究交流・学生交流，⑦遠隔教育による在日ブラジル人教育者向け教員養成講座

(出典) 文部科学省（2015b），東海大学（1993b，2013c，2014c），「東海大学の国際協力」編集委員会（2005）から筆者作成。

国際連携の事例

　東海大学とタイのKMITLとの関係は，ODA事業による教育訓練機関の設立支援に始まり，やがて両大学間の自律的な学術交流に発展していった。両校の交流の歴史は規模においても長さにおいても非常に大きく長いので，それについて記載した資料は数多く存在する。2005年に発刊された『東海大学の国際協力——タイ国モンクット王ラカバン工科大学との交流40年史』は，東海大学の教員がかかわったKMITLに関する活動のすべてを網羅し，多くの関係者のインタビューも載せて，ODA事業としておこなわれたKMITL支援が徐々に大学独自の学術交流事業へと変化していく様子を丁寧に記録している（「東海大学の国際協力」編集委員会 2005）。同書では40年間の交流の歴史を4つの時期に分けている（**図4-22**参照）。第1期（1960年〜1970年）の「協力の黎明期」を経て，第2期（1971年〜1985年）の「協力と交流の発展期」には，両校の間で学術交流協定が結ばれた。学術交流協定締結の当初の目的は，ODAによって受け入れた留学生の帰国後の研究支援や研究協力を東海大学独自でおこなうことであった。第3期（1986年〜1996年）の「協力と交流の拡充期」には，交流協定による研究者の受け入れと派遣が定着，拡大し，さらに東海大学独自の費用負担による長期の留学生受け入れ事業も始まった。第4期（1997年〜）は「協力と交流の充実期」であり，1997年に双方の学生の短期派遣プログラムが開始された。KMITLからは毎年8人程度（その後約20人に拡大）のタイ人学部

学生がサマートレーニングとして東海大学工学部の研究室に滞在し，東海大学からは 10〜15 人の日本人学生がタイを訪問して KMITL の学生とともにタイ北部の農村でボランティア活動をおこなっている。また 2003 年〜2008 年には，KMITL 教員が東海大学教員とともにラオス国立大学工学部の人材育成事業に JICA 専門家として加わるなど，両大学が共同で国際協力を実施する例もうまれた。さらに，2004 年には，KMITL 内に東海大学の海外拠点が設置され，東海大学の学術交流活動や留学生受け入れの促進業務を開始した。東海大学国際戦略本部副本部長（当時）の山田清志は，東海大学と KMITL の関係の変化を次のように記している。

	JICA 事業をつうじた国際協力	東海大学と KMITL の大学間交流
1960-1970 協力の黎明期 留学生受け入れ	1960-1965 第 1 次技術協力プロジェクト：ノンタプリ電気通信訓練センター（日本側支援機関は郵政省／電電公社／国際電電／NHK。東海大学は参加せず） 1965-1975 留学生受け入れ（24 人）	
1971-1985 協力と交流の発展期 現職教員の長期派遣 開始と交流協定締結	1972-1976 教員長期派遣 3 人 1974 第 1 次無償資金協力： 　　ラカバン校舎整備 1978-1983 第 2 次技術協力プロジェクト： 　　モンクット王工科大学計画 1984 第 2 次無償資金協力： 　　ラカバン校舎拡充	1977 学術交流協定締結 1981- 研究交流開始 　　（研究者の相互派遣）
1986-1996 協力と交流の拡充期 教員や大学幹部の 交流の大幅な拡大	1988-1993 第 3 次技術協力プロジェクト： 　　モンクット王工科大学 　　ラカバン校舎拡充計画	1995- KMITL 教員の東海大学留学 　　開始
1997- 協力と交流の充実期 イコールパートナ シップと学生交流の 開始	1997-2002 第 4 次技術協力プロジェクト： 　　モンクット王工科大学情報通信 　　技術研究センター計画 2003-2008 ラオス国立大学工学部 　　情報化対応人材育成機能強化計画 　　（東海大学と KMITL が協力して 　　ラオス国立大学工学部を支援） 2003- 現在 SeedNet プロジェクト I〜III 　　（東海大学と KMITL は情報工学の 　　幹事大学として参加）	1997- 学生交流開始（KMITL 学生 　　のサマースクール受け入れ，東 　　海大学生の国際ボランティア派遣） 1999- 東海大学学生の KMITL 　　留学開始 2003- 東海大学学生の KMITL へ 　　の夏期派遣開始 2004 KMITL に東海大学 　　アジア事務所開設 2007 デュアル・ディグリー・プログ 　　ラム開設

図 4-22　東海大学と KMITL との国際協力／交流の推移

（出典）「東海大学の国際協力」編集委員会（2005）から筆者作表。

両校の関係が成熟期に入った第4次プロジェクトの開始〔1997年〕と同じくして大学院・学部学生の交流が始まっている。支援で始まったKMITLとの関係が，徐々にイコールパートナーにまで発展してきたということがいえよう。……「支援」の対象であったKMITLが，現在は「協力」の位置にあり，これからは欧米の先進大学とのような「競争と協調」の関係へ発展するかもしれない（山田 2006b）。

1990年代末には，30年にわたる支援を経て成長したKMITLと東海大学の間には，対等なパートナーの関係が築かれ，ODA予算による援助事業は大学の経費負担による国際展開事業に移行していった。その一方で，東海大学のODA事業は2002年までKMITLに主に集中してきたこともあり，ODA事業の対象国や対象校には，あまり広がりは見られない。その結果，大学の国際展開事業の対象校との重なりもKMITLを除くと見られない。

東海大学の国際展開へのインパクトのまとめ

以上から，東海大学の国際展開とODAの関係については，次のようにまとめることができる。東海大学は，国際平和の希求と科学技術教育による社会貢献を建学の精神として，1960年代から特色のある国際展開をおこなってきた。1965年に始まるKMITL支援も，その一環であった。東海大学は2002年にいたるまで，数次にわたる技術協力をはじめとしてODAによるKMITL支援の中心的な役割を果たしてきたが，同時に1977年締結の学術交流協定にもとづき，研究者や学生の交流を開始し，徐々にODAによる支援の関係から，自律的な大学間の連携による交流事業へと関係を深化させていった。これはODA参加が大学の国際展開へと発展した代表事例である。

4.3 事例の比較と考察

第4章では，ODA事業に大学教員が参加することにより，大学教員と大学全体にどのようなインパクトがもたらされるのかを，東京工業大学，豊橋技術科学大学，東海大学の3大学の事例にそってみてきた。ここでは，ODA参加のインパクトについての事例間の比較をつうじた考察をおこなう。

大学教員へのインパクトのまとめ

ODA 参加は大学教員の教育活動と研究活動の両方にプラスのインパクトをもたらしている。まず，研究活動へのインパクトについては，ODA 事業に参加した教員の約半数に，ある程度のプラスのインパクトが認められた。大学教員の研究分野が，環境，資源，材料，防災などの途上国に多くの研究テーマがある工学分野の場合には，ODA 参加をつうじて新たな研究材料や共同研究者／協力者を得ることができるので，ODA 参加が教員の研究活動にプラスのインパクトをうむ。それらの教員にとっては，JICA プロジェクトの一環としておこなう研究指導／共同研究／研究者交流／学位取得支援などは，自分の研究活動と重なるものであり，ODA 事業への参加が本来の研究活動の一部をなしていることが多い。さらに，すでに途上国を対象とした国際的な研究活動を展開している教員のなかには，自分の研究活動の延長線上に ODA プロジェクトへの参加がある場合もある。一方で，残りの半数の教員においては，途上国の研究環境が不十分であることや，途上国に優位性のない研究分野であるために，ODA 参加は研究活動にほとんどプラスの効果をうんでいない。研究活動へのプラスの効果は，東南アジアの高等教育機関が徐々に成長し，支援のニーズが大学の教育改善から研究能力向上へと変化する 1990 年代末頃より特に顕著である。また，教員のイニシアティブにより ODA に参加した教員と大学経営層のイニシアティブにより参加した教員とで，研究活動へのインパクトの発現状況の違いを調べると，教員のイニシアティブにより参加した教員のほうが，総じて研究活動へのインパクトが高い。教員のイニシアティブで ODA に参加している教員は途上国への学術的な関心を ODA 参加の動機としていることが多いので，その結果，ODA 参加と自分の研究活動は連動し，研究活動にプラスの効果が生じているものと思われる。途上国への学術的関心を動機とする ODA 参加と，ODA 参加が研究活動にもたらすプラスの効果は表裏の関係にある。

ODA 参加のインパクトは，教員の教育活動にもおよんでいる。具体的には，研究室レベルでの留学生受け入れ増加と日本人学生のグローバル教育促進の 2 つの点でプラスの効果がある。留学生受け入れについては，JICA プロジェクトに参加した教員の約 80％でプラスの影響が認められ，ODA プロジェクトをつうじて築かれた途上国の教員や大学とのネットワークが，特に博士課程の留学生を呼び込むことにつながっている。ODA をつうじた留学生受け入れのメリットは，教員の途上国に関する研究活動に貢献すること，研究室を国際化し

日本人学生の国際性涵養を促進することがあげられる。さらに，博士課程への日本人進学者が不足するなかで，日本人学生に代わる博士課程在籍者として研究室運営への貢献も期待されている。東京工業大学と豊橋技術科学大学においては，1980年代末には，博士課程の留学生比率はそれぞれ約30％と約50％であったので，ODA事業による留学生受け入れへのプラスのインパクトは，1990年代前半からすでに生じていた。ODA参加による留学生呼び寄せ効果の発現は，博士課程の留学生比率が高い豊橋技術科学大学と東京工業大学において，東海大学よりも強く現れている。

　教員の教育活動へのもうひとつのインパクトとして，日本人学生のグローバル教育への効果が確認された。ODA事業に参加経験のある教員の一部はそこで得た途上国の教員とのネットワークを活用して，日本人学生向けの短期研修，フィールドワーク，実務研修，インターンシップ，学生交流などの短期海外渡航プログラムを企画し実施している。これらのプログラムは，日本人学生に途上国と直接に接する機会を提供し，グローバル人材の育成に貢献している。

　ODA参加が大学教員にもたらすインパクトの一覧を**表4-25**に掲げる。

表4-25　大学教員へのODA参加のインパクト

インパクトの種類	研究活動	教育活動	
	国際的な研究活動へのインパクト	留学生受け入れへのインパクト	日本人学生のグローバル教育へのインパクト
インパクトの発現状況	14人／32人の教員では，ODA参加が研究活動にプラスの効果をもたらしている。	26人／32人の教員では，ODA参加が留学生受け入れ拡大につながっている。	10人／32人の教員は，日本人学生のための途上国への短期海外渡航プログラムを企画している。
プラスの効果がある事例の特徴	① 環境／資源／材料／防災など，途上国に研究テーマが豊富な分野では，ODA参加が教員の研究活動に大きく貢献する。 ② ODA活動の一環で研究指導や共同研究をおこなうことは，教員の研究活動の重要な一部になっている。	① 途上国から留学生（特に博士課程）を受け入れることは，途上国に研究テーマを持つ教員にとっては，研究活動に大きなプラスの効果がある。（→研究活動へのインパクト） ② 留学生受け入れは，研究室の国際化を促進し，日本人学生の国際性を涵養する。（→日本人学生へのグローバル教育へのインパクト）	① 教員のODA参加がきっかけとなって，日本人学生向けの途上国への短期渡航プログラムを企画し，日本人学生の国際性涵養に貢献している。

第4章　ODA参加のインパクト　243

	③ すでに途上国に関する研究をおこなっている場合には，その活動の延長線上にODA事業への参加がある場合もある。	③ 博士課程の留学生受け入れは，研究室運営に大きく貢献する。	
プラスの効果がない事例の特徴	① 途上国では研究環境が整っていない。（施設/機材が不足，教員の多忙など）② 先端分野であり，途上国に優位性がない研究分野である。	① 途上国の留学生は学力や研究能力が不足している。	—
インパクトの発現時期	1990年代末～	1990年代前半～	—
教員/大学の特性によるインパクト発現の違い	教員のイニシアティブによってODAに参加した教員のほうが，大学経営層のイニシアティブによってODAに参加した教員よりも，研究活動へのインパクトが大きい。	博士課程の留学生比率の高い大学の教員では，留学生受け入れのインパクトが大きい。	—

（出典）筆者作成。

大学全体へのインパクトのまとめ

ODA参加は，教員レベルのインパクトだけではなく，全学レベルのインパクトもうんでいる。それは，大学全体の留学生の受け入れ状況や全学的な国際展開の取り組みにプラスの効果をおよぼしている。

東京工業大学，豊橋技術科学大学，東海大学のいずれにおいても，JICAの工学系高等教育協力プロジェクトが実施されたのちに，その国からの博士課程の留学生が増加する効果が現れている。ODA参加が博士課程の留学生受け入れに効果があることは，教員の研究室レベルのインパクトとしても確認されたが，同時に全学レベルの留学生数の推移においても効果が確認できる。豊橋技術科学大学は1990年代にインドネシアでHEDSプロジェクトをつうじて大規模で長期間の協力をおこなったが，その結果，現在も博士課程留学生におけるインドネシア人の割合は40％近くで非常に高い。これは，HEDSプロジェクトにより同大学の現地での知名度が高まったためであるが，これに加えて，イン

ドネシアに初の海外事務所を設置するなど，大学経営層による交流促進の努力がなされたことも貢献した。東海大学は，約40年間にわたるKMITLへのODA支援に中心的な役割を果たし，今もKMITLと強い絆を維持している。さらにKMITLとの長い交流のもとに，同大学に海外拠点をおくなど大学独自の交流強化にも努めている。その結果，大学院レベルの留学生の約15％が，学部レベルの留学生の約10％がタイ人で占められている。ODAへの参加は博士課程の留学生受け入れに直接的な効果をうみ，また現地で大学の知名度を向上させたが，ODA事業終了後の留学生の維持／拡大と学部レベルでの留学生増加には，大学が組織的に取り組んだ学術協定による交流や海外事務所による留学生確保の努力の貢献も大きかったと思われる。豊橋技術科学大学と東海大学の例からわかるのは，大学教員のODA参加は，現地の大学関係者とのネットワークにより主に博士課程の留学生を増加させることに直接的につながること，さらに大学独自の交流事業や海外事務所の設置など大学の組織的な取り組みがあわせておこなわれると，留学生呼び寄せ効果が拡大しODA終了後も継続する可能性があることである。一方，東京工業大学では，教員のODA参加は東南アジアの主要国からの博士課程留学生増加につながっているが，大学全体の方針としては，欧米や東アジアの世界トップレベルの大学との連携に重点があるので，全学レベルでのインパクトは限定的である。

　教員のODA参加は，全学的な国際展開の取り組みにもプラスの効果をおよぼした。東京工業大学の場合は1970年代以降の拠点大学交流事業と1990年代から始まったJICA事業が，豊橋技術科学大学の場合は1990年以降のJICA事業が，東南アジアの大学との人脈を作った。そうした教員の人的ネットワークをもとにして結ばれた東南アジアの交流協定校の多くは，JICAの技術協力プロジェクト対象校と重なっている。しかしながら，東京工業大学は，世界の理工系トップ大学の実現を目標として先端的な大学との連携に国際展開の重点をおいているので，同大学の交流協定校全体をみると，欧米等の先進国や東アジアの大学が80％弱を占め，東南アジアの大学はごく一部でしかない。東京工業大学の主要な国際展開事業の相手校は清華大学，ナンヤン工科大学，KAISTなど世界のトップランキングを競うような大学である。東京工業大学では，大学が組織的に進める世界のトップレベルの大学との国際連携事業と，教員がODAを活用して進めてきた東南アジアの大学との連携の2つの流れが存在している。一方，豊橋技術科学大学では，1990年代以来の東南アジアでのODA参加が国際連携の重要な基礎をなしてきた。そのため，同大学の国際戦略は東

南アジアに重点をおき，国際連携事業の大多数は，ODA の蓄積を生かして東南アジアの大学を対象とするものである。たとえば，HEDS プロジェクトの活動をもとにインドネシアに海外拠点がおかれ，SeedNet プロジェクトを端緒としてマレーシアに海外教育拠点ペナン校が開設された。マレーシア・ペナン校をつうじて，今後，日本人学生の 30% に海外インターンの機会を提供することが計画されている。東海大学では，KMITL の事例が典型例である。東海大学は 40 年近くにわたり KMITL への ODA 事業を主導してきたが，KMITL 支援は，やがて両大学間の自律的な交流事業に発展し，大規模で継続的な人材交流，ラオスの大学支援の共同実施，海外事務所の設置などがおこなわれてきた。なお，事例対象の 3 大学のいずれでも，近年，ODA 事業と大学独自の国際展開事業の連携を強める方向に変化している。たとえば，東京工業大学では，ODAプロジェクトのサイトであるエジプトの E-Just に同大学の海外拠点がおかれ，ODA と国際展開の連携が図られている。豊橋技術科学大学では，ODA 事業，留学生教育，日本人学生の海外研修などをそれぞれ担当する組織が国際担当部局のもとに集められ，執行部がより直接的に指揮する形に変化している。

ODA 参加が大学にもたらすインパクトのまとめの表を**表 4-26** に掲げる。

表 4-26　大学全体への ODA 参加のインパクト

インパクトの種類		教育活動	国際展開
		留学生受け入れへのインパクト	国際展開事業へのインパクト
東京工業大学	インパクト	教員の ODA 参加は博士課程の留学生の増加につながったが，大学全体の留学生総数におけるインパクトは小さい。	教員の ODA 参加は東南アジアの大学との国際展開事業を促進したが，東京工業大学は世界のトップ校との連携強化に重点があるので，全学的な国際展開事業へのインパクトは限られている。
	具体的な内容	拠点大学方式交流事業や JICA 事業をつうじて築かれた東南アジアの大学との教員のネットワークは，これらの国からの博士課程の留学生を増加させた。しかし，大学全体では，世界のトップレベルの大学との連携に重点があることや ODA にかかわる教員の割合が小さいことから，全学レベルでの留学生受け入れへのインパクトはあまり大きくなく，十分に認識されていない。また，学部の留学生増加には貢献していない。	教員の ODA 参加により培われた東南アジアの大学との教員ネットワークは，東南アジアの大学との国際展開事業にいかされた。一方で，大学全体では欧米先進国や中国／韓国などの最先端の大学との連携に重点があり，東南アジアの途上国との国際展開は最優先事項ではないため，全学的なインパクトは限定的である。一方，2010 年以降，エジプト E-Just に海外拠点をおいて，ODA と国際展開事業を連携させる試みが始まっている。

豊橋技術科学大学	インパクト	教員のODA参加が博士課程の留学生の増加につながった。さらに，海外事務所の設置など大学経営層の積極的な支援が，留学生の呼び寄せ効果を持続させ拡大した。	ODA事業が，豊橋技術科学大学の国際展開の基礎になっている。大学の国際展開の重点は東南アジアであり，教員のODA事業の成果を活用した国際展開が図られている。
	具体的な内容	教員のODA参加が，途上国の教員とのネットワークを構築し，博士課程の留学生拡大につながった。特にインドネシアでは，1990年代に大規模なODA事業がおこなわれ，豊橋技術科学大学の知名度を上げ，多数の博士課程留学生を呼び寄せた。協力終了後にインドネシアに海外拠点をおくなどの，大学としての取り組みがインパクトの維持／拡大に貢献した。	教員のODA参加が，豊橋技術科学大学の国際展開の基礎になっている。大学としても東南アジアでの国際展開に重点をおき，工学教育国際協力研究センター（ICCEED）を整備するなどしてODA事業の蓄積を活用した国際展開を図ってきた。2010年以降，ODAを国際展開事業に一層活用する方針のもと，体制整備もおこなわれている。
東海大学	インパクト	教員のODA参加と大学独自の学術交流が大学院レベルの留学生の呼び寄せにつながった。さらに，大学経営層による，ODAの蓄積を活用した留学生獲得努力により，学部留学生が拡大した。	KMITLにおいては，ODAの蓄積を基礎とする国際展開事業が実施されている。ODAから大学間学術交流協定による国際展開事業へと徐々に変化していった典型例である。
	具体的な内容	タイのKMITLへの長期で大規模なODA事業が大学院レベルの留学生拡大につながった。大学独自の学術交流もあわせておこなわれたことが教員のネットワークの維持につながり，留学生呼び寄せを持続させた。ODAの蓄積を活用して，大学経営層の判断による海外拠点の設置や留学生誘致などの活動がおこなわれたことで，学部の留学生が急増した。	KMITLへの長期で大規模なODA事業に中心的な役割を果たす一方で，1980年代から大学間学術交流を開始し，研究者と学生の双方向の交流を実施してきた。さらにKMITLにはアジア初の海外拠点を設置した。教員のODA参加に加えて，大学経営層の主導する国際展開が実施された。

（出典）筆者作成。

事例の比較と考察

　最後に，ODA参加のインパクトをそれぞれの大学の特徴とともに考察する。本章では，教員個人と大学組織のODA参加のインパクトを研究活動，教育活動，国際展開事業の3つの側面から分析した。その結果を各大学の特徴とともに一覧表にしたものが**表4-27**である。

　東京工業大学は世界最高の理工系総合大学を目標とする先端的な研究大学であり，同大学のODA参加は途上国に研究関心を寄せる教員グループのイニシアティブによりおこなわれてきた。そのようにしておこなわれたODA参加は，教員の研究活動に比較的大きなインパクトをもたらしている。また，大学院博

表 4-27　ODA 参加のインパクトについての事例間の比較

		東京工業大学	豊橋技術科学大学	東海大学
ODA 参加のイニシアティブ		教員グループのイニシアティブ	教員グループのイニシアティブと大学経営層のイニシアティブの組み合わせ	大学経営層のイニシアティブ
大学の特徴		大規模国立理工系大学。先端的な研究に特色	中規模国立単科大学。研究とともにグローバルな技術者教育に特色	大規模私立総合大学。文理融合型教育を特色とし，教育機能に重点
ODA参加のインパクト	教員レベル/研究活動	ODA 事業は教員の研究活動と一体的に取り組まれている。途上国に研究材料がある分野でインパクトが大きい。	一部の教員にインパクトあり。	一部の教員にインパクトあり。
	教員レベル/留学生受け入れ	博士課程留学生が増加する。それは教員の研究活動に貢献し，博士課程の日本人学生を代替する。	博士課程留学生が増加する。それは教員の研究活動に貢献し，博士課程の日本人学生を代替する。	博士課程の規模が小さく，大学院での留学生比率が小さいので，ODA によるインパクトは小さい。
	全学レベル/留学生受け入れ	全学レベルでは世界のトップ大学との連携に重点があるため，ODA による留学生受け入れのインパクトは小さい。	全学レベルでも，東南アジアの留学生を大幅に拡大させた。大学の組織的取り組みとの相乗効果が大きなインパクトを生んだ。	タイの留学生を大幅に拡大させた。大学の組織的取り組みとの相乗効果が大きなインパクトを生んだ。
	全学レベル/国際展開事業	ODA 事業が東南アジアの大学との連携を一部準備したが，全学レベルでは世界のトップ大学との連携に重点があるので，インパクトは大きくない。	ODA 事業が東南アジアの大学との連携の基礎をなしている。大学が組織的に ODA 事業を国際展開に活用した。	KMITL は，ODA 事業から大学の国際展開事業への発展の典型例。ODA 事業に加えて，大学の組織的な取り組みが大きな役割を果たした。

（出典）筆者作成。

士課程の留学生比率が大きいので，ODA 事業をつうじて途上国から博士課程の留学生を確保することも，教員にとってプラスの効果がある。その一方で，大学レベルでのインパクトは，大学の国際戦略が世界のトップレベルの大学との連携強化にあるので，途上国の大学との連携にはあまり強い関心が払われていない。東南アジアの大学との国際連携には ODA の蓄積が生かされている面もあるが，全学的な国際展開のなかでは一部分を占めるに過ぎない。

　豊橋技術科学大学は研究とともにグローバルな技術者の育成に重点をおく大学である。ODA 参加は，教員グループのイニシアティブと大学経営層のイニ

シアティブの組み合わせによりおこなわれた。同大学の教員に対するODA参加のインパクトは，留学生受け入れで非常に大きい。これは同大学の博士課程の留学生比率が非常に高いことと関係している。一部の教員は途上国に関連する研究をおこない，この点でのインパクトも生じている。大学全体へのインパクトは，豊橋技術科学大学が大学経営層主導でODAに参加してきた大学であり，ODAと大学独自の国際戦略を連携させているので，留学生受け入れにおいても，国際展開事業においても，インパクトは非常に大きい。

　東海大学は教育中心の大規模総合大学であり，大学経営層の強いイニシアティブによりODA参加が図られてきた。東海大学においては，教員に対するインパクトは，東京工業大学や豊橋技術科学大学に比べると小さい。それは途上国を対象とする研究が比較的少なく，大学院課程も小さいためである。全学レベルでのインパクトでは，KMITLへの支援がやがて東海大学の重要な国際展開事業に発展したことがあげられる。またKMITLの実施をつうじてタイからの留学生も多く，この点でも全学レベルで比較的大きなインパクトを生んできた。

　3大学のODA参加の事例について，イニシアティブの所在とインパクトの有無を比べると，ODA参加のイニシアティブが強いところではより強いインパクトがみられる傾向があることがわかる。教員のイニシアティブが強い大学では，教員レベルで研究活動や留学生受け入れにプラスのインパクトがうまれている。もしくは教員にプラスのインパクトがうまれる状況では，ODA参加に教員のイニシアティブが働きやすい。一方，大学経営層のイニシアティブによってODA参加がおこなわれている大学では，大学の国際化方針のもとでODA参加がおこなわれ，全学レベルでの留学生受け入れ実績や海外展開事業にプラスの効果をもたらしている。こうした大学では，大学独自の海外事業とODA参加を連携させることも多く，その結果，全学レベルのインパクトがさらに大きくなることも多い。

　本章では，3事例大学におけるODA参加のインパクトを，教員個人と大学組織という2つの分析単位に関して，教育活動，研究活動，国際展開の3つの観点から分析した。その結果，ODA参加は教員個人と大学組織に，それぞれ異なるインパクトをもたらしていることがわかった。教員に対しては，研究活動を促進するなどのプラスのインパクトをうむ傾向があり，また，大学組織に対しては，留学生受け入れの拡大や国際展開の促進などによりプラスの効果が確認された。次の第5章では，第3章のODA参加イニシアティブの分析と第

第4章　ODA参加のインパクト　249

4章のODA参加インパクトの分析結果をもとに，大学のODA参加のモデルを検討する。

注
1） たとえば，東京工業大学の中期目標（第1〜3期）では教育，研究，社会連携/社会貢献，国際化，ガバナンスの5領域が，豊橋技術科学大学の中期目標（第1〜3期）では主として教育，研究，国際展開の3領域が，東海大学の中期目標（第1〜2期）では教育，研究，社会貢献（連携），国際貢献（連携）の4領域が立てられている。
2） ここでは，「日本人学生へのグローバル教育」は，日本の大学で日本人学生に対しておこなわれる，国際的な活動に必要な能力を育成する教育を指している。グローバル化が進展する日本の社会経済環境のもと，国内外で活躍できるグローバル人材の育成が求められており，大学教育においても，日本人学生の留学促進，短期海外研修，キャンパスの国際化，英語教育の充実などの施策が講じられている（1.4.2参照）。
3） 東海大学の留学生については博士課程と修士課程別の内訳人数が不明であったため，ここでは言及していない。
4） 第3章では，専門家派遣の依頼者を，下記の①〜⑥の6種類に分けて提示している（**表3-2, 3-6, 3-10**）。①〜④はいずれも専門分野ごとの教員グループのリーダーや上司からの依頼のケースであり，⑤〜⑥は大学の組織的なODA活動を担う立場の人間からの依頼のケースであるので，本章では分析を容易にするために，①〜④の依頼者の場合を教員グループからの依頼，⑤〜⑥を大学組織からの依頼にそれぞれまとめて2分類にした。

（第3章での分類　**表3-2 / 表3-6 / 表3-10**）　　　　　　（第4章　**表4-8**）
① 同じ専門分野の教員グループのリーダー（学内）　　→教員グループからの依頼
② 同じ専門分野の教員グループのリーダー（学外）　　→教員グループからの依頼
③ 同じ専門分野の途上国カウンターパート大学の教員　→教員グループからの依頼
④ 研究室の指導的立場の教員　　　　　　　　　　　　→教員グループからの依頼
⑤ 学内の国際協力事業のリーダー的教員　　　　　　　→大学組織からの依頼
⑥ 大学経営層・所属学部長　　　　　　　　　　　　　→大学組織からの依頼

5） 東京工業大学（2011c）によると，1987年の第4次全国総合開発計画により東京都23区内での大学定員増員が規制されていたが，留学生受け入れのためであれば例外とされることが，留学生を主な対象とする開発システム工学科設置の背景にあった。
6） 1997年以前の香港からの留学生も，便宜上，中国に合算している。本書において，以降同様の扱い。
7） 東海大学の大学院留学生に関しては，修士課程と博士課程に分けたデータを入手することができなかったため，ここでは大学院課程留学生のデータを提示している。
8） Knightは，高等教育の国際化には「内なる国際化」と「国境を越える国際化」の2種類があるとしている（1.4.1参照）。「内なる（キャンパス内）国際化」とは，カリキュラムの国際化，留学生受け入れ，国際的な研究活動，国際会議の開催など，キャンパス内で実施可能な国際的活動であり，「国境を越える国際化」とは，留学生や研究者の送り出し，海外での国際共同教育プログラム，海外キャンパス設置など，海外での展開をともなう活動である（Knight 2012）。ここでは，後者の海外展開をともなう活動について，検証する。
9） 文部科学省の「大学における教育内容等の改革状況調査（平成25年度）」の結果では，東京工業大学の大学間協定相手校として，200を超える機関がリストアップされているが，ここでは，そのうち部局は異なっているが同一大学に属するものはひとつにまとめ，また研究機関を除いたので，174校になった。

250

10)　文部科学省の「大学における教育内容等の改革状況調査（平成 25 年度）」の結果では，豊橋技術科学大学の大学間協定相手校として，60 機関がリストアップされているが，ここでは，そのうち部局は異なっているが同一大学に属するものはひとつにまとめ，また研究機関を除いたので，56 校になった。

11)　豊橋技術科学大学では，学部 4 年次に 2 ヶ月の実務訓練（企業や公官庁におけるインターンシップ）をおこなうことが必修である。実務訓練の海外実施比率は現在約 10％であるが，スーパーグローバル大学事業によって，2023 年に 30％にまで拡大する目標を立てている（豊橋技術科学大学 2014c）。

12)　文部科学省の「大学における教育内容等の改革状況調査（平成 25 年度）」の結果では，東海大学の大学間協定相手校として，92 機関がリストアップされているが，ここではそのうち，同一大学に属するものはひとつにまとめるなどしたため，87 校になった。

第 4 章　ODA 参加のインパクト　251

第5章 | 大学のODA参加モデルと今後の政策への示唆

　日本の開発援助は，その初期の段階から途上国の大学育成に力を注いできた。そして途上国の大学を新設し拡充する高等教育協力の実施を常に担ってきたのは日本の大学の教員であった。半世紀にわたり日本の大学教員はいわば黒子となって高等教育協力を支えてきたが，近年新たな状況がうまれている。世界的な高等教育グローバル化の流れのなかで，日本の大学も国際化が焦眉の急となり，一部の大学ではODA参加への関心が高まっているのである。そこでは，援助をつうじた国際貢献は日本の大学の責務であるとしつつ，同時に，ODA参加によって大学国際化が促進されることを期待する声も聞かれる。さらに，2004年の国立大学法人化以降，大学のガバナンス改革が活発に議論されるなか，大学教員の個人的なODA参加から大学の組織的な参加へと転換すべきとの論調も多い。しかし，大学の組織的なODA参加は教員の個人的な参加と，どのような違いをうんでいるのだろうか。また，今後大学教員のODA事業への一層の参加を得るためには，大学のODA参加のあり方や変化をもっと正確に知る必要があるのではないか。このような問題意識から，本研究では，次の研究課題を設定した。

研究課題：日本の大学においてODA参加はどのようにしておこなわれ，何をもたらしたのか，またそれらに影響をおよぼす要因は何であったのか。
　副研究課題1：日本の大学において，ODA参加はどのようにしておこなわれたのか。ODA参加のイニシアティブに影響した要因は何であったのか。
　副研究課題2：日本の大学において，ODA参加は何をもたらしたのか。ODA参加のインパクトに影響した要因は何であったのか。

　本研究では，上記の研究課題を明らかにするために，1990年代以降のJICA

工学系高等教育協力に関して，事例研究をおこなった。具体的には，JICA の
工学系高等教育協力プロジェクトに多くの教員が参加してきた東京工業大学，
豊橋技術科学大学，東海大学の 3 大学を事例として取り上げ，文献調査と半構
造化インタビューにより，1990 年から 2014 年までの間に，どのような学内の
イニシアティブによって教員は ODA に参加したのか（副研究課題 1 ），その結
果どのようなインパクトが大学組織と教員個人に生じたのか（副研究課題 2 ）
を検証した。

　本章では，まず，研究課題の分析結果を述べたのちに，本研究から導き出さ
れる政策的含意について述べる。

5.1　大学の ODA 参加の 2 つのモデル

3 事例における ODA 参加のイニシアティブとインパクト

　高等教育協力を支えてきた日本の大学の ODA 参加であるが，そのイニシア
ティブとインパクトはどのようなものであるのか。以下に， 3 大学の事例分析
結果を，ODA 参加のイニシアティブとインパクトの観点からまとめる。

　東京工業大学では，途上国に研究関心を持つ化学工学，電気工学，土木工学
分野の教員グループのイニシアティブにより ODA 事業への参加がおこなわれ
ている。その結果，ODA 事業は教員の研究活動と一体的に取り組まれるなど，
教員の研究活動にプラスの効果をもたらすケースが多い。さらに，ODA 参加
によって大学院レベルの留学生が増加し，そのことが教員の研究活動にプラス
になり，研究室の国際化を促進し，研究室の運営にも貢献するなど，教員にと
って大きなメリットをうんでいる。一方で，全学レベルでのインパクトをみる
と，教員の ODA 参加は東南アジアの大学との連携や留学生の増加に一定程度
貢献している。しかし，同大学の国際化方針は，世界最高の理工系総合大学を
目指して，世界のトップ大学—たとえば，中国・清華大学，シンガポール・ナ
ンヤン工科大学など—との連携に重点をおいているため，ODA 事業をつうじ
て培われた途上国の大学との連携関係は，同大学の国際展開のごく一部を占め
るに過ぎない。また，同様に，大学の組織的な留学生交流は，世界のトップレ
ベルの大学との交流が重視されているので，全学レベルの留学生事業と ODA
事業との連携は少ない。しかし，近年変化の兆しがみられる。2014 年に，
JICA プロジェクトのサイトのひとつに同大学の海外拠点（エジプト E-Just オフ
ィス）がおかれるなど，これまで主に教員グループのイニシアティブによって

第 5 章　大学の ODA 参加モデルと今後の政策への示唆　│　253

実施されてきた ODA 事業に，大学の組織的なイニシアティブを組み合わせる動きもみられるようになっている。

　豊橋技術科学大学の場合は，国際的な学風の確立を目指す大学経営層のイニシアティブと，経営層からの指示にもとづき熱心に学内を取りまとめて国際協力を推進したリーダー格の教員のイニシアティブが組み合わされて，ODA 参加がおこなわれた。ODA に参加する大学教員のなかには，途上国に研究フィールドを持つ教員がおり，そうした教員は ODA に参加することでメリットを享受している。豊橋技術科学大学では博士課程の留学生比率が大きいため，ODA 事業をつうじて博士課程の優秀な留学生を受け入れることは，教員の教育研究活動や研究室運営に非常に大きなインパクトをおよぼしている。一方で，豊橋技術科学大学では，全学レベルでの ODA 参加のインパクトも大きい。まず，1990 年代から活発に取り組まれた東南アジア諸国での ODA 事業がきっかけとなり，1990 年代に全留学生の 30%程度であった同地域からの留学生が現在では約 70%を占めるまでに拡大した。豊橋技術科学大学の国際展開事業―海外拠点や海外キャンパスの設置，修士や学部のツイニング・プログラムなど―は，これまでの ODA 事業により蓄積された東南アジアの大学との協力関係を基礎にしたものがほとんどである。こうした，ODA によって築かれた途上国の大学とのネットワークを大学の教育研究活動の国際化に活用する取り組みは，2010 年代に一層顕著になり，大学経営層がより強いイニシアティブを発揮するようになっている。

　東海大学は，一貫して，大学経営層のイニシアティブによって ODA 事業に参加してきた。それは，世界平和の希求と科学技術教育をつうじた社会貢献といった建学の精神にもとづくものであった。東海大学においても，ODA 参加は教員の研究活動や教育活動にプラスのインパクトをおよぼしている。しかし，その程度は，東京工業大学や豊橋技術科学大学と比べると相対的に小さい。特に，留学生に関しては，他 2 大学では大学院の運営や教員の研究活動に留学生の存在が重要な役割を果たしていたが，東海大学の場合はそもそも博士課程の規模が小さいので，大学教員にとっては ODA をつうじて留学生を獲得するメリットはより小さい。一方で，大学レベルでのインパクトとしては，ODA により支援したタイの KMITL との交流が，やがて同大学独自の主要な国際展開の柱のひとつとなったことがあげられる。1960 年代に ODA による留学生の受け入れから始まった KMITL 支援は，1980 年代には大学独自の交流事業に発展して，教員や学生の双方向の交流が継続的におこなわれた。さらに，2000 年代

には KMITL に東海大学の海外拠点がおかれてアセアン地域の海外展開の中心になるなど，KMITL との交流は ODA への参加が大学の組織的な国際活動に発展した典型例である。ただし，東海大学は，1960 年代から，そのほかにも特色のある海外展開―旧東側諸国との学術交流，学生の海外航海研修，スポーツをつうじた国際交流など―をおこなっており，ODA 事業はそのような多方面の国際展開のひとつであった。東海大学でも，2000 年代には国際担当部局の強化が図られ，大学経営層のイニシアティブが一層強くなっている。

　上記 3 大学の事例分析から，副研究課題 1 の ODA 参加イニシアティブについては，大学教員グループのイニシアティブと大学経営層のイニシアティブの 2 つがあることがわかった（第 3 章で詳述）。大学教員の ODA 参加にあたっては，この 2 つのイニシアティブのいずれか，もしくは，2 つが組み合わされて機能している。この 2 つのイニシアティブの特徴は，**表 3-16**（150 ページ）「ODA 参加のイニシアティブについての事例間の比較」と**表 3-17**（154 ページ）「2 つの ODA 参加イニシアティブの特徴」に掲げたとおりである。

　また，こうした学内のイニシアティブによっておこなわれる教員の ODA 参加は，ODA プロジェクトの本来の目的である途上国の大学育成に貢献するだけでなく，日本の大学にも副次的な効果をもたらしている。副研究課題 2 として，教員の ODA 参加の副次的な効果を，教員レベルのインパクトと全学的なインパクトに分けて分析した（第 4 章で詳述）。その結果は**表 4-27**（p. 248）「ODA 参加のインパクトについての事例間の比較」に掲載した。

　これらの ODA 参加のイニシアティブとインパクトの分析結果から，日本の大学の ODA 参加には 2 つのパターンがあることがわかった。ひとつは教員グループのイニシアティブによる ODA 参加モデル，もうひとつは大学経営層のイニシアティブによる ODA 参加モデルである。次にこの 2 つのモデルについて述べる。

教員グループのイニシアティブによる ODA 参加モデル

　ODA 参加の 1 つ目のモデルは，教員グループのイニシアティブが教員の ODA 参加を牽引するモデルである（**図 5-1** 参照）。このモデルでは，大学における専門分野ごとの教員グループが教員の ODA 参加を推進している。この教員グループは，同じ専門分野の教員で構成され，そのなかには，教員の同僚的な横の人間関係とともに，先輩教員／後輩教員や指導教員／弟子教員といった縦の人間関係も存在し，シニアなリーダー格の教員がグループを取りまとめて

いる。この教員グループは学科や研究科単位で構成される時もあるが，同じ専門分野の教員が学内の複数の学科や研究科に配置されているため，組織の部局とは別の組織横断的なまとまりであることも多い。教員グループのイニシアティブによるODA参加では，教員グループのリーダー格の教員が，JICAプロジェクトの国内支援委員会委員長や委員になってプロジェクトの運営に直接的に携わり，専門家として派遣される教員のリクルートをおこなうなどして，大学のODA参加を実質的に管理している。こうしたリーダー格の教員の指示や依頼にもとづいて，多くの教員はODAプロジェクトに参加している。

　では，なぜ，教員グループはODA事業に参加するのか。教員グループのODA参加イニシアティブの背景には，途上国への研究関心があることが多い。途上国に研究対象があり途上国が研究フィールドになりえる学問領域では，研究者の関心が途上国へ向きやすく，それが動機になって教員の主体的なODA参加がおこなわれている。たとえば，工学分野では，環境，資源，材料，防災などで途上国に豊富な研究材料がある。また，東京工業大学の場合は，ODA事業に参加しているのは，化学工学，電気工学，土木工学の3分野の教員グループのみであるが，長い伝統と蓄積を持つこれらの成熟した基盤工学分野では，国内では新たな研究開発の余地が徐々に少なくなり，その結果，途上国に新た

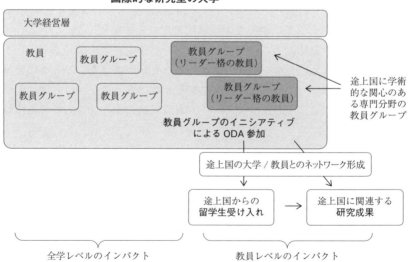

図 5-1　教員のイニシアティブによる ODA 参加モデル
(出典) 筆者作成。

な研究材料を求める傾向にある。したがって，ODAに参加している教員グループは途上国への研究関心が高い工学分野のグループであり，個々の教員単位でみても，途上国に研究対象を持つ教員や国際的な学術交流活動に日頃から熱心な教員が多い。

こうした教員グループのイニシアティブによるODA参加は，国際的な研究活動が盛んな研究型の大学においてみられる傾向にある。教員主体のODA参加は，途上国への研究関心を背景としておこなわれ，ODA活動は教員の研究活動の延長線上にあることや，教員の国際的な学術活動と連携して取り組まれていることが多い。そのため，日頃から国際的な研究活動が活発におこなわれている研究型の大学でみられるのである。さらに，こうした教員の研究関心を背景としたODA参加は，教員の研究活動に近い性格を持つことから，教員主体で取り組まれ，大学の経営層の関与は比較的少ない。その結果，教員グループのイニシアティブによるODA参加は，大学が組織的に取り組む国際戦略や国際展開事業とは別に独立して実施される傾向にある。

教員グループのイニシアティブによる教員の主体的なODA参加のケースでは，教員は自分の研究活動と連携させてODA事業に取り組むことが多いので，教員の研究活動にプラスのインパクトがうまれやすい。途上国の大学育成のためのJICAプロジェクトでは，現地の大学との共同研究／研究者の交流／学位取得支援／学生指導／留学生受け入れなどの活動をおこなうが，これらは途上国に研究対象を持つ教員にとっては自分自身の研究活動と非常に近い性格を持つ。また，ODA参加をつうじて築かれた途上国の大学や教員とのネットワークは，その後の途上国でのフィールドワークや現地の大学との共同研究に発展することが多い。したがって，途上国に研究上の関心を持つ教員にとっては，自分の研究分野や対象地域でのODA活動は，研究活動にプラスのインパクトをもたらしている。教員グループのイニシアティブによるODA参加では，途上国への研究関心と研究成果という点で，動機と成果が平仄をなしている。

しかし，教員グループのイニシアティブでODA事業に参加する教員のなかには，一部ではあるが，途上国が自分の研究対象でない教員もいる。ODAプロジェクトの対象国や対象大学，教員のその時の研究関心などからODA参加が研究活動とは関係しないケースや，化学工学，電気工学，土木工学といった成熟工学分野のなかでも途上国に適用できない先端的な研究領域を専門とする教員もいるからである。自分自身は途上国に研究関心を持たないこうした教員が，教員グループのイニシアティブによってODA事業に参加するのは，リー

ダー格の教員に牽引された教員グループの集団力学が働いているためである。

　教員のODA参加は，教員の研究活動に貢献するだけでなく，途上国からの留学生を増加させる効果もうんでいる。JICAプロジェクトの一環で留学生受け入れがおこなわれることもあるが，それ以上に，ODAプロジェクトを契機とした途上国の教員とのネットワークが，文部科学省国費留学生や私費留学生を呼び寄せることにつながることが多い。特に博士課程留学生は指導教員の知己を頼って留学することが多いので，日本への留学生の主要な供給地である東南アジアでのODA参加は，東南アジアの優秀な留学生の獲得につながる。こうしたODA参加による博士課程留学生の増加を，多くの教員はODA参加の重要なメリットと認識している。その理由としては，まず，第1に，途上国を研究対象とする教員にとって途上国からの博士課程留学生は教員の研究活動に貢献するからである。留学生は教員が現在取り組んでいる研究の一部を担うだけでなく，帰国後も研究のパートナーとなることが期待されている。この点では，留学生獲得の効果は，前述の研究促進の効果につながるものである。第2に，優秀な博士課程の留学生は工学系研究室の運営に重要な役割を果たすからである。日本の工学系研究室に特有の「研究室方式」の教育研究システムでは，博士課程学生は教授を補佐する重要な役割が期待されており，実際には工学研究科博士課程への日本人学生の進学率が低い現状では，外国人留学生の存在に依存しているケースは少なくない。そのため，留学生比率が高い博士課程を持つ大学では，ODA参加をつうじた博士課程の外国人留学生獲得は，教員に大きなプラスのインパクトをもたらしている。第3の理由としては，留学生は研究室の国際化を促進し日本人学生の国際性涵養に資することがあげられる。

　日本の大学教員がODAプロジェクトに参加し，途上国の大学支援に継続的にかかわることにより，国際的な教員ネットワークが形成される。こうした教員の人的なつながりは，教員の個人的な教育研究活動にプラスの効果をもたらすだけでなく，大学の組織的な国際展開の基礎となる可能性も持っている。実際，たとえば，教員のODA活動がもとになって，全学レベルの大学間協定の締結や学生や研究者の交流事業に展開する例もある。しかしながら，教員グループのイニシアティブによるODA参加は，学内では教員主体の活動ととらえられ，大学の組織的な活動とは距離があることが多い。そのため，教員グループのイニシアティブによるODA参加が常に大学の組織的な国際活動に展開するとは限らない。

大学経営層のイニシアティブによる ODA 参加モデル

　もうひとつのモデルは，大学経営層のイニシアティブにより ODA 参加が推進されるモデルである（**図 5-2** 参照）。このモデルでは，教員の ODA 参加を判断し推進するのは，教員グループではなく，大学の経営層である。大学経営層は，大学の事業として ODA 事業に取り組む判断をし，ODA 参加を自ら推進している。ODA 参加は大学の組織的な取り組みであるので，大学の国際関連の方針文書に記載され，全学横断的な国際部局が ODA 事業に実質的にかかわっている。このように大学経営層のイニシアティブによって ODA 事業がおこなわれる場合も，実際にプロジェクトに参加して途上国に赴き現地の大学で活動するのは教員であるので，実際に働く教員が ODA プロジェクトに動員される何らかの仕組みが必要になる。本研究の事例で，大学経営層と教員をつなぎ教員の動員を可能にしていたのは，中核的教員のリーダーシップ，執行部と教員の間の距離の近さ，中規模な大学のサイズ，新設校の教員の一体感，経営層と教員の間で共有された建学の思想，協力的な事務局の存在などであった。

　大学経営層の ODA 参加の判断はどのような動機にもとづくものなのだろうか。またそれはどのようなタイプの大学にみられるのだろうか。教員グループ

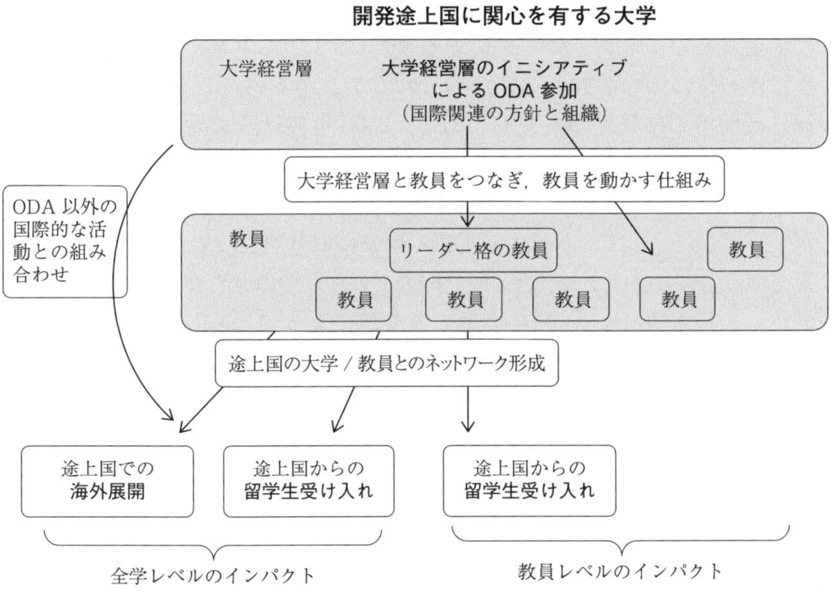

開発途上国に関心を有する大学

図 5-2　大学経営層のイニシアティブによる ODA 参加モデル

（出典）筆者作成。

第 5 章　大学の ODA 参加モデルと今後の政策への示唆　259

のイニシアティブの場合は学術関心がODA参加の動機であったが，大学経営層のイニシアティブでは国際的な学風の確立，大学国際化の促進，建学の精神にもとづく利他的な国際貢献など，大学全体の経営戦略や運営方針に関係する課題が動機となっている。そして，こうした大学の組織的なイニシアティブは，大学の国際活動の対象地域として開発途上国に関心を持つ大学においてみられる。2000年代以降，大学の国際化が重要な課題になり，各大学がさまざまな国際化の取り組みを進めるなかで，大学経営層のイニシアティブによるODA参加はこうした大学国際化の取り組みの一環に位置付けられるようになった。そして，ODA参加は他の国際的な活動―たとえば，途上国からの留学生受け入れ，途上国への日本人学生の派遣，途上国での海外拠点の設置，途上国の大学との国際共同教育プログラムなど―と連携して取り組まれることが増えた。一方で，国際化に熱心な大学であってもODA参加に関心を持たない大学もある。たとえば，最先端の教育研究を志向する研究大学では，世界のトップレベルの大学との連携に重点があるので，ODA事業参加は全学的な国際方針になりにくい。そのような大学では，一部の教員グループが主体的にODA事業に参加していても，大学の経営層がODA参加に強いイニシアティブを発揮することはない。

　大学経営層のイニシアティブによる場合は，ODA事業に組織的に参加し，さらにその他の国際活動と連携が図られることが多いので，ODA参加が大学の海外展開事業に発展する傾向にある。2000年代以降に活発化した大学の組織的な国際事業も，もとをたどれば，個別の教員の国際的な活動や教員の国際的な人脈が基礎にあって，それを組織的に発展させることにより実施されることが多い。したがって，組織的にODA事業に取り組んでいる大学では，ODA事業をつうじて築かれた教員のネットワークを大学のさらなる海外展開に活用している。具体的には，ODA事業への参加によって，途上国の大学との教員間のネットワークがうまれるので，大学はそれを活用して留学生受け入れを促進し，また，海外拠点設置，共同教育プログラム構築，学術交流協定締結，日本人学生の海外派遣など国際的な活動を拡大してきた。これは大学国際化が求められるようになった2000年代以降，特に顕著である。

　同様のことは，留学生受け入れについてもいえる。大学全体の留学生受け入れの推移をみると，教員のODA参加がプロジェクト対象国からの留学生割合（大学院レベル）を押しあげていることがわかる。しかし，大学独自の組織的な国際活動―国際共同教育プログラムの実施や海外拠点の設置など―や留学生招

致活動が ODA 事業に加えておこなわれると，留学生人数がさらに増えるだけでなく，ODA プロジェクトの活動期間を越えて留学生の増加が持続的になったり，大学院レベルだけでなく学部レベルでの留学生数の増加につながったりとインパクトが拡大する。教員の ODA 事業への参加に加えて，大学の組織的な国際活動がおこなわれると，留学生増加の効果も研究室レベルでの効果から，全学レベルの効果に拡大するのである。

　以上に，大学の ODA 参加の 2 つのモデルを提示した。この 2 つのモデルは，大学の ODA 参加のメカニズムを示しているが，実際の大学においては，これらのモデルが純粋にそのままの形で存在するのではなく，2 つのモデルの要素がいくらか混在している。本研究において分析した東京工業大学の事例では主に教員グループのイニシアティブによる ODA 参加モデルが，東海大学の事例では主に大学経営層のイニシアティブによる ODA 参加モデルがみられるが，個別の ODA プロジェクトや教員や時期によっては，その他のモデルの要素もみられる時がある。一方で，豊橋技術科学大学のケースでは，この 2 つのモデルが組み合わされて ODA が実施された。

時間的変化

　教員グループのイニシアティブによる ODA 参加と大学経営層のイニシアティブによる ODA 参加の 2 つの ODA 参加モデルを提示したが，本研究の分析対象期間である 1990 年代から 2014 年までの間に変化も生じている。ここでは次の 3 点の変化を述べる。

　大学の ODA 参加のモデルについての最も大きな変化は，2000 年代以降，大学経営層のイニシアティブが強くなっていることである。事例研究対象 3 大学のいずれにおいても，時期や程度の差こそあれ，大学の経営層や執行部が大学の ODA 参加を主導する傾向が強くなっている。東海大学では 2000 年代中頃に法人組織と大学組織を有機的につなぐ国際戦略本部がおかれ，大学経営層による ODA 事業への指揮管理が強化された。豊橋技術科学大学では 2010 年代前半に副学長を長とするグローバル工学教育推進機構が設置されて国際協力を含む国際関係事業が一体的に推進されるようになった。東京工業大学においても，2010 年代中頃には，それまで教員主体で進められてきたエジプトの E-Just プロジェクトに大学の海外拠点が開設された。東京工業大学では今も教員が ODA 参加の主体であるが，一部のプロジェクトでは大学執行部の関与が強まっている。このような変化の背景には，2000 年代以降の大学を取り巻く環境

の変化がある。そのひとつは，2000年代以降の大学国際化の進展である。1990年代に始まった世界的な高等教育の国際化は，2000年代に日本でも本格的に議論されるようになった。2000年に「グローバル化時代に求められる高等教育の在り方について」の大学審議会答申が大学国際化の必要性を強く謳って以降，文部科学省は大学の国際化の体制整備，留学生受け入れ促進，グローバル人材育成のための教育，国際連携の強化などさまざまな国際化の施策を打ち出し，そのための競争的資金を大学に提供している。さらに，政府の大学国際化施策だけでなく，産業界からのグローバル人材育成の要請，国際的な大学ランキングの流布なども，大学の国際化の取り組みを加速させた。もうひとつの環境の変化は，2004年の国立大学法人化である。法人化は，国立大学の教育研究活動の活性化や高度化を図るために，それまで行政組織の一部であった国立大学に法人格を与え，自律的な運営を確保し民間的な発想のマネジメント手法を導入した。その結果，経営権限と責任が国立大学の長に移管され，学長を中心としたトップマネジメントが強化された。さらに法人化にともない，国立大学は中期計画の作成，計画に照らした評価の実施などが義務付けられ，大学の国際化の方針や実績はこれらに明記されるようになった。その後，公立大学も順次法人化が進み，また私立大学においても中期計画の作成や外部評価の導入など類似の取り組みを進めるところが増えている。こうした2つの環境の変化によって，一部の大学は国際協力への関心を高め，さらに学長を中心とした大学執行部がODA参加についてこれまでよりも強いイニシアティブを発揮するようになった。上述した事例対象大学の具体例―東海大学の国際戦略本部設置（2005年），豊橋技術科学大学のグローバル工学教育推進機構設置（2013年），東京工業大学のE-Justプロジェクトサイトへの大学海外拠点設置（2015年）―は，いずれも，各大学の国際化推進やガバナンス改革の一環としておこなわれたもので，ODA事業への大学経営層の関与の拡大はその流れのなかに位置付けられるものである。

　1990年代から現在までの間に，教員グループのイニシアティブにも変化が生じている。これが2つ目の変化である。教員グループのイニシアティブによるODA参加においては，リーダー格の教員がJICAのプロジェクト運営に参加し，プロジェクトに派遣する教員を人選して，大学内で実質的にプロジェクトを管理している。事例研究においても，教員グループのイニシアティブのケースでは指導的な立場の教員からの指示によりODAプロジェクトに加わった教員の例が非常に多かった。教員グループの内部には縦の人間関係が存在し，

リーダー格の教員の指示のもとに，個々の教員はODA事業に参加することが多い。しかし，2000年代には，このようなリーダー格の教員の影響力が小さくなり，動員できる教員の数も動員の程度も縮小している。そのため，かつては巨大なプロジェクトをひとりで切り盛りするリーダー教員がいたが，今は複数のリーダー教員が共同でプロジェクトを運営することが多い。これは，研究室構成員の人数が減っていることや公募による教員採用が一般化し採用を含む教員人事の透明化が進んでいることなどにより，リーダー格の教員の影響力がかつてよりも小さくなっているためである。また，多くの教員は，かつてよりも管理的で競争的な教育研究環境のもとで，1990年代に比べてはるかに多忙になっている。こうした教員を取り巻く環境の変化は，ODA参加についての教員グループのイニシアティブを弱める結果につながっている。

　3つ目の変化は，ODAプロジェクトにおける教員の活動内容が変化していることである。まず，教員のプロジェクト活動において，途上国の大学のカリキュラム作成や授業支援などの教育的な活動が減少し，研究指導や共同研究の実施など研究的な活動が増えている。これは，途上国の大学の教育研究能力が向上したことにより，学部よりも大学院レベルに，教育活動よりも研究活動に途上国の大学の支援ニーズが変化しつつあるためである。実際，かつてはJICAの工学教育プロジェクトはディプロマ課程や学士課程への支援が多かったが，2000年代以降，大学院課程への支援が急速に拡大した。そのため2000年頃から，教員のODA活動と研究活動の連携がさらに深まり，その結果，ODA参加が教員の研究活動にプラスのインパクトをもたらすことが多くなっている。また，2000年代から教員のプロジェクト専門家としての途上国での滞在期間は急速に短くなり，専門家活動は1ヶ月以上の長期滞在型から1週間程度の短期出張型のものへと変化している。この専門家活動の短期化は，情報通信技術の普及やグローバル化の進展が主にもたらしたものであるが，研究活動への支援を中心とするプロジェクトが増加したことも要因のひとつである。

大学の組織的なODA参加と教員の個人的なODA参加

　以上を踏まえて，本研究の研究課題である「日本の大学においてODA参加はどのようにしておこなわれ，何をもたらしたのか，またそれらに影響をおよぼす要因は何であったのか」の設問についての答えを導きたい。

　本章で前述したとおり，日本の大学のODA参加方法には，教員のイニシアティブによるODA参加モデルと大学経営層のイニシアティブによるODA参

加モデルの2つのモデルがある。教員のイニシアティブによるODA参加モデルでは、途上国に研究関心をいだく専門分野の教員グループが、そのリーダー格の教員に牽引されてODA事業に参加している。大学経営層のイニシアティブによるODA参加モデルでは、大学経営層がODA事業への参加を判断し教員に参加を指示している。実際の大学の現場においては、この2つのモデルのいずれか、もしくは、この2つのモデルが組み合わされて、ODA事業への参加がおこなわれている。1990年代末から2000年代にかけて盛んになった大学のODA参加についての議論では、ODA参加が教員主導であったことへの批判的な論調が多かったが、本研究では、教員グループのイニシアティブに加えて、大学経営層のイニシアティブも確認された。また、「ともすると個人ベースで、場当たり的に対応されることが多」いとされた教員主体のODA事業への取り組みは（文部省 1996; 文部科学省 2002）、実際には、リーダー格の教員によって統率され、「場当たり的」ではない、大規模で長期にわたる協力が実施されてきたことも明らかになった。

　大学のODA参加は、教員個人と大学全体にプラスの効果をうんできた。教員のイニシアティブによるODA参加では、教員レベルで途上国に関連する研究活動を促進する効果や研究室の博士課程留学生を増加させる効果がある。大学経営層のイニシアティブによるODA参加では、全学レベルで対象国からの留学生の受け入れが増加しさらに海外展開などの国際的な活動にインパクトをうみやすい。大学組織のイニシアティブが強い場合には大学レベルでのインパクトがより大きく、大学教員のイニシアティブが強い場合は教員へのインパクトがより大きい傾向があり、当然のことではあるが、イニシアティブのあるところにインパクトが発現しやすい。

　では、ODA参加のイニシアティブに影響をおよぼす要因は何であったのか。教員グループのイニシアティブは、主に途上国への研究関心が原動力であることが多いので、環境、資源、材料、防災などの途上国に研究材料やフィールドが多い学問分野でうまれている。また、教員グループのイニシアティブによるODA参加がおこなわれる際には、リーダー格の教員に率いられる教員グループの集団力学も重要な役割を果たしている。一方で、大学の組織的なイニシアティブの形は、大学によってそれぞれ異なっている。大学は、途上国地域との学術交流の意義、ODA事業の大学国際化へのインパクト、国際貢献への関心など、自らが目指す大学像のなかでのODA事業の位置付けを検討したうえで、ODA参加を選択している（またはしていない）のであり、ODA参加のあり方は

多様である。本研究で分析した東京工業大学の場合は，世界最高の理工系総合大学を長期目標に掲げ，世界のトップレベルの大学との連携強化に努めているので，同大学の国際戦略において，ODA が支援する開発途上国の大学は戦略的な連携対象にはなりにくかった。1976 年に開校した豊橋技術科学大学の場合は，開学以来国際的な学風の確立を目指すなかで，ODA をつうじて東南アジアの大学との連携関係を深め，やがて ODA 参加が大学国際化の手段として国際戦略のなかに位置付けられるようになった。東海大学では，大学の利他的な国際貢献としておこなわれた国際協力がやがて大規模な大学間交流へと発展し，結果として大学の国際展開の柱のひとつになった。それぞれの大学がODA 事業にどのように対応するのかは，大学の学術レベル，規模，歴史，さらには建学の志などを前提として，どのような国際方針を持つのか，さらには，どのような大学を目指すのかといった大学のあり方そのものにかかわっている。

こうした大学の ODA 参加のあり方は近年変化している。日本の大学教員は，1960 年代から ODA プロジェクトに専門家として参加し，その実施を支えてきた。その参加の方法は，教員グループのイニシアティブによるケースも，大学の組織的なイニシアティブによるケースもあった。しかし，2000 年代以降には，大学の組織的なイニシアティブが強くなる傾向にある。本研究の事例対象校の場合では，国際協力を担当する部署が強化されたり，ODA 事業に大学経営層の関与が深まったりしている。また，ODA 参加の蓄積を大学の国際化に活用する例も増え，大学レベルでの ODA 参加のインパクトが拡大している。これらは，2000 年代以降の世界的な高等教育のグローバル化や日本政府の大学国際化政策のもとで，各大学が国際化に取り組むようになったことと関連している。大学が国際化への取り組みを進めるなかで，ODA 事業についてもより組織的な対応をするようになり，ODA 事業の成果を大学の国際化に一層活用するようになってきているのである。また，2004 年の国立大学法人化を契機として大学のガバナンス改革が図られていることも，大学の組織的なイニシアティブを強める方向に働いた。その一方で，教員グループを率いているリーダー格の教員の影響力は縮小する傾向にあり，その結果，全般的に大学の ODA 参加についての大学経営層のイニシアティブが拡大しているのである。

本研究の限界と今後の課題

本研究においては，大学の ODA 参加のイニシアティブとインパクトを調べるにあたって，東京工業大学，豊橋技術科学大学，東海大学の 3 大学を取り上

げて，工学分野における大学の ODA 参加の事例分析をおこなった。多くの開発途上国では産業開発に必要な技術者育成のニーズが高く，その結果，JICA の高等教育協力事業においても工学教育分野のシェアが約 40％で最も大きい。工学分野の ODA 事業に限って事例分析をしたことにより，分析のための豊富なデータを得ることができ，また事例間の比較がより容易になった。本章では，その分析の結果，大学の ODA 参加モデルを提示している。

　しかしながら，本研究の分析結果は，工学系の大学教員や大学組織の条件のもとで導かれたものであるとの限界を有している。本研究で提示した大学の ODA 参加モデルは，工学分野に限らず，日本の大学において他の専門分野でも普遍的なものである可能性が高いが，本研究では実証されていない。JICA の高等教育協力の事業実績をみると，工学分野の約 40％に次いで，農学分野の事業シェアが約 25％，保健分野のシェアが約 20％であり，これらの分野でも日本の大学教員が熱心に ODA 事業を支援してきた。工学分野以外の，特に農学分野と保健・医学分野における大学の ODA 参加については，改めて実証的な研究をおこなう必要があり，私の今後の研究課題としたい。

5.2　国際協力と大学の一層の連携に向けて

　本研究では，これまで明らかにされてこなかった大学の ODA 参加のメカニズムを，日本の 3 つの大学の事例研究をつうじて分析した。最後に，本研究の分析結果や筆者自身の国際協力の経験を踏まえて，日本の大学と ODA が今後どのように連携すべきかについての私見を述べたい。

日本の大学の国際化と国際貢献——大学に期待すること

　まず，筆者の 1 つ目の提言は，日本の大学は，途上国への関心を高め，ODA 事業に積極的に参加し，そしてその結果として，ODA 事業を日本の大学の国際化にいかすべきだということである。日本の大学は，その知識と人材の蓄積を使って世界の課題解決に貢献することが求められている。ODA 参加はそうした大学の崇高な使命を実現するためのひとつの方法である。同時に，ODA 参加は大学の国際化にプラスの効果をもたらす。ここでは，まず，大学の国際化の観点から大学の ODA 参加について述べ，その後に大学が国際社会で果たすべき使命の観点についても触れる。

　これまで日本の ODA 事業に本格的に参加してきたのは一部の大学であり，

国際協力に熱心に取り組む教員は限られていた。本研究の事例研究で取り上げた3大学はJICAの工学系高等教育協力の主力支援大学であり，このような大規模な国際協力をおこなってきた大学は少ない。一部には変化の兆しがあるものの，日本の大学の国際的な連携交流相手としては，途上国は必ずしも中心的な地位を占めてこなかったように思われる。では，日本の大学全体をみると，その国際交流は，どのような国とおこなわれているのだろうか。2015年の文部科学省の調査によれば，日本の全大学で計32,000件の大学間国際交流協定が結ばれているが，そのうち8割は先進諸国か中国・韓国・台湾の大学との協定であり，その他の途上国の大学との協定は全体の2割強に過ぎない。図5-3は大学間交流協定の相手国上位10ヶ国を示したものだが，やはり中国との交流協定が最大で全体の2割を占め，10位以内に入っている途上国はタイ・インドネシア・ベトナムの3ヶ国のみである。また，国際交流協定は全部で約160の国々と結ばれているが，上位10ヶ国に7割の交流協定が集中し，日本の大学の国際交流は比較的限られた国を相手におこなわれていることがわかる。このように，日本の大学の関心がこれまであまり途上国に向かなかったのは，かつては途上国の高等教育は未発達で学術レベルも十分でないと認識されていたためだと思われる。しかし，状況は変化している。

近年の高等教育の最も大きな変化のひとつは，途上国の大学の成長である。途上国では高等教育が急速に成長し，中進国のなかには先進国との学術レベルの差を縮めている国々もある。図5-4に1970年から2017年までの約半世紀の

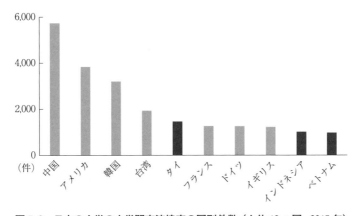

図5-3　日本の大学の大学間交流協定の国別件数（上位10ヶ国，2015年）
（出典）文部科学省「平成27年度大学における教育内容等の改革状況調査結果」をもとに，筆者作成（文部科学省 2018a）。

間の世界の高等教育就学人口の推移を示した。1970年頃には高所得国の高等教育就学者数が1800万人（高等教育就学率25％）であったのに対し、中所得国と低所得国の高等教育就学者数の合計はそれを下回る1500万人であった（中所得国の高等教育就学率6％、同低所得国3％）。しかし、1990年代終わり頃から、途上国の高等教育就学者数は急速に拡大し、2015年頃には高所得国の学生数約5,700万人の3倍にあたる16,000万人の学生が中所得国と低所得国の高等教育機関に通っている。今や世界全体の学生の3/4は途上国の高等教育機関に通う学生なのである。こうした高等教育就学者数の伸びはアジア、中でも東アジアや東南アジアの国々で著しかった。現在、高等教育就学率はインドネシア・フィリピンで約35％、マレーシアで42％、タイ・中国で約50％になり、これらの国では高等教育の大衆化が進んでいる。特に中国の学生数は4,400万人にのぼり、世界の高等教育段階の学生の5人にひとりは中国の高等教育機関に通う学生である。

　途上国においては高等教育の量的な拡大が顕著であるが、量的な拡大のみならず質的な面でも、国際性を備え質の高い教育や研究をおこなう大学が育ってきている。**表5-1**はタイムズ・ハイヤー・エデュケーションの世界大学ランキング（2019年版）の800位以内に掲載されている日本と途上国の大学の数である。日本の大学は24校が800位以内に入っているのに対し、途上国からは129の大学が入っている。このうち、中国以外の途上国の大学は87校にのぼる。インド21校、イラン11校、ブラジル・南アフリカ・トルコ各7校、エジプト・マレーシア各6校に加えて、日本となじみの深いタイ、フィリピン、インドネシアといった東南アジアの国々の大学もランクインしており、主に新興国

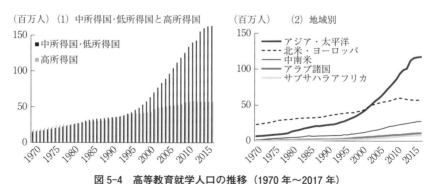

図5-4　高等教育就学人口の推移（1970年～2017年）
（出典）UNESCO UIS. Statのデータをもとに筆者作成。

表5-1　タイムズ・ハイヤー・エデュケーション世界大学ランキング（2019）の800位以内に掲載されている日本の大学の数と途上国の大学の数

	日本の大学	途上国の大学	
1〜 200位	**2校** 東京大学，京都大学	**8校** 中国　7校	南アフリカ　1校
201〜 400位	**4校** 大阪大学，東北大学，東京工業大学，名古屋大学	**14校** 中国　5校 インド，南アフリカ　各2校	ブラジル，イラン，ヨルダン，マレーシア，トルコ　各1校
401〜 600位	**7校** 藤田医科大学，北海道大学，九州大学，帝京大学，東京医科歯科大学，首都大学東京，筑波大学	**37校** 中国　13校 インド　7校 トルコ　4校 チリ，イラン　各2校	ブラジル，コロンビア，ジャマイカ，レバノン，マレーシア，ペルー，フィリピン，南アフリカ，ウガンダ　各1校
601〜 800位	**11校** 千葉大学，広島大学，順天堂大学，慶應義塾大学，近畿大学，神戸大学，立教大学，会津大学，早稲田大学，横浜市立大学，日本医科大学	**70校** 中国　17校 インド　12校 イラン　8校 エジプト　6校 ブラジル　5校	マレーシア　4校 南アフリカ，チリ　各3校 メキシコ，ナイジェリア，トルコ　各2校 コロンビア，コスカリカ，インドネシア，レバノン，パキスタン，タイ　各1校

（出典）Times Higher Education（2019）のデータから筆者作成。

の大学が名を連ねている。途上国では大学数や学生数が拡大して高等教育のすそ野が広がるとともに，その中で教育や研究や特に国際性において日本の大学と十分に伍していけるトップレベルの大学がうまれている。実際，筆者が本書の事例研究のためにおこなったインタビューでも，ODA事業に参加している日本の大学教員からは，「途上国でも各国のトップの大学は優秀」，「それらの大学の教員は共同研究のパートナーとして遜色がない」といった声はたびたび聞かれた。多くの途上国では，順調な経済成長や初中等教育の普及に加えて，人々のよりよい明日への渇望が，今後とも高等教育を量的にも質的にも成長させていくと思われる。

　このように，途上国では高等教育が急速に発展し，量的にも質的にも成長を続けている。途上国の間の格差も広がっているので質に課題を抱える大学も多いが，一方で日本の多くの大学を凌駕する途上国の大学が増えているのも事実である。グローバル化が進展する世界のなかで，日本の国際的な学術活動が今

後発展するためには，日本の大学の途上国への関心をもっと高める必要がある。先端的な研究大学においても，欧米の大学との交流に加えて，将来の学術交流パートナーとして，途上国の大学とのネットワークを今から築いておくことは有効な先行投資である。日本の大学にとって，ODA事業への参加は途上国の大学との関係づくりのよい入口となりえるのではないだろうか。

今世紀初頭に約200万人であった世界の留学生は，2016年に500万人を超えた。途上国の高等教育人口の急速な拡大が，世界的な留学生の増加に一層の拍車をかけている。2000年から2016年の間に，北米／ヨーロッパ／オーストラリア／ニュージーランド出身の留学生は約2倍になったが，同時期に，主に途上国からなるそれ以外の地域（アジア／アフリカ／中近東／中南米等）からの留学生は約3倍になり，今や世界の留学生の4人中3人は途上国出身者である。この間，日本への留学生も増えた。日本の高等教育機関に在籍する留学生は，2000年の6.4万人から2017年の18.8万人になり，約3倍に拡大した。前世紀から日本へ来る留学生の多くはアジアからの学生であったが，近年は，特に東南アジアや南アジアの留学生の増加が著しい。**図5-5**は，日本の高等教育機関に在籍する留学生の2000年から2017年の人数推移を，北米／ヨーロッパ出身者，中国／韓国／台湾出身者，それら以外のアジア／アフリカ／中東／中南米／大洋州出身者の3つのカテゴリーに分けて示したものである。この図からも，北米／ヨーロッパ出身者は増えているものの常に1万人以下であり，また中国／韓国／台湾出身者は2003年頃から10万人前後で変化していないのに対して，中国／韓国／台湾を除く途上国出身者は，2000年の1.1万人から2017年には7.9万人になり7倍に伸びていることがわかる。これらの途上国出身者は，2017年には日本の留学生全体の約4割を占めるにいたっている。多くの途上国ではこれからも経済成長が続き，中等教育や高等教育が拡大し，日本を含む海外の高等教育機関に勉学の機会を求める若者は増えるだろう。18歳人口の減少が続く日本にとっては，優秀な途上国の若者を日本の大学に迎え入れることは，今まで以上に重要になる。本書の事例研究で取り上げた大学でも，すでに博士課程では留学生比率が高く，途上国のトップクラスの大学をでた優秀な学生が日本の大学の研究科の教育や研究活動に貢献していた。それらの事例では，日本の大学教員がODA事業をつうじて築いた途上国の大学とのネットワークが，途上国からの優秀な留学生を呼び寄せることにつながっていた。また，大学が組織的に長期にわたってODA事業に参加し，途上国の大学と交流関係を築いた結果，その国から継続的に学部レベルも含めた留学生が来続けている

270

例もあった。日本の大学が途上国に関心を持ち，ODA事業に参加し，途上国の大学とネットワークを築くことは，やがて途上国から優秀な留学生を得ることにつながる。

　上述したように，途上国の高等教育は拡大し成長を続けている。日本の大学は将来に向けてこれらの大学とのネットワークを築き，また留学生の獲得に努めるべきだ。日本の大学にとって，ODA事業への参加は，途上国の大学とのネットワークの構築や留学生の獲得にプラスの効果をもたらす。しかし，日本の大学がODAに参加すべき理由はそれだけではない。日本は明治以来，世界の知識を貪欲に吸収し消化し繁栄を築いたが，その間，大学は常に海外から知識や技術を受け入れるための知の拠点として重要な役割を果たしてきた。国際社会が地球規模の課題に共同して取り組むべき現代においては，今度は，日本の大学が世界の課題解決に貢献するための知の拠点になることが求められている。2018年11月の中央教育審議会答申「2040年に向けた高等教育のグランドデザイン」は，これからの高等教育のあり方について次のように述べている。

　　世界の高等教育においては，国内の教育機会の提供の段階から，近隣諸国を含めた域内の教育機会の提供の段階を経て，高等教育がまだ充実していない地域での教育機会の提供の段階，そして，MOOC (Massive Open Online Course: 大規模公開オンライン講座) をはじめとするオンラインでの教育機会の提供の段階へと在り方の多様化が進み，広がりを見せている。この変化を踏まえれば，高等教育システムは，国，地域を越えて展開される「オープン」な時代を迎えていると言える。……既に人類が抱える課題

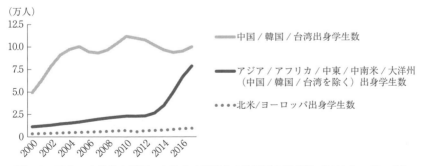

図5-5　日本の高等教育機関に在籍する留学生の地域別人数推移（2000年～2017年）
（出典）日本学生支援機構（2000～2017）から筆者作成。

第5章　大学のODA参加モデルと今後の政策への示唆　271

は国境を越えたものとなっており，人類の普遍の価値を常に生み出し，提供し続ける高等教育を維持・発展させるためには，質を向上させるための切磋琢磨は必要であるが，国内外で機関ごとにただ「競争」するのではなく，課題解決等に協力して当たるための人的，物的資源の共有化による「共創」「協創」という考え方により比重を置いていく必要がある。特に，我が国のような課題先進国の高等教育機関が世界的課題解決に貢献することは重要であり，この貢献が各国との安定的な関係の構築にも資するという意識を持つことが必要である（文部科学省 2018b）。

　世界の高等教育は大学ランキングにみられるような競争にさらされつつも，同時に国境を越えて教育や研究で互いに協力し，世界が抱える課題の解決に貢献することが求められている。大学の国際協力への参加は，単に大学の国際化の手段としてだけではなく，国際社会に生きる大学の使命として考えられるべきものである。この点で，日本の大学に対する途上国からの信頼と期待は大きい。そして，日本の大学が ODA 事業をつうじて途上国に貢献することは，結果として日本の大学の国際化にプラスに働き，新たな留学生を途上国から迎え入れたり，日本の若者がグローバルな教育を享受することにつながるだろう。日本の大学の国際協力は，ODA をつうじた途上国への貢献と日本の大学の国際化という両面で Win-Win の効果をもたらすものと思われる。

大学の ODA 参加を促進するために──援助機関に期待すること

　変化する環境のもとにおかれているのは大学だけではない。日本の ODA も大きな変化の時代を迎えている。1 つ目の変化は，途上国と先進国の相違が小さくなってきていることである。近年，新興国は飛躍的な経済成長を遂げている。それによって，途上国の間の格差が拡大する一方で，先進国と途上国のギャップが小さくなっている。また，気候変動，自然災害，食糧問題，感染症，地域紛争などグローバルな課題が増加し，さらに途上国における高齢化問題や先進国における貧困問題など，先進国と途上国がともに直面する開発課題も増加した。2 つ目の変化は，途上国の開発にかかわるリソースが多様化していることである。まず今世紀に入り途上国に流入する民間資金が拡大した。日本から途上国への 2016 年の資金の流れを見ても，ODA 実績が約 100 億ドルであるのに対し，民間資金の実績は約 400 億ドルであり，ODA よりもはるかに多い民間資金が途上国に流れている（外務省 2018）。また，多くの企業や市民団体

や研究機関がグローバルな活動をおこなうようになり，かつては国際機関や二国間援助機関が主に担っていた途上国の開発事業に，多様なステークホルダーがかかわるようになった。

　こうした途上国を取り巻く環境の変化のもとで，日本のODA事業においても民間部門との連携強化や，日本の経験や知見の活用が重視されるようになっている。そして，開発の知識や人材を豊富に有する大学はODAに積極的に参加することが期待されている。2015年に閣議決定された開発協力大綱では，効果的・効率的な開発協力推進のための原則として日本の持つ強みを活かした協力をあげ，「高度成長や急速な人口動態の変化を経験し，様々な課題を乗り越えつつ，今日まで歩みを進めてきた我が国は，その過程の中で，人材，知見，先端技術を含む優れた技術及び制度を培ってきた。これらを活用することは，開発途上国が今日及び将来直面する同様の課題への対処にとって有用であり，我が国に対する期待も大きい。我が国の開発協力の実施に当たっては，民間部門を始め様々な主体からの提案を積極的に取り入れるとともに，大学・研究機関等と連携することにより教育・学術研究の知見を活用し，それぞれの潜在能力の発掘にも努める」と謳っている。日本の大学には，日本ならではの開発の経験や知見が蓄積されており，それを途上国の開発に役立てることが期待されている。

　大学の国際協力への参加にはさまざまな形がある。本書の事例研究では，JICA事業のうち規模が大きく継続的な協力がおこなわれる技術協力プロジェクトを取り上げたが，これ以外にもいろいろな種類のODA事業への参加の可能性がある。さらに，ODA事業以外にも，大学独自の国際協力，NGOや地方自治体と連携した国際協力などもある。大学の国際協力への参加の可能性は非常に多様だが，そのうち，大学の参加が期待される代表的なJICA事業を**表5-2**に掲げた。これらのいずれの事業でも，日本の大学が持つ開発の知恵や経験が求められている。

　本章では，先ほど大学がもっと積極的に途上国にかかわるべきであることを述べたが，では，ODA事業を実施する立場からは，どのようにして大学のODA参加を促進するべきなのだろうか。本書の研究では，3大学の事例研究をつうじて大学のODA参加には，大学教員のイニシアティブによる参加モデルと大学経営層のイニシアティブによる参加モデルがあることを明らかにした。それぞれのモデルには，異なるイニシアティブ，異なる動機，異なるインパクトがあった。大学のODA参加を促進するためには，こうした大学のODA参

第5章　大学のODA参加モデルと今後の政策への示唆 ｜ 273

表 5-2　JICA が大学と連携しておこなう代表的な ODA 事業

事業の種類	事業の内容
技術協力プロジェクト	開発途上国で人材育成や組織開発，技術開発／普及などをおこなう協力事業であり，大学が組織的にまたは教員レベルで支援することが多い。大学教員は，プロジェクト運営へのアドバイス，現地での技術指導，日本での研修実施などをおこなう。大学が組織的に開発コンサルタントなどと共同で，プロジェクトの実施を受託するケースもある。 2008 年からはじまった地球規模課題対応国際科学技術協力（Science and Technology Research Partnership for Sustainable Development: SATREPS）は，日本と途上国の研究機関が地球規模課題の解決に貢献する国際共同研究を実施するとともに途上国の研究開発能力の向上を目指すもので，日本の多くの大学が参加している。
専門家派遣	途上国の協力の現場に日本人専門家を派遣して，相手国の行政官や技術者に必要な技術や知識を伝えるとともに，彼らと協働して現地適合技術や制度の開発，啓発や普及などをおこなう。政府や民間企業の人材とともに大学教員も専門家として派遣されている。
研修員受け入れ	日本に途上国の行政官，技術者，研究者などを招へいしておこなう研修事業のなかには，日本の大学に委託しておこなわれるものも多い。数週間の短期の研修から修士・博士課程での学位取得をともなう留学タイプの研修まである。
草の根技術協力	日本の NGO/CSO，地方自治体，大学，民間企業などの団体が，それらが持つ知見や経験に基づいて提案する国際協力活動を，JICA が提案団体に業務委託する形で実施される。現地の NGO や大学などと協働し，開発途上国の地域住民の生活改善・生計向上のための事業がおこなわれる。
大学連携ボランティア派遣	大学の専門性・知見を活用し，大学側の組織的バックアップ（教員による指導等）のもと，大学生，大学院生などを青年海外協力隊などのボランティアとして派遣する事業である。このボランティア活動を，大学が履修単位として認めている場合もある。
その他	JICA 事務所やプロジェクトサイトでおこなわれる大学院生のインターンシップ，JICA 職員や専門家／協力隊経験者の大学講義への講師派遣，各種調査研究や事業評価への大学教員の参加など。

（出典）JICA のホームページから，筆者作成（国際協力機構 2016c）。

加のメカニズムを念頭においた工夫が必要である。

　具体的には，まず，大学の ODA 参加には，教員主体のものと大学組織主体のものがあるので，援助実施機関はプロジェクトの計画段階でどちらのパターンでの大学の参加が適当かを見極める必要がある。現在の日本では，トップレベルの研究型の大学では教員のイニシアティブによる ODA 参加が多く，途上国に関心を持つその他の大学では大学経営層のイニシアティブによる ODA 参加がみられる。しかし，大学国際化の進展にともなって大学経営層のイニシアティブは拡大の傾向にあり，また，途上国の支援先大学によっても，日本の大学の執行部や教員の関心は異なる可能性がある。したがって，個々のプロジェ

274

クトごとに，また個々の日本の大学ごとに，教員主体のプロジェクト参加の形態が効果的であるのか，大学組織主体のプロジェクト参加が望ましいのかを見極めることが重要だ。そのうえで，大学教員や大学組織の ODA 参加の動機や学内メカニズムに応じた ODA プロジェクトの設計をおこなう必要がある。

　教員のイニシアティブによる ODA 参加が適当であるプロジェクトの場合は，教員グループのリーダー格の教員を中心としたプロジェクトの実施体制を組み，教員の研究活動や留学生受け入れをプロジェクト活動に組み込むことで，教員のより積極的な参加が期待できる。教員の研究室に在籍する日本人学生にも，ODA プロジェクトの活動にあわせて途上国の大学を訪問したり途上国の学生と交流したりする機会を提供できれば，教員の教育活動にもプラスの効果をうんで，教員の ODA への関心を一層高めることができる。大学経営層のイニシアティブによる参加が適当である場合には，大学の国際部などの国際担当部署を窓口として，より組織的なプロジェクトの実施体制を組むことが望ましい。場合によっては，大学と援助実施機関との間で一括委託型の契約を結んでプロジェクトの実施を大学にゆだねることにより，大学にとってはより柔軟なプロジェクト運営が可能になる。大学が組織的に ODA プロジェクトに参加する動機は，大学の国際化へのプラスの効果の期待や大学の国際貢献の一環としての取り組みなどであるので，プロジェクト活動と大学の国際的な活動とを連携させることで，大学の一層の参加を得られる可能性がある。たとえば，大学の国際共同教育事業（ダブル・ディグリー・プログラムやジョイント・ディグリー・プログラムなど），学術交流協定締結，海外拠点設置などと ODA プロジェクトの活動を連携させることなどである。

　ODA 事業の成功の最も重要な要因のひとつは，国際協力に熱心で優秀な実施者を確保することである。いくら綿密な事業計画を立てても，いくら多くの事業資金を準備しても，プロジェクトの現場で実施にあたる専門家やコンサルタントの能力が不十分でやる気に欠けていては，事業成果はあがらない。したがって，大学にとって魅力的な ODA 事業への参加方法を準備し，その結果多くの大学関係者が関心を寄せ，大学から質の高い支援が得られれば，援助実施機関にとってそれはたいへんありがたいことである。そのためには，上述したような大学の国際化にも資する ODA 参加の方法を準備するべきである。

大学の国際展開と ODA 事業のさらなる連携に向けて

　ここまで，大学の ODA 参加に関して筆者が大学に期待すること—高等教育

第 5 章　大学の ODA 参加モデルと今後の政策への示唆　275

機関の使命として国際協力に取り組み，あわせてその取り組みを大学の国際化に活用すること―と，ODA 関係機関に期待すること―大学の ODA 参加のメカニズムを理解し，大学の国際化にも資するような ODA 事業の実施方法を模索すること―を述べてきた。これらは，日本の ODA と高等教育が連携して，途上国の開発に貢献しつつ日本の高等教育の国際化にプラスの効果をもたらすものであり，双方に益するものである。こうした ODA と大学の連携強化は，実際には現場での試行錯誤を繰り返しながら，少しずつ進展している。その結果，日本の大学と JICA が**表 5-2** に示したような連携事業のために交わしている連携協定や覚書の数は，2012 年度時点で 25 件であったものが，2016 年度時点では 35 件に増加した（国際協力機構 2017）。

　国際協力も高等教育国際化も急速に変化し続けている。国際協力に関しては，新興国の成長や日本の国力低下，民間活動の拡大といった背景のもと，日本から途上国へ貢献するという一方向的な援助から双方向の協力に今後一層変化していくことが予想される。高等教育国際化に関しては，日本の質の高い教育を海外で提供し，あわせて日本の高等教育機関の国際通用性を強化するために，日本の大学の海外キャンパスや海外分校などを設置するといった本格的な大学の海外展開が近年議論されるようになっている。先にも引用した「2040 年に向けた高等教育のグランドデザイン（2018 年中央教育審議会答申）」によると，世界の高等教育のあり方は，自国の教育機関，地域の教育機関，世界の教育機関，オンライン上のバーチャルな教育機関と拡大・多様化しており，そうしたなか，日本の大学は海外校の設置や海外協定校との連携などの国際展開が必要になると述べている（文部科学省 2018b）。2015 年時点で，日本の大学が海外で教育をおこなうために設置している海外拠点は約 70 あり（文部科学省 2018b），その多くは海外の連携校におかれた小規模なものであった。しかし，今後は日本の大学が本格的な海外キャンパスや海外分校を設置し，日本の質の高い高等教育を途上国の若者に現地で提供する時代が来るかもしれない。さらに，海外校のような施設をおかずとも，MOOC によって地理的な遠さや物理的な障害を乗り越えて日本の大学が高等教育を提供することが一般的になるかもしれない。

　海外校や MOOC などの新たな形の国際的な高等教育と国際協力がどのように連携していくことができるのか，未知の部分は大きいが，いずれも日本の知的国際貢献と日本の大学のグローバル化が交わる重要な分野である。今後とも一層連携が深まることを切に期待したい。

参考文献

天野郁夫, 2006,「競争的資金と大学改革」『IDE 現代の高等教育』479：4-11。

荒井克弘, 1989,「科学技術の新段階と大学院教育」『教育社会学研究』45：35-50。

荒木光弥, 2012,『一つの国際協力物語——タイのモンクット王工科大学』国際開発ジャーナル社。

飯田達彦, 2005,「思いで 冒険ダン吉の世界へ」「東海大学の国際協力」編集委員会『東海大学の国際協力——タイ国モンクット王ラカバン工科大学との交流 40 年史』東海大学：111。

飯田昌盛・佐藤和紀, 1992,「モンクット王工科大学と東海大学」KMITL 30 年編集委員会『一つの国際協力——モンクット王工科大学ラカバン 30 年の足跡』：47-57。

太田浩, 2006,「国際協力における大学とわが国援助機関との連携」有馬朗人編『これからの大学等研究施設 第 3 編環境科学編』文教施設協会：316-322。

————, 2011,「大学国際化の動向及び日本の現状と課題——東アジアとの比較から」『メディア教育研究』8(1)：S1-S12。

小川啓一・桜井愛子, 2008,「大学による国際協力の取り組み——途上国における基礎教育支援に焦点をあて」『国際協力論集』16(2)：147-159。

小澤大成, 2009,「国立教員養成系大学・学部の理数科国際協力参加——その教育研究に与えたインパクト」『鳴門教育大学国際教育協力研究』4：7-13。

外務省, 1961,『昭和 36 年度わが外交の近況』。

————, 1992,「政府開発援助大綱（旧 ODA 大綱）」(https://www.mofa.go.jp/mofaj/gaiko/oda/seisaku/taikou/sei_1_1.html, 2019 年 1 月 16 日閲覧)。

————, 1998〜2000,『我が国の政府開発援助の実施状況（1997 年度〜1999 年度）に関する年次報告』。

————, 2002, 2003a, 2004a, 2004b, 2005〜2006,『2001 年版〜2006 年版政府開発援助（ODA 白書）』。

————, 2007a, 2009〜2011, 2012a, 2013〜2014, 2015a,『2007 年版〜2014 年版政府開発援助（ODA 白書）日本の国際協力』。

————, 2003b,「独立行政法人国際協力機構 第 1 期中期目標」(https://www.mofa.go.jp/mofaj/annai/shocho/hyouka/pdfs/jica_mokuhyo_3.pdf, 2019 年 1 月 16 日閲覧)。

————, 2003c,「政府開発援助大綱（ODA 大綱）」(https://www.mofa.go.jp/mofaj/gaiko/oda/seisaku/taikou.html, 2019 年 1 月 16 日閲覧)。

————, 2007b,「独立行政法人国際協力機構 第 2 期中期目標」(https://www.mofa.go.jp/mofaj/annai/shocho/hyouka/pdfs/jica_mokuhyo_4.pdf, 2019 年 1 月 16 日閲覧)。

————, 2012b,「独立行政法人国際協力機構 第 3 期中期目標」(https://www.mofa.go.jp/mofaj/files/000014487.pdf, 2019 年 1 月 16 日閲覧)。

————, 2012c,「大学と ODA——援助の担い手の拡大に向けた新たなフロンティア」(https://www.mofa.go.jp/mofaj/gaiko/oda/about/daigaku/1207_sympo.html, 2019 年 1 月 16 日閲覧)。

————, 2015b,「開発協力大綱」(https://www.mofa.go.jp/mofaj/files/000067688.pdf, 2019 年 1 月 16 日閲覧)。

————, 2016,『2015 年度版開発協力白書 日本の国際協力』。

加藤宏, 2004,「二十一世紀における国際協力と大学への期待」『大学時報』53(296)：42-47。

木村孟, 2007,「国際協力に大学の知を」『IDE 現代の高等教育』487：25-28。

教育再生実行会議, 2013,「これからの大学教育等の在り方について（第三次提言）」(http://www.kantei.go.jp/jp/singi/kyouikusaisei/pdf/dai3_1.pdf, 2019 年 1 月 16 日閲覧)。

工藤和宏・上別府隆男・太田浩, 2014, 「日本の大学国際化と留学生政策の展開」日本私立大学協会附置私学高等教育研究所『日韓大学国際化と留学生政策の展開』: 13-52。

黒田一雄, 2001, 「国際協力事業への米国大学・大学人の参加インセンティブに関する調査報告」『国際教育協力論集』4(2): 147-153。

グローバル人材育成推進会議, 2011, 「グローバル人材育成推進会議　中間まとめ」(http://www.meti.go.jp/policy/economy/jinzai/san_gaku_kyodo/sanko1-1.pdf, 2019 年 1 月 16 日閲覧)。

小池和夫, 2000, 『聞き取りの作法』東洋経済新報社。

国際開発センター・アイシーネット, 2003, 『日本型国際的協力の有効性と課題』国際協力事業団。

国際協力機構, 2003, 「独立行政法人国際協力機構　第 1 期中期計画」(https://www.jica.go.jp/disc/chuki_nendo/ku57pq00000t0aea-att/chuki_keikaku.pdf, 2019 年 1 月 16 日閲覧)。

―――, 2004～2006, 2007a, 2008a, 『国際協力機構年報』。

―――, 2007b, 「独立行政法人国際協力機構　第 2 期中期計画」(https://www.jica.go.jp/disc/chuki_nendo/ku57pq00000t0aea-att/chuki_keikaku02.pdf, 2019 年 1 月 16 日閲覧)。

―――, 2008b, 「課題別指針『市民参加』」。

―――, 2009～2011, 2012a ～2016a, 『国際協力機構年次報告書』。

―――, 2012b, 「独立行政法人国際協力機構　第 3 期中期計画」(https://www.jica.go.jp/disc/chuki_nendo/ku57pq00000t0aea-att/chuki_keikaku03_05_01.pdf, 2019 年 1 月 16 日閲覧)。

―――, 2013b, 「JICA 事業実績表 2012 年度」。

―――, 2014b, 「JICA 事業実績表 2013 年度」。

―――, 2015b, 「JICA 事業実績表 2014 年度」。

―――, 2016b, 「JICA 事業実績表 2015 年度」。

―――, 2016c, 「大学の皆さまへ」(https://www.jica.go.jp/partner/college/, 2019 年 1 月 16 日閲覧)。

―――, 2017, 「第 3 期中期目標期間業務実績等報告書」(https://www.jica.go.jp/disc/jisseki/ku57pq00000fveqt-att/chuki_jigyo03_report.pdf, 2019 年 1 月 16 日閲覧)。

国際協力事業団, 1975, 1976a, 1977～1992, 1993a, 1994～2001, 2002a, 2003, 『国際協力事業団年報』。

―――, 1976b, 『モンクット王工科大学総合報告書』。

―――, 1993b, 『タイ・モンクット王工科大学ラカバン (KMITL) 拡充計画総合報告書』。

―――, 2002b, 『タイ・モンクット王ラカバン工科大学情報通信技術研究センタープロジェクト終了時評価報告書』。

酒井三千代, 2013, 「世界の教育産業の全体像」(https://www.mitsui.com/mgssi/ja/report/detail/__icsFiles/afieldfile/2016/10/21/131120x_sakai_1.pdf, 2019 年 1 月 16 日閲覧)。

佐藤郁哉, 2008, 『質的データ分析法――原理・方法・実践』新曜社。

佐藤由利子, 2010, 『日本の留学生政策の評価――人材養成，友好促進，経済効果の視点から』東信堂。

佐藤由利子・新井貢, 2006, 「東工大留学生の歴史」『蔵前ジャーナル』995: 83-88。

産業競争力会議, 2013, 「日本再興戦略― JAPAN is BACK ―」(http://www.kantei.go.jp/jp/singi/keizaisaisei/pdf/saikou_jpn.pdf, 2019 年 1 月 16 日閲覧)。

下河邉明, 2003, 「東京工業大学の国際化戦略 (国際化ポリシーペーパー)」東京工業大学『東工大クロニクル』382: 2-11。

菅谷淳子, 2012, 「本学の国際交流」豊橋技術科学大学『天伯』134 (オンライン) (http://www.tut.ac.jp/tempaku/backnumber/201302/hs/mod/activity/index.php#chap04:, 2019 年 1 月 16 日閲覧)。

高田英一, 2007, 「大学の受託事業の現状と課題――JICA 技術協力プロジェクトの受託に関する課題を中心に」『高等教育マネジメント』1: 102-117。

武田里子, 2006, 「日本の留学生政策の歴史的推移――対外援助から地球市民形成へ」『日本大学大学院総合社会情報研究科紀要』7: 77-88。

谷口聡人, 2005, 「KMITL との交流史に重なる留学生教育センターの 40 年」「東海大学の国際協力」

編集委員会『東海大学の国際協力──タイ国モンクット王ラカバン工科大学との交流 40 年史』東海大学：102。

堤和男，2002，「国際協力事業団との連携による工学教育国際協力」豊橋技術科学大学『天伯』111：6-7。

───，2006，「退職に際して」豊橋技術科学大学工学教育国際協力研究センター『工学教育国際協力研究センター 2005 年度活動報告書』：51-53。

寺本三雄，1992，「ラカバンに翔く KMITL」KMITL30 年編集委員会『一つの国際協力──モンクット王工科大学ラカバン 30 年の足跡』：58-65。

東海大学，1986〜1992，1993a，1994〜1996，1997a，1998〜2008，2009a，2010，『昭和 59〜2008 年度東海大学教育研究年報』。

───，1993b，『東海大学五十年史通史篇』東海大学出版会。

───，1997b，「アクティブに活動する学園の『教育・研究・国際交流』1997 年度の動きについて聞く」『東海』115：10-13。

───，2009b，「第 1 期中期目標」(http://www.u-tokai.ac.jp/effort/activity/middle_aim/index1.html，2019 年 1 月 16 日閲覧)。

───，2011〜2012，2013a，2014a，2015a，2016，『2009〜2014 年度東海大学教育研究年報』(http://www.u-tokai.ac.jp/effort/activity/annual_report/，2019 年 1 月 16 日閲覧)。

───，2013b，「学園の国際交流の歩みと展望（第 1 回）──国際交流に対する創立者の哲学と活動の特色について」『東海大学 News Letter』Summer 2013：7-12。

───，2013c，「ブラジル・マトグロッソ連邦大学との協働による『遠隔教育による在日ブラジル人教育者向け教員養成講座』の意義と成果」『東海大学 News Letter』Autumn 2013：10-13。

───，2014b，「第 2 期中期目標」(https://www.u-tokai.ac.jp/effort/activity/middle_aim/index2.html，2019 年 1 月 16 日閲覧)。

───，2014c，「学園の国際交流の歩みと展望（第 3 回）──事例紹介 海外研修航海の教育的意義とその軌跡について」『東海大学 News Letter』Winter 2014：16-19。

───，2015b，「東海大学 山田清志学長就任インタビュー」『東海大学 News Letter』Winter 2015：2-4。

「東海大学の国際協力」編集委員会，2005，『東海大学の国際協力──タイ国モンクット王ラカバン工科大学との交流 40 年史』東海大学。

東京工業大学，1985〜1992，1993a，1994，1995a，1996〜1998，1999a，2000〜2001，2002a，2003a，『東京工業大学要覧 1985〜2003』。

───，1993b，『Tokyo Tech Now 東京工業大学 1993』。

───，1995b，『Tokyo Tech Now '95 東京工業大学の現状と展望──自己点検・自己評価・外部評価』。

───，1999b，『Tokyo Tech Now '99 21 世紀の個性輝く大学を目指して──自己点検・自己評価・外部評価』。

───，2002b，『Tokyo Tech Now '02 国立大学法人化へ向けて──自己点検・自己評価・外部評価』。

───，2003b，『東京工業大学の国際化戦略──「世界最高の理工系総合大学」をめざして』。

───，2004a 〜2008a，『東京工業大学 PROFILE 2004〜2008』。

───，2004b，「東京工業大学第 1 期中期計画」(https://www.titech.ac.jp/about/overview/pdf/chukikeikaku210331.pdf，2019 年 1 月 16 日閲覧)。

───，2005b 〜2011b，2012c，2013a，2014c，2015a，2016a，「平成 16 事業年度〜平成 27 事業年度に係る業務の実績に関する報告書」(https://www.titech.ac.jp/about/disclosure/evaluation/national_university.html，2019 年 1 月 16 日閲覧)。

───，2009a，2011a，2012a，『東京工業大学プロフィール 2009/2010〜2011/2012』。

――――，2009c，「東京工業大学の将来構想『東工大ビジョン 2009』――『時代を創る知・技・志・和の理工人』の育成を目指して」．

――――，2010a，「東京工業大学第 2 期中期計画」（https://www.titech.ac.jp/about/overview/pdf/cyukikeikaku270331.pdf，2019 年 1 月 16 日閲覧）．

――――，2010c，『東工大の今――Tokyo Tech Now 2010 自己点検・評価報告書』．

――――，2011c，『東京工業大学 130 年史』．

――――，2012b，2014a，『TOKYO TECH プロフィール 2012/2013～2013/2014』．

――――，2012d，「東工大の国際戦略 2012――『世界最高の理工系総合大学の実現』へ向けて」（https://www.titech.ac.jp/about/policies/pdf/policypaper.pdf，2019 年 1 月 16 日閲覧）．

――――，2013b，「ミッションの再定義 東京工業大学」（http://www.mext.go.jp/component/a_menu/education/detail/__icsFiles/afieldfile/2013/12/18/1342083_19.pdf，2019 年 1 月 16 日閲覧）．

――――，2014b，2015a，『TOKYO TECH データブック 2014/2015～2015/2016』．

――――，2014d，「スーパーグローバル大学創成支援構想調書（タイプ A）」（https://www.titech.ac.jp/globalization/pdf/A-12608-TokyoTech.pdf，2019 年 1 月 16 日閲覧）．

――――，2015b，「国立大学法人東京工業大学の中期目標新旧対照表」（https://www.titech.ac.jp/about/overview/pdf/cyukikeikaku_shinkyu270323.pdf，2019 年 1 月 16 日閲覧）．

――――，2016b，「東京工業大学第 3 期中期計画」（https://www.titech.ac.jp/about/overview/pdf/cyukikeikaku180426.pdf，2019 年 1 月 16 日閲覧）．

――――，2016c，「国立大学法人東京工業大学国際室規則」．

――――，2016d，「東工大の E-JUST 支援」（https://www.titech.ac.jp/globalization/stories/ejust_tokyo_tech.html，2019 年 1 月 16 日閲覧）．

――――，2016e，「東工大エジプト E-JUST オフィス」（http://www.ttoe.ipo.titech.ac.jp/index.html，2019 年 1 月 16 日閲覧）．

東京工業大学土木工学科設立 40 周年記念事業委員会記念誌編集部会，2005，『東京工業大学土木工学科 40 周年記念誌』（http://www.cv.titech.ac.jp/aboutus/communication.html，2019 年 1 月 16 日閲覧）．

東條加寿子，2010，「大学国際化の足跡を辿る――国際化の意義を求めて」『大阪女学院大学紀要』7：87-101．

豊橋技術科学大学，1984～2003，2004a ～2008a，『豊橋技術科学大学概要 1984～2008』．

――――，2004b，「豊橋技術科学大学第 1 期中期計画」（http://www.tut.ac.jp/intr/image/append/chuki01.pdf，2019 年 1 月 16 日閲覧）．

――――，2005b ～2016b，「平成 16 事業年度～平成 27 事業年度に係る業務の実績に関する報告書」（http://www.tut.ac.jp/about/gyomu-jisseki.html，2019 年 1 月 16 日閲覧）．

――――，2009a ～2016a，「大学概要 2009/2010～2016/2017」．

――――，2010c，「豊橋技術科学大学第 2 期中期計画」（http://www.tut.ac.jp/about/docs/2chuki_kei_henkou270331.pdf，2019 年 1 月 16 日閲覧）．

――――，2013c，「ミッションの再定義 豊橋技術科学大学」（http://www.mext.go.jp/component/a_menu/education/detail/__icsFiles/afieldfile/2013/12/18/1342084_13.pdf，2019 年 1 月 16 日閲覧）．

――――，2014c，「スーパーグローバル大学創成支援構想調書（タイプ B）」（http://www.tut.ac.jp/docs/tut_superglobal_kousou.pdf，2019 年 1 月 16 日閲覧）．

――――，2015c，「豊橋技術科学大学国際戦略 2014-2015」（http://www.tut.ac.jp/docs/global_strategy2014-2015.pdf，2019 年 1 月 16 日閲覧）．

――――，2015d，「豊橋技術科学大学憲章」（http://www.tut.ac.jp/about/charter.html#anc01，2019 年 1 月 16 日閲覧）．

――――，2016c，「豊橋技術科学大学第 3 期中期計画」（http://www.tut.ac.jp/about/docs/3chuki_kei280331.pdf，2019 年 1 月 16 日閲覧）．

豊橋技術科学大学開学 10 周年記念事業委員会年史編集部会，1986，『豊橋技術科学大学十年史』豊橋技術科学大学。

豊橋技術科学大学開学 20 周年記念事業委員会年史編集部会，1996，『豊橋技術科学大学二十年史』豊橋技術科学大学。

豊橋技術科学大学開学 30 周年記念事業委員会年史編集部会，2006，『豊橋技術科学大学三十年史——確かな礎から未来へ』豊橋技術科学大学。

豊橋技術科学大学工学教育国際協力研究センター，2006〜2010，2011a，2012〜2013，『工学教育国際協力研究センター（ICCEED）2005 年度〜2012 年度活動報告』。

―――，2011b，『工学教育国際協力研究センター（ICCEED）の 10 年 平成 13〜22 年度』。

豊橋技術科学大学グローバル工学教育推進機構，2014〜2015，『グローバル工学教育推進機構（IGNITE）2013〜2014 年度活動報告』。

長井淳一郎，1992，「タイ電気通信訓練センター発足時の諸問題」KMITL30 年編集委員会『一つの国際協力――モンクット王工科大学ラカバン 30 年の足跡』：15-23。

21 世紀への留学生政策懇談会，1983，『21 世紀への留学生政策に関する提言』。

二宮晧，2000，「大学における国際教育協力の現状と課題」日本教育経営学会編『大学・高等教育の経営戦略』玉川大学出版部：299-316。

日本学術振興会，1988，『日本学術振興会年報』。

―――，2007，『大学の優れた国際展開モデルについて』大学国際戦略本部強化事業中間報告書。

―――，2010，『グローバル社会における大学の国際展開について』大学国際戦略本部強化事業最終報告書。

日本学生支援機構，2000〜2017，「平成 12 年度〜平成 29 年度外国人留学生在籍状況調査結果」（http://www.jasso.go.jp/about/statistics/intl_student_e/index.html，2019 年 1 月 16 日閲覧）。

日本国際協力センター調査チーム，2010，『我が国大学が有する知を活用した国際協力活動への取組の検証』。

濱中淳子，2004，「大学院教育のあり方に対する学生の志向と教員の志向――『マス段階』の工学系修士課程における両者の関係」『東京大学大学院教育学研究科紀要』44：469-482。

平波英子・松田真希子・矢鍋重夫，2007，「HUT-NUT ツイニング・プログラムの実情――新たな国際連携教育プログラムの問題点と今後の方向性」『留学生教育』12：107-117。

藤山一郎，2009，「大学による国際協力事業展開の要因――ODA の国民参加と大学の『第 3 の使命』」『立命館国際地域研究』30：47-61。

―――，2012，「日本における人材育成をめぐる産官学関係の変容」『立命館国際地域研究』36：125-142。

船守美穂，2005，「大学による国際協力に関する評価とインセンティブ」小山内優編『契約に基づく大学の途上国協力活動に必要な大学運営・行政・開発援助システムの研究』2004 年度科学研究費補助金研究成果報告書：39-59。

本間寛臣，1998，「国際交流活動」豊橋技術科学大学『天伯』19(3)：8-9。

―――，2008，「国際協力を通した国際交流の推進」『工学教育』56(3)：39-43。

―――，2009，「豊橋技術科学大学国際協力の原点 HEDS プロジェクトと今後の国際協力展開への提言」豊橋技術科学大学『天伯』126（オンライン http://www.tut.ac.jp/tempaku/backnumber/200907/hs/mod/inquiry/index.php#chap03:，2019 年 1 月 16 日閲覧）。

毎日新聞 Web 版，2013，「オピニオン「キーワードは TOKAISM――図太さやユーモアのセンス，芝居っ気」毎日新聞 Web 版 2013.12.27（http://mainichi.jp/sp/tokaism/opinion/con30_2.html，2019 年 1 月 16 日閲覧）。

松前重義，1982，「新たな国際化の道へ努力」東海大学『東海』61：55-56。

松本哲男，2009，「大学と国際協力機関との組織連携強化」『農学国際協力』10：55-63。

文部科学省，2002，「国際教育協力懇談会最終報告」。

————, 2003,「新たな留学生政策の展開について（中央教育審議会答申）」。

————, 2004a,「東京工業大学第 1 期中期目標」（https://www.titech.ac.jp/about/overview/pdf/mokuhyo190331.pdf, 2019 年 1 月 16 日閲覧）。

————, 2004b,「豊橋技術科学大学第 1 期中期目標」（https://www.tut.ac.jp/intr/image/append/mokuhyo.pdf, 2019 年 1 月 16 日閲覧）。

————, 2005,「我が国の高等教育の将来像（中央教育村議会答申）」。

————, 2006,「国際教育協力懇談会報告 大学発 知の ODA——知的国際貢献に向けて」。

————, 2010a,「東京工業大学第 2 期中期目標」（https://www.titech.ac.jp/about/overview/pdf/mokuhyo220329.pdf, 2019 年 1 月 16 日閲覧）。

————, 2010b,「豊橋技術科学大学第 2 期中期目標」（https://www.tut.ac.jp/about/docs/2chuki_moku270323.pdf, 2019 年 1 月 16 日閲覧）。

————, 2012,「国際協力推進会議中間報告書」。

————, 2013,「平成 25 年度科研費（補助金分・基金分）の配分について」（https://www.mext.go.jp/a_menu/shinkou/hojyo/1341053.htm, 2019 年 1 月 16 日閲覧）。

————, 2015a,「平成 24 年度博士・修士・専門職学位の学位授与状況」（https://www.mext.go.jp/component/a_menu/education/detail/__icsFiles/afieldfile/2017/01/26/1299723_08.pdf, 2019 年 1 月 16 日閲覧）。

————, 2015b,「平成 25 年度海外の大学との大学間交流協定，海外における拠点に関する調査結果」（https://www.mext.go.jp/a_menu/koutou/shitu/1287263.htm, 2019 年 1 月 16 日閲覧）。

————, 2016a,「東京工業大学第 3 期中期目標」（https://www.titech.ac.jp/about/overview/pdf/mokuhyo280301.pdf, 2019 年 1 月 16 日閲覧）。

————, 2016b,「豊橋技術科学大学第 3 期中期目標」（https://www.tut.ac.jp/about/docs/3chuki_moku280301.pdf, 2019 年 1 月 16 日閲覧）。

————, 2018a,「平成 27 年度海外の大学との大学間交流協定，海外における拠点に関する調査結果」（https://www.mext.go.jp/a_menu/koutou/shitu/1287263.htm, 2019 年 1 月 16 日閲覧）。

————, 2018b,「2040 年に向けた高等教育のグランドデザイン（中央教育審議会答申）」（http://www.mext.go.jp/b_menu/shingi/chukyo/chukyo0/toushin/1411360.htm, 2019 年 1 月 16 日閲覧）。

文部科学省・外務省・法務省・厚生労働省・経済産業省・国土交通省, 2008,「留学生 30 万人計画骨子」。

文部科学省「国際開発協力サポート・センター」プロジェクト, 2005,『大学のための国際協力プロジェクト受託の手引き——受託促進に向けての参考資料として』。

文部科学省大臣官房国際課国際協力政策室, 2006,「大学による国際協力活動の推進に向けて」『留学交流』9：6-9。

文部省, 1970,『教育白書 昭和 45 年度』。

————, 1974,「教育・学術・文化における国際交流について（中央教育審議会答申）」（http://www.mext.go.jp/b_menu/shingi/old_chukyo/old_chukyo_index/toushin/1309532.htm, 2019 年 1 月 16 日閲覧）。

————, 1991,『我が国の文教施策 平成 3 年度』。

————, 1996,「時代に即応した国際教育協力の推進について——時代に即応した国際教育協力の在り方に関する懇談会報告」。

————, 2000a,「グローバル化時代に求められる高等教育の在り方について（大学審議会答申）」。

————, 2000b,「開発途上国への教育協力方策について」。

矢野眞和, 2005,『大学改革の海図』玉川大学出版部。

山田清志, 2006a,「東海大学におけるグローバル化に向けた取り組み」『IDE 現代の高等教育』482：37-41。

————, 2006b,「東海大学のアジア交流——タイ王国モンクット王ラカバン工科大学を例として」

『留学交流』2006(11)：14-17。

─────，2006c，「東海大学におけるグローバル化への取組」『留学交流』2006(1)：20-23。

山本一良，2015，「原子力工学の教育・研究──福島第一原子力発電所事故の反省」『学術の動向』20(2)：64-67。

義本博司，2012，「グローバル化政策の10年」『IDE現代の高等教育』540：53-60。

米澤彰純，2008，『各大学や第三者機関による大学の国際化に関する評価に係る調査研究報告書』2007年度文部科学省先導的大学改革推進委託報告書，東北大学。

─────，2015，「高等教育改革としての国際化──大学・政府・市場」『高等教育研究』18：105-125。

渡辺良，1999，『国際教育協力の人材の発掘・確保と人材活用の進め方に関する研究』1996-1998年度科学研究費補助金研究成果報告書，国立教育研究所。

Adams, T., M. Banks and A. Olsen, 2011, "International Education in Australia: From Aid to Trade to Internationalization." Bhandari, R. and P. Blumenthal eds., *International Students and Global Mobility in Higher Education*, Palgrave, 107-128.

Arum, S. and W. J. Van de, 1992, "The Need for a Definition of International Education in US Universities." Klasek, C. ed., *Bridges to the Futures: Strategies for Internationalizing Higher Education*, Association for International Education Administrators, 191-203.

Cummings, W. K., 1998, "ODA and the Japanese University."『国際開発研究フォーラム』9：115-136。

Cuthbert, D., W. Smith and J. Boey, 2008, "What Do We Really Know about the Outcomes of Australian International Education? A Critical Review and Prospectus for Future Research." *Journal of Studies in International Education*, 12(3): 255-275.

De Wit, H., F. Hunter, L. Howard and E. Egron-Polak eds., 2015, *Internationalization of Higher education*, Brussels: EU. (http://www.bccie.bc.ca/wp-content/uploads/2015/08/internationalization_higher_education.pdf, 2019年1月16日閲覧)

Egron-Polak, E., 1996, "International Cooperation Activities of Canadian Universities." Blumenthal P., C. Goodwin, A. Smith and U. Teichler eds., *Academic Mobility in a Changing World: Regional and Global Trends*, London: Jessica Kingsley, 208-219.

Kamibeppu, T., 2002, *History of Japanese Policies in Education Aid to Developing Countries, 1950s-1990s: The Role of the Subgovernmental Processes*, New York: Routledge.

Knight, J., 2008, *Higher Education in Turmoil: The Changing World of Internationalization*, Rotterdam: Sense Publishers.

─────, 2012, "Concepts, Rationales, and Interpretive Frameworks in the Internationalization of Higher Education." Deardorff, D. K., H. de Wit, and J. D. Heyl, eds., *The SAGE Handbook of International Higher Education*, London: Sage, 27-42.

Maeda, M., 2007, *Power Relations among Actors in Development Cooperation: Patterns, Concepts and Approaches in a Japanese-Assisted Teacher Training Project in Cambodia.* (http://hub.hku.hk/bitstream/10722/51334/6/FullText.pdf, 2019年1月16日閲覧).

Times Higher Education, 2019, "World University Rankings 2019" (https://www.timeshighereducation.com/world-university-rankings/2019/world-ranking#!/page/0/length/25/sort_by/rank/sort_order/asc/cols/stats, 2019年1月16日閲覧).

Times Higher Education, 2016, "World University Rankings 2016-2017" (https://www.timeshighereducation.com/world-university-rankings/2017/world-ranking#!/page/0/length/25/sort_by/rank/sort_order/asc/cols/stats, 2019年1月16日閲覧).

Trilokekar, R. D., 2010, "International Education as Soft Power? The Contributions and Challenges of Canadian Foreign Policy to the Internationalization of Higher Education." *Higher Education*, 59(2): 131-147.

Yoshida, K., T. Yuki and N. Sakata, 2013, *Institutional Development of Cross-Border Higher Education: The Case of an Evolving Malaysia-Japan Project*, Tokyo: JICA Research Institute.

おわりに

　私はJICA職員として，1990年頃から高等教育協力にかかわってきた。1990年代前半のアセアン各国では順調な経済成長のもとで技術者不足が大きな課題であり，これらの国から大学工学部の新設や拡充の協力要請がJICAに次々と舞い込んでいた。2000年代になると経済のグローバル化や知識基盤社会の進展のもとで，アセアン諸国のみならず多くの途上国が経済社会開発に必要な知的拠点としての大学の重要性を強く認識するようになり，国際的で世界水準の大学設立を支援してほしいといった要望が急増した。最近では，アフリカの小さな最貧国からもワールド・クラス・ユニバーシティ設立支援が求められるのを見るにつけ，開発における高等教育の役割が大きく変化していると感じる。

　この30年近い仕事の中で，私がもうひとつ強く実感するのは日本の大学と大学を取り巻く環境の変化である。途上国からの協力要請を受けて，プロジェクトを検討し，準備し，実施するなかで，私は日本の大学の工学系の先生方と一緒に仕事をする多くの機会に恵まれた。プロジェクト検討の会議や途上国への出張の道中で，先生方と途上国の大学のありかたや支援の方法を議論することは私にとって本当に楽しかった。だが，最近は，こうした途上国の高等教育についての議論が，いつの間にか日本の大学についての議論に必ず展開していくのである。中国，韓国やアセアン諸国の学術レベルの急速な向上，日本の工学教育や研究のグローバル化の遅れ，日本への留学生や日本からの留学生の動向，国立大学改革による教員の負担，こうした状況の中でどうやってODAプロジェクトを動かしていくか……。議論は白熱し，途上国の高等教育を育成することと日本の高等教育を改善することのふたつの論点は行きつ戻りつし，やがて一体となり，最後には日本の大学の話になることが多い。私にとってこうした議論は，日本の大学を途上国への援助リソースとしてどのように活用するかという点で重要だった。だが，それにとどまらず，日本の大学のあり方は日本自身の未来につながる問題でもあり，まさに日本人の問題として興味が尽きない議論でもあった。私が本書の研究に取り組みたいと思ったのは，こうした経験からだった。日本の大学教員はどのようにODA事業に参加し，日本の大学と大学教員はODA事業から何を得ているのか，日本の大学のなかでは何が

起こっているのか……，これらを明らかにすることによって日本の国際協力と
日本の高等教育の両方に貢献する方法を考える一助にしたいと思ったのである。

　このような経緯から，私は 2014 年 4 月に名古屋大学国際開発研究科の門を
たたき，山田肖子教授（アジア共創教育研究機構兼務）と米澤彰純准教授（現東
北大学国際戦略室副室長・教授）の指導の下で研究をはじめ，2017 年 3 月に「日
本の大学の ODA 参加におけるイニシアティブとインパクトに関する研究—
1990 年代以降の工学系高等教育協力を事例として」の学位論文を作成した。山
田先生と米澤先生は，学術研究に素人であった私に忍耐強く丁寧な指導を，時
間を惜しまずにしてくださった。この研究をまとめることはできたのは両先生
の温かいご指導のおかげである。また，同研究科の伊東早苗研究科長（現教授）
と岡田亜弥教授からも多くの貴重なアドバイスをいただいた。ご指導くださっ
た先生方に心からのお礼を申し上げたい。
　東京工業大学，豊橋技術科学大学，東海大学の先生と職員の方々にも，言葉
では言い尽くせないほどのお世話になった。この研究の構想の初期から，事例
研究対象となる大学の協力を得られるのかが最も大きな懸念だった。事例研究
では，日本の大学の内部で起こっていることを知る必要があり，そのためには
大学関係者の了解と協力が必須だったからだ。だが心配は杞憂だった。いずれ
の大学も事例研究対象となること，それぞれの大学の実名で書籍化することを
ご了解くださった。さらに，大学の教員や職員の方々へのインタビューでは，
多忙ななか時間を割いて，大変貴重な話を聞かせていただいた。各大学の事務
局や資料センターに情報提供をお願いしたこともある。これらの大学関係者の
ご協力によって重要なデータを得られたことが，本研究完成の大きな鍵になっ
た。関口秀俊副学長をはじめとする東京工業大学の先生および職員の方々，井
上光輝副学長（現大学院工学研究科教授）をはじめとする豊橋技術科学大学の先
生および職員の方々，山田清志学長をはじめとする東海大学の先生および職員
の方々には，ここに深く心からの感謝の意を表したい。
　私の勤務先である JICA にもデータの提供や出版に関する事務でご協力いた
だいた。特に国際協力人材部，人間開発部，国内事業部，研究所の職員の方に
はお世話になった。少しでも役に立つ研究成果を世に出すことで，お世話にな
った方々の労に報いたい。
　最後に，本書の刊行にあたり，玉川大学出版部編集課の相馬さやかさんに心
からのお礼を申し上げる。私の作業の遅れで当初のスケジュールを何度も変更

する必要があったにもかかわらず，忍耐強く最後まで適切なアドバイスと励ましの言葉をくださったおかげで，ようやく刊行に至ることができた。これもひとえに相馬さんのおかげである。

　なお，本書の刊行にあたっては，2018（平成30）年度科学研究費補助金（研究成果公開促進費）の助成を受けたこと，また本書の内容は著者の意見であり著者が所属する組織の見解を表すものではないことを申し添える。

　途上国を含む世界の高等教育の動向は急速に変化している。私は，これからも日本から世界を，そして世界から日本を見ながら，途上国と日本の高等教育の発展を考えていきたいと思っている。読者の皆様からの忌憚のないご意見，ご批判を仰げれば幸いである。

2019 年 2 月
萱島信子

	資　料	事例対象大学に関する主な収集
	1	文献リスト

1　東京工業大学

1.1　東京工業大学作成の文献

	年	文書名	著者	出版社・掲載誌・掲載サイト URL 等
【国際関連方針】				
1	2003	東京工業大学の国際化戦略――「世界最高の理工系総合大学」をめざして	東京工業大学	東京工業大学
2	2009	東京工業大学の将来構想「東工大ビジョン 2009」――「時代を創る知・技・志・和の理工人」の育成を目指して	東京工業大学	東京工業大学
3	2012	東工大の国際戦略 2012――「世界最高の理工系総合大学の実現」へ向けて	東京工業大学	https://www.titech.ac.jp/about/policies/pdf/policypaper.pdf
【中期目標・中期計画・中期計画実績】				
4	2004	第 1 期中期目標	文部科学省	https://www.titech.ac.jp/about/overview/pdf/mokuhyo190331.pdf
5	2004	第 1 期中期計画	東京工業大学	https://www.titech.ac.jp/about/overview/pdf/chukikeikaku210331.pdf
6	2004	平成 16 年度年度計画	東京工業大学	https://www.titech.ac.jp/about/overview/pdf/16nendokeikaku.pdf
7	2005	平成 16 事業年度に係る業務の実績に関する報告書	東京工業大学	https://www.titech.ac.jp/about/disclosure/evaluation/pdf/16jissekihoukokusho.pdf
8	2005	平成 17 年度年度計画	東京工業大学	https://www.titech.ac.jp/about/overview/pdf/17nendokeikaku.pdf
9	2006	平成 17 事業年度に係る業務の実績に関する報告書	東京工業大学	https://www.titech.ac.jp/about/disclosure/evaluation/pdf/17jissekihoukokusho.pdf
10	2006	平成 18 年度年度計画	東京工業大学	https://www.titech.ac.jp/about/overview/pdf/18nendokeikaku.pdf

	年	文書名	著者	出版社・掲載誌・掲載サイト URL 等
11	2007	平成 18 事業年度に係る業務の実績に関する報告書	東京工業大学	https://www.titech.ac.jp/about/disclosure/evaluation/pdf/18jissekihoukokusho.pdf
12	2007	平成 19 年度年度計画	東京工業大学	https://www.titech.ac.jp/about/overview/pdf/19nendokeikaku.pdf
13	2008	平成 19 事業年度に係る業務の実績及び中期目標期間（平成 16〜19 事業年度）に係る業務の実績に関する報告書	東京工業大学	https://www.titech.ac.jp/about/disclosure/evaluation/pdf/19jissekihoukokusho.pdf
14	2008	平成 20 年度年度計画	東京工業大学	https://www.titech.ac.jp/about/overview/pdf/20nendokeikaku.pdf
15	2009	平成 20 事業年度に係る業務の実績に関する報告書	東京工業大学	https://www.titech.ac.jp/about/disclosure/evaluation/pdf/20jissekihoukokusho.pdf
16	2009	平成 21 年度年度計画	東京工業大学	https://www.titech.ac.jp/about/overview/pdf/21nendokeikaku.pdf
17	2010	平成 21 事業年度及び中期目標期間に係る業務の実績に関する報告書	東京工業大学	https://www.titech.ac.jp/about/disclosure/evaluation/pdf/21jissekihoukokusyo.pdf
18	2010	第 2 期中期目標	文部科学省	https://www.titech.ac.jp/about/overview/pdf/mokuhyo220329.pdf
19	2010	第 2 期中期計画	東京工業大学	https://www.titech.ac.jp/about/overview/pdf/cyukikeikaku270331.pdf
20	2010	平成 22 年度年度計画	東京工業大学	https://www.titech.ac.jp/about/overview/pdf/22nendokeikaku.pdf
21	2011	平成 22 事業年度に係る業務の実績に関する報告書	東京工業大学	https://www.titech.ac.jp/about/disclosure/evaluation/pdf/22jissekihoukokusyo.pdf
22	2011	平成 23 年度年度計画	東京工業大学	https://www.titech.ac.jp/about/overview/pdf/23nendokeikaku_231121.pdf
23	2012	平成 23 事業年度に係る業務の実績に関する報告書	東京工業大学	https://www.titech.ac.jp/about/disclosure/evaluation/pdf/23jissekihoukokusyo.pdf
24	2012	平成 24 年度年度計画	東京工業大学	https://www.titech.ac.jp/about/overview/pdf/24nendokeikaku.pdf
25	2013	平成 24 事業年度に係る業務の実績に関する報告書	東京工業大学	https://www.titech.ac.jp/about/disclosure/evaluation/pdf/24jissekihoukokusyo.pdf
26	2013	平成 25 年度年度計画	東京工業大学	https://www.titech.ac.jp/about/overview/pdf/25nendokeikaku.pdf
27	2014	平成 25 事業年度に係る業務の実績に関する報告書	東京工業大学	https://www.titech.ac.jp/about/disclosure/evaluation/pdf/25jissekihoukokusyo.pdf
28	2014	平成 26 年度年度計画	東京工業大学	https://www.titech.ac.jp/about/overview/pdf/26nendokeikaku.pdf

資料 1　事例対象大学に関する主な収集文献リスト

	年	文書名	著者	出版社・掲載誌・掲載サイト URL 等
29	2015	国立大学法人東京工業大学の中期目標新旧対照表	東京工業大学	https://www.titech.ac.jp/about/overview/pdf/cyukikeikaku_shinkyu270323.pdf
30	2015	平成26事業年度に係る業務の実績に関する報告書	東京工業大学	https://www.titech.ac.jp/about/disclosure/evaluation/pdf/26jissekihoukokusyo.pdf
31	2015	平成27年度年度計画	東京工業大学	https://www.titech.ac.jp/about/overview/pdf/27nendokeikaku.pdf
32	2016	平成27事業年度に係る業務の実績及び第2期中期目標期間に係る業務の実績に関する報告書	東京工業大学	https://www.titech.ac.jp/about/disclosure/evaluation/pdf/27jissekihoukokusyo.pdf
33	2016	第3期中期目標	文部科学省	https://www.titech.ac.jp/about/overview/pdf/mokuhyo180426.pdf
34	2016	第3期中期計画	東京工業大学	https://www.titech.ac.jp/about/overview/pdf/cyukikeikaku180426.pdf
35	2016	平成28年度年度計画	東京工業大学	https://www.titech.ac.jp/about/overview/pdf/h28nendokeikaku.pdf

【自己点検・評価】

	年	文書名	著者	出版社・掲載誌・掲載サイト URL 等
36	1993	Tokyo Tech Now '93（全学版）	東京工業大学	東京工業大学
37	1995	Tokyo Tech Now '95（全学版）	東京工業大学	東京工業大学
38	1999	Tokyo Tech Now '99（全学版）	東京工業大学	東京工業大学
39	2002	Tokyo Tech Now '02（全学版）	東京工業大学	東京工業大学
40	2003	Tokyo Tech Now '02 工系・部局版	東京工業大学 大学院理工学研究科工学系・工学部	東京工業大学 大学院理工学研究科工学系・工学部
41	2010	Tokyo Tech Now '10（全学版）	東京工業大学	東京工業大学
42	2011	Tokyo Tech Now '11 工系・部局版	東京工業大学 大学院理工学研究科工学系・工学部	東京工業大学 大学院理工学研究科工学系・工学部

【大学機関認証評価】

	年	文書名	著者	出版社・掲載誌・掲載サイト URL 等
43	2007	平成19年度大学機関別認証評価 自己評価書	東京工業大学	https://www.titech.ac.jp/about/disclosure/evaluation/pdf/ninsyo-jikohyouka.pdf
44	2008	平成19年度大学機関別認証評価 評価報告	大学評価・学位授与機構	https://www.titech.ac.jp/about/disclosure/evaluation/pdf/ninsyo-kekka.pdf
45	2014	平成26年度大学機関別認証評価 自己評価書	東京工業大学	https://www.titech.ac.jp/about/disclosure/evaluation/pdf/26ninsyo-jikohyouka.pdf

	年	文書名	著者	出版社・掲載誌・掲載サイト URL 等
46	2015	平成 26 年度大学機関別認証評価 評価報告書	大学評価・学位授与機構	https://www.titech.ac.jp/about/disclosure/evaluation/pdf/26ninsyo-kekka.pdf

【大学史・学科史】

	年	文書名	著者	出版社・掲載誌・掲載サイト URL 等
47	2005	東京工業大学土木工学科 40 周年記念誌	東京工業大学土木工学科設立40周年記念事業委員会記念誌編集部会	http://www.cv.titech.ac.jp/aboutus/communication.html
48	2011	東京工業大学 130 年史	東京工業大学	東京工業大学

【その他の国際関連資料】

	年	文書名	著者	出版社・掲載誌・掲載サイト URL 等
49	2003	「国際的な連携及び交流活動」全学テーマ別評価自己評価書	東京工業大学	https://www.titech.ac.jp/about/disclosure/evaluation/pdf/kokusai_100113.pdf
50	2004	「国際的な連携及び交流活動」全学テーマ別評価評価報告書	大学評価・学位授与機構	https://www.titech.ac.jp/about/disclosure/evaluation/pdf/zenngaku2003.pdf
51	2013	ミッションの再定義	東京工業大学	http://www.mext.go.jp/component/a_menu/education/detail/__icsFiles/afieldfile/2013/12/18/1342083_19.pdf
52	2014	「スーパーグローバル大学創成支援」構想調書（タイプA）	東京工業大学	https://www.titech.ac.jp/globalization/pdf/A-12608-TokyoTech.pdf

【広報誌・パンフレット等】

	年	文書名	著者	出版社・掲載誌・掲載サイト URL 等
53	1969〜2015	東工大クロニクル No. 1 〜 No. 501（学内広報誌）	東京工業大学	東京工業大学
54	1985〜2003	東京工業大学要覧 1985〜2003	東京工業大学	東京工業大学
55	2004〜2007	東京工業大学 PROFILE 2004〜2007	東京工業大学	東京工業大学
56	2008	東京工業大学 PROFILE 2008/2009	東京工業大学	東京工業大学
57	2009, 2011, 2012	東京工業大学プロフィール 2009/2010〜2011/2012	東京工業大学	東京工業大学
58	2012〜2014	TOKYO TECH プロフィール 2012/2013〜2013/2014	東京工業大学	東京工業大学

資料 1　事例対象大学に関する主な収集文献リスト　291

年	文書名	著者	出版社・掲載誌・掲載サイト URL 等
59	2014〜2015	TOKYO TECH データブック 2014/2015〜2015/2016	東京工業大学	東京工業大学

1.2 その他の文献

年	文書名	著者	出版社・掲載誌・掲載サイト URL 等

【単行本・雑誌】

	年	文書名	著者	出版社・掲載誌・掲載サイト URL 等
60	1983	明治のエンジニア教育——日本とイギリスのちがい	三好信浩	中央公論社
61	2005	JSPS アジア諸国との拠点大学交流事業	日本学術振興会	https://www.jsps.go.jp/j-core/data/01_about/asia_jp.pdf
62	2009	JICA プロフェッショナルの挑戦——インドネシア「スラバヤ電子工学ポリテクニック」関連プロジェクト	国際協力機構	国際協力機構

【投稿記事・論文】

	年	文書名	著者	出版社・掲載誌・掲載サイト URL 等
63	1991	アルジェリアの思い出	山口紀代志	『東工大クロニクル』248, 6-7
64	1993	フィリピン，タイ，インドネシアの研究教育事業	新山浩雄	『東工大クロニクル』263, 6-7
65	1993	ガンダーラの工科大学への訪問	大即信明	『東工大クロニクル』265, 8-9
66	1993	オラン科学技術大学への国際協力	高橋清	『東工大クロニクル』268, 12-13
67	1993	地中海に臨む国アルジェリア	石井彰三	『東工大クロニクル』272, 16-17
68	1996	タイ国大学事情	新山浩雄	『東工大クロニクル』299, 13-14
69	1996	サウジアラビア訪問記——石油の国の ODA	高田潤一	『東工大クロニクル』300, 14-15
70	1996	高等教育／研究における国際協力のあり方— JICA 専門家としての体験から—	新山浩雄	『化学工学』60.7, 463-466
71	1998	アルゼンチンの印象	諸岡良彦	『東工大クロニクル』320, 13-14
72	2000	マレイシアでのツイニング・プログラムの開始	大即信明	『東工大クロニクル』345, 12
73	2001	留学生を通じた出会い	大即信明	『東工大クロニクル』352, 11
74	2001	マレーシア日本留学フェアおよびツイニング・プログラム大学説明会参加報告	高田潤一	『東工大クロニクル』359, 10-11

	年	文書名	著者	出版社・掲載誌・掲載サイト URL 等
75	2001	バンコック滞在記	荒木純道	『東工大クロニクル』359，12-13
76	2002	スラバヤ電子工学ポリテクニック——インドネシア電気情報系教育拡充計画	杉野暢彦	『東工大クロニクル』362，8-9
77	2002	海外協力コース	大即信明	『東工大クロニクル』365，7-8
78	2002	フィリピン雑感	室町泰徳	『東工大クロニクル』368，11-12
79	2002	東京工業大学の研究・教育の強いところと弱いところ③——『研究』と『研究・教育の国際化』について	宮崎久美子・須佐匡裕・時松孝次・友岡克彦・安田公一	『東工大クロニクル』369，2-9
80	2003	東京工業大学の国際化戦略（国際化ポリシーペーパー）	下河邉明	『東工大クロニクル』382，2-11
81	2003	東京工業大学の国際戦略と通信衛星による大学院講義配信	新山浩雄・西原明法	『電子情報通信学会誌』86(11)，821-825
82	2004	国際協力機構（JICA）の環境社会配慮ガイドライン改訂	原科幸彦	『東工大クロニクル』388，7
83	2005	グローバルの視点で，「教育」「研究」「社会貢献」の三大機能を再構築し，独自の強みを打ち出していく	相澤益男	『人材教育』2005.12，11-15
84	2006	東工大留学生の歴史	佐藤由利子・新井貢	『蔵前工業会誌 蔵前工業会創立100周年記念特集』995，83-88
85	2007	「アジア人財資金構想」高度専門留学生育成事業に採択される	廣瀬幸夫	『東工大クロニクル』424，29-32
86	2007	国際交流から国際連携へ——東京工業大学の試み	三木千壽	『留学交流』2007.1，10-13
87	2008	グローバルエンジニアの人材育成に向けた東京工業大学における国際化教育の試み	野原佳代子・川本思心・日下部治	『工学教育』56(4)，114-122
88	2009	国際時代の競争と協調——東京工業大学からのメッセージ	伊賀健一	『IDE現代の高等教育』507，49-56
89	2011	東京工業大学・清華大学大学院合同プログラム——科学技術分野における日中共同人材育成を目指して	山口しのぶ	『文部科学時報』2011.2，41-43

資料1　事例対象大学に関する主な収集文献リスト

	年	文書名	著者	出版社・掲載誌・掲載サイト URL 等
90	2012	「工学と国際開発」に関する研究と実践―研究部会の活動を通じて―	高田潤一	国際開発学会口頭発表要旨
91	2014	アジア地域の人材育成――AUN/SEED-Net の経験と今後の展望	三木千壽	科学技術・学術政策研究所講演録302

2　豊橋技術科学大学

2.1　豊橋技術科学大学作成の文献

	年	文書名	著者	出版社・掲載誌・掲載サイト URL 等
【国際関連方針等】				
1	2015	豊橋技術科学大学国際戦略2014-2015	豊橋技術科学大学	http://www.tut.ac.jp/docs/global_strategy2014-2015.pdf
2	2015	豊橋技術科学大学憲章	豊橋技術科学大学	https://www.tut.ac.jp/about/docs/tut_charter_1.pdf
3	2015	大西プラン 2015――世界に通ずる技術科学を目指して	豊橋技術科学大学	https://www.tut.ac.jp/about/docs/tut_onishi_plan2016.pdf
【中期目標・中期計画・中期計画実績】				
4	2004	第 1 期中期目標	文部科学省	https://www.tut.ac.jp/intr/image/append/mokuhyo.pdf
5	2004	第 1 期中期計画	豊橋技術科学大学	https://www.tut.ac.jp/intr/image/append/chuki01.pdf
6	2004	平成 16 年度年度計画	豊橋技術科学大学	https://www.tut.ac.jp/intr/image/append/16nendokeikaku.pdf
7	2005	平成 16 事業年度に係る業務の実績に関する報告書	豊橋技術科学大学	https://www.tut.ac.jp/about/h-17_houkoku.pdf
8	2005	平成 17 年度年度計画	豊橋技術科学大学	https://www.tut.ac.jp/intr/image/append/17nendokeikaku.pdf
9	2006	平成 17 事業年度に係る業務の実績に関する報告書	豊橋技術科学大学	https://www.tut.ac.jp/about/99.pdf
10	2006	平成 18 年度年度計画	豊橋技術科学大学	https://www.tut.ac.jp/intr/image/append/18nendokeikaku.pdf
11	2007	平成 18 事業年度に係る業務の実績に関する報告書	豊橋技術科学大学	https://www.tut.ac.jp/about/18hokoku.pdf
12	2007	平成 19 年度年度計画	豊橋技術科学大学	https://www.tut.ac.jp/intr/image/append/19nendokeikaku.pdf

	年	文書名	著者	出版社・掲載誌・掲載サイト URL 等
13	2008	平成 19 事業年度に係る業務の実績及び中期目標期間（平成 16〜19 事業年度）に係る業務の実績に関する報告書	豊橋技術科学大学	https://www.tut.ac.jp/about/19hokoku.pdf
14	2008	平成 20 年度年度計画	豊橋技術科学大学	https://www.tut.ac.jp/intr/image/append/20nendokeikaku.pdf
15	2009	平成 20 事業年度に係る業務の実績に関する報告書	豊橋技術科学大学	https://www.tut.ac.jp/about/20houkoku.pdf
16	2009	平成 21 年度年度計画	豊橋技術科学大学	https://www.tut.ac.jp/intr/image/append/21nendokeikaku.pdf
17	2010	平成 21 事業年度及び中期目標期間に係る業務の実績に関する報告書	豊橋技術科学大学	https://www.tut.ac.jp/about/100727houkoku.pdf
18	2010	第 2 期中期目標	文部科学省	https://www.tut.ac.jp/about/docs/2chuki_moku270323.pdf
19	2010	第 2 期中期計画	豊橋技術科学大学	https://www.tut.ac.jp/about/docs/2chuki_kei_henkou270331.pdf
20	2010	平成 22 年度年度計画	豊橋技術科学大学	https://www.tut.ac.jp/about/22nendokeikaku.pdf
21	2011	平成 22 事業年度に係る業務の実績に関する報告書	豊橋技術科学大学	https://www.tut.ac.jp/about/22hokoku.pdf
22	2011	平成 23 年度年度計画	豊橋技術科学大学	https://www.tut.ac.jp/about/23nendokeikaku_henko.pdf
23	2012	平成 23 事業年度に係る業務の実績に関する報告書	豊橋技術科学大学	https://www.tut.ac.jp/userfiles/file/23hokoku_1105.pdf
24	2012	平成 24 年度年度計画	豊橋技術科学大学	https://www.tut.ac.jp/userfiles/file/24nendokeikaku.pdf
25	2013	平成 24 事業年度に係る業務の実績に関する報告書	豊橋技術科学大学	https://www.tut.ac.jp/userfiles/file/24hokoku.pdf
26	2013	平成 25 年度年度計画	豊橋技術科学大学	https://www.tut.ac.jp/userfiles/file/H25nendokeikaku.pdf
27	2014	平成 25 事業年度に係る業務の実績に関する報告書	豊橋技術科学大学	https://www.tut.ac.jp/about/docs/25hokoku.pdf
28	2014	平成 26 年度年度計画	豊橋技術科学大学	https://www.tut.ac.jp/about/docs/H26nendokeikaku.pdf
29	2015	平成 26 事業年度に係る業務の実績に関する報告書	豊橋技術科学大学	https://www.tut.ac.jp/about/docs/26hokoku.pdf

	年	文書名	著者	出版社・掲載誌・掲載サイト URL 等
30	2015	平成 27 年度年度計画	豊橋技術科学大学	https://www.tut.ac.jp/about/docs/H27nendokeikaku.pdf
31	2016	平成 27 事業年度に係る業務の実績及び第 2 期中期目標期間に係る業務の実績に関する報告書	豊橋技術科学大学	https://www.tut.ac.jp/about/docs/jisseki2.pdf
32	2016	第 3 期中期目標	文部科学省	https://www.tut.ac.jp/about/docs/3chuki_moku280301.pdf
33	2016	第 3 期中期計画	豊橋技術科学大学	https://www.tut.ac.jp/about/docs/3chuki_kei280331.pdf
34	2016	平成 28 年度年度計画	豊橋技術科学大学	https://www.tut.ac.jp/about/docs/H28nendokeikaku.pdf

【工学教育国際協力研究センター / グローバル工学教育推進機構報告書】

	年	文書名	著者	出版社・掲載誌・掲載サイト URL 等
35	2005	第 3 回オープンフォーラム講演 / 論文集	豊橋技術科学大学工学教育国際協力研究センター	豊橋技術科学大学工学教育国際協力研究センター
36	2006	工学教育国際協力研究センター（ICCEED）2005 年度活動報告	豊橋技術科学大学工学教育国際協力研究センター	豊橋技術科学大学工学教育国際協力研究センター
37	2006	第 4 回オープンフォーラム講演 / 論文集	豊橋技術科学大学工学教育国際協力研究センター	豊橋技術科学大学工学教育国際協力研究センター
38	2007	工学教育国際協力研究センター（ICCEED）2006 年度活動報告	豊橋技術科学大学工学教育国際協力研究センター	豊橋技術科学大学工学教育国際協力研究センター
39	2007	第 5 回オープンフォーラム講演 / 論文集	豊橋技術科学大学工学教育国際協力研究センター	豊橋技術科学大学工学教育国際協力研究センター
40	2008	工学教育国際協力研究センター（ICCEED）2007 年度活動報告	豊橋技術科学大学工学教育国際協力研究センター	豊橋技術科学大学工学教育国際協力研究センター

	年	文書名	著者	出版社・掲載誌・掲載サイト URL 等
41	2008	第6回オープンフォーラム講演／論文集	豊橋技術科学大学工学教育国際協力研究センター	豊橋技術科学大学工学教育国際協力研究センター
42	2009	工学教育国際協力研究センター（ICCEED）2008年度活動報告	豊橋技術科学大学工学教育国際協力研究センター	豊橋技術科学大学工学教育国際協力研究センター
43	2009	第7回オープンフォーラム講演／論文集	豊橋技術科学大学工学教育国際協力研究センター	豊橋技術科学大学工学教育国際協力研究センター
44	2010	工学教育国際協力研究センター（ICCEED）2009年度活動報告	豊橋技術科学大学工学教育国際協力研究センター	豊橋技術科学大学工学教育国際協力研究センター
45	2010	第8回オープンフォーラム講演／論文集	豊橋技術科学大学工学教育国際協力研究センター	豊橋技術科学大学工学教育国際協力研究センター
46	2011	工学教育国際協力研究センター（ICCEED）2010年度活動報告	豊橋技術科学大学工学教育国際協力研究センター	豊橋技術科学大学工学教育国際協力研究センター
47	2011	工学教育国際協力第9巻	豊橋技術科学大学工学教育国際協力研究センター	豊橋技術科学大学工学教育国際協力研究センター
48	2011	工学教育国際協力研究センター（ICCEED）の10年平成13〜22年度	豊橋技術科学大学工学教育国際協力研究センター	豊橋技術科学大学工学教育国際協力研究センター
49	2012	工学教育国際協力研究センター（ICCEED）2011年度活動報告	豊橋技術科学大学工学教育国際協力研究センター	豊橋技術科学大学工学教育国際協力研究センター
50	2012	工学教育国際協力第10巻	豊橋技術科学大学工学教育国際協力研究センター	豊橋技術科学大学工学教育国際協力研究センター

資料1　事例対象大学に関する主な収集文献リスト

	年	文書名	著者	出版社・掲載誌・掲載サイト URL 等
51	2013	工学教育国際協力研究センター（ICCEED）2012 年度活動報告	豊橋技術科学大学工学教育国際協力研究センター	豊橋技術科学大学工学教育国際協力研究センター
52	2013	工学教育国際協力第 11 巻	豊橋技術科学大学工学教育国際協力研究センター	豊橋技術科学大学工学教育国際協力研究センター
53	2014	工学教育国際協力研究センター（ICCEED）2013 年度活動報告	豊橋技術科学大学グローバル工学教育推進機構	豊橋技術科学大学グローバル工学教育推進機構
54	2014	工学教育国際協力第 12 巻	豊橋技術科学大学グローバル工学教育推進機構国際協力センター	豊橋技術科学大学グローバル工学教育推進機構国際協力センター
55	2015	グローバル工学教育推進機構（IGNITE）2014 年度活動報告	豊橋技術科学大学グローバル工学教育推進機構	豊橋技術科学大学グローバル工学教育推進機構
56	2015	工学教育国際協力第 13 巻	豊橋技術科学大学グローバル工学教育推進機構国際協力センター	豊橋技術科学大学グローバル工学教育推進機構国際協力センター

【大学機関認証評価】				
57	2005	大学機関別認証評価 自己評価書	豊橋技術科学大学	https://www.tut.ac.jp/intr/nin17/index.htm#1
58	2006	大学機関別認証評価 実施結果報告	大学評価・学位授与機構	https://www.tut.ac.jp/intr/nin17/index.htm#3
59	2012	大学機関別認証評価 自己評価書	豊橋技術科学大学	https://www.tut.ac.jp/intr/nin17/24ninsho_jikohyokasho.pdf
60	2013	大学機関別認証評価 実施結果報告	大学評価・学位授与機構	https://www.tut.ac.jp/intr/nin17/24hyokahoukokusho.pdf

	年	文書名	著者	出版社・掲載誌・掲載サイト URL 等
【大学史】				
61	1986	豊橋技術科学大学十年史	豊橋技術科学大学開学 10 周年記念事業委員会年史編集部会	豊橋技術科学大学
62	1996	豊橋技術科学大学二十年史	豊橋技術科学大学開学 20 周年記念事業委員会年史編集部会	豊橋技術科学大学
63	2006	豊橋技術科学大学三十年史——確かな礎から未来へ	豊橋技術科学大学開学 30 周年記念事業委員会年史編集部会	豊橋技術科学大学
【その他の国際関連資料】				
64	2003	「国際的な連携及び交流活動」全学テーマ別評価自己評価書	豊橋技術科学大学	https://www.tut.ac.jp/intr/image/append/selfkokusai.pdf
65	2004	「国際的な連携及び交流活動」全学テーマ別評価評価報告書	大学評価・学位授与機構	https://www.tut.ac.jp/intr/image/append/hyokakokusai.pdf
66		ミッションの再定義	豊橋技術科学大学	http://www.mext.go.jp/component/a_menu/education/detail/__icsFiles/afieldfile/2013/12/18/1342084_13.pdf
67	2014	「スーパーグローバル大学創成支援」構想調書（タイプB）	豊橋技術科学大学	https://www.tut.ac.jp/docs/tut_superglobal_kousou.pdf
【広報誌・パンフレット等】				
68	1980〜2015	天伯 No. 1〜 No. 140（学内広報誌）	豊橋技術科学大学	豊橋技術科学大学
69	1984〜2008	豊橋技術科学大学概要 1984〜2008	豊橋技術科学大学	豊橋技術科学大学
70	2009〜2016	大学概要 2009/2010〜2016/2017	豊橋技術科学大学	豊橋技術科学大学

2.2 その他の文献

	年	文書名	著者	出版社・掲載誌・掲載サイト URL 等
【投稿記事・論文】				
71	1981	国際交流	高橋安人	『天伯』2(6)，2
72	1982	委員長大いに語る	齋藤武	『天伯』3(3)，3
73	1983	国際交流について	齋藤武	『天伯』4(2)，3-4
74	1985	本学における国際交流のあり方について	英貢	『天伯』6(6)，9-10
75	1986	国際交流の現状と今後の展望	星鐵太郎	『天伯』7(3)，2-3
76	1987	国際交流の展開	星鐵太郎	『天伯』8(3)，7
77	1989	国際交流における地域とのかかわり	稲垣道夫	『天伯』10(3)，2-3
78	1989	インドネシア高等教育開発計画——プロジェクト形成調査に参加して	星鐵太郎	『天伯』10(3)，6-7
79	1990	国際交流委員長としての4カ月	臼井支朗	『天伯』11(3)，2-3
80	1990	インドネシア高等教育開発計画について	本間寛臣	『天伯』11(3)，4-5
81	1991	インドネシア HEDS プロジェクトからの研修員の招来	星鐵太郎	『天伯』12(6)，15
82	1996	大学文化のグローバリゼーション	星鐵太郎	『天伯』17(1)，6-8
83	1997	大学間交流	梅本実	『天伯』18(1)，6
84	1997	大学教育・研究の国際化	加藤史郎	『天伯』18(1)，4-5
85	1997	豊橋技術科学大学における国際交流	堤和男	『天伯』18(1)，3
86	1997	JICA によるサウディ・アラビア王国リヤド電子学院の工業短期大学への昇格プロジェクトへの国際協力	長尾雅行	『天伯』18(1)，7
87	1997	HEDS プロジェクトから帰任して	本間寛臣	『天伯』18(4)，10-11
88	1998	国際交流活動	本間寛臣	『天伯』19(2)，8-9
89	1998	国際交流活動	本間寛臣	『天伯』19(3)，8-9
90	1998	国際交流活動	本間寛臣	『天伯』19(4)，14-15
91	1999	国際交流活動	本間寛臣	『天伯』20(1)，10-11
92	1999	国際交流活動	本間寛臣	『天伯』20(2)，10-11

	年	文書名	著者	出版社・掲載誌・掲載サイト URL 等
93	1999	国際交流活動	本間寛臣	『天伯』20(3)，12-13
94	1999	国際交流活動	本間寛臣	『天伯』20(4)，14-15
95	2002	マレイシアにおけるマルチメディアネットワーク教育プロジェクトへの協力	後藤信夫	『天伯』111，8-9
96	2002	留学生センターの紹介	城戸啓介	『天伯』111，13
97	2002	国際協力事業団との連携による工学教育国際協力	堤和男	『天伯』111，6-7
98	2002	工学教育国際協力研究センターの紹介	中村俊六	『天伯』111，12
99	2002	国際交流委員会の取り組み——留学生と大学間交流の観点から	本間寛臣	『天伯』111，10-11
100	2007	退職教員より——豊橋からアセアンへ	堤和男	『天伯』120（オンライン）https://www.tut.ac.jp/tempaku_back/120/inquiry.html#4
101	2007	「HUT-NUT ツイニング・プログラム」の実情——新たな国際連携教育プログラムの問題点と今後の方向性	平波英子・松田真希子・矢鍋重夫	『留学生教育』(12)，107-117
102	2008	国際協力を通した国際交流の推進	本間寛臣	『工学教育』56(3)，39-43
103	2008	聞く！新たな国際戦略へ——榊佳之学長と神野清勝理事・副学長の対談より	豊橋技術科学大学	『天伯』124（オンライン）https://www.tut.ac.jp/tempaku/backnumber/200806/hs/mod/tokusyu/index.php#chap01
104	2009	豊橋技術科学大学国際協力の原点 HEDS プロジェクトと今後の国際協力展開への提言	本間寛臣	『天伯』126（オンライン）https://www.tut.ac.jp/tempaku/backnumber/200907/hs/mod/inquiry/index.php#chap03
105	2009	国際戦略本部の紹介	市川清治	『天伯』126（オンライン）https://www.tut.ac.jp/tempaku/backnumber/200907/hs/mod/activity/index.php#chap02
106	2012	本学の国際交流	菅谷淳子	『天伯』134（オンライン）https://www.tut.ac.jp/tempaku/backnumber/201302/hs/mod/activity/index.php#chap04
107	2013	グローバル指向人材育成（海外キャンパス）	井上光輝	『天伯』136（オンライン）https://www.tut.ac.jp/tempaku/backnumber/201402/hs/mod/tokusyu/index.php#chap01
108	2013	三機関連携事業　次代を見据えた技科大・高専の新しい挑戦	榊佳之	『天伯』136（オンライン）https://www.tut.ac.jp/tempaku/backnumber/201402/hs/mod/tokusyu/index.php#chap01

	年	文書名	著者	出版社・掲載誌・掲載サイト URL 等
109	2013	イノベーション指向人材育成	寺嶋一彦	『天伯』136（オンライン）https://www.tut.ac.jp/tempaku/backnumber/201402/hs/mod/tokusyu/index.php#chap01
110	2015	日本の大学の国際化を牽引する「スーパーグローバル大学」に選定されました	高嶋孝明	『天伯』139（オンライン）https://www.tut.ac.jp/tempaku/backnumber/201507/hs/mod/tokusyu/index.php#chap01
111	2015	海外教育拠点「ペナン校」の最新トピックス	松田厚範	『天伯』139（オンライン）https://www.tut.ac.jp/tempaku/backnumber/201507/hs/mod/pickup/index.php#chap04
112	2015	グローバル人材育成に向けて	大貝彰	『天伯』139（オンライン）https://www.tut.ac.jp/tempaku/backnumber/201507/hs/mod/tokusyu/index.php#chap01
113	2015	世界に開かれた大学—豊橋技術科学大学の挑戦	大西隆	『天伯』139（オンライン）https://www.tut.ac.jp/tempaku/backnumber/201507/hs/mod/tokusyu/index.php#chap01
114	2015	豊橋技術科学大学憲章と大西プラン 2015	大西隆	『天伯』140（オンライン）https://www.tut.ac.jp/tempaku/201507/special/index.html#s8499
115	2015	豊橋技術科学大学の国際戦略	穂積直裕	『天伯』140（オンライン）https://www.tut.ac.jp/tempaku/201507/special/index.html#s8499

3 東海大学

3.1 東海大学作成の文献

	年	文書名	著者	出版社・掲載誌・掲載サイト URL 等
【中期目標／計画／実績／年報】				
1	1986	昭和 59 年度東海大学教育研究年報	東海大学	東海大学
2	1987	昭和 60 年度東海大学教育研究年報	東海大学	東海大学
3	1988	昭和 61 年度東海大学教育研究年報	東海大学	東海大学
4	1989	昭和 62 年度東海大学教育研究年報	東海大学	東海大学
5	1990	昭和 63 年度東海大学教育研究年報	東海大学	東海大学
6	1991	1989 年度東海大学教育研究年報	東海大学	東海大学
7	1992	1990 年度東海大学教育研究年報	東海大学	東海大学

	年	文書名	著者	出版社・掲載誌・掲載サイト URL 等
8	1993	1991 年度東海大学教育研究年報	東海大学	東海大学
9	1994	1992 年度東海大学教育研究年報	東海大学	東海大学
10	1995	1993 年度東海大学教育研究年報	東海大学	東海大学
11	1996	1994 年度東海大学教育研究年報	東海大学	東海大学
12	1997	1995 年度東海大学教育研究年報	東海大学	東海大学
13	1998	1996 年度東海大学教育研究年報	東海大学	東海大学
14	1999	1997 年度東海大学教育研究年報	東海大学	東海大学
15	2000	1998 年度東海大学教育研究年報	東海大学	東海大学
16	2001	1999 年度東海大学教育研究年報	東海大学	東海大学
17	2002	2000 年度東海大学教育研究年報	東海大学	東海大学
18	2003	2001 年度東海大学教育研究年報	東海大学	東海大学
19	2004	2002 年度東海大学教育研究年報	東海大学	東海大学
20	2005	2003 年度東海大学教育研究年報	東海大学	東海大学
21	2006	2004 年度東海大学教育研究年報	東海大学	東海大学
22	2007	2005 年度東海大学教育研究年報	東海大学	東海大学
23	2008	2006 年度東海大学教育研究年報	東海大学	東海大学
24	2009	2007 年度東海大学教育研究年報	東海大学	東海大学
25	2009	第 1 期中期目標	東海大学	https://www.u-tokai.ac.jp/effort/activity/middle_aim/index1.html
26	2010	2008 年度東海大学教育研究年報	東海大学	東海大学
27	2011	2009 年度東海大学教育研究年報	東海大学	https://www.u-tokai.ac.jp/effort/activity/annual_report/2009/
28	2012	2010 年度東海大学教育研究年報	東海大学	https://www.u-tokai.ac.jp/effort/activity/annual_report/2010/
29	2013	2011 年度東海大学教育研究年報	東海大学	https://www.u-tokai.ac.jp/effort/activity/annual_report/2011/
30	2014	2012 年度東海大学教育研究年報	東海大学	https://www.u-tokai.ac.jp/effort/activity/annual_report/2012/
31	2014	第 2 期中期目標	東海大学	https://www.u-tokai.ac.jp/effort/activity/middle_aim/
32	2015	2013 年度東海大学教育研究年報	東海大学	https://www.u-tokai.ac.jp/effort/activity/annual_report/2013/
33	2016	2014 年度東海大学教育研究年報	東海大学	https://www.u-tokai.ac.jp/effort/activity/annual_report/2014/

資料 1　事例対象大学に関する主な収集文献リスト

	年	文書名	著者	出版社・掲載誌・掲載サイト URL 等
【大学機関認証評価】				
34	2002	自己点検評価報告書	東海大学	https://www.u-tokai.ac.jp/effort/activity/self_assessment/evaluation/
35	2003	大学機関評価結果	大学基準協会	https://www.u-tokai.ac.jp/effort/activity/self_assessment/consequence/
36	2010	大学機関評価結果	大学基準協会	https://www.u-tokai.ac.jp/effort/activity/self_assessment/index/pdf/results.pdf
【大学史】				
37	1993	東海大学五十年史通史篇	東海大学	東海大学出版会
38	2015	東海大学別科日本語研修課程 50 年史	東海大学別科日本語研修課程 50 年史編集委員会	東海大学別科日本語研修課程 50 年史編集委員会
【その他の国際関連資料】				
39	2007	大学の優れた国際展開モデルについて（大学国際戦略本部強化事業中間報告）	日本学術振興会	https://www.jsps.go.jp/j-bilat/u-kokusen/program_org/interimreport.html
40	2010	グローバル社会における大学の国際展開について――日本の大学の国際化を推進するための提言（大学国際戦略本部強化事業最終報告）	日本学術振興会	https://www.jsps.go.jp/j-bilat/u-kokusen/program_org/finalreport.html
【広報誌・パンフレット等】				
41	2013～2015	News Letter（広報誌）	東海大学	https://www.u-tokai.ac.jp/newsletter/

3.2 その他の文献

	年	文書名	著者	出版社・掲載誌・掲載サイト URL 等
【単行本・雑誌】				
42	1992	一つの国際協力―モンクット王工科大学ラカバン 30 年の足跡	KMITL30年編集委員会	KMITL30 年編集委員会

	年	文書名	著者	出版社・掲載誌・掲載サイト URL 等
43	2005	東海大学の国際協力――タイ国モンクット王ラカバン工科大学との交流 40 年史	「東海大学の国際協力」編集委員会	東海大学
44	2005	大学改革の海図	矢野眞和	玉川大学出版部
45	2012	一つの国際協力物語――タイのモンクット王工科大学	荒木光弥	国際開発ジャーナル社

【投稿記事・論文】

	年	文書名	著者	出版社・掲載誌・掲載サイト URL 等
46	1981	東海大学，積極的な国際協力へ	佐藤和紀	『松前文庫』27，20-21
47	1982	新たな国際化の道へ努力	松前重義	『東海』61，55-56
48	1987	国際化時代に大学はどう対応すべきか	松前達郎	『東海』80，14-18
49	1988	国際的な協力体制を作り国際化時代に即時対応	松前達郎	『東海』85，35
50	1990	東海大学と国際協力（タイの場合）	飯島敏雄	『東海大学機友会々報』1990.3.25，2-4
51	1992	インドネシアでの研究指導（上）	西村弘行	『東海大学新聞』1992.12.5
52	1992	インドネシアでの研究指導（下）	西村弘行	『東海大学新聞』1992.12.20
53	1993	国際協力・いま大学に何が求められているか	東海大学	『東海大学新聞』1993.11.5
54	1993	次なる 50 年に向かって――活動する学園の「教育・研究・国際交流」	東海大学	『東海』103，20-22
55	1996	通信衛星結びタイの大学と遠隔教育実用化実験 高度情報化社会の教育システム確立を目指す	東海大学	『東海』112，6
56	1997	アクティブに活動する学園の「教育・研究・国際交流」1997 年度の動きについて聞く	東海大学	『東海』115，10-13
57	2000	教員育成，設備の充実など国際協力が待たれている	若林敏雄	『東海』124，31
58	2006	東海大学におけるグローバル化への取組	山田清志	『留学交流』2006(1)，20-23
59	2006	東海大学のアジア交流――タイ王国モンクット王ラカバン工科大学を例として	山田清志	『留学交流』2006(11)，14-17
60	2006	東海大学におけるグローバル化に向けた取り組み	山田清志	『IDE 現代の高等教育』482，37-41

	年	文書名	著者	出版社・掲載誌・掲載サイト URL 等
61	2006	Exchange and Corporation between Tokai University and KMITL	Toshio Iijima	Tokai University Global Colloquium 発表資料
62	2007	工学部・情報理工学部（電子情報学部（旧工学部））におけるこれまでの国際交流	若林敏雄・飯島敏雄	
63	2010	タイ国モンクット王工科大学ラカバン校にみるアジアの経験	山田清志	JICA 科学技術シンポジウム「科学技術による国際協力の新しい挑戦」発表資料
64	2011	「グローバルカレッジ」への挑戦	吉川直人	『留学交流』2011(11), 1-6
65	2013	TOKAISM——図太さやユーモアのセンス，芝居っ気（山田清志インタビュー記事）	毎日新聞	Web. 版毎日新聞 2013.12.27 http://mainichi.jp/sp/tokaism/opinion/con30_2.html
66	2013	ブラジル・マトグロッソ連邦大学との協働による「遠隔教育による在日ブラジル人教育者向け教員養成講座」の意義と成果	東海大学	『News Letter』Autumn 2013, 10-13
67	2013	学園の国際交流の歩みと展望（第1回）——国際交流に対する創立者の哲学と活動の特色について	東海大学	『News Letter』Summer 2013, 7-12
68	2013	学園の国際交流の歩みと展望（第2回）——事例紹介 学園が主催した国際会議・国際シンポジウム	東海大学	『News Letter』Autumn 2013, 16-19
69	2014	学園の国際交流の歩みと展望（第3回）——事例紹介 海外研修航海の教育的意義とその軌跡について	東海大学	『News Letter』Winter 2014, 16-19
70	2014	学園の国際交流の歩みと展望（第4回）——事例紹介 海外機関との学術交流協定及び海外派遣制度	東海大学	『News Letter』Spring 2014, 14-17
71	2014	ベトナム電力グループ原子力技術者向け特別上級教育課程	東海大学	『News Letter』Autumn 2014, 2-5
72	2014	世界標準の大学を目指して	山田清志	『AERA』2014.12.15

	年	文書名	著者	出版社・掲載誌・掲載サイト URL 等
73	2014	東海大学 第Ⅱ期中期目標（2014年度～2018年度）について	東海大学	『News Letter』Summer 2014, 5-7
74	2015	ハワイ東海インターナショナルカレッジ──ハワイ大学ウエストオアフ校キャンパス内の新校舎で授業をスタート	東海大学	『News Letter』Summer 2015, 2-5
75	2015	東海大学 山田清志学長就任インタビュー	東海大学	『News Letter』Winter 2015, 2-4
76	2015	東海大学別科日本語研修課程開設50周年を迎えて	東海大学	『News Letter』Winter 2015, 5-8

資料1 事例対象大学に関する主な収集文献リスト 307

| 資料 2 | インタビュー対象者リスト | | |

	インタビュー対象者コード	大学	属性
1	教員1	東京工業大学	管理的立場の教員
2	教員2	東京工業大学	管理的立場の教員
3	教員3	東京工業大学	管理的立場の教員
4	教員4	東京工業大学	管理的立場の教員
5	教員5	東京工業大学	教員
6	教員6	東京工業大学	教員
7	教員7	東京工業大学	教員
8	教員8	東京工業大学	教員
9	教員9	東京工業大学	教員
10	教員10	東京工業大学	教員
11	教員11	東京工業大学	教員
12	教員12	東京工業大学	教員
13	職員1	東京工業大学	管理職職員
14	職員2	東京工業大学	管理職職員
15	教員13	豊橋技術科学大学	管理的立場の教員
16	教員14	豊橋技術科学大学	管理的立場の教員
17	教員15	豊橋技術科学大学	管理的立場の教員
18	教員16	豊橋技術科学大学	管理的立場の教員
19	教員17	豊橋技術科学大学	教員
20	教員18	豊橋技術科学大学	教員
21	教員19	豊橋技術科学大学	教員
22	教員20	豊橋技術科学大学	教員
23	教員21	豊橋技術科学大学	教員
24	教員22	豊橋技術科学大学	教員
25	教員23	豊橋技術科学大学	教員
26	教員24	豊橋技術科学大学	教員

	インタビュー対象者コード	大学	属性
27	教員 25	豊橋技術科学大学	教員
28	教員 26	豊橋技術科学大学	教員
29	教員 27	豊橋技術科学大学	教員
30	教員 28	豊橋技術科学大学	教員
31	職員 3	豊橋技術科学大学	管理職職員
32	職員 4	豊橋技術科学大学	管理職職員
33	教員 29	東海大学	管理的立場の教員
34	教員 30	東海大学	管理的立場の教員
35	教員 31	東海大学	管理的立場の教員
36	教員 32	東海大学	教員
37	教員 33	東海大学	教員
38	教員 34	東海大学	教員
39	教員 35	東海大学	教員
40	教員 36	東海大学	教員
41	教員 37	東海大学	教員
42	教員 38	東海大学	教員
43	教員 39	東海大学	教員
44	職員 5	東海大学	管理職職員
45	職員 6	東海大学	職員

資料2　インタビュー対象者リスト

資　料	
3	インタビュー対象者への依頼状

（日付）

「国際協力事業への大学の参加についての研究
― 1990 年代以降の日本の工学系を事例として―」実施にあたっての
（大学名）関係者の方々へのインタビューのお願いについて

1　国際協力事業への大学の参加についての研究

　JICA は，かねてより開発途上国の国づくりに必要な人材育成を図るため，また近年では知識基盤社会における知識のハブを開発途上国において形成するために，高等教育分野の国際協力に努めてまいりました。その実施においては，日本の多くの大学と大学関係者にご参加いただき，プロジェクト全体の運営方針の検討からカウンターパートの教員の指導に至るまで，非常に大きな貢献をしていただきました。日本の大学関係者のご参加なしに，JICA の高等教育協力が成果をあげることはできなかったといっても過言ではありません。

　一方で，この間，日本と世界の高等教育を取り巻く環境は変化し，日本の大学自身も国際化に向けて動き出しております。標記研究は，このような背景のもとに，日本の大学の ODA への参加がどのように変化してきたのか，そうした変化はどのような要因によるものか，また，ODA への参加が日本の大学にどのようなインパクトを及ぼしたかを，学術的な観点から明らかにしようと試みるものです。

　具体的には，文献調査やデータ分析に加えて，JICA 事業の主要な支援大学の関係者にインタビュー調査を行い，大学の視点からの意見を集めることによって，より正確な大学と ODA の関係を明らかにしたいと考えております。

　途上国における開発援助事業の効果を論じた研究は多くある一方で，援助側の変化やインパクトを論じた研究はこれまであまり多くありませんでした。今次研究は，援助側の変化やインパクトに着目し，研究結果を JICA 事業の改善にも活かすことによって，ODA と日本の大学が相互に益する関係を今後一層発展させていくことに貢献するものです。

2　（大学名）関係者へのインタビューのお願い

　標記研究の実施にあたり，下記の通り，（大学名）関係者の方々へインタビューを実施させていただきたく，お願い申し上げます。

・インタビュー対象者：国際協力担当役員 / 管理職
　　　　　　　　　　　JICA 専門家派遣経験者
　　　　　　　　　　　国際協力担当部局職員
・インタビュー内容：1990 年から現在までの間の，JICA 事業への参加実績，参加の状況（組織的
　　　　　　　　　　/ 個人的）/ 動機 / 期待 / 障害 / 得たもの / 時代による変化，大学の国際化へ
　　　　　　　　　　の取り組みとの関係等
・インタビューの時期：2015 年 1 月～ 8 月頃

国際協力機構　客員専門員
萱島信子

インタビュー質問事項

1　質問事項
1-1　ご自分の国際協力活動について
・国際協力事業に参加した動機／期待したメリットは。
・国際協力事業に参加した経緯は。
・国際協力事業に参加するにあたっての障害は。
・国際協力事業に参加することで教員個人として得られたものは何か。
・国際協力事業への参加が教員の教育活動や研究活動にもたらしたものはあるか。
・国際協力への参加は，教員の個人ベースのものであったのか，大学の組織ベースのものであったのか。また 90 年代から現在までに変化してきているか。

1-2　（大学名）の国際協力事業への参加について（主に 1990 年〜現在まで）
【方針】
・（大学名）の国際協力事業についての基本方針と具体的な方策は何か。
・（大学名）の国際連携やグローバル化の基本方針と具体的な方策は何か。また，そのもとで国際協力事業はどのように位置づけられてきたか。
【体制】
・（大学名）において，国際協力事業の計画，実施，調整はどのように行われてきたか。どの部署がどの役割を担ってきたか。
・国際協力への参加は，教員の個人ベースのものであったのか，組織ベースのものであったのか。
【動機・利益・不利益】
・これまでの教員の国際協力参加は，現在の大学の国際的な活動に影響を及ぼしているか。
・大学にとって，教員が国際協力事業に参加することの利益と不利益は。
・大学として国際協力に参加する動機と障害は。
（上記すべてに関し，）過去／現在／将来において，上記の答えは変化している（していく）か。
なお，1-2 については，ご存じの範囲でお答えいただければ幸いでございます。

2　その他
・インタビューの実施方法等：1.5 時間〜2.0 時間程度（録音あり）を予定しています。
・研究論文においては，大学名は記載する予定でありますが，インタビュー対象者の属性（所属，専門家派遣時期，専門分野等）は必要に応じて記すものの，個人名は匿名とします。
・なお，インタビューにてお話しいただきました情報は，個人情報として，本研究の基礎データとして活用する以外には使用いたしません。

資料 3　インタビュー対象者への依頼状

資料 4　事例対象大学の国際化と国際的な活動に関する年表

東京工業大学

		1980 年以前	1980 年	1981 年	1982 年
	方針				
組織	国際協力関連組織	• 1881 年　東京職工学校設立 • 1929 年　大学昇格 • 1953 年　大学院設置 • 1979 年　理工学国際交流センター設置 国際学術交流委員会 ———————————————— 理工学国際交流センター ————————————————			
	国際関連事業	• 1896年　初の留学生受け入れ • 1965年　ユネスコ化学・化学工学国際大学院コース開始 • 1979年　拠点大学方式学術交流開始（インドネシア大学） • 1982年　中国赴日本国留学生予備教育開始			
JICA工学教育技術協力プロジェクト注	アセアン地域				
	中近東地域				
	中南米地域				

312

（注）東京工業大学の教員が参加した JICA 工学系高等教育技術協力プロジェクト（SATREPS 除く）。網掛けの
　　　バーは東京工業大学が中心的な支援大学であったプロジェクトを示す。
（出典）筆者作成。

1983 年	1984 年	1985 年	1986 年	1987 年

• 拠点大学方式学
　術交流をバンド
　ン工科大学に拡
　大

• 拠点大学方式学
　術交流をフィリ
　ピン（フィリピ
　ン大学）に拡大

インドネシア・スラバヤ電子工学
ポリテクニックプロジェクト

資料 4　事例対象大学の国際化と国際的な活動に関する年表（東京工業大学）　　313

東京工業大学

		1988年	1989年	1990年	1991年
	方針				
組織	国際協力関連組織	• 留学生教育センター設置 国際学術交流委員会 ———————————————— 理工学国際交流センター —————————————			
	国際関連事業	• 拠点大学方式学術交流をタイ（モンクット王工科大学）に拡大			
JICA工学教育技術協力プロジェクト注	アセアン地域	インドネシア・スラバヤ電子工学ポリテクニックプロジェクト		インドネシア・高等教育開発計画	
		タイ・モンクット王工科大学ラカバン校拡充プロジェクト			
	中近東地域			アルジェリア・オラン科学技術大学プロジェクト	
	中南米地域			メキシコ・地震防災プロジェクト	

1992年	1993年	1994年	1995年	1996年
	東京工業大学の将来構想			
		・留学生教育センターを留学生センターに改組		
	・国際大学院コース開設		・工学部開発システム工学科設置	

タイ・タマサート大学工学部拡充プロジェクト

フィリピン・交通研究センタープロジェクト

（治安悪化によりプロジェクト途中中止）

トルコ・地震防災研究センタープロジェクト

資料4　事例対象大学の国際化と国際的な活動に関する年表（東京工業大学）

東京工業大学

		1997 年	1998 年	1999 年	2000 年
	方針				
組織	国際協力関連組織			• 国際学術交流委員会を国際交流委員会に改組	
		国際学術交流委員会 ———————————————————————————			
		理工学国際交流センター ———————————————————————————			
	国際関連事業			• 国際開発工学専攻設置	
JICA工学教育技術協力プロジェクト注	アセアン地域			インドネシア・電気系ポリテクニック教員養成プロジェクト	
		インドネシア・高等教育開発計画			
			タイ・モンクット王工科大学情報通信技術研究センタープロジェクト		
		タイ・タマサート大学工学部拡充プロジェクト			
		フィリピン・交通研究センタープロジェクト			
	中近東地域	トルコ・地震防災研究センタープロジェクト			
	中南米地域				

2001 年	2002 年	2003 年	2004 年	2005 年
東京工業大学の将来構想報告書		国際化ポリシーペーパー	第1期中期目標	
• 理工学国際交流センターを学術国際情報センターに統合	• 国際室設置（国際交流委員会/留学生協議会廃止） • タイオフィス開設		• 国立大学法人化	• 国際戦略本部強化事業 • フィリピンオフィス開設

国際室 →

→ 学術国際情報センターに統合

	• 国際遠隔授業の配信（AIT, KMITL）		• 清華大学大学院合同プログラム開始	

アセアン・アセアン工学系高等教育ネットワーク

フィリピン・IT人材育成プロジェクト

資料4　事例対象大学の国際化と国際的な活動に関する年表（東京工業大学）　317

東京工業大学

		2006 年	2007 年	2008 年	2009 年
	方針				東工大ビジョン 2009
組織	国際協力関連組織	• 中国オフィス開設 国際室 —————————		• 事務局に国際部新設	
	国際関連事業		• ＴＡＩＳＴ-Tokyo Tech設置 • アジア・オセアニア工学系トップ大学リーグ(AOTULE)設立 • アジア人財資金構想留学生育成プログラム開始 • 国際大学院コースを国際大学院プログラムに改組	• 開発システム工学科を国際開発工学科に改組	• アジア理工系大学トップリーグ (ASPIRE) 設立
ＪＩＣＡ工学教育技術協力プロジェクト注	アセアン地域	アセアン・アセアン工学系高等教育ネットワーク ——インドネシア・電気系ポリテクニック教員養成プロジェクト インドネシア・スラバヤ工科大学情報技術高等人材育成プロジェクトⅠ インドネシア・ガジャマダ大学産学地連携総合プロジェクト フィリピン・IT人材育成プロジェクト			
	中近東地域			エジプト・エジプト日本科学技術大学プロジェクト	
	中南米地域				

2010 年	2011 年	2012 年	2013 年	2014 年
第 2 期中期目標		東京工業大学の国際戦略 2012		
				• エジプト E-Just オフィス開設
	• 大学の世界展開力強化事業開始（日中韓先進科学技術大学教育環），グローバル理工系リーダー養成協働ネットワーク）			• スーパーグローバル大学創成支援事業（タイプ A）採択
		カンボジア・カンボジア工科大学教育能力向上プロジェクト		

資料 4　事例対象大学の国際化と国際的な活動に関する年表（東京工業大学）　319

豊橋技術科学大学

		1980 年以前	1980 年	1981 年	1982 年
方針					
組織	国際協力関連組織	• 1976年 開学 • 1979年 国際交流問題懇談会設置 国際交流問題懇談会 ──→	• 国際交流問題懇談会を国際交流委員会に改称 国際交流委員会 ────────────────		
国際関連事業		• 1978 第 1 回入学式	• 留学生受け入れ開始	• 初の大学間交流協定（UC バークレイ校）	
JICA工学教育技術協力プロジェクト注	アセアン地域				
	その他アジア				
	中近東地域				
	中南米地域				

（注）豊橋技術科学大学の教員が参加した JICA 工学系高等教育技術協力プロジェクト（SATREPS を除く）。
　　　網掛けのバーは豊橋技術科学大学が中心的な支援大学であったプロジェクトを示す。
（出典）筆者作成。

1983 年	1984 年	1985 年	1986 年	1987 年
• 国際交流会館竣工				
			• 博士課程設置	

資料 4　事例対象大学の国際化と国際的な活動に関する年表（豊橋技術科学大学）

豊橋技術科学大学

	1988 年	1989 年	1990 年	1991 年
方針				• 豊橋技術科学大学将来計画
組織／国際協力関連組織	国際交流委員会			
国際関連事業				
JICA工学教育技術協力プロジェクト注／アセアン地域				インドネシア・高等教育開発計画
その他アジア				
中近東地域				
中南米地域			メキシコ・地震防災プロジェクト	

1992 年	1993 年	1994 年	1995 年	1996 年

• 国際交流会館竣
工

タイ・パトムワン工業高等専門学校プロジェクト

タイ・タマサート大学工学部拡充プロジェクト

フィリピン・交通研究センタープロジェクト

資料 4　事例対象大学の国際化と国際的な活動に関する年表（豊橋技術科学大学）　323

豊橋技術科学大学

		1997 年	1998 年	1999 年	2000 年
方針					
組織	国際協力関連組織	国際交流委員会 ———————————————————			
	国際関連事業	• インドネシア飛行機事故	• インドネシアランポン大学工学部への独自支援開始		• 大学院英語特別コース開設
JICA工学教育技術協力プロジェクト注	アセアン地域	インドネシア・高等教育開発計画 インドネシア・電気系ポリテクニック教員養成プロジェクト— タイ・パトムワン工業高等専門学校プロジェクト タイ・タマサート大学工学部拡充プロジェクト フィリピン・交通研究センタープロジェクト			
	その他アジア				
	中近東地域	サウジアラビア・リヤド技術短期大学電子工学技術教育改善プロジェクト			
	中南米地域				

2001 年	2002 年	2003 年	2004 年	2005 年

第 1 期中期目標

2001 年	2002 年	2003 年	2004 年	2005 年
• 工学教育国際協力研究センター（ICCEED）設置	• 留学生センター開設		• 国立大学法人化 • 国際交流室設置 • インドネシア海外事務所開設	• 中国事務所開設

——————————————— 国際交流室 ———————————————→

工学教育国際協力研究センター（ICCEED）——————————————————→

2001 年	2002 年	2003 年	2004 年	2005 年
		• ハノイ工科大学ツイニング・プログラム • 大学生国際交流プログラム開始	• 海外実務訓練（インターンシップ）開始	

アセアン・アセアン工学系高等教育ネットワーク

ベトナム・ホーチミン市工科大学地域連携機能強化プロジェクト

マレーシア・マルチメディアネットワーク教育プロジェクト

スリランカ・情報技術分野人材育成プロジェクト

豊橋技術科学大学

		2006 年	2007 年	2008 年	2009 年
方針					
組織	国際協力関連組織			• 国際戦略本部を設置	
		国際交流室 ————————→ 国際戦略本部 ————			
		工学教育国際協力研究センター（ICCEED）————			
	国際関連事業	• ホーチミン市工科大学ツイニング・プログラム	• スリランカ・モロツワ大学支援開始 • バンドン工科大学ツイニング・プログラム		
JICA工学教育技術協力プロジェクト注	アセアン地域	アセアン・アセアン工学系高等教育ネットワーク			
		インドネシア・ハサヌディン大学工学部強化プロジェクト ————			
		├—インドネシア・電気系ポリテクニック教員養成プロジェクト			
		ベトナム・ホーチミン市工科大学地域連携機能強化プロジェクト			
		東ティモール大学工学部支援プロジェクトⅠ・Ⅱ			
	その他アジア				
	中近東地域				
	中南米地域				

2010 年	2011 年	2012 年	2013 年	2014 年
第 2 期中期目標				• (2015 年 3 月) 豊橋技術科学大学憲章 • (2015 年 3 月) 国際戦略2014-2015

• 国際戦略本部のもとに,国際基盤機構を設置 • 留学生センターと語学センターを統合して,国際交流センター開設		• グローバル工学教育推進機構設置 • 初の海外キャンパス マレーシア・ペナン校開設 • 国際協力センター(ICCEED)設置		

国際基盤機構委員会 ────────→ グローバル工学教育推進機構委員会 ────────→

国際基盤機構 ───────────→ グローバル工学教育推進機構 ───────→

　　　　　　　　　　　　　　　→ 国際協力センター(ICCEED) ───────→

• インドネシア・スラバヤ電子工学ポリテクニック教育高度化支援事業開始				• インドネシア・ハサヌディン大学ツイニング・プログラム • スーパーグローバル大学創成支援事業(タイプB)採択

マレーシア・マレーシア日本国際工科院プロジェクト─

資料4　事例対象大学の国際化と国際的な活動に関する年表（豊橋技術科学大学）

東海大学

		1980 年以前	1980 年	1981 年	1982 年
方針					
組織	国際協力関連組織	• 1946 年 旧制東海大学開校 • 1950 年 新制東海大学 • 1963 年 大学院工学研究科開設 • 1964 年 別科日本語研修課程開設 • 1970 年 ヨーロッパ学術センター開設 • 1972 年 同窓会タイ支部設立 （法人本部）　　国際部 （東海大学）　　国際交流課 　　　工学部国際交流委員会			• 留学生教育センター設置
国際関連事業		• 1965年 ノンタブリ電気通信学校の留学生受け入れ • 1968年 海外研修航海開始 • 1969年 初の学術交流協定（ブルガリア高等教育委員会） • 1972年 KMITLにJICA長期専門家派遣開始 • 1977年 KMITとの学術交流協定締結			
JICA工学教育技術協力プロジェクト注	アセアン地域	タイ・モンクット王工科大学プロジェクト（1978 年～）（第 2 次協力）			

（注）東海大学の教員が参加した JICA 工学系高等教育技術協力プロジェクト（SATREPS 除く）。
　　　網掛けのバーは東海大学が中心的な支援大学であったプロジェクトを示す。
（出典）筆者作成。

1983 年	1984 年	1985 年	1986 年	1987 年
	• 松前武道センター開設（ウィーン）			
				• アジア・環太平洋学長研究所長会議第 1 回

資料 4　事例対象大学の国際化と国際的な活動に関する年表（東海大学）　329

東海大学

		1988 年	1989 年	1990 年	1991 年
方針					
組織	国際協力関連組織			・パシフィックセンター開設（ハワイ）	・大学創立者松前重義氏逝去
		国際部 ———————————————————————————————			
		国際交流課 ———————————————————————————————			
		工学部国際交流委員会 ———————————————————			
国際関連事業					
JICA工学教育技術協力プロジェクト注	アセアン地域	タイ・モンクット王工科大学ラカバン校拡充プロジェクト（第3次協力）			

1992 年	1993 年	1994 年	1995 年	1996 年
• ハワイ東海イン ターナショナル カレッジ開設 （ハワイ）				
				• KMITL と共同 で通信衛星によ る遠隔教育実用 化実験 • 21 世紀保健指 導者養成コース 開設（2001 年 〜 JICA 研修）

資料 4　事例対象大学の国際化と国際的な活動に関する年表（東海大学）

東海大学

		1997 年	1998 年	1999 年	2000 年
方針					
組織	国際協力関連組織	国際部 ———————————————————— 国際交流課 ———————————————————— 工学部国際交流委員会 ————————————			
国際関連事業		• KMITL との学生の 交流活動開始			
JICA工学教育技術協力プロジェクト注	アセアン地域		タイ・KMITL情報通信技術研究センタープロジェクト（第4次協力） インドネシア・電気系ポリテクニック教員養成プロジェクト— ベトナム・情報処理研修プロジェクト		

332

2001 年	2002 年	2003 年	2004 年	2005 年
			• KMITL に海外拠点開設	• 国際戦略本部設置（法人直轄組織） • ソウルオフィス開設

国際戦略本部→

2001 年	2002 年
• KMITL とのグローバル遠隔研修パイロット実験（総務省）開始	• ハワイ東海インターナショナルカレッジとのダブル・ディグリー・プログラム開設（学部レベル）

アセアン・アセアン工学系高等教育ネットワーク

ラオス・国立大学工学部情報化対応人材育成機能強化プロジェクト

資料 4　事例対象大学の国際化と国際的な活動に関する年表（東海大学）　333

東海大学

		2006 年	2007 年	2008 年	2009 年
方針					• 第 1 期中期目標
組織			• ウィーンオフィス開設	• 東海大学，北海道東海大学，九州東海大学の統合	• 国際理解教育センター設置（留学生教育センターと外国語教育センターの統合）
	国際協力関連組織	国際戦略本部 ————————————————————————————			
国際関連事業			• KMITL とのデュアル・ディグリー・プログラム開設（博士レベル）	• 原子力発電分野における高度人財育成プログラム開始（アジア人財資金構想事業）	• 遠隔教育による在日ブラジル人教員養成講座開始 • 日マ国際工科院とのデュアル・ディグリー・プログラム開設（博士レベル）
J I C A 工学教育技術協力プロジェクト 注	アセアン地域	アセアン工学系高等教育ネットワーク ラオス・国立大学工学部情報化対応人材育成機能強化プロジェクト 　　　　　　　　　　　　　　　　　　　ラオス国立大学ITサービス産業人材育成プロジェクト インドネシア・電気系ポリテクニック教員養成プロジェクト 東ティモール・東ティモール大学工学部支援プロジェクト			

334

2010 年	2011 年	2012 年	2013 年	2014 年
				• 第 2 期中期目標
			• タイ・バンコク市内に海外拠点開設 • 国際戦略本部を国際部に改称	

国際部 →

工学部国際交流委員会 →

2010 年	2011 年	2012 年	2013 年	2014 年
	• 工学研究科国際コース開設	• ベトナム電力グループ原子力技術者向け特別上級教育課程		

マレーシア・日本マレーシア国際工科院
整備プロジェクト

資料 4　事例対象大学の国際化と国際的な活動に関する年表（東海大学）　335

索　引

[あ行]

アジア・オセアニア工学系トップ大学リーグ（AOTULE）　216, 218, 224

アジア・環太平洋学長研究所長会議　128, 135, 140, 234, 235

アジア人財資金構想　45, 47

アジア理工系大学トップリーグ（ASPIRE）　93, 216, 218

アセアン・工学系高等教育ネットワークプロジェクト（SeedNet）　33, 79, 80, 82, 84, 86, 100, 101, 104, 106, 108, 122, 124, 126, 142, 143, 163, 164, 173, 175, 193-195, 201, 202, 210, 211, 220, 224, 228, 229, 231-233, 236, 237, 246

アルジェリア・オラン科学技術大学プロジェクト　81, 98

一括委託（受託）型プロジェクト　13, 32, 33, 37, 51, 275

インドネシア・高等教育開発計画（HEDS）　32, 80-82, 103-107, 109-111, 117, 118, 121, 122, 147, 162, 170, 193, 199, 202-205, 220, 225, 226, 230, 231, 233, 244, 246

インドネシア・スラバヤ電気系ポリテクニック教員養成プロジェクト　32, 80, 81, 85, 98, 100

インドネシア・スラバヤ電子工学ポリテクニック教育高度化支援　106, 227

インドネシア・ハサヌディン大学工学部強化プロジェクト　32, 104, 106, 122, 124

インドネシア・ランポン大学新学科立ち上げ支援　106, 225, 226

内なる（高等教育の）国際化　39-42

エジプト・エジプト日本科学技術大学プロジェクト（E-Just）　79-82, 86, 99-102, 144, 145, 224, 225, 246, 253, 261, 262

エジプト E-Just オフィス　101, 144, 224, 253

遠隔教育による在日ブラジル人教育者向け教員養成講座　235

「援助から貿易へ」　41

[か行]

海外拠点（東海大学）（KMITL 内）　142, 211, 213, 220, 237, 240, 245, 247, 255

海外拠点（東京工業大学）（タイ，フィリピン，中国）　99, 220, 221

海外拠点（豊橋技術科学大学）（インドネシア，中国）　106, 123, 147, 205, 206, 228, 229, 231, 233, 246, 247, 254

海外拠点ペナン校　106, 123, 124, 147, 201, 226, 231, 246

海外研修航海　128, 135, 234

海外実務訓練　115, 117, 123, 180, 226, 231, 251

開発協力大綱　15, 16, 273

外務省　9, 15-17, 19, 35, 36, 68

科学研究費補助金　25

課題別指針「市民参加」　18

韓国科学技術院（KAIST）　93, 196, 218, 219, 221, 245

技術協力　5, 6, 9, 18, 28, 30, 31, 34, 37, 42, 55, 59, 60, 82, 97, 100, 129, 213, 241

技術協力専門家　3-7, 17, 30-37, 79

キャンパス・アジア構想　43, 45

旧政府開発援助大綱（旧 ODA 大綱）　15, 16

旧東側諸国との学術交流　67, 128, 140, 234

教員グループのイニシアティブ　90, 91, 97, 100, 102, 103, 144, 145, 150-154, 182, 184-186, 247-249, 253, 255-258, 261-262, 265

教員グループのイニシアティブによる ODA 参加モデル　255-258, 261-262

競争的資金（大学への）　48, 49, 95, 123, 225, 227, 262

拠点大学方式学術交流事業　60, 69, 81, 87, 97, 99, 144, 216, 217, 220

草の根技術協力　274

「グローバル化時代に求められる高等教育の在り方について（大学教育審議会答申）」　10, 11, 14, 43-46, 262

グローバル化の進展　9, 35, 38, 39, 123, 263

グローバル教育　11, 19, 106, 119, 124, 125, 129, 143, 146, 149, 157, 158, 168, 179-181, 226, 234, 242, 243

グローバル工学教育推進機構　123, 124, 146, 148, 232, 261, 262

グローバル人材育成　20, 42, 44, 45, 47, 48, 139, 218, 243, 262

グローバル人材育成推進事業　44, 45, 47, 48

ケニア・ジョモ・ケニヤッタ農工大学プロジェクト　29, 30, 33, 55

建学の精神（東海大学）　67, 128, 135, 137-140, 148-150, 152, 234, 241, 254, 260

研究室方式（工学教育・研究の）　176, 258

研修員受け入れ　10, 114, 115, 274

「現代文明論」　67

コーディング
　　インタビュー・データのコーディング　73-77
　　演繹的コーディング　73
　　オープン・コーディング　73-75
　　帰納的コーディング　73
　　事例―コード・マトリックス　73, 75, 76
　　焦点的コーディング　74, 75

工学教育国際協力研究センター／国際協力センター（ICCEED）　71, 106, 108, 118, 121-125, 146, 148, 201, 202, 204, 225, 232, 247

高等教育協力／工学系高等教育協力　19, 28-31, 37, 55, 56, 58-61, 78, 79, 81, 83, 91, 103, 120, 122, 125, 126, 144, 146, 148, 156, 159, 166, 168, 178, 216, 244, 252, 253, 266, 267

（高等）教育提供機関の移動　40

高等教育の国際化　20, 38-42, 44, 45, 51, 153, 262, 276

高等教育の国際化政策　38, 42-44

（高等教育の）プログラムの移動　40

（高等教育の）プロジェクトやサービスの移動　40, 41

高等専門学校　31, 64, 65, 104, 113, 121, 229

高度外国人材の確保　45, 46

国際開発協力サポート・センター　12-14, 19, 26

国際開発工学専攻／研究科　84, 100, 101, 188

国際化拠点整備事業　45, 47

国際化ポリシーペーパー　88, 92, 94, 196

国際教育協力懇談会報告　10-12, 26, 121

国際共同教育プログラム　51, 69, 152, 260

国際協力機構（JICA）　5-7, 17-19, 28-30, 272-275

国際協力研究センター　12, 14, 51

国際戦略2014-2015　114, 116, 205, 206, 232

国際戦略本部（東海大学）　141, 142, 148-150, 210, 211, 235, 261, 262

国際戦略本部（東京工業大学）　217

国際大学院コース（東京工業大学）　92, 145, 188, 189, 193-195

国内支援委員会（技術協力プロジェクト）　36, 37, 49, 68, 105, 114, 115, 256

国民参加型ODA　10, 18-20, 51

国立大学法人化　13, 17, 28, 37, 45, 48, 60, 68, 73, 90-92, 94, 102, 114, 123, 252, 262, 265

国境を越える（高等教育の）国際化　39-42

コロンボ・プラン　41, 127

［さ行］

サウジアラビア・政府派遣留学生　139, 208

サウジアラビア・リヤド技術短期大学電子工学技術教育改善プロジェクト　104, 118, 121, 122

佐藤郁哉　73-76

資金協力　5, 29, 30, 59, 60
　　無償資金協力　4, 5, 29, 31, 60, 240
　　有償資金協力（円借款）　5, 24, 60

情報通信技術の進展　35, 42

スーパーグローバル大学創成支援事業　45, 46

スーパーグローバル大学創成支援事業（東京工業大学）　93-95, 196, 218

スーパーグローバル大学創成支援事業（豊

橋技術科学大学）　226, 227
スリランカ・情報技術分野人材育成プロジェクト　104, 122
スリランカ・モロツワ大学産学連携による工学部機能強化プロジェクト　225, 227
清華大学　95, 96, 196, 217-219, 220, 229, 245, 253
清華大学大学院合同プログラム　82, 216-218
成熟分野（工学教育・研究の）　88, 89, 91, 96, 103, 144, 150, 161, 163
政府開発援助（ODA）　4, 5, 15-19, 272-276
政府開発援助大綱　15, 16

[た行]
タイ・タマサート大学工学部拡充プロジェクト　32, 79-82, 98, 220
タイ・パトムワン工業高等専門学校プロジェクト　104, 121, 229
タイ・モンクット王工科大学ラカバン拡充プロジェクト　32, 125
タイ・モンクット王工科大学ラカバン情報通信技術研究センタープロジェクト　32, 82, 98, 100, 125, 126, 132, 220
タイムズ・ハイヤー・エデュケーション（THE）　63, 65-67, 268, 269
大学教員の教育活動へのインパクト　57, 157, 158, 168-186, 241-250
大学教員の研究活動へのインパクト　57, 157, 159-168, 185, 186, 241-250
大学経営層のイニシアティブ　79, 112, 122, 125, 132-135, 146-150, 152-154, 156, 157, 182, 185, 186, 242, 244, 248, 249, 254, 255, 259-261, 263-265, 273-275
大学経営層のイニシアティブによるODA参加モデル　255, 259-261, 265
大学国際戦略本部強化事業　22, 43, 45, 49, 141, 217, 235
大学生国際交流プログラム　226
大学の――
　　大学の外部資金獲得　21, 22, 25-27, 49, 52

大学の国際展開へのインパクト　57, 215
大学の社会貢献　8, 11, 20, 22, 23, 29, 51, 92, 116, 135-140, 148, 149, 152, 157, 234, 241, 254
大学の世界展開力強化事業　43, 45, 48, 60, 218
大学の世界展開力強化事業（東京工業大学）　218
大学の責務として国際協力　9-11, 19, 118, 252
大学のブランド力向上　21-23
大学の留学生受け入れへのインパクト　158, 168, 169, 172, 177-179, 184-188, 243, 246
大学ランキング　46, 65-67, 93, 95, 96, 262, 268, 269, 272
大学連携協定／覚書　19, 276
大学連携ボランティア派遣　274
ダブル・ディグリー・ガイドライン　43
地球規模課題対応国際科学技術協力（SATREPS）　30, 51, 274
知的コミュニティ（国際教育協力懇談会提言）　13
知的支援型援助　20, 51
中期目標／中期計画　8, 25, 27, 56
　　第1期中期目標（東海大学）　135-137, 139, 214, 215
　　第2期中期目標（東海大学）　136-137, 139, 214, 215
　　第1期中期目標／中期計画（東京工業大学）　92, 94, 95, 196
　　第2期中期目標／中期計画（東京工業大学）　93-95, 196
　　第3期中期目標／中期計画（東京工業大学）　94, 95, 196
　　第1期中期目標／中期計画（豊橋技術科学大学）　114, 115, 206, 252
　　第2期中期目標／中期計画（豊橋技術科学大学）　114-116, 205, 206
　　第3期中期目標／中期計画（豊橋技術科学大学）　114, 116, 205, 206
　　第1期中期目標／中期計画

（JICA） 17, 18
　第2期中期目標／中期計画
　　（JICA） 17, 18
　第3期中期目標／中期計画
　　（JICA） 17, 18
中国赴日前予備教育 81, 216, 217
ツイニング・プログラム 24, 25, 106, 158,
　202, 212, 214, 226-231, 254
東海大学パシフィックセンター 128, 234
東京工業大学の国際戦略2012 95, 196
東工大ビジョン 93, 196
豊橋技術科学大学憲章 116

[な行]
ノンタブリ電気通信学校 126, 127, 131,
　207, 233

[は行]
ハワイ東海インターナショナルカレッジ
　128, 129, 234, 238
人づくり協力 28
人の移動 40
別科日本語研修課程 128, 207
ベトナム・ホーチミン市工科大学地域連携
　機能強化プロジェクト 33, 104, 106, 124,
　225

[ま行]
松前イズム 139
松前重義 65, 67, 127, 128, 130-132, 135,
　138-141, 143, 148, 234
松前武道センター 128, 234
マレーシア・高等教育基金借款（HELP）
　24, 25, 211
マレーシア政府派遣留学生事業 199
マレーシア・日本マレーシア国際工科院整
　備プロジェクト 129, 232-233
マレーシア・マルチメディアネットワーク
　教育プロジェクト 104, 122
「ミッションの再定義」（国立大学の） 63,
　64
民間資金の増大 16, 272
民間セクターとの連携 16, 17

モンクット王工科大学ラカバン校
　（KMITL） 4, 28-30, 32, 80, 81, 104,
　125-127, 207, 217, 220, 237
モンクット王工科大学ラカバン校
　（KMITL）との学術交流協定 127, 128,
　135, 210, 213, 214, 233, 235, 239-241, 247
文部科学省／文部省 9, 10, 13-16, 19, 21,
　26, 28, 36, 37, 43, 47-49, 51, 59, 60, 69, 78,
　95, 110, 121, 123, 141, 217, 219, 225, 227,
　228, 236, 258, 262, 267

[や行]
ユネスコ化学・化学工学国際大学院コース
　81
ヨーロッパ学術センター 128, 234

[ら行]
ラオス・ラオス国立大学工学部情報化対応
　人材育成機能強化プロジェクト 32, 126,
　129, 234
理工学国際交流センター 84, 86, 87, 97-99,
　145, 217
留学生10万人計画 45, 46, 49
留学生30万人計画 44-46, 51

[欧文・その他]
「2040年に向けた高等教育のグランドデザ
　イン（中央教育審議会答申）」 271, 276
AOTULE →Asia-Oceania Top Univer-
　sity League on Engineering; アジア・オ
　セアニア工学系トップ大学リーグ
ASPIRE →Asian Science and Techno-
　logy Pioneering Institutes of Research
　and Education; アジア理工系大学トップ
　リーグ
De Wit, Hans 38, 39
E-Just プロジェクト →Project for Egypt-
　Japan University of Science and Tech-
　nology; エジプト・エジプト日本科学技
　術大学プロジェクト
HEDS プロジェクト →Higher Education
　Development Support Project in
　Indonesia; インドネシア・高等教育開発

プロジェクト

HELP → Higher Education Loan Fund
　Project; マレーシア・高等教育基金借款

ICCEED → International Cooperation
　Center for Engineering Education
　Development; 工学教育国際協力研究セ
　ンター

IDEA リーグ　93, 95

KAIST → Korea Advanced Institute of
　Science and Technology; 韓国科学技術
　院

KMITL → King Mongkut's Institute of
　Technology Ladkrabang; モンクット王
　工科大学ラカバン校

Knight, Jane　38-42

ODA 参加のイニシアティブ　78-154,
　181-187, 252, 253, 264, 265

ODA 参加のインパクト　24-26, 156-250,
　253-255

SATREPS → Science and Technology
　Research Partnership for Sustainable
　Development; 地球規模課題対応国際科
　学技術協力

SeedNet プロジェクト → Southeast Asia
　Engineering Education Development
　Network Project; アセアン・工学系高等
　教育ネットワークプロジェクト

TAIST-Tokyo Tech　193, 216-218

THE → Times Higher Education; タイ
　ムズ・ハイヤー・エデュケーション

著　者

萱島信子（かやしま・のぶこ）

独立行政法人国際協力機構（JICA）に勤務し，バングラデシュ事務所長，人間開発部長，JICA 研究所副所長／所長などを経て，現在，上級審議役兼研究所主席研究員を務める。JICA では主に教育分野の ODA 事業に携わり，教育協力方針の作成，主要な教育協力プロジェクトの形成や実施，国内外の教育関係者とのネットワークづくりなどに従事。その経験をもとに 2017 年に「日本の大学の ODA 参加におけるイニシアティブとインパクトに関する研究」で名古屋大学から博士号取得。

高等教育シリーズ 175
大学の国際化と ODA 参加

2019 年 2 月 20 日　初版第 1 刷発行

著　者　————　萱島信子
発行者　————　小原芳明
発行所　————　玉川大学出版部
　　　　　　　　〒 194-8610　東京都町田市玉川学園 6-1-1
　　　　　　　　TEL 042-739-8935　FAX 042-739-8940
　　　　　　　　http://www.tamagawa.jp/up/
　　　　　　　　振替　00180-7-26665

装　丁　————　松田洋一
印刷・製本　——　創栄図書印刷株式会社

乱丁・落丁本はお取り替えいたします。
©Nobuko Kayashima 2019　Printed in Japan
ISBN 978-4-472-40560-0 C3037 / NDC 377